Der Diwan des Harun Al Rashid

Gerhard Konzelmann

Der Diwan des Harun Al Rashid

Edition Weitbrecht

CIP-Kurztitelaufnahme der Deutschen Bibliothek

Konzelmann, Gerhard:
Der Diwan des Harun Al Rashid / Gerhard Konzelmann. –
Stuttgart; Wien: Edition Weitbrecht, 1987
ISBN 3 522 70310 3

Umschlaggestaltung Zembsch Werkstatt in München
Schrift Sabon
Satz Utesch Satztechnik GmbH in Hamburg
Reproduktion Repro GmbH in Kornwestheim
Druck und Bindung May + Co. in Darmstadt
Printed in Germany.
5 4 3

Inhaltsverzeichnis

Das seltsame Erlebnis des Beduinen

Erzählt wird, daß zur Zeit des allesbeherrschenden und gefürchteten Kalifen Harun Al Rashid ein Beduine, der bei Gelehrten gelernt hatte, nach Baghdad kam. Er hatte es sich im Laufe seines Lebens zur Gewohnheit gemacht, alljährlich am Ende des Fastenmonats Ramadan seine Heimat in der Steppe, in der entfernten Gegend außerhalb des fruchtbaren Landes an den Strömen Euphrat und Tigris, zu verlassen, um in die Hauptstadt des Kalifenreiches zu reiten. Es war dabei nie seine Absicht, dem Herrscher Ehrerbietung zu erweisen. Dessen Palast am Tigris mied er. Der Beduine suchte das Haus des Wesirs Dschafar Al Barmaki auf, das abseits vom Fluß zu finden war. In dieses Haus wurde der Fremde gerne eingelassen, denn er verstand sich vortrefflich darauf, Lieder zu dichten – in vielen Strophen – und zu singen; Lieder, die den Wesir Dschafar Al Barmaki als gerecht, weise, mächtig und maßvoll, gütig und von Allah geleitet priesen. Der Wesir war stets für die Lobpreisungen dankbar gewesen, und dafür, daß sie ihm zu Ehren und nicht zum Preis des Beherrschers der Gläubigen im Palast des Kalifen vorgetragen wurden. Hatte der Beduine sein Lied gesungen und hatte er die Handschrift der Dichtung dem Hausherrn überreicht, dann durfte er damit rechnen, daß ihm ein kostbares Gewand umgelegt und er mit einem Beutel voll geprägter Goldstücke belohnt wurde.

Auch diesmal war der Beduine, als er in Baghdad einritt, voll Vorfreude auf Gewand und Gold. Doch sie verflog rasch. Er sah, daß unmittelbar bei der Tigrisbrücke der Kopf des Dschafar Al Barmaki auf einer Lanze steckte. Alle, die über die Brücke ritten oder gingen – auch das fiel ihm auf – scheuten vor dem Kopf auf der Lanze zurück und machten schließlich einen Bogen, um nicht in die Augen des toten Wesirs blicken zu müssen. Obgleich er den Grund für das Verhalten der anderen verstand, lenkte der Beduine sein Kamel auf die Lanze zu. Dort angelangt, ließ er das Tier niederknien. Er selbst setzte sich auf den Boden und erinnerte sich voll Wehmut an die Zeit, als er von Dschafar Al Barmaki alljährlich am Ende des Ramadan tausend Dirhem für ein Lied erhalten hatte. Jetzt saß er zu Füßen des abgeschlagenen Kopfes seines Gönners. Niemand sprach ihn an, und keinen wagte er zu fragen, weshalb dem Wesir der Tod bestimmt worden war.

Voll trauriger Gedanken schlief der Beduine beim Anbruch der Abenddämmerung ein. Da erschien ihm im Traum die Gestalt des Dschafar Al Barmaki. Deutlich hörte der Träumende die Stimme des Wesirs sagen: »Dschafar grüßt dich! Reite nach Basra und gib dort den Gruß weiter an den Kaufmann Abdallah. Sage ihm, er möge dir tausend Dirhem auszahlen – beim Zeichen der Bohne. Er möge dir außerdem die Papiere aushändigen, die er in meinem Namen aufbewahrt. Mein Wunsch ist, daß du die Chronik meines Lebens im Dienste des Kalifen Harun Al Rashid schreibst. Doch sprich die Wahrheit in allem, was du schreibst. Nun, da ich tot bin, hast du falsches Lob nicht mehr nötig. Halte dich an meine Worte, die ich aufgezeichnet habe. In jenen Papieren, die der Kaufmann dir geben wird, findest du, was berichtenswert ist. Füge nur etwas hinzu, wo dich Lücken stören.«

Erzählt wird, daß der Beduine, der bei Gelehrten gelernt hatte, das Haus des Kaufmanns Abdallah in Basra fand. Er überbrachte die Grüße des Dschafar Al Barmaki, erzählte vom Kopf auf der Lanze und bat um tausend Dirhem – »beim Zeichen der Bohne«. Da begann der Kaufmann laut zu weinen und über das Schicksal des Wesirs zu klagen. Dschafar, so sagte Abdallah, habe ihn und seine Familie vor dem Verderben gerettet. Er habe einst nur noch armselige Bohnenkerne besessen, die ihm niemand abkaufen wollte. Dem Wesir, der häufig unerkannt durch die Marktstraßen der Städte ging, sei das Elend nicht verborgen geblieben. Der gütige und gerechte Dschafar Al Barmaki habe durch seine Diener die Bohnenkerne, für die niemand auf dem Markt Geld anbot, in Goldstücken aufwiegen lassen. Durch die Worte der Traumerscheinung »beim Zeichen der Bohne« sei er an diese Wohltat erinnert worden. Das Geld des Wesirs Dschafar habe ihm, dem Kaufmann Abdallah, einen neuen Anfang der Geschäfte auf dem Markt von Basra ermöglicht. Gerne sei er dem toten Dschafar zu Willen. So zahlte Abdallah dem Beduinen tausend Dirhem aus und übergab ihm ein dickes Paket beschriebener Blätter. Mit diesem Satz beschloß der Kaufmann das Gespräch mit dem Beduinen: »Denke, wie ich, an den edlen Sinn des Dschafar Al Barmaki und vergiß nicht, daß ihm auch im Tode, wie einst im Leben, Ehre und Preis gebührt.«

An der Hauptstadt Baghdad vorbei ritt der Beduine in die Heimat zurück, in die entfernte Gegend außerhalb des fruchtbaren Landes an Euphrat und Tigris. Das Paket beschriebener Blätter bewahrte er im Packsattel auf. Erst nach der Ankunft in seinem Zelt, nach der Begrüßung durch die Familie, öffnete er die Knoten der Schnüre, mit der das schwere Papierbündel zusammengehalten wurde. Als er allein war, begann der Beduine zu lesen – und was er las, erfüllte ihn mit Erstaunen.

Der Kalif und sein Wesir

So beginnt der Bericht über sein Leben, den der Wesir Dschafar Al Barmaki hinterlassen hat – seine Lebenschronik ist zugleich und hauptsächlich ein Bericht vom Leben des allesbeherrschenden und gefürchteten Kalifen Harun Al Rashid:

Beim Namen Allahs, des Gnädigen und Barmherzigen. Friede und Heil über unseren Herrn Mohammed, den Höchsten der Gesandten Allahs – Friede auch über seine Familie und über seine Gefährten insgesamt und immerfort bis zum Tage des Gerichts. Oh Herr der Welten und der Himmel! Das Leben derer, die vor uns gelebt haben, das Leben der Früheren ist eine Lehre für die Späteren. Allah will, daß der Mensch die Unterweisungen, die anderen zuteil geworden sind, schaue und sich daran belehre. Gelobt sei Allah, der die Erlebnisse der Früheren zum Unterricht für Spätere bestimmt hat. Zu solcher Belehrung gehört auch dieser Bericht. Allah allein weiß das Verborgene, kennt allein die Wahrheit. Er ist allweise und barmherzig und edel.

Die Bezeichnung Al Rashid, der Gerechte, gab sich der Kalif Harun selbst, auf Anraten meines Vaters. Als der Gerechte wollte Harun wirken und wurde doch gegenüber unserem Geschlecht Al Barmaki zum ungerechtesten aller Herrscher. Er hat sich entschlossen, unsere Familie auszulöschen.

Tief ist der Sturz von der Höhe. Harun Al Rashid hatte uns hinaufgehoben zu sich selbst. Mein Vater Jahja Ibn Khalid Al Barmaki durfte den Kalifen in Fragen der Beziehungen zu anderen Völkern beraten. Mich fragte Harun Al Rashid in Rechtsangelegenheiten und bei Problemen um Rat, die das Leben der Untertanen betrafen. Schließlich ernannte er mich zum Wesir. Damit regierte ich im Islamischen Staat.

Allah, in dessen Gnade wir alle stehen, weiß allein, warum er einem treuen Diener wie mir, Dschafar Al Barmaki, dem Wesir des Kalifen Harun Al Rashid, seine Gunst gerade in dem Augenblick entzieht, in dem ich alles erreicht zu haben glaubte, was auf Erden an Macht, Reichtum und Ansehen zu erstreben ist. Das Ereignis, von dem ich, sofern es Allahs Wille ist, gleich erzählen werde, hat mich wissen lassen, daß mein Tod unumgänglich ist. Von diesem Zeitpunkt an wußte ich, daß das Gift, das in des Kalifen Herz gelangt war, wirken würde und nur mein Ende diese Vergiftung heilen könnte.

Harun Al Rashid stand häufig des Nachts auf, um in einfachen Kleidern die Straßen zu durchstreifen. An Schlaflosigkeit litt er schon als jüngerer Mann und an Unruhe, an Beklemmungen. Lag er wach, dann ließ er mich kommen. Einmal sprach er so zu mir: »Meine Brust ist mir zu eng. Schlafen kann ich nicht. Ich habe den Wunsch, heute durch die Gassen zu gehen. Ich will sehen, was die Menschen treiben. Wir werden uns als Kaufleute verkleiden, damit uns niemand erkennt.« Meine Antwort war: »Ich höre und gehorche! Oh Beherrscher der Gläubigen!«

Der Kalif befahl den Dienern, die Staatsgewänder wegzuhängen und einfache Kleider zu bringen, wie sie nicht ganz arme Kaufleute zu tragen pflegen. Zu dritt gingen wir aus dem Palast – der erhabene Kalif, Masrûr, der Schwertträger, der ein Eunuch ist, und ich, Dschafar Al Barmaki. Wir schlenderten einher und kamen zum Tigris. Diesen Weg hatten wir schon häufig zurückgelegt, und immer hatten wir darauf gewartet, daß Außergewöhnliches passiere. Diesmal aber geschah derart Seltsames, daß es sogar den erhabenen Kalifen verwirrte.

Am Ufer kauerte ein alter Mann in einem Boot. Ihn sprach ich an: »Wir sind Fremde und bitten dich, daß du uns hinausruderst auf den Fluß, damit wir uns an der Kühle des Nachtwindes erfreuen. Wir wollen auch sehen, wie der Tigris und die Stadt Baghdad, die Stadt unseres erhabenen Herrschers, im Mondlicht glänzen. Dieser Dinar ist dein Lohn.« Der Alte aber antwortete: »Jetzt noch eine Lustfahrt machen auf dem Tigris, zu dieser Stunde? Seid ihr von Sinnen? Jeden Augenblick kann unser Herr, der Kalif Harun Al Rashid, in einem prächtigen Schiff den Fluß herunterfahren. Am Bug wird wieder, wie in jeder Nacht, ein Ausrufer stehen, der verkündet: ›Ihr Leute allesamt, hört zu! Einem jeden, der in diesem Augenblick auf dem Tigris fährt, dem lasse ich den Kopf abschlagen!‹« Gleich darauf sagte der Alte: »Ihr könnt ihn bald sehen, den Kalifen Harun Al Rashid auf seinem Schiff. Man bemerkt schon den Lichtschein über dem Fluß!«

Mein Herr, der Kalif Harun Al Rashid, hörte diese Worte mit Verwunderung, dann sagte er schnell: »Wir geben dir zwei Dinare, wenn du uns in den Schatten der Brücke fährst, wo uns das Mondlicht nicht erreicht. Dort warten wir, bis das Boot des Kalifen an uns vorübergeglitten ist.« Der Alte nahm das Gold und meinte: »Auf Allah, den Erhabenen, wollen wir vertrauen!« Er ruderte hinüber zur Brücke und legte ein dunkles Tuch über uns, die wir in seinem Boot gebückt saßen.

Lange brauchten wir nicht zu warten, bis das Schiff mitten auf dem Tigris dahinfuhr. Es war hell erleuchtet von Kerzen und Fackeln. Weithin schimmerte der Fluß in strahlendem Licht. Vorn am Bug stand ein Mann, der einen Leuchter aus purem Gold hochhielt. Dieser Mann rief: »Ihr Leute allesamt hört zu! Einem jeden, der in diesem Augenblick auf dem Tigris fährt, dem lasse ich den Kopf abschlagen!« In der Mitte des Schiffes drängten sich zweihundert Diener zu beiden Seiten eines Thrones aus rotgelbem Gold, auf dem ein junger Mann saß, der schön war wie der Mond. In ein schwarzes Gewand war dieser Mann gehüllt. Ein andrer Mann stand vor ihm. Noch ein anderer, der aussah wie Masrûr, der Eunuch, stand hinter dem jungen Mann.

Als der Kalif alles gesehen hatte, sprach er: »Dschafar!« Ich antwortete: »Zu deinen Diensten, oh Beherrscher der Gläubigen!« Der Kalif sagte: »Jenem, der dort sitzt, fehlt nichts am Aussehen des Kalifen. Und der Mann, der vor ihm steht, ist in nichts von dir, Dschafar, zu unterscheiden. Deutlich erkenne ich auch Masrûr, den Schwertträger. Bei Allah, dem Allerbarmer, ich bin über diesen Anblick erstaunt!« Da sprach ich: »Oh Beherrscher der Gläubigen, auch ich bin erstaunt, mich selbst, deinen Wesir Dschafar, auf jenem Schiff zu sehen, und dich, oh Herr, der doch neben mir steht.«

Als der Lichtschein nur noch von Ferne zu sehen war, fragte Harun Al Rashid den Alten: »Fährt der Kalif Harun Al Rashid in jeder Nacht so prächtig auf dem Tigris einher?« Die Antwort war: »Jawohl Herr! Schon seit einem ganzen Jahr.« Und Harun Al Rashid wunderte sich, daß er niemals von dieser Erscheinung gehört habe. Ohne daß er davon sprach, spürte ich, daß er mir den Vorwurf machte, ihm nicht alles zu sagen, was in Baghdad vorging. Er brach das Schweigen und sagte zum Besitzer des Bootes: »Sei so freundlich und warte auch in der kommenden Nacht auf mich. Wir wollen dir dann fünf Dinare geben. Es macht uns Vergnügen, mit dir über das Wasser zu gleiten.«

Das erste Morgenrot leuchtete über der Stadt Baghdad. Wir gingen denselben Weg zurück, den wir in der Nacht genommen hatten, um vom Palast zum Tigris zu gelangen. Männer begegneten uns jetzt, die den Staub der Straße mit Wasser besprengten. Auf Karren wurden Früchte und Fische zum Markt gefahren. Die ersten Geräusche der Handwerker waren zu vernehmen. Im Palast legten wir unsere einfache Kleidung ab und zogen die Staatsgewänder an. Jeder von uns setzte sich auf seinen Platz. Der Kalif Harun Al Rashid saß auf erhöhten Kissen mit dem Rücken zur Wand. Ich, der Wesir, und Masrûr, der Schwertträger, dem die Aufgabe zufällt, die Todesurteile zu vollstrecken, nahmen vor dem Herrn Platz. In der Stunde, die ich jetzt erlebe, wird mir bewußt, daß dieser Masrûr, der so viele geköpft hat, auch mir den Tod bringen wird. Jeden Tag habe ich zu erwarten, daß er mich heißt, auf dem Blutleder niederzuknien, das meinen aus den Adern springenden Lebenssaft auffangen soll. Damals aber war ich noch in der Gnade des Kalifen. Mit ihm teilte ich die Verwunderung über die Erscheinung auf dem Tigris, die ein Rätsel für uns war.

Als die Sonne höher stand, da wurde die Türe zum Empfangssaal des Kalifen, zum Diwan, geöffnet für Kammerherren, für Gouverneure, für Emire und für viel Volk, das Bitten vorzubringen hatte. Den Morgen und den ganzen Nachmittag hörten wir an, was uns gesagt wurde. Der Kalif urteilte, gab Befehle, ernannte Beamte und setzte Beamte ab. Damals war unser erhabener Herrscher Harun Al Rashid noch jung, damals machte ihm das Regieren Vergnügen.

Doch als die Nacht hereingebrochen war und wir wenige Speisen zu uns genommen hatten, sagte der Kalif: »Dschafar, wir wollen gehen, um den falschen Kalifen anzuschauen.« Und wieder verließen wir, der mächtige Kalif, Masrûr, der Schwertträger, und ich den Palast in einfachen Kaufmannskleidern. Wir fanden den Alten und das Boot wieder am Ufer des Tigris. Wir fuhren über den Fluß unter die Bogen der Brücke, und wieder sahen wir das hellerleuchtete wunderbare Schiff. Wir bestaunten das Ebenbild des erhabenen Kalifen und des Eunuchen Masrûr und sahen meinen Doppelgänger, der vollkommen die Würde eines Wesirs auszustrahlen verstand. Harun Al Rashid sprach: »Oh Wesir, wenn ich hiervon gehört hätte, so hätte ich es nicht geglaubt. Und jetzt habe ich diese Erscheinung mit eigenen Augen gesehen.« Dann wandte sich Harun Al Rashid an den Bootsmann: »Laß dir von meinem Begleiter zehn Dinare geben und rudere langsam außerhalb des Lichtkreises dem Schiff des Kalifen nach!« Die Antwort des Alten war: »Ich höre und gehorche!« So fuhren wir im Dunkel auf dem Tigris dahin, bis zu den weitläufigen Gärten auf der anderen Seite des Flusses. Dort hatte das Schiff angelegt. Wir sahen, wie das Ebenbild des Kalifen von Bord ging und eben dabei war, eine gezäumte Mauleselin zu besteigen. Der ganze Hofstaat, der das Schiff verlassen hatte, war mit dem jungen Mann oder mit sich selbst beschäftigt, so konnten auch Harun Al Rashid, Masrûr und ich ungesehen in der Dunkelheit an Land gelangen. Doch wir fühlten uns zu Unrecht sicher. Plötzlich fiel Lichtschein auf uns: Die Fackelträger hatten uns entdeckt. Mit Schrecken sah ich, wie der erhabene Kalif, unser Herr, gepackt wurde, wie der starke Masrûr sich ohne Schwert nicht wehren konnte. Ich bemerkte kaum, daß ich selbst grob gestoßen wurde.

Die Fackelträger führten uns zum falschen Kalifen und zwangen uns, vor ihm, der auf einem Maultier saß, niederzuknien. Er sprach: »Wer seid ihr? Wie seid ihr hergekommen?« Ich antwortete für uns drei: »Gebieter! Wir sind Kaufleute und kommen aus fremdem Land. Heute erst sind wir eingetroffen. Wir wohnen im Viertel Al Chaudak. Wir gingen zum Fluß, um uns an der Kühle der Nacht zu erfreuen. Schrecken hat uns gepackt, als wir dein Schiff sahen. Da eilten auch schon deine Leute herbei, ergriffen uns und führten uns vor dich. Das ist unsere Geschichte!« Da sprach das Ebenbild des Kalifen Harun Al Rashid: »Da ihr aus der Fremde seid, soll euch der Kopf nicht abgeschlagen werden!« Dann wandte er sich an den Mann, der aussah wie ich, Dschafar, der Wesir im Diwan des Kalifen. »Diese Leute sind heute Nacht unsere Gäste!« Und da war mir, als ob meine eigene Stimme antwortete: »Ich höre und gehorche, mein Gebieter.« Es war jedoch nicht ich, der sprach, sondern jener andere, der aussah wie ich.

Mit ihm gingen wir bis zu einem herrlichen Palast, der prächtiger und wundersamer war als der meines allesbeherrschenden Kalifen. Das Gebäude stand auf festem Fundament und war aus gebrannten Ziegeln errichtet, die eine hellglänzende, spiegelnde Oberfläche besaßen. Das Tor war aus Balken eines dunklen Holzes gefügt, das wohl aus Indien nach Baghdad gebracht worden war. Ornamente aus Gold verzierten das Tor. Als wir durch den Torbogen traten, gelangten wir in eine Halle. Unser Blick fiel auf einen wunderschön gearbeiteten Brunnen, in dessen Mitte sich ein Wasserstrahl in tausend Tropfen spaltete. Glitzernd wie Perlen fielen sie in das Becken herab. Überall lagen Teppiche, Polster und Pfühle wie im Diwan des erhabenen Kalifen Harun Al Rashid, des Beherrschers der Gläubigen.

Lange brauchten wir nicht zu warten, da trat das Ebenbild des Kalifen ein, gefolgt von dem Mann, der aussah wie ich, und von jenem anderen, der Masrûr täuschend ähnlich war. Der falsche

Kalif setzte sich auf Kissen mit dem Rücken zur Wand, so wie sich unser erhabener Kalif Harun Al Rashid im Diwan niederzulassen pflegte. Ein Teppich aus gelber Seide war für den falschen Dschafar und den falschen Schwertträger ausgebreitet. Voll Erstaunen sahen wir – der echte Kalif, der Eunuch Masrûr und ich – daß alles so geschah, wie im Palast unseres allmächtigen Herrn.

Dann wurden niedere Tische hereingebracht – auch für uns, die wir abseits saßen. Speisen in zahlreichen Gängen wurden gereicht. Als die Schüsseln abgetragen und die Hände gewaschen waren, wurden Gläser und Krüge auf den Tisch gestellt. Ein mächtiger Pokal ging von Mund zu Mund, bis er schließlich auch meinen Herrn, den Kalifen, erreichte. Der aber wollte nicht trinken. Da wandte sich das Ebenbild des Harun Al Rashid an mich: »Warum trinkt dein Freund, dieser Fremde, nicht?« Ich sprach: »Gebieter, er ist noch jung und hält den Wein aus Trauben von sich fern.« Der falsche Kalif meinte: »Meine Diener haben auch noch ein anderes Getränk bereit, einen Wein, der aus vergorenem Saft der Äpfel besteht. Dieses Getränk wird deinem Freunde schmecken.« Sogleich wurde dieser Apfelwein gebracht. Wir blieben sitzen und tranken, bis der Wein Herr unserer Sinne wurde.

Da sagte mein erhabener Herr zu seinem Ebenbild: »Oh Gebieter, ich hörte, das Volk von Baghdad habe sich angewöhnt, diese Weisheit zu sagen:

Wein ohne Klang der Saiten
Pflegt Kopfschmerz zu bereiten.«

Als der falsche Kalif diese Weisheit gehört hatte, da griff er nach einem Stab, der neben ihm lag, und schlug auf eine Scheibe aus getriebenem Metall. Der volle, dunkle und doch auch helle Klang rief einen Eunuchen herbei, der trug einen Stuhl aus Elfenbein. Ein junges Mädchen folgte ihm, das an Schönheit den funkelnden Gestirnen glich. Es setzte sich auf den Stuhl aus

Elfenbein, legte eine Laute in seinen Schoß und sang ein Lied zum Klang der Saiten:

»In meinen Sinnen spricht der Liebe Stimme,
Sie singt von dir, und daß ich lieb dich hab.
Das Feuer im gequälten Herzen ist mein Zeuge,
Das wunde Auge auch, das Tränenströme gab.
Die Liebe kannt ich nicht, eh ich dich lieb gewann,
Durch Allahs Wille schlug sie mich in Bann.«

Als die letzten Worte und Saitentöne verklungen waren, da weinte der falsche Kalif. Als ob er von Sinnen wäre, zerriß er sein Kleid bis zum Saum herab. Diener standen schon bereit, ihn mit einem Mantel zu bedecken und hinauszuführen, da sah mein erhabener Herr, der Kalif Harun Al Rashid, auf dem Leib des jungen Mannes Spuren von Geißelhieben.

Der Kalif flüsterte mir zu: »Dschafar, bei Allah, der Mann ist reich und doch ein Verbrecher!« Ich fragte: »Oh Beherrscher der Gläubigen, woher weißt du das?« Der Kalif antwortete: »Hast du nicht die Zeichen der Hiebe auf seinem Leib gesehen? Dschafar, frage du ihn, wie er zu diesen Narben gekommen ist. Wir wollen sehen, was er uns für eine Antwort gibt.« Ich erschrak und sprach: »Oh Gebieter, der Augenblick ist ungünstig. Von alters her gilt die Weisheit: Übereilte Fragen bringen Unglück. Geduld geziemt uns besser.« Der Kalif aber wurde ärgerlich und antwortete mit leiser Stimme: »Bei meinem Haupte und beim Grab meines Ahnen Al Abbas! Ich sage dir, wenn du ihn nicht fragst, dann befehle ich dem Schwertträger Masrûr, dir das Lebenslicht auszublasen.« Da wandte ich mich bangen Herzens dem falschen Kalifen zu und sprach: »Mein Gebieter! Mein Freund hat die Narben der Peitschenhiebe an deinem Leib gesehen. Er ist erstaunt über das, was er bemerkt hat. Er hat mich eben gefragt: Wie ist es möglich, daß der erhabene und mächtige Kalif geschlagen wird?«

Da lächelte der junge Mann, der den Mantel des Kalifen trug, und antwortete: »Meine Geschichte ist lehrreich für jeden, der sie hört. Ihr sollt wissen, ich bin nicht der Beherrscher der Gläubigen. Ich gebe mich jedoch in der Nacht dafür aus, um ein ganz bestimmtes Ziel zu erreichen. Ich heiße Mohammed Ali und bin der Sohn des Goldschmieds Ali, der einst seinen Laden in den Marktstraßen von Baghdad aufgemacht hatte. Ein vornehmer Mann war mein Vater. Als er starb, hinterließ er mir ein riesiges Vermögen an Gold, Silber und Perlen. Unvermittelt sah ich mich im Besitze von Häusern, Äckern, Gärten, Sklaven und Sklavinnen. Obgleich ich reich war, führte ich das Geschäft des Vaters weiter. Vom Morgen bis zum Abend saß ich im Laden und wartete auf Kunden. Nun traf es sich, daß eines Tages um die Mittagszeit eine junge Dame auf einer Mauleselin dahergeritten kam. Drei mondengleiche Mädchen gingen zu Fuß neben ihr. Die junge Dame stieg ab, betrat mein Geschäft und sagte: ›Du bist Mohammed Ali, der Juwelier, der den schönsten Schmuck in ganz Baghdad zu verkaufen hat. Ich möchte ein Juwelenhalsband kaufen, das mich noch schöner macht.‹ Lange betrachtete sie, was ich ihr zeigte. Sie wählte aus, legte beiseite, prüfte nochmals und entschied sich schließlich. Dann sprach sie: ›Lieber Herr, in Allahs Namen, begleite mich nach Hause, damit ich dich bezahlen kann.‹ Wir gingen, bis wir zu einem Gebäude kamen, dem der Wohlstand seines Besitzers anzusehen war. In einem großen Zimmer ließ sie mich warten. Nach einiger Zeit glitt der Vorhang in einer Tür nach oben, und sichtbar wurde, gekleidet in zarte Schleier, jene junge Dame, die das Juwelenhalsband gekauft hatte. Ihre Schönheit, ihre Anmut raubte mir den Verstand. Als ich verwirrt dastand, sprach sie mich an: ›Oh Mohammed Ali, wisse, ich liebe dich und bin glücklich, daß du bei mir bist!‹ Sie küßte mich, zog mich an sich und umarmte mich. Sie spürte, daß mein Körper in Sehnsucht nach ihr entflammt war. Da wies sie mich zurecht: ›Willst du mir in unerlaubter Weise nahen? Bei Allah, du darfst dir eine solche Sünde nicht erlauben! Ich bin Jungfrau. Niemand hat sich noch mir genähert. Wisse: Ich bin die Herrin Dunja, die Tochter des Jahja

Ibn Khalid aus dem Geschlecht Al Barmaki. Mein Bruder ist Dschafar, der Wesir des Kalifen. Ich gehöre zur mächtigsten Familie im Islamischen Reich. Jahja und Dschafar sind die wahren Herren über die Gläubigen!‹ «

Als ich, Dschafar, der Wesir des Kalifen, damals diese Worte aus dem Mund des falschen Kalifen vernahm, der in Wahrheit der Juwelier Mohammed Ali war, da wußte ich, daß sie wie ein Pfeil das Herz des Harun Al Rashid trafen. Er nannte sich Beherrscher der Gläubigen. Dieser junge Mann aber hatte ausgesprochen, was jeder wußte, was jedoch niemand, der zum Diwan des Kalifen gehörte, zu sagen wagte.

Harun Al Rashid benahm sich zu meinem Erstaunen so, als habe er die Bemerkung über mich und meinen Vater nicht gehört. Ich aber weiß, damals ist die Saat gelegt worden zum Untergang des Geschlechts Al Barmaki.

Verborgen geblieben war mir die Liebe meiner Schwester Dunja zu Mohammed Ali, dem Sohn des Goldschmieds. Bald vergaß ich dessen Worte, die den Kalifen beleidigt haben könnten, und hörte weiter der Erzählung des Mohammed Ali zu. Dunja, so sagte er, habe ihm deutlich gemacht, daß sie ihn liebe. Der Kadi sei gerufen worden und Zeugen, die rechtens zur Eheschließung benötigt wurden – sie alle hätten zu Dunjas Freunden gezählt. So lauteten Mohammed Alis eigene Worte: »Als der Kadi die Urkunde über den Ehebund geschrieben hatte, da aßen und tranken wir. Dann schickte Dunja alle Diener und Sklavinnen fort und begann sich zu entkleiden. In einem Raum, der hell glänzte, so viel Gold war zu seiner Verzierung verwendet worden, war ein weiches Lager bereitet. Dort genossen wir die Liebe. Dunja war eine undurchbohrte Perle, und ich hatte meine Freude mit ihr. Einen Monat lang blieb unsere Liebe unbemerkt. Wenigstens glaubten wir das. Einen Monat lang war mein Laden geschlossen, war meine Familie ohne Nachricht von mir. Eines Tages aber sprach Dunja: ›Mein Augenlicht, mein Gebieter, ich möchte heute ins Badehaus gehen. Bleib du auf dem Lager und warte, bis ich zurückkehre.‹ Ich mußte schwören, mich nicht vom Fleck zu rühren. Ich sagte: ›Dein Diener Mohammed Ali hört und gehorcht!‹ Doch Dunja konnte noch nicht weit gegangen sein, da betrat eine Alte das Haus und fragte nach mir. Als sie in mein Schlafgemach kam, sagte sie: ›Mohammed Ali, die Herrin Zubaida läßt dich rufen. Sie hat von dir gehört und will dich sehen.‹ Ich wußte, daß die Herrin Zubaida die Frau des Kalifen war und daß er ihr in herzlicher Liebe zugetan war. Ich zögerte deshalb, zu ihr zu gehen. Die Alte aber drängte: ›Folge dem Befehl, sonst machst du die Herrin Zubaida böse, und sie wird deine Feindin. Das könnte übel ausgehen für dich!‹ Da stand ich vom Lager auf und folgte der Alten ins Haus der Herrin Zubaida, das zum Palast des Kalifen Harun Al Rashid gehörte.«

Als ich, Dschafar Al Barmaki, diese Worte hörte, fürchtete ich, die Fortsetzung dieser Erzählung könne den Kalifen zum entsetzlichsten Zornesausbruch reizen. Ich nahm an, dem erhabenen Herrscher komme jetzt ein Bericht von der Untreue der Herrin Zubaida zu Ohren. Mit nagender Sorge hörte ich weiter dem Bericht des Juweliers Mohammed Ali zu, der sich als Ebenbild des Kalifen präsentierte.

Er sagte: »Als ich vor der Herrin Zubaida stand, da fragte sie mich: ›Bist du der Geliebte Dunjas?‹ Ich antwortete ihr die Wahrheit. Sie sprach: ›Derjenige hat nicht gelogen, der mir gesagt hat, du seist ein schöner Mann und hättest dir Bildung erworben. Doch jetzt gehe in das Haus der Dunja zurück, ehe sie aus dem Badehause wiederkehrt!‹ Ich war aber schon zu lange fortgeblieben. Dunja lag bereits auf den Kissen, die unser gemeinsames Liebeslager gebildet hatten. Als ich zu ihr trat, da fuhr sie auf und schrie: ›Du warst mir untreu. Du hast mir versprochen, ja sogar geschworen, dich nicht vom Fleck zu rühren. Doch ich weiß, daß du zur Herrin Zubaida gegangen bist. Scheute ich nicht das Gerede, so würde ich hingehen und ihr die Kleider vom Leibe reißen.‹ Dann befahl die Herrin Dunja ihrem Diener Sawab, er solle mir den Kopf abschlagen. Der Sklave schickte sich an zu gehorchen. Er trat zu mir, riß einen

Streifen Stoff vom Saum seines Hemdes und verband mir die Augen. Dann wollte er sein Schwert schwingen, um mich zu töten. Da aber sprachen ihre Dienerinnen zu meinen Gunsten. Sie meinten, ich hätte in Wahrheit doch kein Verbrechen begangen, für das ich den Tod verdient hätte. Dunja gab schließlich dem Sklaven ein Zeichen, das Schwert zu senken. Strafen aber wollte sie mich. Sie ließ mich peitschen. Die Spuren jener Hiebe habt ihr gesehen. Als Dunja glaubte, ich hätte nun genug Schmerzen gelitten, gab sie Befehl, mich vor das Haus hinauszuschaffen und auf den Boden zu werfen. Mühsam erhob ich mich vom Dreck der Straße und schleppte mich langsam zu meinem eigenen Haus. Ein Wundarzt brauchte fast einen Monat, um mich zu heilen.«

Der Kalif Harun al Rashid, der Schwertträger Masrûr und ich, Dschafar Al Barmaki, der Wesir des Kalifen, hörten mit Erstaunen die Geschichte des falschen Kalifen, der uns erklärte, warum er sich als der erhabene Herrscher ausgab: »Jede Nacht fahre ich auf dem Tigris und lasse verkünden, es werde dem der Kopf abgeschlagen, der sich zugleich mit mir hinauswagt auf den Fluß. Meine Absicht ist, die stolze Herrin Dunja zu reizen, die keine Verbote duldet. Vor ihrem Haus am Fluß ruft mein Diener aus: ›Ihr Leute allesamt, hört zu! Einem jeden, der in diesem Augenblick auf dem Fluß fährt, dem lasse ich den Kopf abschlagen!‹ Doch hat sich Dunja nie auf dem Tigris gezeigt.«

Verwunderung ergriff den Kalifen Harun Al Rashid, der, wie wir beiden anderen auch, für einen Kaufmann gehalten wurde. Harun Al Rashid sagte: »Allah sei Preis, der für alles eine Ursache geschaffen hat!« Er bat den jungen Mann, mit Masrûr und mir das gastfreundliche Haus verlassen zu dürfen. Dies wurde uns gewährt. Wir verließen den falschen Kalifen und machten uns auf den Weg. Weit hatten wir zu gehen bis zum Haus des hochmächtigen Kalifen. Nachdem wir, der Kalif Harun Al Rashid, der Schwertträger Masrûr und ich, der Wesir Dschafar Al Barmaki, im Saal des Diwan unsere Kaufmannskleider abgelegt hatten, da bemerkten wir, daß es Tag geworden war. Der Kalif antwortete auf keine meiner Anreden. Er blieb auch stumm, als ich bemerkte, die Stunde sei gekommen, um den Diwan für Beamte und Bittsteller zu öffnen. Nach einiger Zeit aber sagte unser Herr ganz unvermittelt: »Dschafar, mein Wesir, der junge Mann soll zu mir kommen, bei dem wir in der vergangenen Nacht gewesen sind!« Meine Antwort war: »Ich höre und gehorche!« In meinem Staatsgewand ritt ich hin zu jenem prächtigen Haus am Tigris. Ich wurde zu ihm geführt. In jenem Raum, in dem wir die Nacht verbracht hatten, sprach ich zu dem, der sich als Kalif ausgab, und sagte: »Der wahre Beherrscher der Gläubigen ruft dich. Folge dem Ruf des Kalifen Harun Al Rashid!« Ohne zu zögern befahl der junge Mann seinen Dienern, ihm sei ein Pferd zu satteln. Dann machte er sich mit mir auf den Weg zum Palast des Herrschers. Ich spürte, daß ihn Angst erfaßt hatte.

Als er in den Raum eintrat, den man als Diwan zu bezeichnen pflegt, da warf sich der falsche Kalif vor Harun Al Rashid nieder und rief mit lauter Stimme: »Allah möge dir, dem wahren Beherrscher der Gläubigen, ein langes Leben und vor allem eine lange Dauer der Herrschaft bescheren. Es sollen dir alle deine Wünsche in Erfüllung gehen. Heil dir, dessen Schutz das gesamte Volk des Glaubens anvertraut ist. Mein Herz ist voll Furcht. Gib mir Sicherheit, damit meine Furcht sich lege, damit mein wild schlagendes Herz sich beruhige!« Harun Al Rashid nickte gnädig und sagte: »Ich gewähre dir Sicherheit. Sei ohne Angst vor einem Leid. Ich weiß, du bist ein Liebender, der getrennt war von seiner Geliebten. Willst du sie wiederhaben?« Der junge Mann antwortete mit diesen Versen:

»Ich küß die Finger ihm, die keine Finger sind,
Die vielmehr Schlüssel sind für unser aller Leben.
Ich dank für Gnaden ihm, die keine Gnaden sind,
Sie sind ein kostbar Band, mit dem wir uns ihm geben.«

Als der Kalif Harun Al Rashid diese Worte gehört hatte, da sprach er zu mir: »Dschafar, bringe deine Schwester, die Herrin Dunja, zu uns in den Diwan. Bringe die Tochter des Wesirs Jahja Ibn Khalid!« Ich antwortete: »Ich höre und gehorche, oh Beherrscher der Gläubigen!« Ich holte Dunja, meine Schwester, und brachte sie zu Harun Al Rashid.

Verwirrt betrat sie den Raum, der Diwan geheißen wird, in dem nur Männer die Stimme erheben dürfen. Als sie vor den Kalifen trat, sprach dieser: »Dunja, weißt du wer der Fremde ist, der sich mit uns in diesem Saal befindet?« Sie antwortete, wie es sich geziemt: »Oh Beherrscher der Gläubigen, wie kann ich als Frau einen Mann kennen?« Harun Al Rashid sagte: »Du erkennst ihn, wenn du dein Gesicht erhebst. Es ist dein Mann, Mohammed Ali, der Sohn des Goldschmieds Ali. Wir wissen, was geschehen ist, von Anfang bis zum Ende. Wir haben aus dem Verlauf des Erlebten seinen inneren Sinn verstanden. Die Sache ist nicht mehr verborgen. Der Beherrscher der Gläubigen hat sie in sich aufgenommen!« Und er sagte alles, was er von der Beziehung zwischen Mohammed Ali, dem Sohn des Goldschmieds, und Dunja wußte.

Da gab Dunja zur Antwort: »Oh Beherrscher der Gläubigen! Im Buche Allahs hat es also gestanden, daß du vernehmen sollst, was geschehen ist. Ich flehe zu Allah, dem Allerbarmer und Allmächtigen, um Vergebung für das, was ich getan habe. Und ich bitte auch dich, zu verzeihen – mir und meinem Manne Mohammed Ali, der sich aus übergroßem Schmerz einen Stand anmaßte, den ihm Allah nicht zugewiesen hat.« Harun Al Rashid lächelte. Er ließ den Kadi kommen und erneuerte die Ehe zwischen Mohammed Ali und Dunja. Das geschah ihnen beiden zur Freude, den Neidern aber zum Leide.

Als dieses Geschehen bekannt wurde in Baghdad, da sagten die Menschen zueinander, daß sich Harun zu Recht Al Rashid, »der Gerechte«, nenne. Ich aber wußte, daß das Gift der überheblichen Worte Dunjas, die der junge Mann dem Kalifen weitergesagt hatte, im Gemüt des Herrschers wirkte. Ich wußte von nun an, daß sich der Zorn unseres mächtigen Kalifen gegen mich richten würde, sobald ich ihm auch nur den geringsten Vorwand lieferte. Dieser Zorn gegen mich würde ins Unermeßliche wachsen, bis der Kalif den Schwertträger Masrûr damit beauftragen wird, mir den Kopf abzuschlagen – mir, Dschafar aus dem Geschlecht der Barmakiden, die der Kalifenfamilie seit mehreren Geschlechtern zu Diensten ist.

Dschafar Al Barmaki, der Wesir, erzählt vom Aufstieg seiner Familie

Allah allein weiß auch um den wahren Beginn der Geschichte unserer Familie, der Barmakiden. Überliefert ist, daß ein Mann aus Persien nach Baghdad gereist war, der sich Barmak nannte. Barmak, so konnte ich erfahren, war der Titel heidnischer Priester im Tempel von Nawbahar. In Baghdad regierte damals der Kalif Abdel Malek; in seine Dienste trat mein Vorfahr Barmak. Er soll Arzt gewesen sein. Vieles, was ihm widerfuhr, ist über zwei Generationen von Mund zu Mund weitergegeben worden. Die Geschichten, die von Barmak erzählen, berichten zugleich vom Kalifen Abdel Malek. Auch aus seinem Leben sind Lehren zu ziehen.

Schlimmes hatte jener Abdel Malek in seiner Kindheit mitgemacht. Er war dabei gewesen, als der Kalif Othman von einem gewalttätigen Haufen ermordet wurde. Er hatte gesehen, wie das Blut aus der Halswunde des Herrschers floß und im Sand versickerte. Dieses Bild, so soll der Kalif Abdel Malek zu Barmak oft gesagt haben, war nie aus seinem Gedächtnis zu löschen. Einzelnen Menschen, wie Barmak zum Beispiel, konnte Abdel Malek Vertrauen schenken, nicht aber dem Volk. Als er einmal freitags in der Moschee von Damaskus nach dem Gebet eine Ansprache hielt, da sagte der Kalif Abdel Malek, wie er das

Verhältnis zwischen sich und dem Volk sah – er bediente sich dabei einer alten Legende. Abdel Malek, so wird berichtet, sprach diese Worte:

»Mir geht es wie der Schlange im Märchen. Ich will euch dieses Märchen erzählen. Einst kamen zwei Brüder vor eine Höhle. Eine Schlange kroch heraus, legte ein Goldstück vor den Höhleneingang und verschwand. Am nächsten Tag stellten sich die zwei Brüder wieder vor die Höhle. Die Schlange kam gekrochen, zischte kurz und verschwand. Wieder ließ sie ein Goldstück, einen Dinar, zurück. Von nun an wiederholte sich dieser Vorgang jeden Tag. Die beiden Brüder konnten gut von dem Geld leben, das ihnen die Schlange täglich zukommen ließ. Ihr Glück dauerte so lange, bis einer der beiden Brüder mit einem Goldstück am Tag nicht mehr zufrieden war. Er wollte alles Gold auf einmal haben, das die Schlange in der Höhle verwahrte. Mit einem schweren Stock bewaffnet, wartete er vor der Höhle. Als die Schlange mit dem Dinar zwischen den Zähnen herankroch, schlug er zu. Die Schlange aber war nicht tot, doch eine blutende Wunde klaffte an ihrem Leib. Zornig fuhr sie auf den Mann los, schlug ihre Zähne in sein Fleisch und spritzte ihr Gift in seine Adern. Der Mann starb. Voll Trauer beerdigte ihn sein Bruder. Dann stellte der sich jeden Tag vor die Höhle und wartete auf die Schlange. Doch die Schlange ließ sich erst nach vielen Tagen wieder sehen. Ihre Wunde war noch nicht ganz verheilt. Der Bruder des Toten fragte sie, ob ihre Beziehung nicht wieder so sein könnte wie früher. Die Schlange aber antwortete: ›Beim Grabe deines Bruders und bei der brennenden Wunde, die ich noch immer am Körper trage, es ist keine aufrechte Freundschaft und Liebe mehr zwischen uns möglich.‹ «

Diese Geschichte lehrt mich, den Urenkel jenes Barmak, daß auch für mich, für den Wesir Dschafar Al Barmaki, keine Aussöhnung möglich ist mit dem Kalifen Harun Al Rashid. Wir tragen beide brennende Wunden in unserem Gemüt. Der Kalif wird mich töten lassen müssen. Zu sehr habe ich ihn verletzt – und er mich.

Mein Urgroßvater Barmak wußte zu erzählen, wie ein Herrscher sich gezwungen sah, einen Mann umzubringen, den er sonst gern an seiner Seite gesehen hätte: Als der Kalif Abdel Malek unterwegs war, um die Mörder des Kalifen Othman zu suchen und zu bestrafen, da versuchte der erprobte, mutige und bislang treue Feldherr Amru Ibn Said Al Ashdak die Macht in Damaskus an sich zu reißen. Wäre nicht Abdel Malek rasch in die Stadt zurückgekehrt, Amru Ibn Said Al Ashdak wäre für lange Zeit Herrscher gewesen. Doch die Rückkehr des wahren Kalifen, auf den das Heer hörte, zwang den Meuterer zur Kapitulation.

Überliefert ist, daß mein Urgroßvater Barmak dieses vom Verhalten des Kalifen Abdel Malek nach der Untreue seines Feldherrn erzählt hat: »Der Herrscher gab sich zunächst freundlich. Er lud Amru Ibn Said Al Ashdak zum Abendessen ein. Sie griffen mit der Hand in eine gemeinsame Schüssel, um süßen Reis zum Munde zu führen. Der Feldherr sah darin ein Zeichen, daß sein Herr ihm die Meuterei verziehen habe. Sie redeten von der Zukunft, die Vergangenheit ließen sie ruhen. Doch als der Reis in der Schüssel zur Neige ging, sagte der Kalif: ›Damals, als du der Aufrührer warst hier in Damaskus, da habe ich mir geschworen, dich an Händen und Füßen zu fesseln. Daß ich den Eid bisher nicht erfüllen konnte, bedrückt mich. Du kannst mir helfen, mich von diesem Druck zu befreien. Laß dich von mir fesseln. Ich schwöre dir bei Allah, daß ich dir selbst die Ketten wieder abnehme.‹ Amru Ibn Said Al Ashdak glaubte, mit dieser Geste, sich fesseln zu lassen, sei die Schuld, gemeutert zu haben, abgegolten. Geduldig wartete der Feldherr darauf, daß ihm die Fesseln wieder gelöst würden – doch er wartete vergeblich. Er bat den Kalifen schließlich: ›Jetzt solltest du, oh Beherrscher der Gläubigen, dein Versprechen wahrmachen und mir die Ketten wieder lösen.‹

Doch Abdel Malek packte in diesem Augenblick den Gefesselten und schlug sein Gesicht mit solcher Wucht gegen einen Steintisch, daß dem Amru Ibn Said Al Ashdak die Schneidezähne abbrachen. Blut floß dem Feldherrn aus dem Munde. Abdel Malek sagte dem Gefesselten jetzt, wie er den Schwur, den er bei Allah geleistet hatte, einzuhalten gedachte: ›Ich habe geschworen, selbst deine Ketten zu lösen. Ob dies vor oder nach deinem Tode geschieht, darüber habe ich kein Wort gesagt. Erst stirbst du, dann nehme ich dir die Fesseln ab!‹ Die Stunde des Abendgebetes war gekommen. Da der Kalif seine religiösen Pflichten sehr ernst nahm, begab er sich in die Moschee. Den gefesselten Feldherrn ließ er liegen. Nachdem er seine Gebete gesprochen hatte, kehrte der Kalif zurück, ergriff sein Schwert und zerstückelte den Leib des Amru Ibn Said Al Ashdak.

Vor dem Haus des Kalifen hatte sich inzwischen die jammernde Familie des Feldherrn eingefunden. Seine zahlreichen Frauen und Kinder saßen auf dem Boden, weinten und schrien laut. Ihr Geheul war drinnen im Haus zu hören. Da packte den Kalifen Abdel Malek noch einmal die Wut. Er trennte den Kopf von der blutigen Masse, die einmal der Leib des Amru Ibn Said Al Ashdak gewesen war, und warf ihn zum Fenster hinaus. Er traf damit eine der weinenden Frauen. Dann war die Wut verrauscht. Der Kalif gab Anweisung, für die Familie müsse gesorgt werden. Zu den fast erwachsenen Söhnen des Toten sagte er: ›Euer Vater selbst hat mich in eine Lage gebracht, in der es nur einen Ausweg gab: ihn zu töten!‹ «

Bei Allah! Ich, Dschafar Al Barmaki, erkenne in dieser Erzählung eine Lehre. Sie läßt mich wissen, wie mein eigenes Ende sein wird. Zum Schluß – Allahs Wille geschehe – wird auch die Geschichte vom Aufstieg meiner Familie niedergeschrieben sein, der mit dem Mann begonnen hatte, der Barmak hieß und dem es gelungen war, das Vertrauen des Kalifen Abdel Malek zu erringen.

Der Sohn des Barmak, mein Großvater, sein Name war Khalid Ibn Al Barmaki, mußte in Damaskus den Untergang des stolzen Geschlechtes Umaija erleben, das in zweiundsechzig Jahren durch Allahs Gnade dreizehn Kalifen in einer ununterbrochenen Reihe an die Spitze des Staates gestellt hatte. Merwan

Ibn Mohammed war der letzte dieser Kalifen gewesen. Ohnmächtig hatte er zusehen müssen, wie im Osten des Islamischen Reichs, an der Grenze zwischen dem Zweistromland um Euphrat und Tigris und den persischen Provinzen, die Rebellion gewachsen war gegen den Herrschaftsanspruch der Familie Umaija, die in Damaskus regierte. Ein Mann stand an der Spitze der Aufrührer, der von sich sagte, er stamme aus dem Geschlecht des Propheten Mohammed – den Allah durch Frieden segnen möge. Der Name dieses Mannes war Abdallah Abu Abbas. In Kufa, in der Stadt, die am Euphrat liegt, hatte er seinen Anspruch auf die Macht im Reich an einem Freitag zur Stunde des Mittagsgebets mit diesen Worten verkündet:

»Gepriesen sei Allah, der den Islam als das Edelste für sich erwählt hat. Unsere Familie, die Familie des Propheten, hat er zum würdigsten Geschlecht erkoren. Durch die Verwandtschaft mit dem Gesandten Allahs sind wir erhoben. Wir sind aus demselben edlen Stamme wie er entsprossen. Allah hat uns im Islam einen hohen Rang zugewiesen. Im Koran hat Allah unsere Rechte geordnet, indem er sagte: ›Ich will euch durch die Familie des Propheten von den Sünden befreien und euch reinigen.‹ Ferner hat Allah bestimmt: ›Was dem Gesandten Allahs gehört, bleibt nach ihm allein seinen Verwandten vorbehalten.‹ Allah hat den Gläubigen unsere Vorzüge bekannt gemacht. Er hat den Gläubigen vorgeschrieben, uns zu lieben und unsere Rechte zu achten. Er hat uns durch einen großen Anteil an jeder Beute geehrt und bevorzugt.«

Mit diesen und ähnlichen Worten hatte Abdallah Abu Abbas die Gläubigen überall im Reich aufgefordert, ihn und seinen Anspruch auf die Macht, den er im Namen des Propheten erhob, zu unterstützen. Mein Großvater Khalid Ibn Al Barmaki fühlte sich angesprochen durch diese Aufforderung. Er verließ den Dienst des letzten Kalifen aus dem Geschlecht Umaija, ohne dem Herrscher ein Wort zu sagen, und ritt mit seiner Familie ins Zweistromland. Dem Abdallah Abu Abbas bot er an, für ihn zu arbeiten.

Mein Großvater Khalid Ibn Barmaki blieb in Kufa, als der Nachkomme des Propheten mit einem wilden Haufen Bewaffneter nach Damaskus zog. Er war nicht Zeuge der schlimmen Taten, die Abdallah Abu Abbas verüben ließ. Er sah nicht, wie die Mitglieder der Familie Umaija erschlagen, wie ihre Toten aus den Gräbern gerissen wurden. Er war nicht dabei, als sich Abdallah Abu Abbas selbst den Beinamen Al Saffah gab, der Blutvergießer.

Khalid Ibn Barmaki diente dem neuen Herrschergeschlecht der Abbasiden in der Ostprovinz. Sein Vater war aus dem Osten gekommen, der Sohn war dorthin zurückgekehrt. Khalid wurde geehrt durch den Posten eines Aufsehers beim Bau der »Runden Stadt«, die, als sie vollendet war, den Namen Baghdad erhielt.

»Im Namen Allahs! Gepriesen sei der Herr. Die ganze Erde gehört ihm. Er verleiht die Erde, an wen er will. Denen, die ihn fürchten, sichert er ein glückliches Ende zu. Allahs Segen begleite die Arbeit.« Mit diesem Gebet legte der Kalif Abu Dschafar Mansur den ersten Stein zum Bau der Runden Stadt. Mein Großvater Khalid Ibn Al Barmaki stand damals neben dem Kalifen. Er wußte, warum der Herrscher diese Stadt bauen ließ. Kalif Abu Dschafar Al Mansur, er war der Nachfolger des Abdallah Abu Abbas, hatte Angst vor der Unzufriedenheit der Untertanen. Der erste Herrscher der Abbasiden hatte die Macht beanspruchen können mit der Begründung, er gehöre zu der von Allah besonders ausgezeichneten Familie des Propheten Mohammed und stehe in der Gnade des Allmächtigen. Die Gerechtigkeit Allahs aber hatte das neue Herrschergeschlecht den Untertanen nicht bringen können. Aus Sorge vor Rebellion hatte Abu Dschafar Mansur Damaskus verlassen. Er fühlte sich schließlich auch in Kufa nicht mehr sicher. Eine eigens angelegte Stadt, in runder Form gebaut, sollte völligen Schutz bieten. Mein Großvater, so wird berichtet, sei auf den Gedanken gekommen, die Stadt im Kreis um den Palast des Kalifen zu bauen. Für den Durchmesser des Kreises schlug Khalid Ibn Barmaki das Maß von dreitausend Schritten vor.

Nach einem Jahr schon war der Bau weit fortgeschritten. Wie heute, zur Regierungszeit des erhabenen Herrschers Harun Al Rashid, umgaben von Anfang an drei Wälle die Stadt. Das Basra-Tor im Südosten ist gebaut worden für Reisende aus der Hafenstadt Basra und aus Orten, die am Tigris liegen. Draußen vor dem Basra-Tor befindet sich der Markt Al Karkh. Unser Herr hatte durch meinen Großvater die Runde Stadt so planen lassen, daß kein Marktgetriebe innerhalb der Mauern stattfinden kann. Im Zentrum der drei Mauerkreise steht der Palast des Herrschers. Kein Marktlärm sollte dorthin dringen. Im Südwesten schützt das Kufa-Tor die Stadt. Es ist gedacht als Ausgangspunkt und als Endpunkt der Pilgerreisen nach Mekka. Deshalb ist das Kufa-Tor besonders reich geschmückt. Durch das Syrische Tor betreten Reisende die Stadt, die auf Schiffen den Euphrat heruntergekommen sind. Das vierte Tor ist Khorasan-Tor genannt. Unter seinen Bogen hindurch führt die Straße in die persischen Provinzen, sie überquert unmittelbar nach dem Tor den Tigris. Die Brücke, die auf schwimmenden Flößen ruht, ist auf Anweisung meines Großvaters gebaut worden.

Die Straßen der Runden Stadt beginnen alle beim Palast und streben, wie Speichen eines Rades von der Achse, hin zu den Toren. Sie trennen die Stadtviertel voneinander. Jedes Wohngebiet kann vom anderen abgeriegelt werden. Der erhabene Herrscher, der Kalif Abu Dschafar Mansur, hatte meinem Großvater Befehl gegeben, Maßnahmen dafür zu treffen, daß sich kein Aufruhr in der Stadt erheben konnte, daß keiner es wagen durfte, zu rebellieren. Aus diesem Grund hat Khalid Ibn Barmaki das Muster persischer Rundfestungen übernommen – in Persien wurde das Bild der Städte schon immer vom Mißtrauen der Herrschenden geprägt. Dieses Mißtrauen war an den bisherigen Höfen der Kalifen nicht zu spüren gewesen. So war es mein Großvater gewesen, der im Islamischen Reich durch Gründung der neuen Stadt die Trennung von Volk und Herrscher vollzogen hat. In Mekka war es zur Zeit des Propheten – Allah gebe ihm Frieden – üblich gewesen, daß jeder zum Herrn des Reiches kommen konnte. Auch in Damaskus war der Palast des Kalifen nicht von einer trennenden Mauer umgeben gewesen. In der Runden Stadt aber blieb Kalif Abu Dschafar Mansur für sich, unerreichbar für die Gläubigen.

Erzählt wird, daß mein Großvater allein an Materialkosten beim Bau der Runden Stadt 42008633 Dirhem ausgegeben habe. Die Arbeiter, die Maurer, die Dachdecker, die Schlosser erhielten dabei keinen einzigen Dirhem für die vielen Tage, an denen sie tätig sein mußten. Damals betrugen die 42008633 Dirhem etwa das Fünffache dessen, was im ganzen Islamischen Reich im Jahr an Steuern bezahlt wurde. Alles war sehr viel billiger als heute: Für 100 Dirhem war ein schönes Kamel, ein kräftiger männlicher Sklave oder eine wohlgeformte kaukasische Jungfrau zu haben.

Mein Vorfahr, auch ihm möge Allah Seligkeit zuteil werden lassen, gab der Runden Stadt den Namen Medinat as Salam – die Stadt des Friedens. Dem erhabenen Herrscher sollte sie Frieden bringen, Sicherheit vor Umtrieben der Armen und Unzufriedenen. Des Nachts waren alle Tore verschlossen, durfte sich niemand auf der Straße zeigen. Die Patrouillen hatten das Recht, jeden zu töten, der bei Dunkelheit das Haus verließ. Erst zur Zeit unseres Herrn, des Kalifen Harun Al Rashid, ist die Vorschrift, die Tore nachts zu verriegeln, und das Verbot, die Straße bei Dunkelheit zu betreten, aufgehoben worden.

Daß mein Großvater Khalid Ibn Barmaki seine Aufgabe, Medinat as Salam zu bauen, gut erfüllt hatte, wurde ihm reich vom Kalifen vergolten. Als mein Großvater starb, war die Familie Barmak wohlhabend und einflußreich. Doch auch Khalid Ibn Barmaki hatte die Ungerechtigkeit der Herrschenden, die nun auch mich trifft, zu spüren bekommen. Der Kalif Abu Dschafar Mansur hatte meinen Großvater angeklagt, er habe beim Bau der Runden Stadt Geld unterschlagen. Er forderte einen derart hohen Betrag von Khalid Ibn Barmaki, daß der ganze Reichtum der Familie in die Hand des Kalifen übergegangen wäre. Erzählt wird, eine Frau aus dem Haushalt des Kalifen habe durch ihre

Liebeskunst die Wut des Herrschers besänftigt. Khalid Ibn Barmaki sei begnadigt worden und im Dienst des Kalifen geblieben.

Der Sohn des Khalid, mein Vater, wurde von Jugend an mit wichtigen Aufträgen im Staat betraut. Er hatte die Aufgabe, den Prinzen Harun zu erziehen, der unser Herrscher wurde. Der Name meines Vaters ist Jahja Ibn Khalid Al Barmaki.

Von der Güte des Jahja Ibn Khalid Al Barmaki wird erzählt, er sei eines Tages, als er sich auf dem Heimweg befand nach des Tages Dienst beim Kalifen, einem Mann begegnet, der diese Worte sprach: »Oh Jahja, ich brauche deine Hilfe. Im Namen Allahs, laß mich nicht hungern!« Jahja befahl darauf seinen Dienern, dem Armen Unterkunft und Nahrung zu geben, und an jedem Tag ließ er ihm hundert Dirhem ausbezahlen. Nach einem Monat besaß der Mann dreitausend Dirhem, und er bekam Angst, Jahja könnte ihm den angesparten Betrag wieder wegnehmen lassen. Da verließ er heimlich das Haus. Jahja aber war betrübt, daß der Mann seiner Güte nicht getraut hatte. Überliefert ist, daß er diese Worte gesagt habe: »Bei Allah, wenn er auch sein ganzes Leben bei mir verbracht hätte, bis ihn der Tod ereilt, ich hätte ihm meine Gabe nicht entzogen, ich hätte ihm die Wohltat meiner Gastfreundschaft nicht genommen.«

Erzählt wird auch, zu Mansur, einem Hofbeamten, der dem Kalifen auf vielerlei gefährlichen Posten im Islamischen Reich gedient hat, sei eines Tages der Kommandeur der Leibwache gekommen und habe im Namen des Kalifen die sofortige Bezahlung von einer Million Dirhem verlangt. Mansur, so sagte der Kommandeur, sei überführt, diesen Betrag widerrechtlich einbehalten zu haben, als er Gouverneur in Khorasan war. Mansur war diesmal der Unglückliche, den die Ungerechtigkeit des Herrschenden traf. Er hatte das Geld nicht an sich genommen, und er besaß keine Million Dirhem, um sie an den Kalifen abzuliefern. Jahja Ibn Khalid Al Barmaki zahlte den Betrag aus eigener Tasche, um Mansur zu helfen. Seit jener Zeit ist dieser Spruch eines Dichters in Baghdad zu hören: »Niemand auf der Erde ist edler als das Geschlecht Barmak.«

Dem Vater wurde ich, sobald ich alt genug war, an die Seite gestellt, die Ämter zu führen. So erlebte ich, wie Harun Al Rashid, unser allmächtiger Herr, die Zügel im Reich in die Hand nahm.

Zehn Jahre lang hatte der Kalif Abu Dschafar Mansur, der Erbauer der Runden Stadt, das Islamische Reich regiert. Als er starb, waren sechs Generationen vergangen seit dem Tod des Propheten Mohammed – den Allah segne und mit Heil belohne. Auf Kalif Abu Dschafar Mansur – auch ihm gebe Allah Frieden – folgte der Kalif Al Mahdi. Er hatte zwei Söhne. Al Hadi hieß der ältere, Harun der jüngere. In Gefahr, den falschen Weg zu gehen, waren sie beide. Ihr Verführer hieß Ibrahim Al Musili und war ein Dichter. Er meinte, die Prinzen sollten ihr Leben in Lust genießen. Dies aber wollte mein Vater, Jahja Al Barmaki, verhindern. Er hatte die Absicht, den Prinzen, vor allem aber dem begabten Harun beizubringen, daß das Leben eines Mannes aus dem Haushalt des Kalifen von den Gesetzen des Propheten – Allah segne ihn und gebe ihm Heil – geleitet sein müsse.

Der Fürst der Sänger ist schuld, dass Harun trinkt

Eigentlich hieß er gar nicht Ibrahim Al Musili. Den Beinamen Al Musili – »Der Mosuler« – hatte er sich selbst gegeben, weil er so den Eindruck erwecken konnte, er stamme aus Mosul, aus einer Stadt Arabiens. In Wahrheit hieß er Ibrahim Ibn Maimun. Aber auch dieser Name war schon falsch, denn er war nicht der Sohn des Maimun, sondern der Sohn des Mahan. Ibrahim hatte sich des Namens Mahan geschämt, weil dieser persischen Ursprungs war. Er war einmal gehänselt worden mit der Bemerkung, Persien bestehe nicht mehr, es sei Teil von Arabien geworden, und wer noch einen persischen Namen trage, der zeige offen, daß er nicht Untertan des Beherrschers der Gläubigen sein wolle. Da Ibrahim die Absicht hatte, am Hof des Kalifen in Baghdad erfolgreich zu sein, hieß er fortan Ibrahim Ibn Maimun Al Musili. So falsch wie der Name, so falsch war der Mann.

Ich schreibe deshalb meine Gedanken über ihn nieder, weil er beinahe den Untergang des von Allah geschaffenen Islamischen Staates bewirkt hätte. Doch Allah hat seine schützende Hand über das Reich des Beherrschers der Gläubigen gehalten.

Die persische Provinz Fars ist Ibrahims Heimat gewesen, doch schon in seiner Kindheit war er nach Kufa gekommen. Die Sippe des Ibrahim gehörte zum Stand der Wohlhabenden. Seine Oheime ärgerten sich darüber, daß Ibrahim begann, Gefallen an Liedern zu finden. Er sang, was die Straßensänger jener Zeit darboten. Er hörte ihnen stundenlang zu und vernachlässigte dabei die Schule. Die Oheime, die das Schulgeld bezahlten, schlugen ihn und sperrten ihn ein, doch Ibrahim besserte sich nicht. Er riß schließlich aus und gelangte bis nach Rey, der wichtigsten Stadt der persischen Provinzen. Dort kannte er niemand, und Geld besaß er auch nicht. Er mußte dafür sorgen, daß ihm Essen und Unterkunft geschenkt wurde. Durch Gesang in den Teestuben gewann er Männer für sich, die ihn an den Tisch und häufig in ihr Haus holten. Ein Lied wollten seine Gönner immer wieder hören. Dies waren die Verse:

Von Mosul komm ich, bringe Wein,
Aus vollen Krügen schenk ich ein!
Selbst schuld ist, wer den Wein verschmäht,
Wer von der Lust der Welt gar nichts versteht.
Der Wein ist uns zum Trunk gegeben,
Um uns die Sinne zu beleben,
Drum trinken wir den Wein, den roten!
Ich glaube nicht, daß es verboten.

Der Wahrheit zuliebe muß gesagt sein, daß die meisten, die Ibrahim Al Musili einluden, keine Gläubigen waren, denen Allahs Gebot heilig war. Sie hingen dem Propheten Zarathushtra an. Ihr Glaube war allerdings seit langem verboten. Den Kreis der von Allah Verdammten verließ Ibrahim Al Musili erst, als der Statthalter von Basra auf den Sänger aufmerksam wurde. Doch auch dieser Emir, der ein Gläubiger war, liebte den Wein, auch er verlangte, daß Trinklieder gesungen wurden.

Nach Baghdad gelangte Ibrahim Ibn Musili auf Wunsch des Kalifen Al Mahdi. Einer der Eunuchen dieses Beherrschers der Gläubigen hatte in Basra, im Hause des Statthalters, die Stimme des jungen Mannes gehört und hatte dann bei seiner Rückkehr in den Haushalt des Kalifen von diesem Erlebnis berichtet. Da der Herrscher dem Eunuchen besonders vertraute, war er von diesem Augenblick an darauf aus, den Sänger zu sich zu holen. Dem Befehl des Kalifen konnte sich der Statthalter von Basra nicht widersetzen. Er mußte Ibrahim Al Musili nach Baghdad schicken. So geschah es, daß auch wir, die Glieder der Familie Al Barmaki, uns mit diesem Mann auseinandersetzen mußten.

Ein Jahr lang hatte niemand Grund zur Klage über Ibrahim Al Musili. Er bereitete auch den wahrhaft Gläubigen kein Ärgernis, denn er dichtete keine Trinklieder. Er beschäftigte sich überhaupt damit, für die Verse guter Dichter den Gesang zu erfinden. So entstanden Lieder, die er dann dem Kalifen Al Mahdi vortrug. Zu den Versen des Dichters Abu Al Atahija war ihm ein besonders schöner Gesang eingefallen. Die Verse lauteten so:

Voller Hoffnung war mein Streben,
Hoffnung auf ein langes Leben,
Hoffnung auf Genuß der Liebe,
Hoffnung, daß die Jugend bliebe –
Doch diese Einsicht bringt die Zeit:
Nichts ist für die Ewigkeit.
Alles, was uns heute freut,
Was die Sinne uns zerstreut,
Gilt uns morgen als verloren.
Dies vergessen nur die Toren.

Klug sind, die sich schon beizeiten
Auf den Abschied vorbereiten.

Für den Gesang dieses Liedes wurde Ibrahim Al Musili reich beschenkt. Der Sänger erhielt ein Haus und einen Ehrensold, den der Kalif Al Mahdi mit zehntausend Dirhem im Monat festsetzte. So konnte Ibrahim Al Musili eine Zeitlang gastfreundlich sein: Er war in Baghdad dafür berühmt, daß in seinem Haus zu jeder Stunde Essen vorbereitet wurde. Drei Schafe waren immer bereit: Eines kochte, in Teile zerlegt, in den Töpfen auf dem Herd; ein zweites Schaf hing abgehäutet in der Küche; ein drittes Schaf suchte Futter im Hof des Hauses. Besuchten Gäste in großer Zahl den Sänger Ibrahim Al Musili, dann wurde zunächst aufgetischt, was in den Töpfen bereits gekocht hatte. Gleichzeitig wurde das abgehäutete Schaf zerteilt und in die Kochtöpfe gelegt, das dritte Schaf wurde geschlachtet und abgehäutet, während die Diener ein viertes Schaf in den Garten führten. Vom Ehrensold, den der Kalif Al Mahdi ausgesetzt hatte, war diese Gastfreundschaft allerdings bald nicht mehr zu bezahlen. Da kam der Sänger Ibrahim Al Musili auf den Gedanken, gegen Bezahlung begabte Sklavinnen zu Sängerinnen auszubilden.

Solche Schulen für Sängerinnen hatte es in Baghdad schon gegeben, doch sie hatten aus Mangel an guten Lehrern nie wirkliches Können vermittelt. Der geringe Wert der Ausbildung hatte dazu geführt, daß immer nur die billigen schwarzen Sklavinnen in die Gesangsschulen geschickt wurden, nicht aber die wertvollen weißen Frauen. Ibrahim Al Musili konnte die wohlhabenden Herren in Baghdad davon überzeugen, daß der Wert ihrer schönen Sklavinnen durch eine Gesangsausbildung noch zu steigern war. Er gewann vollends ihr Vertrauen durch das Versprechen, der kostbare Besitz der Herren werde während des Unterrichts durch einen Vorhang verhüllt sein. Da über lange Zeit kein Grund zu der Klage bestand, der Sänger sei einer Schülerin, die ihm anvertraut worden war, zu nahe getreten, erweiterten die Herren ihr Vertrauen: Sie gestatteten, daß ihre Sklavinnen jeweils eine ganze Woche im Haus des Ibrahim Al Musili blieben, um ihre Kunst zu vervollkommnen. Dem Haus wurde ein Flügel angebaut mit Räumen für die Frauen und mit großangelegten Badebecken. Bedient wurden die fremden Mädchen durch die eigenen Sklavinnen des Sängers und durch Eunuchen. Einmal, so wird berichtet, seien achtzig Gesangsschülerinnen zur gleichen Zeit ausgebildet worden.

Erstaunlich war, daß es Ibrahim Al Musili durch frommes Verhalten gelang, über Monate hin jeden schlechten Ruf von seinem Hause fernzuhalten. Doch eines Tages wurde meinem Vater Jahja Al Barmaki hinterbracht, die Prinzen Al Hadi und Harun seien gesehen worden, als sie aus dem Tor der Gesangsschule auf die Straße getreten seien. Nachforschungen bei Sklavinnen und Eunuchen des Hauses brachten zutage, daß Ibrahim Al Musili für die beiden Söhne des Kalifen einen Raum eingerichtet hatte, in dem sie unbeobachtet Wein trinken konnten. Von jenem Raum aus hatten sie auch die Möglichkeit, ebenso unbemerkt auf das Badebecken hinunterzublicken, in dem sich die Sklavinnen wuschen und erfrischten. Mein Vater, der für den Haushalt des Kalifen zuständige Wesir, fühlte sich verpflichtet, dem Beherrscher der Gläubigen das Ergebnis der Nachforschungen mitzuteilen.

Kalif Al Mahdi war wütend, doch er beherrschte sich, als er den Sänger zur Rede stellte. Ibrahim Al Musili leugnete jede Schuld. Al Mahdi war bereit zu glauben, der Mann, dessen Kunst ihn betören konnte, sei von den eigenen Dienern hintergangen worden. Auf Drängen meines Vaters ermahnte der Beherrscher der Gläubigen schließlich den Sänger doch noch. Er drohte ihm an, er werde ihn hart bestrafen lassen, wenn entdeckt werde, daß er den Prinzen Al Hadi und Harun sein Haus geöffnet habe.

Mein Vater Jahja wußte damals bereits, daß Prinz Harun dem Wein verfallen war und daß Ibrahim Al Musili, wollte er nicht den Zorn des zukünftigen Herrschers auf sich ziehen, den Neigungen des Prinzen nachgeben mußte. Zu erkennen war ja bereits die Hartnäckigkeit, mit der Harun seinen Willen durchzusetzen wußte. Al Mahdi war diesem Willen zur Macht nicht gewachsen. Ibrahim Al Musili glaubte aber, durch sein Entgegenkommen den jungen Mann, der bald Beherrscher der Gläubigen werden sollte, an sich binden zu können, und so ging er das Wagnis ein, den Prinzen weiterhin in seinem Haus den Genuß des Weins zu gestatten. Den Blick auf die badenden Frauen aber verwehrte er ihnen.

Den Spähern meines Vaters blieb nichts verborgen, was im Haus der Gesangsschule vor sich ging. Der künftige Kalif wurde zum Trinker und zum Hörigen des Sängers Ibrahim Al Musili. Dies konnte gefährlich werden für den Islamischen Staat, den Allah geschaffen hatte, aber auch gefährlich werden für den Einfluß der Familie Al Barmaki. Mein Vater Jahja fühlte sich zum Handeln veranlaßt. Er befahl dem Eunuchen Aban, dem Beherrscher der Gläubigen zu sagen, seine Söhne, die Prinzen Al Hadi und Harun, hätten auch weiterhin die Gewohnheit, im Hause des Ibrahim Al Musili Wein zu trinken. Der Kalif Al Mahdi, der sich selbst damals hütete, zum Becher zu greifen, ließ den Sänger holen.

Ibrahim Al Musili berichtete meinem Vater später selbst, wie er behandelt wurde: »Der Eunuch Aban bekam Befehl, mich ganz zu entblößen. Dies geschah bereits in dem Raum, in dem die Auspeitschungen stattfanden. Nackt wurde ich an den Händen angeseilt und über eine Rolle an der Decke hochgezogen, bis ich kaum noch auf Zehenspitzen stand. Der Beherrscher der Gläubigen fragte mich, ob ich der Verderber seiner Söhne sei. Ich leugnete jede Schuld. Da ordnete der Kalif in seinem Zorn an, mir seien dreihundertsechzig Peitschenhiebe aufzuzählen. Die Peitsche schwang der Diener Sallam. Hätte er stark zugeschlagen, so wäre die Strafe mein Tod gewesen. Trotzdem sind schließlich die Schmerzen so stark geworden, daß Ausscheidungen aus meinen Körperöffnungen traten. Auf ein Zeichen des Kalifen hörte Sallam auf, mich zu schlagen. Aus einem Eimer schüttete er Wasser über meinen Leib, um mich zu reinigen. Dann peitschte er weiter, bis die Zahl voll war. Danach hüllte man meinen gepeinigten Körper in die blutige Haut eines frisch geschlachteten Schafbocks. So wurden meine Schmerzen gelindert. Ein anderer der Eunuchen, sein Name ist Abu Uthman, brachte mich darauf in ein finsteres Loch, das als Gefängnis diente. Eng war dieses Grab. Ich weiß nicht, wieviele Tage ich darin zu bleiben hatte. Die Zeit vertrieb ich mir mit der Erfindung von Versen.«

Von den Erlebnissen des Ibrahim Al Musili erfuhr mein Vater, als er den Kalifen Al Mahdi schließlich gebeten hatte, den Sänger wieder freizulassen. Das finstere Loch durfte Ibrahim unter der Bedingung verlassen, daß er den Prinzen Al Hadi und Harun für alle Zeit aus dem Wege ging. Er mußte darauf einen Schwur leisten – und er hat ihn gehalten.

Stärker als zuvor war nun mein Vater Jahja darum bemüht, die Söhne des Kalifen, vor allem den jüngeren Sohn Harun, auf den rechten Weg des Glaubens zu lenken. Harun hat die Neigung zum Wein nie mehr verloren. Doch fortan war er in der Hand meines Vaters, war er in der Hand des Geschlechtes Al Barmaki.

Wenn sich auch Ibrahim Al Musili von den Prinzen fernhielt, so blieb er dennoch ein Ärgernis für meinen Vater Jahja. Eines Tages saß Jahja in der Kühle des Hofs vor dem plätschernden Brunnen seines Hauses, als der Sänger Muchariq eintrat, der zu denen gehörte, die dem Kalifen während der Mahlzeiten zu singen hatten. Mein Vater war ärgerlich über die Störung, und er fragte: »Warum kommst du jetzt, zu einer solchen Zeit? Es ist nicht die Stunde des Besuchens.« Muchariq antwortete: »Der Kalif hat seinen Sängern für drei Tage Freizeit gegeben, weil er sich nur um die Frauen seines Harems kümmern wollte. Da dachte ich bei mir, ich will zu meinem Lehrmeister Ibrahim Al Musili gehen und ihn fragen, wie es um seine Gesundheit und um seinen Einfallsreichtum bestellt ist. Als ich zu ihm kam, da dampften die Kochkessel, und die Weinkrüge waren gefüllt.

Hinter dem Vorhang saßen die Sklavinnen, denen Gesangsunterricht erteilt werden sollte. Ich fragte meinen Lehrer: ›Warum sitzen die Mädchen da? Ich höre kein Lied hinter dem Vorhang erklingen!‹ Er aber sagte: ›Setze dich zu mir und höre mich an. Ich wollte Unterricht erteilen heute Vormittag, da wurde mir zugetragen, in der Nachbarschaft sei ein Landgut käuflich zu erwerben. Seit langem hatte ich Lust auf das Haus und auf das Land, und jetzt kann ich es endlich bekommen. Einhunderttausend Dirhem soll beides kosten!‹ Ich sprach zu Ibrahim Al Musili: ›Das kannst du dir wahrhaftig leisten. Allah hat dir inzwischen doch ein Mehrfaches dieses Betrages zukommen lassen!‹ Er meinte darauf: ›Das stimmt, doch ich will einfach dieses Geld nicht ausgeben. Deshalb ist mir eine Idee gekommen. Du hörst mir zu, wie die Verse lauten und wie die Melodie des Liedes verläuft, das ich dir jetzt vortrage.‹ Und dann begann er mit seiner schönen Stimme zu singen:

›Alle schlafen, die frei von Kummer und Gram,
Allein zu mir der Schlaf zu keiner Stunde kam.
Der einzige, der mir hilft, ich sag es dir,
Ist Jahja Al Barmak, des Kalifen Wesir.‹

Ich übte Worte und Melodie unter der Aufsicht von Ibrahim Al Musili, bis ich beides beherrschte, und jetzt bin ich hier bei dir, oh Jahja Al Barmaki!«

Als mein Vater diese Worte des Sängers Muchariq gehört hatte, da sprach er: »Laß mich, oh Muchariq, noch einmal das Lied des Ibrahim hören!« Und Al Muchariq wiederholte sein Lied.

Da wandte sich Jahja an einen Sklaven und gab ihm den Befehl, sich vom Geldverwalter hunderttausend Dirhem aushändigen zu lassen, um sie Ibrahim Al Musili zu überbringen. So sollte der Sänger in die Lage versetzt werden, das Landgut kaufen zu können. Am anderen Tag aber erfuhren wir, daß Ibrahim das Geld nicht ausgegeben, sondern seiner Schatzkammer einverleibt habe. Haus und Grundstück habe er nicht erworben. Als mein Vater Jahja den Sänger Ibrahim nach dem Verbleib des Geldes fragte, wurde ihm diese Antwort zuteil: »Oh Wesir, kaum bekam ich das Geld, da gehörte es mir wie das andere Geld zuvor auch, und ich hatte keine Lust mehr, den Betrag auszugeben. Ich hoffe, oh Wesir, du verstehst mich!«

Schon einen Tag später bekam mein Bruder Al Fadl Ibn Jahja Besuch vom Sänger Muchariq. Mein Bruder wußte nichts davon, daß am Vortag unser Vater bereits von Muchariq aufgesucht worden war. Mein Bruder bekam von Muchariq zu hören, Ibrahim Al Musili habe den Unterricht für die Gesangssklavinnen aufgegeben, weil er traurig darüber sei, daß er ein Landhaus, das ihm schon lange gefallen habe, nicht kaufen könne. Auf der Suche nach Trost habe Ibrahim ein Lied verfaßt. Er, Muchariq, habe den Auftrag, dieses Lied zu singen. Und er begann, diese Worte vorzutragen:

»Wer Großmut sucht und Freiheit von der Frohn,
Der wendet sich an einen Barmakidensohn.
Al Fadl, also Vorzug, heißt der eine,
Er ist der jüngste Bruder, ist der Kleine,
Doch groß ist seine Güte jedem, der ihn bittet,
Der ihm in Not sein Herz ausschüttet.
Al Fadl Al Barmak sei gepriesen
Für Großmut, die er oft erwiesen.«

Muchariq war mit diesen Versen kaum zu Ende gekommen, da fragte – so wurde mir berichtet – mein Bruder Al Fadl den Sänger, wie bedeutend die Summe sei, die Ibrahim Al Musili für den Kauf des Landhauses benötige. Als Al Fadl erfahren hatte, daß mit der Bezahlung von einhunderttausend Dirhem die Last vom Herzen des Ibrahim genommen werden konnte, da gab er Anweisung, die Münzen, die für diese Summe nötig waren, in die Wohnung des Dichters zu bringen.

Am nächsten Tag aber wurde mir mitgeteilt, Ibrahim Al Musili habe auch diesmal das Geld in seine Schatzkammer gelegt, ohne auch nur daran zu denken, das Landgut, von dem die Rede war, zu kaufen. Es war offenbar die Absicht des Ibrahim, die Familie Al Barmaki dafür zu ärgern, daß sie ihm jeden Einfluß bei den Prinzen des Kalifenhaushalts genommen hatte. Als Sänger eigener und fremder Lieder war er noch immer angesehen. Die Auspeitschung hatte ihn in den Augen seiner Zuhörer keineswegs entehrt. Im Gegenteil: viele sagten, dem Erfinder von unvergleichlichen Melodien sei ein Unrecht geschehen, und daran trügen allein Jahja, Al Fadl und ich, Dschafar, aus dem Haus Al Barmaki die Schuld. Dies war der Grund, warum wir es uns kaum leisten konnten, dem so überaus beliebten Ibrahim Al Musili einen Wunsch abzuschlagen. Der Sänger nützte die freundlichen Gefühle, die ihm entgegengebracht wurden, und die Stimmung der Feindseligkeit gegen uns aus. Ich mußte damit rechnen, daß Ibrahims Schüler Al Muchariq am nächsten Tag zu mir kam, um ein weiteres Mitglied der Familie Al Barmaki zu schröpfen.

Tatsächlich, am Morgen, noch ehe ich mich aufgemacht hatte, um dem Beherrscher der Gläubigen im Saal des Diwan aufzuwarten, wurde mir gesagt, der Sänger Muchariq bitte dringend darum, mit mir sprechen zu dürfen. Er trat ein und begann sofort mit der Klage, sein Lehrer, Ibrahim Al Musili, könne den begehrten Gesangsunterricht für alle Sklavinnen, die aus den angesehenen Häusern in Baghdad, Basra, Kufa und selbst aus den Haushalten der Statthalter persischer Provinzen zu ihm gebracht wurden, nicht mehr fortsetzen, solange er nicht die Freude empfinden durfte, ein ganz bestimmtes Landhaus zu besitzen. Direkt an mich gerichtet sagte Muchariq, der Gesangslehrer sei voll Hoffnung, daß ich ihm helfen könne. Eigens für mich, den Wesir Dschafar Al Barmaki, habe er die Weise zu neuen Versen erfunden.

Und Muchariq begann zu singen:

»Nach einem Haus nur sehnt sich mein Begehren,
Der Wunsch danach wird mich noch ganz verzehren.
Ich seh's, es liegt so nah, und trotzdem ist's so fern,
So unerreichbar wie auf weit entferntem Stern.
Allein Dschafar kann die Entfernung überbrücken,
Allein Dschafar kann helfen, kann beglücken.
Dschafar Al Barmaki, dem Herrscher ebenbürtig,
Wenn nicht an Adel, doch an Größe würdig.
Dschafar Al Barmaki, der Mittelpunkt der Stadt,
Von Barmaki erbauet, das herrliche Baghdad!«

Geschickt, das mußte ich zugeben, war dieses Lied verfaßt, denn es spielte darauf an, daß es mein Großvater Khalid Ibn Barmak war, der für den Kalifen Al Mansur die Hauptstadt Baghdad erbaut hatte. So sehr aus diesem Lied die Wahrheit sprach, so sehr war es im Sinne der Familie Al Barmaki, daß die Worte nicht in Baghdad bekannt wurden, sie hätten den Beherrscher der Gläubigen in äußerste Wut versetzt. Nur durch Bezahlung konnte ich verhindern, daß in der Stadt gesagt wurde, die Sippe Al Barmaki lasse sich durch Dichterworte über die Familie des Kalifen stellen. Ich sagte deshalb dem Sänger Muchariq: »Wenn du in Gnade beim Diwan des Kalifen bleiben willst, vergiß diese Worte und sage dem Dichter Ibrahim Al Musili, er werde erhalten, was er wünsche, doch auch er müsse die Verse aus seinem Gedächtnis löschen.« Muchariq antwortete darauf so, wie er nur dem Beherrscher der Gläubigen hätte antworten müssen: »Ich höre und gehorche!« Dann entfernte er sich.

Nach den Erfahrungen meines Vaters und meines Bruders wußte ich, daß Ibrahim Al Musili auch mein Geldgeschenk in seine Schatzkammer getragen hätte. Ich mußte ihn überlisten. Da fiel mir ein Ausweg ein.

Ich ließ in Baghdad den Besitzer jenes Landguts ausfindig machen, das dem Sänger so überaus gefiel. Einhunderttausend Dirhem wurden ihm ausbezahlt, und damit war ich der Besitzer von Haus und Land. Dann stellte ich eine Schenkungsurkunde aus, die Benutzungsrecht auf Lebenszeit an Ibrahim Al Musili übertrug. Eigentümer aber blieb das Geschlecht Al Barmaki – zum Zorn des Sängers Ibrahim und zur Belustigung seiner Verehrer. Daß Ibrahim Al Musili uns nicht ärgern konnte, wie er wollte, gefiel den Bewohnern von Baghdad, die leicht schadenfroh zu stimmen waren. Wir Barmakiden aber hatten in dieser Sache unser Ansehen bewahren können.

Harun wird Kalif

Nach dem Willen des Kalifen Al Mahdi sollte die Macht im Reich dem älteren Sohn Al Hadi zufallen. Die Mutter aber, Chaizuran war ihr Name, wollte, daß Harun regiere. Als Sklavin war diese Frau in den Haushalt des Beherrschers der Gläubigen gekommen, und eigentlich war nur gedacht, daß sie ihm auf dem Lager der Freuden diente. Doch Chaizuran war klug. Sie ließ sich zuerst insgeheim, dann mit der Erlaubnis des Herrschers Unterricht geben von bedeutenden Gelehrten des Koran und der Rechtswissenschaft. Chaizuran war bald schon auf all diesen Gebieten beschlagen. Auf Anraten ihres Lehrers, der ihr Kenntnis des Koran beigebracht hatte, machte sie der Kalif zur freien Frau. Sie war somit nicht länger Sklavin.

Bald schon setzte sie ihren eigenen Willen durch. Daß der Kalif Al Mahdi seinen ältesten Sohn Al Hadi zum Beherrscher der Gläubigen machen wollte, paßte ihr nicht. Harun war ihr Lieblingssohn. Chaizuran hatte völlig zu recht erkannt, daß allein Harun die Begabung besaß, das Islamische Reich zu regieren. Darüber wuchs Streit zwischen Al Mahdi und Chaizuran. So sehr ihr der Kalif zuvor zugetan war, so sehr mied er sie nun. Er liebte schließlich nur noch eine schwarze Sklavin, für die er zur schlimmen Beleidigung von Chaizuran diese Verse schrieb:

Komm ich zu deiner Wasserstelle,
Verlasse ich sie reich beschenkt.
Dein Schoß allein ist nur die Quelle,
Die heißen Liebesdurst mir tränkt.
Du sagst mir, daß ich jung bin, daß ich lebe,
Daß ich nicht Greis bin, sondern mich erhebe
Über das Alter, über Schwäche und Leiden.
So lange ich bin, werd ich andere meiden,
Ich dürste allein nach Wasser aus deiner Quelle.
Ich komme nur zu deiner Wasserstelle!

Chaizuran rächte sich für diese Verse, die ihr zu Ohren gekommen waren. Sie mischte dem Kalifen Al Mahdi, der viel für sie getan hatte, Gift ins Essen. Er starb unter Qualen. Doch sein Tod änderte nichts an der Rangordnung der Söhne. Ehe die Krämpfe ihm den letzten Atem raubten, hatte Al Mahdi den Nachfolger bestimmt: Al Hadi erhielt wie vorgesehen die höchste Würde im Islamischen Staat. Das Wort des Toten wurde respektiert.

Kaum war dem Al Hadi gehuldigt worden, verbannte er seine Mutter Chaizuran aus dem Empfangssaal in die Frauengemächer. Ihr Wort sollte nicht mehr gehört werden im Kreis der Einflußreichen, der Mächtigen. Die entmachtete Chaizuran mußte sogar damit rechnen, aus Rache durch heimliches Gift getötet zu werden – denn Al Hadi wußte, daß die Mutter versucht hatte, ihn aus der Nachfolge zu drängen. Chaizuran kam aber dem Sohn zuvor. In den Frauengemächern galt ihr Wort noch. Dort herrschte Angst vor Chaizuran. Ihr Befehl an die Lieblingssklavin des Kalifen, Al Hadi in der Liebe völlig zu erschöpfen, um ihn dann durch Kissen zu ersticken, wurde befolgt. Als Al Hadi beglückt in den Armen der Sklavin einschlief, da drückte sie ihm ein weiches Kissen derart auf Mund und Nase, daß er nicht mehr atmen konnte. Die Sklavin hob das Kissen erst ab, als das Herz des Al Hadi stillstand.

Al Hadi war kaum ein Jahr lang Kalif gewesen. Auch ihm, wie schon zuvor dem Kalifen Al Mahdi, hatte mein Vater, Jahja Ibn

Khalid Al Barmaki, gedient, allerdings nur mit halbem Herzen, war er doch dazu bestimmt gewesen, dem Prinzen Harun Wissen und Geschick des Regierens beizubringen. Dem Prinzen Harun war mein Vater zugetan. Als Harun durch den gewaltsamen Tod seines Bruders Herrscher wurde, da erreichte unser Geschlecht Al Barmaki die höchste und glänzendste Stufe des Ansehens.

Die Launen des Kalifen

Der Kalif war, als er der mächtige Herrscher über den Islamischen Staat geworden war, der Herrin Zubaida in Liebe zugetan. Da sie häufig über Hitze klagte, über die feucht-warme Luft der Stadt Baghdad, gab Harun Al Rashid Befehl, daß im Lustgarten des Palastes ein Wasserteich angelegt werde, der mit frischem Naß aus Quellen zu speisen war. Die Gärtner umgaben den Teich mit Büschen und Lotusbäumen, die so dicht beieinander standen, daß die Herrin Zubaida dort baden konnte, ohne gesehen zu werden. War ihr die Hitze ganz unerträglich, so betrat sie die Laube, legte ihre Gewänder ab und stieg in das Wasser hinein. Wenn sie aufrecht stand, war der Teich nicht tief genug, um ihren Leib zu bedecken, so schöpfte sie die kühlende Flüssigkeit mit einem Becher aus hellglänzendem Silber und benetzte Schultern und Brüste.

Harun Al Rashid liebte den Anblick der Herrin Zubaida im Bade. Häufig, wenn er ahnte, daß sie sich im Teich aufhielt, ging er durch den Lustgarten hinüber zu den engstehenden Bäumen. Verborgen durch die dichten Blätter konnte er die Wasserspiele der Zubaida beobachten. Sie aber ahnte, daß der Beherrscher der Gläubigen in der Nähe war. Um ein Zeichen von Scham zu zeigen, legte sie ihre Hände auf den Schoß, der frei von jedem Haar war. Mit Absicht aber bedeckte sie ihren Schoß nie ganz.

Niemand hätte erfahren, was sich abspielte zwischen dem Kalifen Harun Al Rashid und der badenden Herrin Zubaida, wenn er nicht selbst eines Tages dem Dichter Abu Nuwas davon erzählt hätte, der wiederum mir, dem Wesir Dschafar Al Barmaki, davon berichtete. Dem Kalifen, so sagte Abu Nuwas, sei dieser Vers eingefallen, als er sich eben vom Wasserteich entfernt hatte:

Ich sah den Leib, der Sehnsucht mir entfacht,
Der Lustgefühl in mir lebendig macht.

Den Dichter beauftragte der Kalif, den Vers zu einem Gedicht zu erweitern. Um Abu Nuwas die Aufgabe zu erleichtern, erzählte Harun Al Rashid, was seinen Einfall ausgelöst hatte. Abu Nuwas brauchte nur wenige Augenblicke, dann rezitierte er dieses Gedicht:

Ich sah den Leib, der Sehnsucht mir entfacht,
Der Lustgefühl in mir lebendig macht.
Von der Geliebten, die mich ganz bestrickt,
Als ich im Lotusteiche sie erblickt,
Da goß sie Wasser über Brust und Schoß,
Der war ganz nackt, von Haaren bloß.
Als sie mich ahnte, hat sie ihn bedeckt,
Doch ihre Hand hat ihn nicht ganz versteckt.
So hat von fern die Sinne mir betört,
Was mir doch Nacht für Nacht allein gehört.

Der Dichter Abu Nuwas sagte mir, er sei für dieses einfache Gedichtchen vom Kalifen Harun Al Rashid reich belohnt worden. Mich erstaunte das Verhalten des Kalifen, der sich sonst hütete, den Schleier zu heben, der seine Gefühle umgab.

Vom Richter Abu Jusuf erfuhr ich, daß der Kalif nachsichtig, aber auch überaus eifersüchtig sein konnte, was die Herrin Zubaida betraf. Der Kadi erzählte mir, Harun Al Rashid habe eines Mittags Lust gehabt auf Zweisamkeit mit Zubaida. Als sich beide auf das Ruhelager niederlassen wollten, da sah der Kalif Flecken einer schleimigen Flüssigkeit. Sofort erfüllte ein furchtbarer Verdacht sein Gemüt. Er fragte Zubaida: »Was für eine Flüssigkeit ist dort auf unserem Lager verschüttet?« Sie antwortete: »Das ist Männergerinnsel, oh Beherrscher der Gläubigen.« Harun Al Rashid rief: »Sage mir die Wahrheit! Wie ist das geschehen? Ich erwürge dich, wenn du mir nicht die Wahrheit sagst!« Die Herrin Zubaida aber erwiderte: »Oh Beherrscher der Gläubigen! Bei Allah, ich weiß nicht, woher dieses Gerinnsel kommt. Dein Verdacht ist ohne Grund!« Und Zubaida bat, daß der Kadi Abu Jussuf gerufen werde.

Der Richter sagte mir, er habe zur Decke geblickt und dort eine Öffnung gesehen. Da habe er diese Worte zum Kalifen gesprochen: »Oh Beherrscher der Gläubigen, die Fledermaus hat dieselbe Flüssigkeit wie der Mann. Ganz offensichtlich ist dies die Flüssigkeit einer Fledermaus.« Da bat Abu Jussuf um einen Speer. Den stieß er in die Öffnung in der Decke, und tatsächlich, eine Fledermaus fiel herunter. Harun Al Rashid war von seinem Verdacht befreit. Er ließ frische Kissen bringen. Dann machte sich die Herrin Zubaida dem Beherrscher der Gläubigen zum Geschenk, wie sie es gewöhnlich tat.

Die Gerechtigkeit war nicht immer der bestimmende Charakterzug des allesbeherrschenden und gefürchteten Kalifen Harun Al Rashid. Er besaß eine starke Neigung, sich auf Kosten anderer lustig zu machen. Eines Tages blickte der Herrscher über die Mauer seines Lustgartens hinaus in die Steppe. Mit ihm war Abu Jakub – das war ein wohlhabender Mann, mit dem er sich gerne unterhielt – und Abu Nuwas, der Hofpoet. Zu meinem Unglück befand auch ich mich im Garten beim Kalifen. Als sein Wesir mußte ich fast immer in seiner Nähe sein. Es war meine Pflicht, ihm jeden Wunsch zu erfüllen.

Als Harun Al Rashid so hinaussah in die Steppe, da bemerkte er einen alten Mann, einen Beduinen, der saß in gebückter Haltung auf einem Esel. Der Kalif sprach zu mir: »Dschafar, frag den Alten dort drüben, woher er kommt!« Ich antwortete: »Ich höre und gehorche.« Dann rief ich dem alten Mann auf dem Esel zu: »Woher kommst du?« Der Alte rief zurück: »Aus Basra!« Weiter fragte ich: »Und wohin reitest du?« Die Antwort war: »Nach Baghdad! In die Stadt hinein.« Der Kalif war neugierig geworden, und er wollte wissen, was den Beduinen veranlaßte, von Basra nach Baghdad zu reiten. Ich mußte, das verlangte der Kalif, dem Fremden zurufen: »Weshalb reitest du nach Baghdad?« Der Alte ritt näher an die Mauer des Lustgartens heran und entgegnete: »Ich will in der Stadt ein Heilmittel für mein Auge suchen. In Baghdad soll es gute Ärzte geben.« Da flüsterte der Kalif mir zu: »Dschafar, halte ihn zum Narren! Mach einen Scherz mit ihm!« Ich erwiderte: »Wenn ich ihn zum Narren halte, wird er mich beschimpfen. Ich habe wenig Lust, aus seinem Munde zu hören, wie er mich verflucht.« Der Kalif wurde wütend und sagte mit scharfer Stimme zu mir: »Bei meiner Macht als Beherrscher der Gläubigen! Ich befehle dir, diesen Mann zum Narren zu halten. Ich laß dir den Kopf abschlagen, wenn du mir nicht gehorchst.« So mußte ich mit dem Alten Scherz treiben. Ich sagte: »Wenn ich dir ein Heilmittel verschreibe, das dir hilft, was gibst du mir dafür?« Die Antwort des Beduinen: »Allah, der Erhabene, wird dir gerechten Lohn zuteil werden lassen. Er kann dir mehr geben als ich.« Ich rief den Alten noch näher an die Mauer heran und sprach dann mit leiser Stimme zu ihm: »Leih mir dein Ohr. Ich will dir die Medizin beschreiben. Keinem anderen als dir würde ich das Rezept verraten. Nimm drei Unzen vom Hauch des Windes und drei Unzen von den Strahlen der Sonne. Dazu sollst du drei Unzen Mondlicht einfangen und drei Unzen Lampenlicht. Dies alles sollst du mischen und dann drei Monate lang in Dunkelheit und Kühle aufbewahren. Dann schütte alles in einen Mörser, der keinen Boden haben soll, und zerstoße es drei Monate lang. Wenn du auf diese Weise ein feines Pulver gewonnen hast, besorge dir eine zerbrochene Schüssel. In ihr soll das feine Pulver drei Monate lang aufbewahrt werden, an einem Ort, wo der

Wind darüberstreichen kann. Dann mußt du dreimal während deines Schlafes, ohne aufzuwachen, in der Nacht drei Quentchen davon schlucken. Hast du das drei Monate lang getan, dann wirst du wieder ein gesundes Auge haben – soweit Allah, der Erhabene, der alles weiß und alles kann, die Heilung deines Auges will.«

Sobald der alte Beduine meine Worte gehört hatte, streckte er sich auf seinem Esel und ließ einen gewaltigen, weithin hörbaren Wind von sich. Dann sagte er: »Dieser Wind soll dein Lohn sein dafür, daß du mir diese Medizin verschrieben hast. Wenn mir Allah, der Erhabene, durch dieses Mittel geholfen hat, werde ich dir eine wilde Sklavin schenken, die dich auf dem Lager derart reizt, daß Allah, der Erhabene, durch sie rasch dein Lebensende herbeiführt. Dann wird deine Seele ins Höllenfeuer gejagt. Dein Gesicht aber wird die Sklavin mit ihrem Dreck beschmieren!«

Zu meinem Erstaunen lachte der Kalif Harun Al Rashid derartig über die Worte des alten Beduinen, daß er nahezu auf den Rücken fiel. Da spürte ich, wie sehr ihn die Beschimpfung, die mich beleidigen sollte, freute. Ich war betrübt über den Gedanken, daß ein Mitglied des Geschlechts Al Barmaki Sklave des Beherrschers der Gläubigen sein mußte, um dann im Dienste des Kalifen übel beschimpft zu werden. Deutlicher denn je wurde mir meine Abhängigkeit von Harun Al Rashid, der, wenn er nur will, mich durch Masrûr, den Schwertträger, köpfen lassen kann.

Masrûr, das weiß ich, würde mir mit Vergnügen den Kopf abschlagen. Der Grund liegt darin, daß ich Zeuge war, wie diesem Eunuchen von einem Mann, der Ibn Al Karibi hieß, übel mitgespielt wurde. Masrûr will sich dafür rächen – er wird mir nie verzeihen, daß ich mit dem Kalifen gelacht habe über das, was ihm widerfahren ist.

Es war wieder eine Nacht, in der Harun Al Rashid nicht schlafen konnte. Unruhe plagte sein Herz. Zu mir sprach der Kalif: »Höre Dschafar, Sohn des Jahja aus dem Geschlecht Barmaki! Die Brust ist mir eng. Ich weiß nicht warum. Der

Schlaf meidet meine Augenlider. Was soll ich tun?« In jener Nacht lastete die Luft besonders schwer über dem Ufer des Tigris. Da der Kalif bei heißem und feuchtem Wetter fast immer unter Unruhe des Herzens litt, war ich im Palast geblieben, um in der Nähe des Herrschers zu sein, wenn er Hilfe oder Ablenkung benötigte. Aber auch Masrûr, der Schwertträger, war nicht in seine Zimmer gegangen, sondern befand sich im Vorraum zum Schlafgemach des Kalifen, als dieser über die Enge seiner Brust klagte. Kaum hatte Harun Al Rashid seine Klage beendet, da lachte Masrûr laut auf, und sein Lachen dauerte an. Der Kalif, das war ihm anzumerken, wurde wütend über das unziemliche Gelächter. Mit erhobener Stimme sagte er zu Masrûr: »Was ist der Grund deines Lachens? Besitzt du die Kühnheit, mich zu verspotten? Mich, den Herrn über Leben und Tod im Reich derer, die an Allah glauben, auszulachen – wagst du das wirklich?« Masrûr aber antwortete eilig: »Bei Allah, nein! O Beherrscher der Gläubigen, der du aus der erhabenen Familie des Propheten – Allah segne ihn – stammst! Ich wollte eigentlich nicht lachen, doch mir fiel ein, daß ich heute abend am Ufer des Flusses einen Mann gesehen habe, der eine Menge Menschen zum Lachen brachte. Ibn Al Karibi, so ließ ich mir sagen, hieß dieser Mann. Gerade, als ich jetzt an Ibn Al Karibi dachte, überkam mich das Lachen mit Gewalt. Ich bitte dich deshalb um Verzeihung, oh Beherrscher der Gläubigen!«

Harun Al Rashid sprach darauf zu mir: »Dschafar, mein Wesir, höre und gehorche! Ich will, daß du mit Masrûr an den Platz am Tigrisufer gehst, den er dir zeigen wird. Dort suche den Mann, der sich Ibn Al Karibi nennt, und bringe ihn hierher, vor mich. Hole mir diesen Mann sofort!« Da eilten wir, den Befehl des Kalifen zu erfüllen.

Wir fanden Ibn Al Karibi und sagten ihm: »Du bist klug, wenn du dem Ruf des Beherrschers der Gläubigen folgst!« Masrûr aber flüsterte ihm noch zu: »Es ist üblich, daß wir von den Geschenken, die der Herrscher verteilt, drei Viertel einbehalten. Du wirst ein Viertel bekommen!« Ich hörte das Geflüster und sagte: »Ich will diesmal nichts haben von dem, was der Kalif verschenkt.« Nicht geheuer war mir, was da im Palast mit dem Mann geschehen sollte. Was hatte der Kalif vor, der häufig unbeherrscht handelte? Masrûr und dieser Mann Ibn Al Karibi verhandelten weiter, wie viele Viertel jeder von einem Geschenk des Kalifen für sich behalten dürfe. Nach langem Feilschen einigten sie sich darauf, daß Masrûr Anspruch habe auf zwei Drittel dessen, was Harun Al Rashid dem Ibn Al Karibi zuteil werden lasse.

Den ganzen Weg über, bis zum Palast des Kalifen, hatten die beiden gestritten. Als wir den Saal betraten, in dem Harun Al Rashid auf uns wartete, begrüßte Ibn Al Karibi den Beherrscher der Gläubigen mit den geziemenden Worten. Da sagte der Kalif: »Du sollst mich zum Lachen bringen! Wenn dir das nicht gelingt, werde ich selbst dir drei Schläge geben, an die du denken wirst!« Ibn Al Karibi begann Scherze zu erzählen. Einige dieser Späße waren von der Art, daß sogar ein Zorniger darüber hätte lachen müssen. Der Kalif aber lachte nicht, er lächelte nicht einmal. Da geriet der Erzähler in Furcht und bemühte sich mit besonderem Eifer, den Kalifen zum Lachen zu bringen. Der Beherrscher der Gläubigen unterbrach ihn und sagte: »Du hast die Schläge verdient!« Harun Al Rashid griff nach einem Stock und schlug den Ibn Al Karibi. Wie der den Schmerz im Nacken spürte, rief er: »Vergebung, oh Beherrscher der Gläubigen, laß mich, ehe du weiterschlägst, etwas erklären!« Der Kalif antwortete: »Sprich aus, was du zu sagen hast!« Da redete Ibn Al Karibi: »Der Schwertträger Masrûr hat mich zu dem Versprechen gezwungen, ihm von allen Gaben, die du mir zugedacht hast, zwei Drittel abzutreten. Dein Gnadengeschenk, das du für mich bestimmt hast, besteht aus drei Schlägen. Dieser eine Schlag, den ich bekommen habe, entspricht genau meinem Anteil. Die beiden anderen Schläge gehören also dem Schwertträger Masrûr!«

Nachdem der Kalif diese Worte vernommen hatte, da lachte er. Doch als er sich wieder beruhigt hatte, gab er dem Masrûr einen Schlag auf den Nacken, der diesen starken Mann beinahe gefällt hätte. Den Schlag verschmerzte Masrûr. Nicht überwinden konnte der Eunuch aber das Gefühl der Schmach, vom Kalifen wie ein Hund geschlagen worden zu sein – während ich zuschaute. Dieses Gefühl der Schmach erzeugte Wut auf mich.

Im Diwan des Kalifen war keiner mehr mein Freund. Unsere ganze Familie bekam zu spüren, daß sie nach und nach die Gnade des Beherrschers der Gläubigen verlor. Mein Vater Jahja Ibn Khalid, der seit vielen Jahren im Dienste des Herrscherhauses stand, der dem jetzigen Kalifen Harun Al Rashid, als der noch Prinz war, die Kunst und das Geschick des Regierens beigebracht hatte, mußte zusehen, wie ein anderer der hohen Diener das Herz des Beherrschers der Gläubigen gewann. Der Name dieses Günstlings war Abdallah Ibn Malik Al Chuzai. Von ihm sagte mein Vater Jahja: »Abdallah versteht es, den Beherrscher der Gläubigen zu bezaubern und zu verzaubern.«

So geschah es eines Tages, daß Abdallah Ibn Malik Al Chuzai von Harun Al Rashid ein Amt übertragen bekam, das seiner Familie unermeßlichen Reichtum versprach. Abdallah wurde Statthalter in der Provinz Armenien. Dieses Amt im wohlhabenden Teil des Islamischen Reiches gab Ansehen und die Möglichkeit, eine völlig unabhängige Herrschaft aufzubauen. So sah mein Vater Jahja mit Sorge im Gemüt die Abreise des Abdallah Ibn Malik Al Chuzai nach Armenien. Überrascht war er, als eines Tages der Verwalter der Güter, die Abdallah in Baghdad zurückgelassen hatte, bei ihm eintrat. Der Verwalter brachte einen Brief, den sein Herr in Armenien geschrieben hatte. Mein Vater öffnete den Brief und las: »Da ist ein Mann zu mir gekommen mit einem Schreiben, von dem er behauptet, Jahja Ibn Khalid habe es verfaßt. In diesem Schreiben wird mir die Freundschaft des Jahja angetragen. Dies hat mich überrascht, da zwischen uns doch Feindschaft herrscht seit Jahren. Ich glaube nun nicht an die Echtheit des Schreibens, weil Du, Jahja Ibn Khalid, keinen Grund hast, mir die Freundschaft anzubieten. Ich bitte Dich, mir eilends Antwort zuzusenden, ob Du einen Brief an mich gerichtet hast oder nicht.« Mein Vater Jahja sagte zum Verwalter der Güter des Statthalters in Armenien: »Morgen werde ich für deinen Herrn die Antwort bereithalten!«

Nachdem der Verwalter das Haus meines Vaters verlassen hatte, wandte sich Jahja den Freunden zu, mit denen er gerade zu Tisch saß, und sagte: »Was hat jemand verdient, der einen Brief fälscht, ihn mit meinem Namen unterzeichnet und ihn dann zu meinem Feind bringt?« Jeder der Freunde nannte eine andere Strafe, doch alle stimmten darin überein, daß der Schuldige büßen müsse. Auch ich, der mit meines Vaters Freunden am Tisch saß, meinte: »Der Mann, der den Brief an Abdallah Ibn Malik Al Chuzai gefälscht hat, wollte, daß ihn der Empfänger reich belohne. Er wollte sich Geld erschleichen. Abdallah Ibn Malik Al Chuzai muß ihn dem Kadi übergeben!« Mein Vater Jahja aber sprach: »Dschafar und ihr alle befindet euch in einem Irrtum. Ihr begreift nicht, was durch den Brief des Fälschers möglich geworden ist. Aber ihr wißt, daß Abdallah vom Beherrscher der Gläubigen überaus geschätzt wird. So sehr hat sich das gegenseitige Vertrauen gesteigert, daß wir, das Geschlecht Al Barmaki, fürchten müssen, die Gunst des Kalifen ganz zu verlieren. Wenn Abdallah Ibn Malik Al Chuzai zu unserem Herrn schlecht über das Haus Al Barmaki spricht, kann Harun Al Rashid so in Wut über uns geraten, daß er uns in Ketten legen und unser Haus und unsere Güter an sich nehmen wird. Jetzt aber hat Allah – dem Erhabenen sei Dank dafür – diesen Mann, den ihr für einen Verbrecher haltet, dazu bestimmt, die Feindschaft, die seit zwanzig Jahren zwischen Abdallah und mir besteht, zu mindern. Allah hat den Fälscher zum Mittel der Versöhnung gemacht. Der Erhabene will, daß das Feuer des Grolls in unseren Herzen gelöscht und daß der Streit geschlichtet wird. Es ist meine Pflicht, die Absichten Allahs, des Erhabenen, zu unterstützen. Ich werde deshalb einen Brief an Abdallah Ibn Malik Al Chuzai schreiben, und ihn bitten, er möge den Mann, von dem allein wir wissen, daß er ein Fälscher ist, belohnen und ihm Gnade erweisen.«

Wir alle, die wir mit Jahja Ibn Khalid auf den Kissen um die niederen Eßtische saßen, waren erstaunt über diese Großmut, diese Hochherzigkeit und über die Einsicht in die Wege Allahs, unseres erhabenen Herrn. Mein Vater Jahja befahl den Dienern, ihm Papier zu bringen, eine Feder und das Tintengefäß. Dann schrieb er an seinen Feind Abdallah Ibn Malik Al Chuzai diesen Breif: »Im Namen Allahs! Gepriesen sei der barmherzige Erbarmer! Dein Verwalter, oh Abdallah, hat Deinen Brief überbracht. Allah schenke Dir ein langes Leben! Mit Freude erfahre ich, daß es gut um Dich steht, daß der Erhabene Deiner Glückseligkeit Wachstum beschieden hat. Du schreibst mir, Du habest den Verdacht, daß jener Mann, der Dir einen Brief von mir überbracht hat, die Worte selbst ausgedacht und das ganze Schreiben gefälscht hat. Dein Verdacht ist unberechtigt. In der Tat habe ich diesen Brief an Dich mit eigener Hand geschrieben. Ich hoffe, Du wirst dem Überbringer Deinen Edelmut zeigen und ihm Ehre erweisen. Ich bin Dir dankbar dafür.« Als diese Worte zu Papier gebracht waren, schrieb mein Vater den Namen und die Anschrift des Statthalters in Armenien auf den gefalteten Bogen.

Kaum war die Sonne im Osten von Baghdad aufgegangen, da kam der Verwalter des Abdallah Ibn Malik Al Chuzai, um die Antwort abzuholen. Der Brief wurde sogleich durch reitende Boten nach Armenien gebracht. Zehn Tage später schon hielt ihn der Statthalter dort in der Hand. Daß der Verdacht falsch gewesen war, freute ihn, und er beschenkte deshalb den Mann, den er für einen Fälscher gehalten hatte, mit geprägtem Gold und mit Edelsteinen. Zum Abschied verlieh er ihm sogar ein Ehrengewand.

Daß sich seine Absicht derart erfüllt hatte, verwunderte den Fälscher. Als er wieder in Baghdad angekommen war, begab er sich zum Hause meines Vaters Jahja Ibn Khalid. Ich wurde Zeuge, wie er meinen Vater mit diesen Worten anredete: »Mein Gebieter! Ich war bereits durch eigene Schuld in der Hand eines bösen Geschicks. Du hast mich aus dem Grab erlöst, das mir bereits geschaufelt war. Du hast mich ins Paradies meiner Wünsche geführt. Du weißt, oh Gebieter, daß ich das Schreiben an Abdallah Ibn Malik Al Chuzai gefälscht habe. Aus niederen Gründen habe ich gehandelt. Deshalb bin ich gekommen, um meine Schuld auszugleichen. Ich bringe dir alles, was ich an Geschenken erhielt. Du sollst darüber verfügen können!«

Mein Vater Jahja Ibn Khalid zögerte keinen Augenblick mit seiner Antwort. Er sagte: »Du hast mir einen großen Dienst erwiesen. Ich bin derjenige, der in Dankesschuld steht. Du hast Feindschaft, die mich bedrückte, aus der Welt geschafft. Behalte, was Abdallah Ibn Malik Al Chuzai dir geschenkt hat, und nimm von mir ebenfalls Gold, Edelsteine und ein Ehrengewand an.«

Der reich beschenkte Mann sorgte dafür – ohne die Ursache seines Erlebnisses zu erzählen – daß die Menschen in Baghdad von der Großmut meines Vaters erfuhren. Die Bewohner der Stadt achteten Jahja Ibn Khalid deshalb um so mehr. Der Kalif aber, dem die volle Wahrheit nicht berichtet wurde, glaubte fortan, mein Vater habe durch die Aussöhnung mit dem Rivalen eine Verschwörung angezettelt, um ihn, den Beherrscher der Gläubigen, zu betrügen und zu berauben. Immer mehr steigerte sich Harun Al Rashid in die Überzeugung hinein, der Gouverneur in Armenien und mein Vater, der unter den Höflingen des Diwans derjenige war, der die aus den Provinzen eingehenden Gelder zu kontrollieren hatte, würden nun Gold für sich behalten. Harun Al Rashid, das zeigte sich jetzt, war der Urheber des Zwistes zwischen dem Geschlecht Al Barmaki und Abdallah Ibn Malik Al Chuzai gewesen. Der erhabene Herrscher sah es gern, wenn die wichtigen Männer des Diwans zerstritten waren, so wurden sie abhängiger von der Gnade des Herrschers. Daß der Streit überwunden war, schmälerte seine Macht. Den Groll darüber sollte das Geschlecht Al Barmaki zu spüren bekommen.

Harun Al Rashid, der Herr der Welt

Unsere Hauptstadt hatte sich bereits unter der Herrschaft des Kalifen Al Mahdi verändert. Sie war längst nicht mehr kreisrund, wie sie von meinem Großvater im Auftrag des Kalifen Abu Dschafar Al Mansur angelegt worden war. Vororte fügten sich an den Stadtkern. Nur wenige der Straßen verliefen noch nach Art der Speichen eines Wagenrads vom Kalifenpalast aus. Unübersichtlich waren die Viertel der Armen geworden. Unzählige Hütten waren entstanden, die sich anlehnten an bereits bestehende Häuser. Die Wohlhabenden aber hatten sich luftige Gebäude errichten lassen, die von Gärten umgeben waren, in denen Springbrunnen sprudelten. Kanäle ließen das Wasser des Tigris in alle Wohngegenden fließen. An den Wasserläufen und um die Brunnen standen Bäume, die Schatten spendeten. Die Stadt Baghdad hatte ihr jetziges Gesicht bekommen.

War der Beherrscher der Gläubigen zufrieden und plagte ihn nicht die Unruhe des Herzens, dann pflegte er die Geschäfte des Tages im Saal des Diwan mit diesem Ausruf zu beschließen: »Bei Allah, dem Allmächtigen, dem Allerbarmer! Ich weiß, es gibt weder im Osten noch im Westen, weder im Norden noch im Süden eine glücklichere und reichere Stadt als Baghdad, die Residenz des mächtigen Geschlechtes der Söhne des Abbas. Baghdad ist der Mittelpunkt der Welt! Und ich bin Herr im Mittelpunkt der Welt! Wer will behaupten, er sei mächtiger als ich?«

Als Wesir des Kalifen bin ich verpflichtet, auf eine Frage Antwort zu geben: »Niemand, oh Herr, ist mächtiger im Osten, im Westen, im Norden und im Süden!« Mit dieser Antwort ist Harun Al Rashid zufrieden. Ich hüte mich dann, das Land Al Rum zu erwähnen. Seit der Lebenszeit des Propheten – Allah segne ihn und spende ihm Heil – war der Staat der Gläubigen, war das ständig wachsende Islamische Reich im Streit mit Al Rum verwickelt, mit dem Land des christlichen Imperators in

Konstantinopel. Die dreißigste Sure der Offenbarung wird »Al Rum« genannt. Durch sie läßt Allah die Gläubigen wissen, daß nach seinem Wissen Al Rum eine Niederlage in einen Sieg verwandeln wird. Der Imperator hatte damals Jerusalem an die Perser verloren, die einige Wochen lang sogar Konstantinopel bedroht hatten. Der Prophet – Allah segne ihn – empfand Gefühle der Freundschaft für den Imperator, betete der doch auch zu einem einzigen Gott. Die Prophezeiung aus der Koransure wurde bald schon Wirklichkeit: Der Imperator konnte das Volk aus dem Osten zurückdrängen.

Trotz der Gefühle der Freundschaft des Propheten – den Allah segne – zum Imperator, war der Krieg des Islam gegen Al Rum nicht zu vermeiden gewesen. Überliefert ist, daß das Heer des Islam den Kampf begann gegen die siegreichen christlichen Reiter, doch die Zahl der Moslems war damals noch zu gering gewesen. Als die geschlagenen Streiter für den Glauben zurückkehrten nach Medina, da wurden sie von den Frauen angespuckt. Der Prophet – das Heil Allahs umgebe ihn – aber sprach:

»Wenn Allah, der Erhabene und Allmächtige, es will, dann sind diese Männer keine Fliehenden, sondern Kämpfer, die sich zurückgezogen haben, um sich zum nächsten Kampf zu rüsten!« Er hatte damit die Hoffnung gesät auf ein ruhmreiches Ende der Auseinandersetzung mit dem christlichen Glauben.

Der Kalif Abu Dschafar Al Mansur, für den mein Großvater Khalid Ibn Al Barmaki die Runde Stadt gebaut hatte, die dann den Namen Baghdad erhielt, machte aus dieser Hoffnung Wirklichkeit. Die Überlegenheit des islamischen Heeres war so groß geworden, daß der Imperator Konstantin gezwungen war, Tributzahlungen anzubieten, um Frieden zu bekommen. Damit war der christliche Imperator zum Vasallen des Kalifen geworden. Wer Tribut zahlt, der gilt nach Islamischem Recht, das Allah selbst bestimmt hat, als Untertan dessen, der den Tribut annimmt. Die Mächtigen in Konstantinopel wollten diese rechtlichen Folgen der Tributzahlung nicht anerkennen. Dies war der Grund, warum der Nachfolger des Kalifen Abu Dschafar Al

Mansur, der Kalif Al Mahdi, seinen Sohn Harun von Aleppo aus an der Spitze eines Heeres zum Bosporus schickte. Harun konnte durch die Gewalt des Schwertes den Imperator zwingen, die Tributzahlungen fortzusetzen.

Als eine Frau, Irene genannt, in Konstantinopel auf dem Thron saß, konnten wir immer mit den christlichen Zahlungen rechnen. Doch als Irene tot war, da traf dieser Brief im Palast des Kalifen hier in Baghdad ein:

»Von Nicephorus, dem Kaiser der Griechen, an Harun, den König der Araber. Die Kaiserin, die vor mir auf dem Thron saß, hat dir Tributgeld bezahlt. Das war Schwäche und Beschränktheit eines Weibes! Darum erstatte mir das Geld zurück, das sie bezahlt hat, oder das Schwert wird zwischen uns entscheiden!«

Ich schrieb für Harun Al Rashid diese Antwort, die Zustimmung des Beherrschers der Gläubigen fand:

»Im Namen Allahs, des Allmächtigen, des Allgnädigen, des Allbarmherzigen. Von Harun Al Rashid, dem Beherrscher der Gläubigen, an den Hund der Griechen. Ich habe deinen frechen Brief gelesen, du Sohn einer ungläubigen Hündin. Die Antwort sollst du durch das Schwert zu fühlen bekommen!«

Dieser Brief war nicht als bloße Drohung mit Worten gedacht. Der Beherrscher der Gläubigen gab Befehl zum Angriff gegen den christlichen Imperator. Harun Al Rashid siegte. Zehntausend Gefangene brachte er nach Baghdad zurück. Die Christen, ausschließlich Männer, wurden für teures Geld zugunsten der Kasse des Diwan auf dem Markt von Baghdad verkauft. Dem Imperator Nicephorus wurde auferlegt, künftig den doppelten Betrag an Tribut zu zahlen, zu dem zuvor die Herrscherin Irene verpflichtet gewesen war. Für die Familie des Imperators legte Harun Al Rashid eine besondere Kopfsteuer fest: »Der Hund der Griechen zahlt selbst pro Jahr vier Dinare. Jeder Sohn des Hundes der Griechen zahlt zwei Dinare.« Dem Imperator wurde auf diese Weise deutlich gemacht, daß er den Rechtsstand des Vasallen zu akzeptieren habe.

Nach dem Sieg über Al Rum konnte der Beherrscher der

Gläubigen wirklich der Überzeugung sein, niemand auf der Welt könne seiner Macht widerstehen. Daß Al Rum nur von vorübergehender Schwäche gelähmt wird, das will Harun Al Rashid bis heute nicht erkennen. Die Stadt Konstantinopel, die Hauptstadt von Al Rum, betrachtet der Kalif als unbedeutend. Daß dem Imperator aus dem Westen eines Tages Hilfe gebracht werden könnte, das will er nicht glauben. Seitdem der Hund der Griechen im Islamischen Reich als Vasall gilt, spricht im Saal des Diwan niemand mehr von der Bedeutung anderer Herrscher.

Nur noch ein Dorn steckt im Fleisch des Kalifen Harun Al Rashid, der ihm schmerzhaft bewußtmacht, daß seiner Herrschaft doch Grenzen gesteckt sind. Al Andalus stellt diesen Dorn dar, der Staat der Moslems weit im Westen. Dort herrscht ein Geschlecht, das der Familie der Söhne des Abbas verhaßt ist. Das Haus Umaija regiert dort noch immer, das Schlangengezücht der Feinde der wahren Gläubigen, das niemals ein Recht besessen hat, die Nachfolge des Propheten – Allah segne ihn und gebe ihm Heil – anzutreten. Allein derjenige, der das Blut des Erhabenen, des Gesandten Allahs in den Adern hat, darf sich Beherrscher der Gläubigen nennen. Unser mächtiger Herr Harun Al Rashid gehört zu den Auserwählten. Er ist der gnadenlose Feind derer, die sich zur Herrschaft berufen glauben, obgleich sie zum auf ewig verdammten Haus Umaija gehören, dessen Glieder verfaulen mögen.

Zu den Verdammten zählte Abdel Rahman aus dem Hause Umaija, der zu Unrecht in Al Andalus regiert. Abdel Rahman war dem verdienten Strafgericht durch das Geschlecht der Söhne des Abbas in Damaskus entkommen, damals, als Abdallah Abu Abbas Befehl gegeben hatte, niemand aus jener Familie am Leben zu lassen, die sich zu Unrecht die Kalifenwürde angeeignet hatte. Unvergessen sind die Worte, die Abdallah Abu Abbas damals sprach: »Es ist erlaubt, Blut zu vergießen, bis die Rache vollständig ist. Doch selbst, wenn ich das Blut der Umaija trinke, ist mein Rachedurst nicht gestillt!« Berichtet wird, Sechshunderttausend, die zum Haushalt der Umaija gehörten, seien damals umgebracht worden – nicht aber der junge Abdel Rahman. Er konnte in die verlassenen Gebiete Afrikas entfliehen. Daß seine Mutter – sie war als Sklavin nach Damaskus gebracht worden – einer vornehmen Familie im Gebirge der Berber entstammte, half ihm, den Häschern des Abdallah Abu Abbas zu entkommen. Er suchte sein Glück schließlich in Al Andalus.

Es ist uns bekannt, daß diese ferne Provinz des Islamischen Reiches im Westen die Herrschaft der Familie Al Abbas angenommen hatte. Amr, der Mächtige in Córdoba, so konnte man dem Archiv des Diwan entnehmen, war empfohlen worden, sich gut zu stellen mit der aufstrebenden Familie der Hausmaier, die sich im Reich der Franken durchzusetzen begann. Abdel Rahman aber gelang es, in den Reihen der Bewaffneten Gefühle der Treue zum Haus Umaija zu wecken. Bald darauf erreichte dieser Brief den Kalifen Abdallah Abu Abbas:

»Im Namen Allahs, des Erhabenen und Allmächtigen. Von Abdel Rahman, dem Emir von Al Andalus, an den Blutsäufer, der vorgibt, Nachfolger des Propheten, dem Allah Segen und Heil spende, zu sein. Du hast dich gegen den Kalifen empört, und Du weißt, wer so handelt, der verliert sein irdisches Glück, und er verliert auch jeden Anteil am Paradies, denn er hat sich gegen Allah empört. Allah verlangt Gehorsam gegenüber dem, der von Allah die Macht auf Erden erhalten hat. Allah hat bestimmt, daß nichts auf der Welt ohne Unterwerfung bestehen kann. Nur durch Unterwerfung werden Allahs Befehle vollzogen und werden seine Gebote heilig gehalten. Der Gehorsame ist Allahs Freund. Er fügt sich Allahs Willen und geht auf dem von Allah vorgeschriebenen Pfad. Der Lohn des Gehorsamen ist Glück auf dieser Erde und Eintritt in das Paradies der künftigen Welt. Der Gepriesene hat aus Liebe dem Volk Kalifen geschenkt, die zum Haus Umaija gehören. Treue gegenüber dem Haus Umaija ist einer der Grundpfeiler des rechten Glaubens. Die Frevler des Hauses der Söhne des Abbas haben diesen Grundpfeiler des Islam zerstört. Sie können sich vor Allah, dem Gepriesenen und Allgegenwärtigen, nur dadurch rechtfertigen, daß sie mich, Abdel Rahman aus dem Hause Umaija, als rechtmäßigen Beherrscher der Gläubigen anerkennen, daß sie mir huldigen.«

Dem Brief ist anzusehen, daß der Empfänger, der erste Kalif aus dem Hause Al Abbas, ihn voll Wut zerknittert hatte. Eine Antwort an den von der Rache verschonten Sproß des Hauses Umaija findet sich nicht unter den Schriftstücken im Archiv des Diwan. Berichtet wird, der Vater unseres Kalifen Harun habe seinen Befehlshaber Aga Ibn Mughith nach Andalus geschickt, um Abdel Rahman für seine Frechheit zu züchtigen. Es wird auch berichtet, daß ein halbes Jahr später die Köpfe des Aga Ibn Mughith und seiner Unterkommandeure in einem Sacke dem Kalifen Al Mansur überbracht wurden. Als die stinkende Masse, deren Fleisch längst in Verwesung übergegangen war, vor dem Beherrscher der Gläubigen lag, da soll der ausgerufen haben: »Ich danke Allah, daß ein Meer mich von diesem Feind trennt!«

Festgehalten ist in den Annalen, daß in jener Zeit eine Gesandtschaft weit von Westen her zum Kalifen gekommen ist. Diese Gesandtschaft brachte die Huldigungen des Mächtigen aus der Familie der Hausmaier im Reich der Franken. Sein Name, so besagen die Annalen, war Pippin. Dieser Mächtige wollte den Kalifen Al Mansur wissen lassen, daß er bereit sei, dem Beherrscher der Gläubigen zu helfen, gegen die Anmaßung des Hauses Umaija in Andalus zu kämpfen. Einige der islamischen Fürsten hätten ihn, Pippin, wissen lassen, daß sie sich ihm unterstellen würden, wenn ihnen der Kalif ein solches Verhalten gestatten würde.

Zu ersehen ist aus den erhaltenen Dokumenten, daß der Kalif Al Mansur damals die Rechtsgelehrten seiner Hauptstadt zusammengerufen hat, um diesen außerordentlichen Fall zu besprechen und dem Kalifen Hilfe zu leisten bei der Entscheidung über eine Antwort an Pippin im Reich der Franken. Diese Frage stellte sich den Beratern: Bot der Franke Pippin dem Beherrscher der Gläubigen ein Bündnis an? Die Rechtsgelehrten bejahten diese Frage. Daraufhin wurde Antwort auf diese Frage gesucht:

»Ist es dem Beherrscher der Gläubigen nach Islamischem Recht erlaubt, ein Bündnis mit Pippin, mit einem Ungläubigen, einzugehen?« Alle Rechtsgelehrten waren der Meinung, daß der Koran ausdrücklich ein solches Bündnis verbiete. Nie habe der Prophet – Allah segne ihn und gebe ihm Heil – sich mit Ungläubigen so verbündet, daß sie ihm gleichgestellt, also gleichberechtigt waren. Nach einer langen Weile des Schweigens fragte der Beherrscher der Gläubigen, ob er nun die Gesandtschaft auf den weiten und gefährlichen Heimweg schicken müsse, ohne dem Franken Pippin eine zufriedenstellende Antwort geben zu können.

Mein Vater Jahja Al Barmaki, der den Kalifen damals beraten hat, erzählte mir später, er habe einen Ausweg gesucht. Zunächst, so erfuhr ich von ihm, habe er zu bedenken gegeben, daß man nicht wisse, ob dem Franken Pippin tatsächlich am Abschluß eines wirklichen Bündnisses gelegen sei. Schließlich sei zu beachten, daß das fränkische Reich weit entfernt liege. Ein Bündnis zwischen dem Beherrscher der Gläubigen und dem Frankenherrscher könnte nur den einen Sinn haben: Pippin wolle erreichen, daß ihm islamische Fürsten in Al Andalus beistünden, die Kraft des Hauses Umaija zu schwächen, das ihn bei der Ausführung seiner Pläne störe. Von Córdoba aus seien schließlich oft genug Vorstöße ins Frankenland unternommen worden. Pippin habe nur die Absicht, seiner eigenen Herrschaft Erleichterung zu verschaffen. Die Rechtsgelehrten antworteten, diese Einsicht enthebe den Kalifen allerdings nicht von der Pflicht, sich für oder gegen ein Bündnis mit den ungläubigen Franken zu entscheiden.

»Ist es nicht so, daß der Sprecher der fränkischen Gesandtschaft, wenn er den Kalifen anredet, die Worte Amiru'l Muminin verwendet?« fragte einer der Rechtsgelehrten, und er fuhr fort: »Er muß sich bewußt sein, daß diese Worte die Anerkennung des Kalifen als Fürsten aller Gläubigen bedeuten. Der Sprecher würde diesen Titel – so müssen wir wohl annehmen – nicht gebrauchen, wenn ihm der Franke Pippin dazu nicht den

Auftrag gegeben hätte. Der Titel Amiru'l Muminin aber hat noch eine andere Bedeutung, die in der Tradition der Beziehung zwischen den Menschen seit dem Propheten – Allah gebe ihm Segen und Heil – begründet liegt. Wer auch immer gegenüber dem Kalifen die Anrede Amiru'l Muminin gebraucht, der rechnet sich selbst zu den Gläubigen, zur Gemeinschaft der Moslems. Nie hat einer der Gesandten des Imperators aus Konstantinopel diese Worte gebraucht. In der Verwendung der wenigen Worte Amiru'l Muminin unterscheidet sich die Gesandtschaft des Franken Pippin von allen anderen.«

So waren sich damals der Kalif Al Mansur, mein Vater Jahja Al Barmaki und die islamischen Rechtsgelehrten einig, daß auf dieser Rechtsgrundlage der Ausweg zu einer günstigen Antwort für Pippin gefunden werden könnte. Einer der Rechtsgelehrten – so wurde mir erzählt – habe den Gedanken dann weiterentwikkelt: »Der Titel Amiru'l Muminin«, so sagte er, »vom Sprecher der Gesandtschaft ausgesprochen, zeigt an, daß der Absender der Gesandtschaft Unterwerfung zum Ausdruck bringen will und damit die Anerkennung der Oberherrschaft des Kalifen. Wenn die Sache so steht, daß der Franke Pippin die Oberherrschaft des Kalifen anerkennt, dann sagt er selbst von sich, er sei Vasall des Beherrschers der Gläubigen. Dadurch ändert sich aber die Rechtslage völlig: Einem Vasallen darf der Kalif ein Bündnis anbieten mit dem Auftrag, dem Haus Umaija Schaden zuzufügen. Dann kann der Beherrscher der Gläubigen auch den islamischen Fürsten von Al Andalus gestatten, dem Franken Pippin beizustehen.«

Dem Kalifen Al Mansur, so sagte mir mein Vater Jahja Al Barmaki, habe dieser Gedanke des Rechtsgelehrten eingeleuchtet. Der Gesandtschaft aus Franken sei mitgeteilt worden, der Beherrscher der Gläubigen habe die Bitte ihres Herrn gnädig aufgenommen. Ihm, dem Franken Pippin, sei gestattet, im Namen des mächtigen Kalifen Al Mansur Krieg im islamischen Land Al Andalus zu führen. Ihm wurde das Recht zugestanden, die islamischen Fürsten aufzurufen, an diesem Kampf teilzunehmen. Das Wort »Vasall« wurde in der Antwort an Pippin allerdings nicht verwendet.

Um Pippin zu zeigen, wie wert dem Kalifen die Gesandtschaft aus Franken war, gab ihr Harun einen vornehmen Mann aus seiner Familie und einen Korangelehrten auf den Weg nach Westen mit. Mein Vater Jahja hatte den Rat dazu gegeben. Drei Jahre später, so erinnerte sich mein Vater, sind die zwei Moslems von der Reise nach Franken wieder an den Kalifenhof zurückgekehrt. An die Geschenke, die Pippin damals geschickt hatte, konnte sich mein Vater nicht mehr erinnern. Sie seien unbedeutend gewesen.

Aus Al Andalus, so sagte mir mein Vater, sei bald darauf die Nachricht vom Tod des Pippin eingetroffen. Sie mißfiel ihm und dem Kalifen, denn inzwischen war bekannt geworden, daß Pippin nicht zu den Freunden des Imperators in Konstantinopel zählte. Ob ein Herrscher des Westens gute oder schlechte Beziehungen zu Konstantinopel pflegte, war innerhalb weniger Monate wichtig geworden: Das Haus des Kalifen war umgezogen von Damaskus nach Baghdad, nach Osten also, in die Nähe der persischen Provinzen. Mit diesem Umzug war der Einfluß persischen Denkens auf den Kalifenhof wichtig geworden. Persische Geschichte wurde zum Bestandteil der arabischen Geschichte. Über Generationen hinweg hatte heftige und gnadenlose Feindschaft der Perser gegen die Mächtigen in Konstantinopel zum traditionellen Denken der Menschen des Ostens gehört. Der Kalif wurde nun hineingezogen in diese Feindschaft, die ihm zwar vertraut war, die ihn jedoch bisher nicht derart eindeutig in seiner Haltung zum Westen bestimmt hatte.

Pippin, der Vasall, war tot. Zu erfahren war in Baghdad, daß im Reich der Franken ein Mann Herrscher geworden war, der sich Charles nannte. Doch nichts wurde bekannt von dem, was Charles unternahm. Festzustellen war nur, daß er sich um Al Andalus nicht kümmerte. Anzunehmen war, daß ihn ein interner Streit im Reich der Franken beschäftigte.

Charlemagne – Ein Untertan des Kalifen Harun Al Rashid

Wenn wir auch wenig von dem erfuhren, was im Lande der ungläubigen Franken geschah, wer wen bekämpfte oder beherrschte, so wußten wir doch schon damals, wie das Land beschaffen war. Land und Menschen beschreibt Usama Ibn Said, der Geograph am Diwan des Kalifen, so: »Mutige Männer, die jene Landschaft durchstreift haben, sagen, sie hätten nie ein unwirtlicheres Land kennengelernt, nie seien ihnen rohere Menschen begegnet. Sie berichten, es sei ein Land der Finsternis und des Grauens. Dichte Wälder von Bäumen, die grüne Nadeln tragen, bedecken den Boden. Bauern, die das Land bestellen wollen, müssen zuerst die Bäume beseitigen. Nirgends gäbe es freie Landflächen, wenn nicht die Bauern dafür gesorgt hätten. Durch die Wälder fließen mächtige Flüsse, die gewaltige Wassermassen von hohen Gebirgen zum Meer schwemmen. Häufig fällt Wasser in Schauern vom Himmel, dann ist über Tag keine Sonne zu sehen. In der kalten Jahreszeit, die weit über die Hälfte des Jahres ausmacht, gefrieren diese Wasserschauer zu Schnee. Dann ist der Boden schneebedeckt, so wie wir das aus den Gebirgen Persiens und von den syrischen Küstenbergen her kennen. Kälte und feuchtes Wetter hat das Aussehen der Menschen geformt. Sie sehen mehr wie Tiere aus und gar nicht so wie die Menschen bei uns. Ihre Körper sind aufgebläht, träge und schwer. Aufgedunsen sind vor allem die Bäuche. Die Augen der Franken sind blau. Von derselben Farbe aber ist auch ihre Haut – wofür es keine Erklärung gibt. Vielleicht ist die Kälte an der Blaufärbung schuld. Sie hat auch zur Folge, daß die Menschen langsam in ihren Bewegungen sind, ihr Temperament ist gefroren, ihr Gefühlsleben roh. Durch lange Haare schützen sie sich gegen die kalte Luft. Die Feuchtigkeit der Winde hat bewirkt, daß ihre Haare rotbraun gefärbt sind. Ihr Verstand ist nur wenig geschärft. Unwissend und dumm sind die Franken. Diejenigen, die im Norden des Reiches der Franken leben, sind die Dümmsten. Ihr Dasein ist tierisch. Je weiter die Menschen im Norden leben, desto dümmer sind sie. In ihrer Dummheit haben sie nicht begriffen, daß das Leben der Menschen vom Allmächtigen, vom Allerbarmer gelenkt wird. Sogar der Glaube an den Gott der Christen ist wenig entwickelt.«

Schon aus den Gesprächen mit der Gesandtschaft des Pippin hatte mein Vater Jahja den Eindruck gewonnen, daß die Franken unwissende Menschen waren. Seinen ausführlichen Erzählungen war das Erstaunen zu entnehmen über den Mangel der Franken an Gelehrsamkeit. Seine Frage nach den wichtigsten Büchern im Land der Franken sei ohne Antwort geblieben. Büchereien gab es offenbar keine an den Höfen der Mächtigen. Die Frage nach Schulen stieß auf Unverständnis. Es schien so, als ob die Fertigkeit des Lesens und Schreibens von wenigen Männern des Glaubens gelehrt würde, die in abgeschlossenen Gebäuden leben. Nur wenige aber lassen sich dort unterrichten. Dies war für meinen Vater der wichtigste Beweis für den Mangel der Franken an Wissen: Die Gesandtschaft des Pippin hatte als Ausweis für ihre Rechtmäßigkeit ein Dokument mitgebracht mit diesem Wortlaut: »Signum † gloriosissimo omno pippino rege.« Nur das Kreuz † stammte von der Hand des Pippin. Er konnte offenbar nicht schreiben. Dann aber, so meinte mein Vater Jahja, sei zu erfahren gewesen, daß im Süden des Reiches, das Pippin regiert hatte und das jetzt Charlemagne gehörte, doch noch Schulen der Gelehrsamkeit entstanden. Wer lernen wollte, der mußte sich in das Land begeben, das einst das wirkliche Al Rum gewesen war.

Wenig Rühmliches war meinem Vater über die Städte des Frankenlandes berichtet worden. Die Häuser bestanden wohl aus Holz und plumpen Steinen. Ziegel wie sie in Baghdad zum Bau der Häuser verwendet werden, hätten – davon war mein Vater Jahja überzeugt – der Feuchtigkeit nicht widerstanden. Keine der Straßen, die wichtig sind für das Islamische Reich, berührt das Land der Franken. Selbst wer von Baghdad oder

Damaskus aus Al Andalus aufsuchen will, den Staat der Moslems weit im Westen, reist nicht durch Gebiete, die von fränkischen Menschen bewohnt werden. Er benützt den Weg entlang der Küste von Ifriqia bis zum Land der Berber, um sich dann bei Ceuta ein kurzes Stück übers Meer nach Al Andalus rudern zu lassen. Kein Anreiz besteht, das Land der Franken kennenzulernen.

Und dennoch gab es eines Tages für Moslems Anlaß, die Mächtigen im Land der Franken zu besuchen. Ursache des Besuches war der Wille von drei Männern, die Sache des Hauses Abbas auch in Al Andalus durchzusetzen. Diese drei Männer lebten zur Zeit des Kalifen Al Mahdi, des Vaters unseres Herrschers Harun Al Rashid. Der Name des ersten dieser drei Männer war Sulaiman Ibn Jaqdhanu Al Arabi. Er lebte und herrschte im nördlichen Teil von Al Andalus. Sulaiman Ibn Jaqdhanu Al Arabi hatte sich dem Schutz der Franken unterwerfen müssen. Der zweite war Abdul Rahman Ibn Habib, ein treuer Vasall des Hauses Al Abbas. Der dritte hieß Abul Al Aswad Ibn Jusuf, dessen Vater vom letzten Sproß der Familie Umaija eingesperrt und mißhandelt worden war. Diese drei Männer wollten den Flüchtling Abdul Rahman Ibn Muawija vernichten, dem es gelungen war, weite Gebiete von Al Andalus zu unterwerfen. Hilfe wollten sie sich holen vom Herrscher der Franken, der zu dieser Zeit schon Charlemagne hieß. Sie ritten zu diesem Zweck weit hinein in jenes unwirtliche Gebiet der Wälder und Regenschauer. Die Menschen der Landschaften, die sie durchreisten, lebten damals im Glauben, ein Jahr des Glücks sei ihnen beschieden, denn die Jahreszahl, nach ihrer Zeitrechnung, wies dreimal die Sieben auf. Die Franken zählten das Jahr 777.

In der Stadt Paderborn hielt sich Charlemagne damals auf, um internen Stammesstreit zu schlichten. Dort suchten ihn, der sich auch Imperator nannte, die drei islamischen Getreuen des Hauses Al Abbas auf, um ihn zu bitten, gegen den letzten aus dem Hause Umaija zu kämpfen. Charlemagne folgte der Bitte. Ein Jahr nach dem Treffen von Paderborn durchzog der Imperator der Franken im Auftrag der Vasallen des Kalifen Al Mahdi und somit im Dienste Allahs das Land Al Andalus. Da ließ es Allah, der Allwissende und Allmächtige geschehen, daß die Vasallen des Beherrschers der Gläubigen in Streit gerieten. Sie mißtrauten einander. Überdies glaubte es das islamische Volk von Al Andalus nicht, daß der Kalif, als Beherrscher der Gläubigen, mit der Invasion des Heeres vom ungläubigen Charlemagne einverstanden war. Charlemagne muß wohl geglaubt haben, als Befreier empfangen zu werden – doch zu seiner Überraschung stieß sein schlagkräftiges Heer überall auf ebenbürtigen Widerstand, sogar bei christlichen Fürsten. Bericht wurde uns erstattet aus Al Andalus, die christlichen Kämpfer seien schließlich zum Abzug über das Pyrenäengebirge zurück ins Land der Franken gezwungen worden. Islamische Beobachter der Situation im Grenzgebiet zwischen dem Land der Franken und Al Andalus waren jedoch nicht sicher, ob der Widerstand der wahre Grund für den Rückzug war. Möglich ist auch, daß Charlemagne wieder einmal Streit im eigenen Land fürchtete und deshalb sein Heer im Herzen seines eigenen Landes benötigte. Unsere Gewährsleute wußten uns später auch zu melden, die Nachhut des starken fränkischen Heeres sei in einer engen Schlucht der Gegend, die Roncesvalles genannt wird, überfallen worden. Keiner der Überfallenen habe überlebt. Diejenigen, die den Hinterhalt gelegt hätten, seien Christen gewesen, bewaffnete Banden aus der Stadt Pampluna. Allerdings, so lauteten die Berichte, die aus Al Andalus nach Baghdad gelangten, seien diese Christen von Moslems gegen Charlemagne aufgehetzt gewesen.

Die Berichte, die den Diwan des Kalifen damals erreichten, sind im Archiv erhalten. Die Ereignisse um die Invasion von Al Andalus und um die Flucht von Charlemagne geschahen acht Jahre, ehe Harun Al Rashid mit Allahs Gnade zum Beherrscher der Gläubigen wurde. Der Kalif Dschafar Al Mansur, der Erbauer von Baghdad, der ein aufmerksamer Beobachter aller Geschehnisse in den Reichen des Westens war, hatte bereits Einzug gehalten ins Paradies.

Eine Zeit des Wandels war angebrochen. Der Sohn des Dschafar Al Mansur, Al Mahdi war sein Name, veränderte die Lebensart in der damals noch jungen Stadt Baghdad. Unter Dschafar Al Mansur hatte Strenge geherrscht, war kaum ein Vergnügen erlaubt. Die Männer hüteten sich davor, Wein zu trinken. Sie hielten die Gebote Allahs ein. Unter dem Kalifen Al Mahdi aber wurde Genuß wichtig. Frauen hatten den Männern Freude zu bereiten, doch ebenso bedeutend für das Vergnügen wurde der Wein. Wer Wein trank, der sagte zu seiner Entschuldigung, der Prophet – Allah segne ihn und gebe ihm Heil – habe sich nie eindeutig gegen den Wein geäußert. In diese Stimmung der Lebenslust paßte es, daß Dichter Bedeutung erlangten. Was zuvor undenkbar gewesen war, geschah: der Kalif selbst wurde zum Dichter. Viel bewundert in Baghdad wurden die Verse des Beherrschers der Gläubigen, des Kalifen Al Mahdi.

Der dichtende Kalif Al Mahdi merkte nicht, daß sich Unheil im eigenen Palast zusammenbraute. Seine zwei Söhne bereiteten sich auf den Kampf um die Herrschaft im Islamischen Reich vor. Die Söhne des Kalifen waren feindliche Brüder. Ihre Namen waren Al Hadi und Harun.

Verantwortlich als Wesir für alles, was im Reich der Gläubigen geschah, war mein Vater Jahja Al Barmaki. Seine Sinne blieben wach, auch wenn andere sich dem Vergnügen ergaben. Er allein sorgte dafür, daß die Berichte aus Al Andalus sorgfältig registriert wurden. Doch auch er hatte sich schließlich um Naheliegenderes zu kümmern, um den Bruderstreit. Al Andalus und das Reich der Franken aber waren weit entfernt, und so geriet Charlemagne wieder in Vergessenheit. Die Entwicklung der Ereignisse aber, die nach Willen Allahs geschahen, führte dazu, daß Jahre später Charlemagne Verbindung mit uns aufnahm.

Wunderbar sind die Wege, die Allah, der Erhabene und Allwissende, den Menschen gehen läßt. Da lebte in Baghdad ein Rechtsgelehrter, ein Mann, der die Bedeutung des Wortes des Heiligen Buches mehr als jeder andere kannte. Genannt wurde er Malik Ibn Anas. Doch sein voller Name war Abu Abdallah

Malik Ibn Anas Ibn Malik Ibn Abu Amir Ibn Amr Ibn Al Harith Ibn Ghaiman Ibn Kuthail Ibn Amr Ibn Al Harith. Er legte Wert auf diese Liste der Abstammung, die bis weit in die Zeit des Propheten – Segen und Heil Allahs sei mit ihm – zurückreichte. Von ihm wurde behauptet, der Gesandte Allahs habe seine Geburt vorausgesagt, doch er habe drei Jahre im Mutterleib auf den rechten Augenblick der Geburt gewartet. Während dieser drei Jahre habe Allah ihn bereits mit Gelehrsamkeit begnadet.

Dieser Rechtsgelehrte glaubte, einen Mann zu kennen, der mehr Recht besaß, Beherrscher der Gläubigen zu sein als alle Männer aus dem Hause Al Abbas. Da er für diesen Mann, der vorgab aus der Familie des Propheten – Allah gebe ihm Segen und Heil – zu stammen, in den Marktgassen Reden hielt, die Unruhe stifteten in der Stadt, wurde er von meinem Vater zu fünfzig Schlägen auf die bloßen Fußsohlen verurteilt. Als Malik Ibn Anas diese Strafe ausgestanden hatte, wollte er nicht länger in Baghdad bleiben, sondern wanderte nach Medina. Seine Gelehrsamkeit rief viele Lernwillige in die Stadt des Propheten – Allah segne ihn und gebe ihm Heil. Malik Ibn Anas wurde von Pilgern besucht, die aus Al Andalus gekommen waren. Sie erzählten ihm, so wurde berichtet, von der Familie Umaija, die in Al Andalus regierte. Sie erzählte vor allem von Hisham, dem Sohn des Umaija-Sprosses, der nach Al Andalus hatte fliehen können. Der Rechtsgelehrte Malik Ibn Anas predigte fortan, jener Hisham sei der rechtmäßige Erbe jeglicher Herrschaft im Islamischen Reich.

Angeregt durch solche Predigten, begann der Umaijade Hisham von Al Andalus aus, die Hauptstadt war Córdoba, Ansprüche auf die Herrschaft in Baghdad zu stellen. Um seine Hausmacht zu vergrößern, eroberte Hisham Gebiete von Al Andalus, die ihm noch nicht unterstanden. Berichte, die uns erreichten, sprachen davon, daß Hisham auch Landschaften eroberte, über die Charlemagne regierte. Wir erfuhren schließlich auch, daß einer unserer Vertrauten in Al Andalus, sein Name war Zaid, zu Charlemagne nach Aachen gereist war, um ihm zu empfehlen, seine Handlungen gegenüber den Herrschenden in Al Andalus mit dem Diwan des Kalifen in Baghdad abzustimmen. Früher oder später, so sagte Zaid, unser Vertrauter, werde Al Andalus dem Hause Al Abbas gehören, die Sache des Hauses Umaija sei auch im Westen verloren.

Es mag um diese Zeit gewesen ein, daß Allah, der Erhabene, dem Imperator Charlemagne den Gedanken eingab, eine Gesandtschaft nach Baghdad zum Beherrscher der Gläubigen zu schicken. Von seiner Absicht erfuhren wir aus Ifriqia. Dort hatte der Statthalter des Kalifen, sein Name war Ibrahim Ibn Aghlab, einen Aufstand wilder Berbervölker niedergeworfen. Er hatte für Ordnung gesorgt an der Küste des nördlichen Ifriqia und sich dann die prächtige Residenz Abbasija gebaut, die südlich der Hauptstadt Kairuan gelegen ist. Der Name der Residenz Abbasija weist schon darauf hin, daß hier dem Geschlecht Al Abbas Wertschätzung entgegengebracht wird.

Der Statthalter Ibrahim Ibn Aghlab war der Vertreter des Kalifen, der am weitesten im Westen residierte. Die Provinz Ifriqia war ihm zum Leben gegeben. Jährlich mußte Ibrahim Ibn Aghlab Tribut an den Kalifen bezahlen. Verlangt war von ihm auch, daß er viermal im Jahr Berichte über die Ereignisse in Al Andalus zusammenstellte und nach Baghdad senden mußte. So kam es, daß dieser Brief bei mir eintraf:

»Im Namen Allahs, des Allerbarmers und Allwissenden. Der Prophet – Allah gebe ihm Segen und Heil – hat gesagt: ›Es gibt kein Hoffen für den Frevler, der vom rechten Weg abweicht. Die Hölle wird ihn dereinst verschlingen, derweil man Eiter ihm zum Trunke reicht.‹ Vorausgesagt ist so das Schicksal aller, die sich mit dem Haus Umaija, dessen Glieder in der Hölle verbrennen werden, verbünden. Der Untergang des Hauses Umaija wird endgültig besiegelt werden, denn wisse, oh Wesir des Fürsten aller Gläubigen: Gesandte aus dem Norden sind nach Abbasija gekommen. Sie baten mich um die Überreste eines christlichen Heiligen, Cyprianus genannt, der ehemals Bischof war in der Stadt Karthago, gestorben als Märtyrer des christlichen Glaubens. Die Männer, die nach den Überresten ihres Heiligen fragten, kamen im Auftrag des mächtigen Fürsten der Franken, Charlemagne. Zu begreifen war bald, daß ihnen der Heilige gar nicht so wichtig war. Sie wollten erfahren, wie mächtig unser Herr, der Kalif Harun Al Rashid, wirklich ist. Sie hatten Vollmacht, dem Beherrscher der Gläubigen durch mich, den Statthalter der Provinz Ifriqia, ein Bündnis zwischen dem Reich des Kalifen und dem Reich der Franken vorzuschlagen. Dieses Bündnis soll gegen das Haus Umaija in Al Andalus gerichtet sein. Charlemagne will, daß die Vorstöße der Bewaffneten aus dem Haus Umaija nach Aquitanien ein Ende finden. Das Emirat der Umaijaden in Córdoba soll ausgelöscht werden. So stimmt überein, was wir, der Beherrscher der Gläubigen und sein Statthalter, wollen, und was Charlemagne, der Fürst der Franken, will. Die Gesandtschaft befindet sich noch in meiner Residenz Abbasija. Sie wartet auf Antwort, ob sie die Überreste des einstigen Bischofs Cyprianus, die sich tatsächlich hier in der Provinz Ifriqia in einer Gruft befinden, ausgehändigt erhält oder nicht und – vor allem – ob der Beherrscher der Gläubigen geneigt ist, ein Bündnis mit dem Fürsten der Franken ins Auge zu fassen.«

In beiden Angelegenheiten die Entscheidung des Kalifen Harun Al Rashid herbeizuführen, das war nun meine Aufgabe. Schwierig wurde das Gespräch mit ihm, als er sagte: »Oh Dschafar, mein Wesir, wir wissen durch die Schriften der Geographen des Diwan, welchen Umfang unser Reich hat. Wir wissen, daß es bis ins sagenhafte Indien reicht und bis zum großen Meer im Westen, daß es mehr als vierhundert Tagereisen dauert, bis unser Reich durchwandert ist. Es ist uns auch bekannt, daß das Land der Franken von feuchten Winden durchweht wird, daß die Menschen dort träge und von schwerfälligem Gemüt sind. Doch wie groß das Land ist, das jener Fürst beherrscht, der ein Bündnis mit uns schließen will, das wissen wir nicht.«

Als der Beherrscher der Gläubigen diese Worte gesagt hatte, ließ ich den Geographen Usama Ibn Said in den Saal des Diwan kommen. Bei seinem Eintritt sagte ich zu ihm, noch ehe er sich vor dem Kalifen zu Boden geworfen hatte: »Der Beherrscher der Gläubigen will wissen, wie groß das Land der Franken ist und welche Gestalt es hat. Ist das Land der Franken von großen Wassern umgeben? Gib unserem Herrn Antwort!« Usama Ibn Said bat nun darum, sich für kurze Zeit entfernen zu dürfen. Er kam bald wieder zurück und brachte ein zusammengerolltes Leder mit, das er alsbald vor uns ausbreitete. Kreisrund war darauf die gesamte Welt zu sehen. Rings war die Welt vom Wasser des gewaltigen Meeres umgeben. Mehr konnten wir nicht erkennen. Der Geograph Usama Ibn Said sagte sodann zu Harun Al Rashid: »Ich höre und gehorche! Erhabener Herr, Herrscher über Ost und West, Nord und Süd! Auf diesem Leder ist die Gestalt der ganzen Welt aufgezeichnet. Diese Weltkarte ist gezeichnet auf der Grundlage der Erkenntnis des gelehrten Erzbischofs Isodorus von Sevilla, der zur Lebenszeit des Propheten – Allah gebe ihm Segen und Heil – in Al Andalus gelebt hatte. Die Weltkarte ist Bestandteil seines Buches ›De natura rerum‹ gewesen. Von Isodorus hat diese Einsicht in die Gestalt der Welt der christliche Mönch Beatus von Valcavado übernommen, der die Weltkarte einem Kommentar zur Offenbarung des Propheten Johannes beifügte. Wie Buch und Weltkarte nach Baghdad gelangt sind, weiß ich nicht.«

Dann begann der Geograph, mit der Erlaubnis des Kalifen, die Zeichen auf der Weltkarte zu erläutern: »Zu erkennen ist das Land Germania, das eingerahmt wird von den Flüssen Rhenus und Danubius. Auch befindet sich hier das Land Gallia Belgica und Gallia Lugdunensis. Angezeigt ist ›Franca‹, das Gebiet, wo die Franken leben. Dies ist ein Volksstamm, der dem ganzen Reich den Namen gab. Unmittelbar dabei steht das Wort ›Suebi‹, auch das ist der Name eines Volksstammes. Zu erkennen sind auf dieser Weltkarte die Montes Galliarum, das sind jene Gebirgszüge, in denen das fränkische Heer beim Rückzug von Al Andalus die Nachhut verloren hat.« Als der Kalif sehen wollte, wie sein eigenes Reich auf der Weltkarte dargestellt ist, da wurde der Geograph Usama Ibn Said verlegen. Er sprach:

»Oh Beherrscher der Gläubigen! Weder der Gelehrte Isodorus von Sevilla, noch der Mönch Beatus von Valcavado waren wissend genug, um die Größe des Reiches, das Allah geschaffen hat, zu verstehen und aufzuzeichnen.«

Der Kalif gab sich damit zufrieden und fragte dann: »Oh Dschafar, was weißt du über die Beziehungen zwischen dem Mächtigen der Franken und dem Imperator in Konstantinopel?« Meine Antwort war: »Oh Beherrscher der Gläubigen! Die Franken liegen wie wir im Streit mit Al Rum. Ein Weib regiert dieses Reich. Ihr Name ist Irene. Nicht Grausameres lebt auf Erden als diese Frau. Im Namen ihres unmündigen Sohnes Constantinos hatte sie die Herrschaft übernommen. Sie gab dem Prinzen den Namen ›Porphyrogennetos‹, das heißt ›Der in Purpur Geborene‹. Irene hatte einen Plan, der dem Islamischen Reich hätte gefährlich werden können: Es war ihre Absicht, den Sohn Porphyrogennetos mit einer Tochter des Imperators der Franken zu vermählen. Der Mächtige der Franken war damit einverstanden, daß ein Vertrag über die Absicht der Vermählung abgeschlossen werde. Wäre der Vertrag erfüllt worden, wäre uns ein starker Gegner entstanden, denn die Heirat hätte nicht nur bedeutet, daß die Heere beider Reiche in islamisches Gebiet hätten eindringen können, sondern auch die geistliche Autorität des Westens, der Papst, hätte den Bund und seine Auswirkungen gesegnet. Die christliche Welt wäre weniger zerstritten gewesen. Al Rum wäre wirklich wieder entstanden, das Riesenreich der Römer. Doch zum Glück für uns hat Irene selbst den Plan vernichtet. Als Porphyrogennetos erwachsen wurde, als die Zeit der Heirat heranrückte – und als er selbst von Irene die Macht in Konstantinopel übernehmen sollte –, da zerriß diese Frau den Vertrag, der mit dem Mächtigen der Franken abgeschlossen war. Schließlich ließ sie den eigenen Sohn überfallen und blenden. Die Augen wurden ihm ausgestochen auf Befehl der Mutter. Seither befinden sich die Franken und Al Rum im Krieg. Irene regiert ihr Reich unangefochten. Sie schadet dem Frankenfürsten, wo sie nur kann. Uns wurde berichtet, daß

Irene für die Unruhe verantwortlich ist, die in der Ebene des Flusses Po ausgebrochen ist. Das Scheitern der Hoffnungen des Porphyrogennetos hat – oh Beherrscher der Gläubigen – dazu geführt, daß sich der Mächtige der Franken unangefochten Imperator Romanus nennen darf. Carolus Augustus, so hat ihn der Papst genannt. Wir wissen, wie der Imperator Romanus aussieht. Der Papst hat in seinem Palast, der Lateran genannt wird, ein Mosaik fertigen lassen, das darstellt, wie Petrus, einer der Heiligen der Christen, dem Imperator die Fahne der Stadt Rom überreicht. Einer unserer Vertrauensmänner hat dafür gesorgt, daß die Mosaikdarstellung abgezeichnet wurde. Ibrahim Ibn Aghlab, dein Statthalter in Ifriqia, hat seinem letzten Bericht aus Abbasija die Abbildung beigefügt. Sie zeigt einen stämmigen Mann mit bartlosem Kinn und Oberlippenbart. Er trägt einen Wollmantel und eine Lederkappe, die nur durch drei kleine Federn geschmückt ist. Carolus Augustus, der Imperator, scheint ein bescheidener Mann zu sein.«

Der Beherrscher der Gläubigen war, als er meine Worte gehört hatte, der Meinung, es wäre recht und billig, wenn dieser Mann, der ein Bündnis mit dem Islamischen Reich suche, selbst nach Baghdad käme, um ihn, den Mächtigeren, zu besuchen und ihm Ehre zu erweisen. Wenn dieser Besuch jedoch nicht möglich sei, weil er den Imperator zu lange aus seinem Reich entfernt hätte, dann wäre er bereit, so sagte Harun Al Rashid, die Gesandtschaft des Imperator Romanus zu empfangen.

Mehr als zwei Jahre waren vergangen seit jenem Gespräch im Diwan des Kalifen, da wurde eines Tages gemeldet, auf dem Euphrat seien zu Schiff Fremde unterwegs, die den Auftrag hätten, dem Beherrscher der Gläubigen die Ehrerbietung eines Mächtigen der christlichen Welt zu überbringen, der den Namen Charlemagne trage. Auch die Namen der Fremden wurden uns bald gemeldet. Sie hießen Sigismund und Lantfried. Es hieß, ein Jude begleite die Franken. Er sei ein Diener, der Isaac gerufen werde. Isaac, so war zu erfahren, war für die Reisenden wichtig, denn er konnte in der Sprache der Gläubigen reden.

Harun Al Rashid, der neugierig war zu erfahren, was ihm die Gesandtschaft des Carolus Augustus aus ihrem Reich weit im Westen zu überbringen hatte, ließ Sigismund und Lantfried nicht lange warten. Schon am Tag nach ihrer Ankunft in Baghdad wurden die beiden im Palast des Beherrschers der Gläubigen empfangen. Was geschah, überraschte mich: Nie war es bisher vorgekommen, daß sich eine Gesandtschaft nicht vor dem Mächtigen des Islamischen Reiches, der Nachfolger war des Propheten – Allah segne ihn und spende ihm Heil –, auf den Boden warf, um die Erde zu küssen, die von den Füßen des Kalifen berührt worden war. Lantfried und Sigismund blieben im Angesicht des mächtigsten Mannes des Weltkreises stehen und verbeugten sich nur. Allein Isaac kauerte sich nieder.

Lantfried, von mir zum Reden aufgefordert, sprach diese Worte in seiner Sprache, die von Isaac übersetzt wurden: »Erhabener Kalif, Beherrscher der Gläubigen! Wir kommen in dein Reich im Auftrag unseres Herrn Carolus Augustus. Der Imperator Romanus entbietet dir seinen Gruß und den Ausdruck seiner Freundschaft. Der Herrscher des Westens streckt die Hand dar dem Herrscher des Ostens.«

Zum Zeichen, daß sie wirklich vom Imperator Romanus geschickt worden waren, händigten die Gesandten mir ein Schriftstück aus, dem zu entnehmen war, Sigismund und Lantfried, Männer von Bildung und Ansehen, sprächen im Auftrag von Carolus Augustus. Unterzeichnet war dieses Schriftstück mit den Worten »Signum † Caroli gloriosissimi regis.« Wie einst beim Dokument, das Pippin unterzeichnet hatte, stammte auch diesmal nur das Kreuz von der Hand des Regenten. Daraus schloß ich, daß auch dieser Mächtige des Frankenreiches nicht schreiben konnte.

Von Sigismund und Lantfried wollte der Beherrscher der Gläubigen erfahren, auf welchem Wege sie nach Baghdad gelangt seien. Einer der beiden erzählte, sie seien über das Meer bis Beyrut gefahren. Über Aleppo seien sie dann zum Euphrat gelangt, der sie bis in die Nähe von Baghdad getragen hätte. Fast ein Jahr lang, so war zu erfahren, hatten sie für den Weg von der Residenz des Imperators in Aachen bis zur Hauptstadt des Kalifen Harun Al Rashid gebraucht.

Jetzt war die Zeit gekommen, nach dem Auftrag der Gesandtschaft zu fragen. Der Mann, der sich Sigismund nannte, sagte: »Oh Kalif, du mächtiger Herrscher in Ost, in Nord und Süd! Der Imperator Romanus hat uns geschickt, um dir Vorschläge zu unterbreiten. Der erste Vorschlag betrifft seine Bereitschaft, dich auch als Herrscher über Al Andalus anzuerkennen. Das Haus Umaija wird von Carolus Augustus nicht anerkannt. Er bittet darum, daß du die Menschen von Al Andalus wissen läßt, der Imperator Romanus handle in Übereinkunft mit dir und jedermann sei verpflichtet, ihm zu gehorchen. Um die Beziehung zwischen dir, oh Kalif, und Carolus Augustus zu festigen, sollte ein Bündnis abgeschlossen und besiegelt werden.«

Das zweite Anliegen der Gesandtschaft betraf Jerusalem. Carolus Augustus bat darum, die Heiligen Stätten der Christenheit seiner Aufsicht zu unterstellen, damit er den freien Zugang zur Geburtskirche in Bethlehem und zur Grabeskirche in Jerusalem für alle Pilger sichern könne. Ich wollte von Sigismund wissen, ob in der Zeit, seit Harun Al Rashid der Herrscher im Islamischen Reich ist, Pilger in Jerusalem oder auf dem Weg dorthin belästigt worden seien. Der Sprecher der christlichen Gesandtschaft wußte keinen derartigen Fall zu nennen. Sigismund fügte jedoch hinzu, dem Papst sei sehr daran gelegen, daß eine christliche Autorität zuständig sei für die Orte, die den Christen heilig seien. Der Papst habe Carolus Augustus gekrönt zum Imperator Romanus und nehme sich daher wohl das Recht, an den Gekrönten einen Wunsch zu richten. Der Imperator entspreche mit seiner Bitte um Verleihung der Souveränität über die Heiligen Stätten dem Wunsch des Papstes.

Nachdem wir erfahren hatten, welchen Zweck die christliche Gesandtschaft beim Beherrscher der Gläubigen verfolgte, gab der Kalif ein Zeichen, das die drei Männer aufforderte, den Saal des Diwans wieder zu verlassen. Zur gegebenen Zeit, so wurde ihnen gesagt, werde der Beherrscher der Gläubigen eine Antwort erteilen.

Der erste Punkt der Wünsche war von Bedeutung für das Islamische Reich. Einige Städte von Al Andalus hatten sich gegen die Umaijaden erhoben und bekannten sich zum Haus Al Abbas. Der Gouverneur von Huesca hatte die Schlüssel seiner Stadt dem Imperator geschickt, mit der Zusicherung, er werde ihm jeder Zeit auch die Tore öffnen, wenn sichergestellt sei, daß er die Sache der Abbasiden vertrete. Wir hatten auch erfahren, daß die Gouverneure von Pampluna und Tarragona bereit waren, ähnlich zu handeln. Dem Mächtigen des Hauses Umaija in Córdoba war es nicht möglich, diese Entwicklung aufzuhalten. Das Wissen um die Situation in Al Andalus veranlaßte mich, dem Beherrscher der Gläubigen zu empfehlen, den Imperator Romanus zum Vertreter der Sache des Hauses Al Abbas im westlichen Teil der Welt zu ernennen. Ich konnte darauf hinweisen, daß bereits dessen Vorgänger Pippin im Dienste der Familie des Kalifen gestanden habe. Der Beherrscher der Gläubigen wollte nun wissen, ob es klug sei, vom fränkischen Vasallen auch Tribut zu verlangen, so wie der Imperator in Konstantinopel gezwungen werden konnte, alljährlich hohe Beträge an die Kasse des Islamischen Staates in Baghdad zu bezahlen. Ich antwortete: »Oh Beherrscher der Gläubigen. Dein gewaltiges Heer hat die Frau im Palast in Konstantinopel veranlaßt, zu ihrer Tributpflicht zu stehen. Aber fast in jedem Jahr sind deine Feldherren gezwungen, Irene durch Waffengewalt daran zu erinnern, daß sie uns Gold und Geld zu schicken hat. Carolus Augustus aber herrscht weit im Westen. Wir haben kein Heer, das ihn an seine Pflichten erinnern könnte. Wir brauchen sein Geld nicht, wenn er uns Dienste leistet in Al Andalus. Es genügt, den Herrscher der Franken darauf hinzuweisen, daß du, oh Beherrscher der Gläubigen, der König aller Könige bist und der Schatten Allahs, des Allmächtigen und Allwissenden, auf dieser Erde. Dir gegenüber sind alle anderen Könige Vasallen. Das weiß auch Carolus Augustus. So ist die Welt geordnet. Carolus

Augustus fügt sich nun dieser Ordnung. Wir nehmen dies als Selbstverständlichkeit zur Kenntnis – schweigend.«

Diese Bemerkung gefiel dem Kalifen Harun Al Rashid. Er sprach: »Es ist Sitte, einem Vasallen, um ihn zu ehren, eines der Prachtgewänder zu schicken, die ich selbst getragen habe. Auch dem Imperator Romanus senden wir ein solches Gewand!«

Und so geschah es. Da die Gesandtschaft ohne Geschenke gekommen war, entließ sie der Kalif, ohne ihr – außer dem Gewand – wertvolle Gegenstände für Carolus Augustus mitzugeben. Für Sigismund schrieb ich ein Dokument, das den Willen des Beherrschers der Gläubigen zum Ausdruck brachte, mit dem Imperator Romanus ein Bündnis abzuschließen. Eine Antwort auf den Wunsch nach Übertragung der Souveränität über Stätten in Jerusalem, die den Christen heilig sind, werde zu einem späteren Zeitpunkt erteilt.

So machten sich die Gesandten Sigismund und Lantfried mit dem Juden Isaac auf den Weg zurück ins Reich der Franken. Von einem Vertrauten in Al Andalus erfuhren wir später, daß die beiden Christen unterwegs an fiebriger Krankheit gestorben waren. Allein der Jude Isaac, so wurde uns berichtet, habe die Stadt Aachen erreicht, um das vom Kalifen abgelegte Gewand dem Imperator Romanus zu überreichen. Mit der Annahme des Prachtkleides hatte Charlemagne, so wurde der Imperator in seiner Heimat genannt, den Status eines Vasallen angenommen.

Wenige Wochen nach der Abreise der christlichen Gesandtschaft empfahl ich dem Beherrscher der Gläubigen, nun seinerseits dem Imperator eine Delegation islamischer Würdenträger zu senden. Der Herrscher entsprach meinem Vorschlag. Von Harun Al Rashid selbst stammte der Gedanke, der Gesandtschaft reiche Geschenke für den Imperator auf den Weg zu geben. Er verzichtete sogar auf den weißen Elefanten, der einst dem Kalifen Al Mahdi geschenkt worden war. Das Tier begleitete fünf Männer bei der Schiffahrt den Euphrat hinauf und dann über Land nach Beyrut. Dieser weiße Elefant, der den Namen Abu Al Abbas trug, soll – so wurde uns berichtet – noch acht Jahre am Hof des Imperators Romanus in Aachen gelebt haben. Er soll besonders von den Kindern aus dem Haushalt des Mächtigen geliebt worden sein.

Innerhalb dieser acht Jahre schickte der Kalif Harun Al Rashid noch zwei Gesandtschaften ins Reich der Franken. Sie waren es, die uns bei der Rückkehr vom Wohlergehen des weißen Elefanten erzählten.

Unsere Boten übergaben Carolus Augustus nicht nur Briefe, die dem christlichen Herrscher nach und nach das Gefühl geben konnten, er sei künftig tatsächlich für die Heiligen Stätten der Christenheit in Bethlehem und Jerusalem zuständig, sondern auch Geschenke, die ihm zeigen sollten, daß die Kunstfertigkeit, die in Baghdad gepflegt wird, unübertrefflich ist. Die zweite Gesandtschaft hatte eine Uhr zu überbringen, die aus Messing gefertigt war. Wasser, das aus einem großen Behälter aus der Höhe heruntersprang, sorgte dafür, daß eine Mechanik zu jeder vollen Stunde zwei Kügelchen auf eine Glocke fallen ließ. Der Ton zeigte an, daß eine Stunde vorüber war. Zum gleichen Zeitpunkt sprangen zwölf Tore auf und gaben den Blick frei auf zwölf Reiter und auf zwölf Pferde, die sich bewegten. Auch dafür sorgte der Druck des Wassers. Nichts Ähnliches, so berichtete uns die Gesandtschaft bei ihrer Rückkehr, sei im gesamten Reich der Franken zu sehen. Kunstfertigkeit werde dort keineswegs gepflegt. So geschah es, daß unsere Boten nichts aus Aachen nach Baghdad zurückbrachten, was bemerkenswert gewesen wäre.

Ehe die dritte Gesandtschaft zum Imperator Romanus reisen sollte, ließ ich den Abt des Klosters am Ölberg von Jerusalem nach Baghdad rufen. Er sollte unseren Gesandten Abdallah begleiten. Vor der Abreise ergab sich folgendes Gespräch zwischen dem Beherrscher der Gläubigen und dem Anführer der christlichen Mönche. Der Kalif wollte Antwort auf die Frage hören: »Wie kommt es, daß ihr das Grab des Propheten Jesus anbetet, der ein Vorgänger des Propheten Mohammed – Allah segne ihn und sende ihm Heil – in der Kette der Verkünder der

Wahrheit war? Wie kann es geschehen, daß der Imperator, der Nachfolger der römischen Imperatoren, den Schlüssel besitzen will, der das Grab des Propheten Jesus verwahrt?« Der Abt des Klosters am Ölberg antwortete: »Oh Herr, der du über Ost und West, Nord und Süd Macht besitzest! Daß Jesus Christus am Kreuz gestorben ist, das ist das Geschenk Gottes an die Menschheit. Nur durch den Tod dieses Gottessohnes ist Erlösung von Schuld und Übel möglich geworden. Daß Jesus Christus Märtyrer geworden ist, gibt uns die Sicherheit des ewigen Heils. Deshalb ist uns Christen auch der Ort wichtig, wo der Gottessohn gestorben ist und wo er begraben wurde. Für den Imperator gibt es daher keinen Ort der ganzen Erde, der ihm heiliger wäre als das Grab Christi in Jerusalem.«

Der Beherrscher der Gläubigen sprach daraufhin: »Wie unterscheiden wir uns doch im Glauben! Ihr sucht das Sichtbare, das Äußerliche. Uns ist es unwichtig. Wir wissen nicht einmal, wo sich das Grab des Propheten – Allah gebe ihm Heil und Segen – befindet. Wir wissen nicht, wo die Gebeine des Gesandten Allahs ruhen. Und er war der Würdigste aller Menschen, die je gelebt haben. Wie aber hat Jesus gelebt? Euer Prophet, so sagt ihr, sei am Kreuz gestorben, eines schmählichen Todes. Der Gesandte Allahs aber sagt: ›Sie haben ihn nicht getötet!‹ Der Gesandte Allahs spricht die Wahrheit, denn bei ihm ist kein Wort der Lüge. Den Tod am Kreuz hat Jesus nie erlitten. Wenn Jesus nun in Wahrheit nicht am Kreuz gestorben ist, dann könnt ihr nicht davon reden, sein Märtyrertod sichere euch das Heil, und dann braucht sich Carolus Augustus auch nicht um den Platz zu kümmern, an dem ihr das Grab eures Propheten vermutet. Eure Religion ist ein Glaube des Irrtums.«

Der Abt des Klosters am Ölberg hörte zu. Ihm war anzumerken, daß er widersprechen wollte. Er wußte aber, daß dies im Palast des Kalifen gerade ihm, dem Andersgläubigen, nicht erlaubt war.

Der Abt mußte sich noch weitere Bemerkungen des Kalifen gefallen lassen: »Der Prophet, Allah segne ihn und spende ihm

Heil, sagte über euren Propheten Jesus, er sei kein Sohn Gottes. Wie kann sich ein Mensch ausdenken, daß Allah einen Sohn habe. ›Ferne sei es von ihm, daß Allah einem Weibe seinen Sohn eingegeben habe!‹ Auch dies ist ein Wort des Gesandten Allahs. Uns ist berichtet, der Prophet Jesus habe selbst ausgesprochen, daß er nicht der Sohn Gottes im wörtlichen Sinne und noch nicht die Vollkommenheit der Offenbarung sei. Wir wissen, daß der Prophet Jesus gesagt hat, nach ihm käme einer, der vollkommen Bescheid wisse über Gottes Ordnung im Himmel und auf der Erde. Dieser eine ist tatsächlich gekommen und hat den Menschen Endgültiges über Allah zu offenbaren gewußt. Dieser eine ist der Gesandte Allahs. Wenn wir auch nicht wissen, wo er begraben liegt, so wissen wir doch, daß wir ihn im Paradiese sehen werden, wo er neben Allah den bevorzugten Platz einnimmt. Wir wollen gar nicht wissen, wo seine sterblichen Reste ruhen, denn sie sind längst zu Staub geworden. Der Imperator der Franken aber will den Schlüssel haben für den Ort, von dem der Wind den Staub Jesu längst verweht hat. Er soll den Schlüssel bekommen für das Tor zu jenem elenden Platz. Du, Abt des Klosters am Ölberg, sollst den Schlüssel selbst überbringen. Ich will dir aber nicht zumuten, daß du dem Mächtigen der Franken, der als Vasall durch Bündnis an mich gebunden ist, einen armseligen Schlüssel überbringst. Wir werden einen Schlüssel in Gold anfertigen lassen, für den es jedoch kein Schloß gibt. Der Schlüssel der Täuschung paßt zum Glauben des Irrtums!«

Mit leiser Stimme sprach der Beherrscher der Gläubigen noch diese Worte: »Du sollst auch wissen, warum ich dich auserwählt habe, um mit der Gesandtschaft in jenes Land der Finsternis zu reisen! Man sagte mir, du hättest in deiner Predigt zum Geburtstag eures Propheten in Jerusalem gesagt, die Moslems seien der Schleim der Menschheit! Ich weiß, daß du gehetzt hast gegen die wahren Gläubigen, sie würden die ganze Welt bedrohen mit ihrer Mordlust und Zerstörungswut. Ich könnte dich dafür köpfen lassen. Doch ich will dir vor Augen führen, wo der wahre Schleim der Menschheit lebt.«

So reiste der christliche Abt des Klosters am Ölberg ins Reich der Franken. Als Geschenk für Charlemagne führte er ein üppig geschmücktes Zelt aus prächtigen Stoffbahnen mit sich. Es war ein Zelt nach der Art, wie es der Kalif selbst benützt, wenn er auf Reisen war. Jenes Zelt war so angelegt, daß auch die Frauen aus dem Haushalt des Beherrschers der Gläubigen wenn nötig darin Platz und Schutz vor fremden Blicken fanden. Es sollte dem Imperator Romanus die Ärmlichkeit seines eigenen Haushalts deutlich machen.

Als wichtigstes Geschenk für Carolus Augustus aber empfand der Abt, daß er ein Schreiben überbringen durfte, das den fränkischen Herrscher zum Herrn über die christlichen Stätten in Jerusalem einsetzte. Ich hatte den Wortlaut in lateinischer Sprache aufsetzen lassen. Ein griechischer Schreiber, der zum Diwan des Kalifen gehörte, beherrschte diese Sprache vollkommen. Ich hatte ihn beauftragt, die Worte so zu wählen, daß sie deutlich machten, wer der Herr der Welt und wer der Vasall sei.

Drei Jahre später kam der Abt des Klosters am Ölberg zurück aus dem Reich der Franken. Die Moslems, die ihn begleitet hatten, waren unterwegs gestorben. In Medina hielt sich Harun Al Rashid auf, als er seinen christlichen Abgesandten empfing. Der Beherrscher der Gläubigen erfüllte damals seine Pflicht der Pilgerfahrt.

Alt geworden war der Abt in den drei Jahren, die er auf der beschwerlichen Reise zugebracht hatte. Nur mühsam konnte er sich vor dem Kalifen niederwerfen. Er küßte dem Beherrscher der Gläubigen die Füße. Als ihm erlaubt wurde zu sprechen, sagte er: »Oh Herrscher, der mächtiger ist als jeder andere! Ich habe das Reich der Franken gesehen, in dem die Menschen in Unwissenheit leben. Erlaube mir, daß ich die Pilgerfahrt vollziehe, daß ich deinen Glauben annehme, denn ich habe Wunderbares erlebt. Mit mir gekommen, oh Herr, sind vierzig Männer, Mönche wie ich, die geschworen haben, siebenmal die Kaaba in Mekka zu umwandern!«

Da wollte Harun Al Rashid wissen, wie und wo das Wunderbare der Bekehrung geschehen sei. Noch am Boden liegend sprach der Abt, der zum Gläubigen geworden war:

»Als ich mich auf dem Rückweg befand, allein, denn meine Weggenossen waren schon gestorben, wollt ich in einem Kloster im Gebirge Libanon, dort, wo die Zedern wachsen, wieder zu Kräften kommen, denn auch ich fühlte mich schwach. Da kam in das Dorf, das nahe beim Kloster war, eine Gruppe junger Moslems, die sich Allah verpflichtet hatten, ein Leben der Enthaltung zu führen. Einer der Männer sah auf dem Markt ein christliches Mädchen, das Fladenbrot verkaufte. Die Christin gefiel einem der Moslems, und so sagte er zu seinen Freunden: ›Zieht ihr allein weiter! Ich gehe nicht mehr mit euch!‹ Obgleich sie ihn verlachten und schließlich sogar beschimpften, ließ er sich nicht umstimmen. Er setzte sich nahe der Stelle auf den Boden, wo die junge Christin ihre Brote ausgebreitet hatte. Sie fragte ihn, was er begehre, und er gab zur Antwort, daß er sie liebe. Sie wandte sich ab von ihm, aber er blieb sitzen. Drei Tage lang saß er da und betrachtete die Brotverkäuferin. Am vierten Tag aber kamen Männer und forderten den Moslem auf, ihr christliches Dorf zu verlassen, das Moslems keinen Platz biete. Als er ungerührt sitzen blieb, da schlugen die jungen Christen auf ihn ein, bis er aus vielen Wunden am Kopf blutete. Mönche aus dem Kloster, in dem ich mich aufhielt, retteten den jungen Mann vor dem Tode und brachten ihn hinter die schützenden Klostermauern. Nach einer Woche war er soweit genesen, daß er wieder in das Dorf gehen konnte. Er setzte sich erneut in die Nähe der Brotverkäuferin. Da sprach sie zu ihm: ›Ich habe Mitleid mit dir, und du gefällst mir. Wenn du meinen Glauben annimmst, dann werde ich mich dir vermählen.‹ Der Moslem erschrak und sagte: ›Bei Allah! Dies möge Allah verhüten! Wie kann ich den Glauben an den einen Gott aufgeben, um wie du an viele Götter zu glauben?‹ Da meinte sie: ›Dann laß uns tun, wozu du Lust hast, heute Nacht, in der Dunkelheit.‹ Doch kaum hatte sie diese Worte gesprochen, da kamen wieder die jungen christlichen Männer, und diesmal trugen sie schwere Stöcke mit sich.

Ehe sie auf ihn einschlugen, warf sich der bedrohte Moslem nieder und rief: ›Mein Beschützer ist Allah, der das Heilige Buch herabsandte. Er beschützt die, die an ihn glauben.‹ Ich selbst sah und hörte alles. Daß ihn die Männer erschlugen, konnte ich nicht verhindern. Sein letzter Schrei war: ›Oh Allah, vereinige mich mit der Frau, die ich liebe, im Paradies!‹ Als die Christen den Moslem tot liegengelassen hatten, begrub ich ihn.«

Da sprach der Beherrscher der Gläubigen: »Du hast ein gutes Werk getan an einem Moslem. Doch wo ist in deiner Erzählung das Wunderbare zu finden?«

Der Abt fuhr fort in seinem Bericht: »Oh Herr! In der Nacht klopfte es an das Tor des Klosters, in dem ich mich von der langen Reise erholte. Ein Mann stand draußen, der dringend darum bat, es möge ein Mann, der bewandert ist in geistlichen Dingen, in das Haus der Brotverkäuferin kommen, die im Traum Seltsames gesehen habe. Ich ging zu der jungen Frau und hörte, was sie zu sagen wußte. Dies waren ihre eigenen Worte: ›Während ich schlief, da trat jener junge Moslem zu mir. Er nahm mich bei der Hand und führte mich zum Paradies. Doch am Tor verwehrte mir ein Engel den Eintritt, indem er sprach: Das Paradies ist den Ungläubigen versagt! Da nahm ich den Glauben des Islam an und trat mit dem jungen Mann ins Paradies ein. Schlösser und Häuser, Bäume und Sträucher erblickte ich da, wie ich sie noch nie gesehen hatte. Er brachte mich zu einem Schloß aus Edelsteinen und sagte: ›Siehe, das Schloß ist für dich und für mich. Allah will, daß wir dort gemeinsam eintreten. In fünf Tagen wirst du mit mir durch das Tor gehen!‹ Als sie diese Worte gesagt hatte, schwieg die junge Frau und sprach fortan nie mehr ein Wort. Sie aß nicht und trank nicht. Beim Anbruch der fünften Nacht ging sie hinaus zum Grab des jungen Moslems. Dort legte sie sich nieder und starb. Niemand der Ihren hatte ihr Weggehen und ihren Tod bemerkt.

Am Morgen kamen zwei Sheikhs in härenen Röcken zum Kloster. Sie sprachen: ›Ihr Mönche, im Dorf hat Allah, der Erhabene, eine Frau im wahren Glauben sterben lassen. Sie ist eine Heilige. Wir wollen an eurer Statt für sie sorgen.‹ Da suchten wir die Frau und fanden sie tot auf dem Grabe liegend. Wir antworteten nun den Sheikhs: ›Wir können die Tote euch nicht geben, denn sie ist eine der Unsrigen. Sie ist in christlichem Glauben gestorben. Wir wollen für die Bestattung sorgen!‹ Da begannen wir um den Leichnam zu streiten. Doch obgleich wir Mönche viele waren und die Sheikhs nur zu zweit, gelang es uns nicht, das tote Mädchen aufzunehmen und wegzutragen. Da sagte einer der beiden Moslems: ›Daran sei ihr Glaube zu erkennen: Wenn es euch gelingt, sie von diesem Grabe wegzubringen, dann ist sie als Christin gestorben. Gelingt dies euch Mönchen nicht, wird einer, und nur einer, von uns Moslems vortreten, um zu versuchen, ob er die Tote bestatten kann. Hebt er die Tote auf, dann zeigt uns Allah an, daß sie Moslem geworden ist.‹ Wir achteten nicht weiter auf seine Worte, sondern griffen zu, doch Grab und Frau waren derart miteinander verbunden, daß wir die Tote nicht hochheben konnten. Da sagte ich zum einen der beiden Sheikhs: ›Tritt du zum Grab und trage die Tote weg!‹ Der Sheikh legte seinen Mantel über sie und sprach: ›Im Namen Allahs, des Allerbarmherzigsten und Allwissenden! Die Wahrheit wurde offenbar durch den Propheten, den Allah segne und dem Allah Heil spende!‹ Dann hob er die Tote auf. Zwei Frauen kamen, Frauen, die an Allah glaubten. Sie begleiteten den Sheikh, der die Tote trug, zu einer Höhle. Dort entkleideten die Frauen die Verstorbene, wuschen sie und hüllten sie in ein Leintuch. Dann wurde die Tote neben dem jungen Moslem bestattet. Als dies alles geschehen war, da sprachen wir Mönche unter uns: ›Die Wahrheit verdient es, daß man ihr folge! Die Wahrheit ist uns offenbar geworden. Es kann keinen klareren Beweis für den Islam geben als das, was wir selbst mit unseren Augen gesehen haben.‹ Darauf bekannte ich mich zum Islam, und alle Mönche des Klosters folgten meinem Beispiel. Deshalb bitten wir dich, oh Beherrscher der Gläubigen, erlaube uns, daß wir siebenmal die Kaaba umwandern dürfen!«

Da fragte Harun Al Rashid nicht mehr nach Botschaft von

Charlemagne, dem Imperator Augustus. Sie war ihm gleichgültig geworden.

Die wundersame Geschichte von der gelehrten Sklavin

In jener Zeit, als das Geschlecht Al Barmaki noch nicht in Gefahr war, die Gnade des Beherrschers der Gläubigen zu verlieren, gab es Stunden, da erlebte ich im Saal des Diwan Wunderliches und Wundersames. Um ständig nahe beim erhabenen Herrscher zu sein, bei unserem mächtigen Herrn Harun Al Rashid, verließ ich so gut wie nie den Palast des Kalifen. Ich besaß zwar ein eigenes Haus in Baghdad – genauso wie mein Vater und mein Bruder Al Fadl –, doch genügte mir ein Zimmer nahe beim Diwan des Kalifen. So entging mir nichts von all den ungewöhnlichen Geschehnissen am Hof des Beherrschers der Gläubigen, der von vielen Menschen aus dem Riesenreich des Islam besucht wurde. Eines Tages, als wir unsere Beratungen mit Höflingen und fremden Besuchern beendet hatten, brachte ein Mann eine Sklavin in den Saal des Diwan. Es hatte den Anschein, als ob der Mann, der sich Abu Al Husn nannte, das Mädchen dem Kalifen für die Freuden des Lagers zuführen wollte. Dies wäre ein gewöhnlicher Vorgang gewesen, der niemand erstaunt hätte. Doch diesmal waren wir alle überrascht durch das, was geschah – zuvorderst der Kalif Harun Al Rashid. Wie immer fragte er die Frau: »Wie ist dein Name?« Ihre Antwort war: »Ich heiße Tawaddud.« Unser hoher Herrscher gab der Sklavin und dem Mann ein Zeichen, sich zu setzen, und dann fragte er: »Tawaddud, was kannst du?«

Tawaddud, die Sklavin, setzte ihre erstaunlichen Worte in aller Bescheidenheit: »Mein Gebieter, ich habe die Grammatik studiert, die Rechtswissenschaft, die Kunst der Dichter. Ich kenne die Gesetze der Sprache und der Musik. Ich habe gelernt zu rechnen. Ich weiß Bescheid in der Geschichte der Alten, weiß die Worte des Koran, die Worte der Offenbarung auswendig. Ich weiß auch die Koranverse, die in unterschiedlichen Versionen überliefert sind, zu unterscheiden. Ich kenne die Zahl der Suren, der Worte, der Buchstaben im Heiligen Buch des Koran. Auskunft kann ich geben, welche der Suren in Mekka und welche in Medina offenbart worden sind. Bescheid weiß ich, aus welchem Anlaß die Offenbarungen geschehen sind. Von mir kann jeder, der es wissen will, erfahren, welche Worte des Propheten, Allah segne ihn, nicht im Koran, sondern in der Tradition der Überlieferung auf uns gekommen sind. Meine Kenntnis umfaßt auch das Wissen, was von dieser Überlieferung auf den Propheten zurückgeht und was nicht völlig beglaubigt ist. Umgehört habe ich mich auch bei Männern, die in den exakten Wissenschaften zu Hause sind, in Algebra und Geometrie. Die Geheimnisse der Heilkunst sind mir nicht fremd. Ich beherrsche auch das Spiel der Laute und die Gesetze der Dichtkunst. Ich weiß zu verführen, wenn ich singe und tanze. Ich vermag in den Herzen der Männer Liebesschmerzen zu erzeugen!«

Als die Sklavin Tawaddud diese Rede beendet hatte, da schwieg Harun Al Rashid einen Augenblick lang, was gewöhnlich nicht seine Art war. Dann wandte er sich dem Mann zu, der sich Abu Al Husn nannte, und sagte: »Diese Sklavin Tawaddud ist jung an Jahren. Eine Frau beherrscht alle diese Wissenschaften gewöhnlich nicht. Ich muß wissen, ob sie lügt. Ich werde kluge Männer berufen, die mit ihr über alle Wissensgebiete, die sie genannt hat, Dispute führen sollen. Wenn sie wirklich so wissend ist, wie sie uns glauben macht, dann werde ich dir viele tausend Dirhem geben und das Mädchen für mich behalten. Hat sie aber gelogen, dann kannst du sie wieder mitnehmen.«

Ich muß das Mädchen beschreiben, das sich Tawaddud nannte. Es war ungefähr zehn Spannen der Hand groß. Dem Neumond des Monats Schaban glich ihre Stirn. Unter schön gewölbten Brauen strahlten Gazellenaugen. Ein edles Schmuckstück für sich war ihre Nase. Ihre Wangen besaßen die Farbe der Anemone. Der Mund erinnerte an das Siegel des Königs Salomo. Perlen gleich waren die Zähne. Den Körper ließ das Kleid nur erahnen, doch waren ihre Hüften wohl den Sandhügeln um Mekka gleich. Unvorstellbar war, daß unser Herrscher eine derartige Schönheit, auch wenn sie nicht das Wissen besaß, mit dem sie sich gebrüstet hatte, jemals aus dem Palast weisen würde. Zunächst aber wollte er vor allem wissen, ob das junge Mädchen, die Sklavin Tawaddud, tatsächlich mit Klugheit und Kenntnissen begabt war. Mir, seinem Wesir, gab Harun Al Rashid den Auftrag, an den Statthalter von Basra zu schreiben, er möge eiligst den geachteten Gelehrten Ibrahim Ibn Saijar Al Nazzam nach Baghdad senden, zusammen mit einer Schar angesehener Männer, die auf den unterschiedlichsten Gebieten des Wissens beschlagen sein sollten – Korankenner, Ärzte, Geographen, Mathematiker, Astronomen, Meister der Dichtkunst, der Rechtsprechung und des logischen Denkens waren aufgefordert, mit Ibrahim Ibn Saijar Al Nazzam im Palast des erhabenen Kalifen in Baghdad das Wissen der Sklavin Tawaddud auszuloten. Ähnliches war nie geschehen bisher im Islamischen Reich. Die Reise der Gelehrten in die Hauptstadt erweckte Aufsehen.

Als alle im Palast des Beherrschers der Gläubigen eingetroffen waren, wurde die Sklavin in den Saal geführt, der sonst den Mitgliedern des Diwan vorbehalten war. Sie begrüßten Harun Al Rashid mit den vorgeschriebenen Gesten und Worten, dann befahl der Kalif, Tawaddud habe sich den Gästen zu zeigen. Sie betrat den Saal des Diwan. Als sie ihr Gesicht entschleierte, da wirkte sie auf alle Betrachter wie ein funkelnder Stern.

Nach Augenblicken der Stille sagte sie: »Oh Beherrscher der Gläubigen, gib den Korankennern, den Ärzten, den Rechtsgelehrten, den Mathematikern, Geographen und Astronomen, den Meistern der Dichtkunst und des logischen Denkens den Befehl, mit mir zu disputieren. Ich will auf ihre Fragen antworten.«

Da sprach Harun Al Rashid zu den Versammelten: »Ich verlange von euch, daß ihr mit dieser Sklavin zunächst alle Fragen beredet, die den Glauben betreffen. Prüft, ob ihre Behauptungen berechtigt sind.« Sie antworteten: »Wir hören und gehorchen! Der Befehl Allahs und dein Befehl, oh Beherrscher der Gläubigen, gilt uns.«

Tawaddud senkte den Blick und fragte mit demutsvoller Stimme: »Welcher von euch ist der Mann, der den Koran kennt, der weiß, was die Tradition der Überlieferung vorschreibt?« Einer antwortete: »Ich bin derjenige, nach dem du fragst!« Und er fuhr fort: »Hast du das Heilige Buch Allahs gelesen? Kennst du die Worte, die andere Worte aufheben? Hast du die Suren des Koran genau geprüft? Wenn du bejahend nickst, will ich dich zuerst nach den unerläßlichen Pflichten fragen, nach dem, was uns Allah für ewig vorgeschrieben hat. Tawaddud, gib mir Antwort und zähle mir auf: Wer ist dein Herr? Wer ist dein Prophet? Nach was richtest du dein Leben ein? In welcher Richtung betest du? Wen betrachtest du als deine Geschwister?« Ohne zu zögern gab die schöne Sklavin Tawaddud eine Antwort, die uns alle, die wir zuhörten, erstaunte. Dies waren ihre Worte: »Allein Allah ist mein Herr. Mein Prophet ist Mohammed, Allah segne ihn und spende ihm Heil. Nach dem heiligen Buch des Koran richte ich mein Leben ein. In Richtung der Kaaba bete ich. Die Gläubigen sind meine Geschwister.« Der Kalif und wir alle, die dabeistanden, nickten. Die Sklavin Tawaddud hatte so gut geantwortet wie der beste Kenner des Koran.

Der Gelehrte aber wollte mehr wissen. Er fragte: »Gib mir Bescheid, wodurch du Allah, den Erhabenen, erkennst.« Kurz war die Antwort der Sklavin: »Durch den Verstand.« Die nächste Frage lautete: »Was ist der Verstand?« Tawaddud sprach darauf: »Von zwiefacher Art ist der Verstand. Unterschieden werden: der angeborene Verstand und der erworbene Verstand. Den angeborenen, natürlichen Verstand hat Allah, der ruhmreiche Erbarmer, geschaffen, damit seine Diener, die an ihn glauben, geleitet werden. Den erworbenen Verstand hat sich ein jeder angeeignet, der seinen Lehrern zugehört und die Anweisungen der Bücher beachtet hat.« Diese Antwort befriedigte den Korangelehrten, doch er wollte mehr wissen. Er wollte an die Grenzen des Wissens überhaupt stoßen und fragte deshalb: »Wo ist der Verstand zu suchen?« Tawaddud war um die Antwort nicht verlegen: »Allah, der Allgewaltige, legt den Verstand dem Gläubigen ins Herz. Seine Strahlen erheben sich von dort ins Gehirn. Im Gehirn bleiben sie und wirken.«

Viele, die zugehört hatten, mußten sich gestehen, daß sie, wären sie gefragt worden, gar nicht oder falsch geantwortet hätten. Zu diesen Unwissenden gehöre auch ich.

Die nächste Frage des Korangelehrten ließ nicht auf sich warten: »Sage mir, Tawaddud, wodurch erkennst du den Propheten? – Allah segne ihn und gebe ihm Heil.« Tawaddud sprach: »Wenn ich das heilige Buch des Koran lese, erkenne ich den Propheten!« Der Gelehrte nickte und fragte weiter. »Was weißt du über die Pflichten, die jeder Gläubige zu erfüllen hat?« Die Sklavin antwortete: »Fünf Pflichten hat jeder zu erfüllen, der zu den Gläubigen gehört: Er muß bekennen, daß es keinen Gott gibt außer Allah und daß Mohammed der Prophet Allahs ist. Er muß das Gebet verrichten, muß den Armen Almosen geben, muß im heiligen Monat Ramadan fasten, muß die Pilgerfahrt zum heiligen Hause Allahs in Mekka vollziehen, sofern ihm seine Gesundheit die Reise erlaubt.« Weiteres wollte der Korangelehrte wissen: »Sage mir, welches sind die Erfordernisse des Glaubens?« Die Antwort der Sklavin Tawaddud: »Der Glaube verlangt von uns, daß wir beten, daß wir die Sünde meiden, daß wir für den Glauben kämpfen, für den Glauben in den Krieg ziehen.«

Wir alle dachten, das Wissen der Sklavin Tawaddud in Fragen des Glaubens sei genügend geprüft, doch der Gelehrte fragte weiter: »Sage mir, wie erhebst du dich zum Gebet?« Das Mädchen sprach: »Ich bin demütig und bin Allah zu Diensten!« Darauf folgte die Frage: »Was hast du zu beachten, ehe du dich zum Gebet erhebst?« Tawaddud erwiderte: »Der Gläubige hat sich zu reinigen, seine Scham zu bedecken. Unreine, befleckte Kleider sind zu meiden. Auch soll der Platz nicht unrein sein, auf dem das Gebet verrichtet wird.« Darauf sprach der Gelehrte: »Mit welcher Absicht gehst du zum Gebet aus dem Haus und mit welcher Absicht betrittst du die Moschee?« Tawaddud wußte die richtige Antwort: »Beides geschieht in der Absicht, Allah zu verehren und ihm zu dienen!« Der Korangelehrte: »Warum betest du in der Richtung der heiligen Kaaba?« Tawaddud: »Weil Allah, der alles weiß, dem Gläubigen diese Richtung vorgeschrieben hat.« Der Gelehrte: »Antworte mir, womit ist das Gebet zu beginnen, worin besteht die Heiligung und wie ist das Gebet zu beenden?« Die Sklavin wußte dies zu sagen: »Mit der Reinigung wird das Gebet begonnen. Mit dem Ruf ›Allahu Akbar‹ – Allah ist über allem – wird das Gebet geheiligt. Durch den Gruß an die Engel wird das Gebet abgeschlossen.« Der Gelehrte wollte wissen: »Womit hat der zu rechnen, der ein Gebet unterläßt?« Tawaddud sprach: »Der Prophet – Allah segne ihn und gebe ihm Heil – hat gesagt: Wer das Gebet absichtlich unterläßt, der ist nicht Teil des Islam, der gehört nicht zu den Gläubigen.«

»Du hast bisher gut geantwortet«, sagte der Gelehrte zur Sklavin Tawaddud, »doch sage mir auch, was ist das Gebet?« Und er hörte diese Antwort: »Das Gebet ist die Vereinigung des Knechtes mit seinem Herrn. Zehn Vorzüge gibt das Gebet dem Gläubigen: Es wärmt das Herz, es läßt das Antlitz strahlen, es gefällt Allah, dem Allerbarmer. Das Gebet bewirkt, daß der Teufel die Fäuste ballt, daß Unheil vertrieben wird, es verhindert den Sieg der Feinde. Das Gebet steigert die Barmherzigkeit Allahs, es schützt vor seinen Strafen. Es bringt den Knecht in die Gnade seines Herrn. Es bewahrt ihn davor, Böses zu tun. Aus diesem Grunde gehört das Gebet zu den Pfeilern des Glaubens.« Beharrlich fragte der Gelehrte: »Welche Worte sind im Gebet unerläßlich?« Tawaddud antwortete: »Nicht vergessen darf der Gläubige, diese Worte zu sagen: Im Namen Allahs!« Der Gelehrte: »Was hat der Gläubige dann zu beachten?« Tawaddud wußte zu antworten: »Der Imam Schafi Mohammed Ibn Idris – Allah sorge für sein Heil – hat diese Lehre hinterlassen: Der Gläubige hat sich in dieser Reihenfolge zu waschen: Gesicht, Hände, Unterarme, einen Teil des Hauptes, dann sind die Füße zu reinigen. Andere Imame aber sagen, daß wir auch den Mund zu spülen haben und die Nase. Dies soll durch Einziehen von Wasser geschehen. Auch sei der gesamte Kopf abzuwischen; die Reinigung der Ohren habe außen und innen mit Wasser zu erfolgen. Ist die Reinigung beendet, dann muß der Gläubige sprechen: ›Ich bezeuge, daß es keinen Gott gibt außer Allah und daß Mohammed sein Diener und sein Gesandter ist.‹ In der heiligen Überlieferung wird uns gesagt, der Prophet Mohammed – Allah segne ihn und gebe ihm Heil – habe mitgeteilt, daß die acht Tore des Paradieses dem offenstehen, der diese Worte spricht.« Darauf wurde Tawaddud gefragt: »Wenn nun ein Mensch die Waschung beginnt, was geschieht dann mit den Engeln und mit den Teufeln?« Die Befragte aber antwortete: »So sich ein Mensch anschickt, die Waschung zu beginnen, stellen sich die Engel zu seiner Rechten auf und die Teufel zu seiner Linken. Spricht er dann den Namen Allahs des Erhabenen aus, so weichen die Teufel erschreckt von ihm. Die Engel aber schirmen ihn ab durch ein Zelt aus Licht. Vier Stricke halten dieses Zelt fest. An jedem dieser Stricke zieht ein Engel, der mit lauter Stimme Allah den Erhabenen preist und für den Gläubigen um Vergebung der Sünden bittet. Wird jedoch Allah bei Beginn der Waschung nicht angerufen, so können die Teufel die Seele des Betenden packen, denn die Engel schützen ihn nicht. Haben die Teufel erst die Seele gepackt, dann flüstern sie dieser Seele schlimme Gedanken zu, die ihn abspenstig machen sollen von Allah, dem Erhabenen. Der Prophet, Allah segne ihn und schenke ihm Heil, hat gesagt: ›Wenn jemand die Waschung unterläßt und es geschieht ihm ein Unglück, so gebe er niemand anderem die Schuld als nur sich selbst ganz allein!‹«

Unser Erstaunen über das Ergebnis der bohrenden Befragung

wurde immer stärker, doch keiner von uns, auch nicht unser mächtiger Herr, der Kalif Harun Al Rashid, fiel dem Korangelehrten ins Wort, als er dieses wissen wollte: »Sage mir deutlich, welche Pflichten hat der Gläubige, der seinen ganzen Leib mit Wasser waschen will?«

Tawaddud sprach darauf: »Die Pflicht besteht darin, daß man die Absicht, den ganzen Leib waschen zu wollen, ausspricht. Dann soll man das Wasser an jede Stelle des Körpers gelangen lassen. Die Haare werden geschlichtet. Der Leib wird gerieben. Die Waschung der Füße muß ausdrücklich bis ans Ende der Waschung aufgeschoben werden.« Nun wollte der Frager wissen, wann die Waschung mit Sand erlaubt ist. Die Antwort: »Mit Sand darf sich der Gläubige waschen, wenn Wassermangel zu beklagen ist oder wenn Wassermangel befürchtet wird. Erlaubt ist die Waschung mit Sand auch, wenn ein Glied gebrochen und geschient ist. Auch wenn offene Wunden zu pflegen sind, soll bei der Waschung Wasser durch Sand ersetzt werden.«

Der Korankenner wollte nun wissen: »Sage mir, welche Handlungen hat der Gläubige während des Gebets zu verrichten?« Tawaddud erwiderte: »Nach der Lehre des Imam Al Schafi – Allah segne ihn – hat sich der Gläubige zu verbeugen und in der Verbeugung zu beharren. Dann hat er eine aufrechte Haltung einzunehmen und darin zu verharren. Er hat sich niederzuwerfen und zu verharren. Er hat beim Aussprechen des Glaubensbekenntnisses zu sitzen. Er hat dem Propheten Segen zu wünschen mit solchen Worten: Allah segne ihn und gebe ihm Heil.«

Noch war die Befragung durch den Kenner des Glaubens nicht zu Ende. Dies wollte er wissen: »Sprich, wovon müssen Abgaben an das Schatzhaus des Glaubens geleistet werden, damit sie an die Armen verteilt werden können?« Auch darauf wußte Tawaddud die richtige Antwort: »Abgaben müssen vom Gläubigen entrichtet werden von Gold, Silber, von Tieren wie Kamelen, Rindern und Schafen. Wird der vierzigste Teil entrichtet, ist Allah, der alles weiß, zufrieden. Bei Gold wird die Steuer nach der Überlieferung des Glaubens berechnet: Niemand hat Abgaben zu leisten, wenn er weniger als zwanzig Dinare in Gold eingenommen hat. Beträgt die Einnahme jedoch zwanzig Dinare, dann ist ein halber Dinar an das Schatzhaus abzuführen. Ist die Einnahme höher, wird jeweils der vierzigste Teil berechnet. Die Abgabe bei Tieren aber wird so fortgesetzt: für fünf Kamele ist ein Schaf abzugeben. Besitzt jemand mehr als fünfundzwanzig Kamele, so ist bestimmt, daß er eine Kamelin, die ein Jahr alt ist, dem Schatzhaus zuführt. Bei Schafen braucht keines abgegeben zu werden, wenn die Zahl vierzig nicht erreicht ist. Über der Zahl vierzig aber beträgt die Steuer ein Schaf.«

Aufs neue war der Kalif Harun Al Rashid überrascht. Er fragte mich: »Oh Dschafar, mein Wesir, wie kann es geschehen, daß diese junge Frau die Gesetze des Glaubens derart genau kennt?« Ich wußte keine Antwort auf die Fragen meines erhabenen Herrn. Wir hörten, wie der Sklavin Tawaddud diese Frage gestellt wurde: »Kannst du Auskunft geben über das, was der Gläubige beim Fasten zu beachten hat?« Tawaddud sprach: »Gern, oh Herr, gebe ich dir Auskunft über die Pflichten des Fastens. Vorgeschrieben ist die Enthaltsamkeit in Essen und Trinken, Enthaltsamkeit in der fleischlichen Gemeinschaft von Mann und Frau. Nicht erlaubt ist absichtliches Erbrechen. Ausnahmen gelten nur für Frauen während der monatlichen Reinigung und für Wöchnerinnen. Beginnen soll die Enthaltsamkeit beim Anblick des Neumondes im heiligen Fastenmonat Ramadan oder sobald ein Zeuge, der nicht als Lügner bekannt ist, sagt, er habe die Mondsichel aufblitzen sehen. Das Fasten wird gebrochen sofort nach Sonnenuntergang. Das Frühmahl kann genossen werden kurz vor Anbruch der Morgenröte. Während des Fastens hat der Gläubige jede überflüssige Rede zu unterlassen. Allah gefällt es, wenn sein Name angerufen wird, wenn Suren des heiligen Buches Koran aufgesagt werden.«

Die nächste Frage des Korankenners lautete: »Sage mir, oh

Tawaddud, welche Handlungen das Fasten nicht ungültig machen?« Dies hörten wir als Antwort der Sklavin: »Der Gebrauch von Salbe und Schminke, das Schlucken des Staubs der Straße oder des Speichels, der männliche Erguß im Schlafe oder beim Anblick einer fremden Frau. Auch Aderlaß und Schröpfen sind keine Handlungen, die das Fasten ungültig machen.«

Noch war der Mann des Glaubens nicht zufrieden. Er fragte: »Was hat der Gläubige bei der Pilgerfahrt nach Mekka zu beachten?« Die Antwort der Sklavin Tawaddud: »Der Gläubige hat sich als im Zustand der Weihe befindlich zu betrachten. Er hat am Berg Arafa zu verweilen. Er hat in raschem Lauf zwischen den Hügeln as-Safa und al-Marwa hin und her zu gehen. Er hat die Regeln für das Rasieren und das Kürzen der Haare zu beachten. Um den Weihezustand zu erreichen, hat der Pilger nur Kleider anzulegen, die nicht genäht sind. Er hat alle Wohlgerüche zu vermeiden. Er darf den Kopf nicht rasieren, darf seine Nägel nicht schneiden. Er darf sich der Frau nicht nähern. Zu unterlassen ist das Töten von Wild.«

Unruhe und Unwillen über die Dauer der Prüfung, die sich schon im Saal des Diwan bemerkbar gemacht hatten, schwanden, als diese Frage gestellt wurde: »Was ist der Glaubenskrieg und was ist untrennbar mit ihm verbunden?« Tawaddud antwortete: »Bereitschaft und Standhaftigkeit beim Zusammenstoß mit den Ungläubigen gehören zum Glaubenskrieg, der geführt wird, um die Ungläubigen zu besiegen, um den Glauben an Allah auszubreiten. Die verdienstvolle Handlung ist das Anfeuern zum Kampf. Denn Allah, der Allwissende und Erhabene, hat gesagt: Oh mein Prophet, feuere die Gläubigen zum Kampfe an.«

Da merkten wir, daß dem Gelehrten nichts mehr einfiel, was er die Sklavin Tawaddud fragen konnte. Er sprach zu Harun Al Rashid: »Sei du mein Zeuge, oh Beherrscher der Gläubigen, daß diese Sklavin in der Gesetzeskunde bewandert ist wie niemand sonst, der die Ehre hat, sich dir zu nähern. Sie kennt die Regeln des Glaubens, die unser Leben beherrschen.«

Der Gelehrte gab zu, beschämt worden zu sein von einer Frau. Er glaubte nicht mehr würdig zu sein, als Korankenner anerkannt zu werden, deshalb legte er seinen Mantel ab, der ihn als Mitglied des Gelehrtenstandes auswies. Er nahm sich auch den Turban vom Kopf, dann verließ er mit gesenktem Haupt den Saal des Diwan.

Ein anderer Mann trat vor und bat den Kalifen um Erlaubnis, das Mädchen in Belangen der guten Sitte prüfen zu dürfen. Harun Al Rashid gewährte ihm die Erlaubnis. So fragte der zweite Mann: »Sage mir, worin besteht die Gültigkeit eines Handelsgeschäftes?« Tawaddud antwortete: »Die Gültigkeit eines Handelsgeschäfts besteht darin, daß der Wert der Ware, die Art der Ware und der Termin der Lieferung festgesetzt sind.« Die nächste Frage lautete: »Welche Pflichten hat der Gläubige beim Essen?« Das Mädchen sprach: »Zu den Pflichten gehört vor allem das Bekenntnis, daß es Allah ist, der Erhabene, der dem Hungrigen das tägliche Brot gibt, der ihm Speise und Trank gewährt. Zu den Pflichten gehört auch der Dank an Allah, den Erhabenen. Dieser Dank besteht darin, alles zu gebrauchen und verbrauchen, was Allah seinen Gläubigen, seinen Knechten gewährt. Zu den Pflichten ist auch das Waschen beider Hände zu rechnen, das vor dem Essen geschehen soll, und der Ausspruch ›Im Namen Allahs‹. Während des Essens darf nur auf der linken Hinterbacke gesessen werden. Drei Finger sind für die Einnahme der Speisen zu gebrauchen. Man soll nur kleine Bissen nehmen und dem Nachbarn nicht auf den Tisch schauen.« Der Fragende war mit den Antworten der Sklavin Tawaddud zufrieden.

Da hatte einer der Zuhörer den Ehrgeiz, noch einmal Fragen zu stellen, die mit dem Glauben zusammenhängen. Als ihm unser Herr, der Kalif Harun Al Rashid, die Erlaubnis dazu erteilt hatte, sprach dieser zweite Korangelehrte: »Sage mir, welches sind die Schlüssel der Himmel und zu wievielen Toren des Himmels passen sie?« Tawaddud antwortete: »Allah, der Erhabene, spricht so: ›Und der Himmel öffnet sich und verwandelt sich in Tore.‹ Der Prophet, den Allah segne und dem er Heil zukommen lasse, hat gesagt: ›Niemand kennt die Zahl der Himmelstore außer ihm, der den Himmel erschaffen hat.‹ Wir wissen aber, daß für jeden der Menschen zwei Tore wichtig sind: Durch eines steigen die guten Werke zum Himmel empor, durch das andere senkt sich die Fürsorge Allahs, des Erhabenen, auf die Erde. Diese letztere Pforte wird das ›Tor des täglichen Brotes‹ genannt. Es wird erst geschlossen, wenn die letzte Stunde eines Menschen geschlagen hat. Das ›Tor der guten Werke‹ aber wird verriegelt, wenn seine Seele ins Paradies einzieht.«

»Gut geantwortet«, sagte der Gelehrte, der gefragt hatte. Er stellte noch eine letzte Prüfungsfrage: »Was kannst du mir über den Glauben sagen?« Tawaddud antwortete: »Der Glaube ist das Bekenntnis mit der Zunge, die Überzeugung des Herzens und die Handlungsweise des Körpers. Der Prophet, über dem Segen und Heil sei, hat gesagt: Der Gläubige ist erst dann im Glauben vollkommen, wenn er fünf Eigenschaften erworben hat. Diese fünf Eigenschaften sind: Das Vertrauen auf Allah, die Hingabe an Allah, die Unterwerfung unter Allahs Gebot, die Zufriedenheit mit dem Ratschlusse Allahs, die gesamte Lebensführung um Allahs willen.« Nach dieser Antwort sprach der zweite der Korangelehrten: »Ich rufe Allah zum Zeugen an, daß diese Sklavin wahrhaft gelehrt ist.« Er legte seinen Kopfputz der Gelehrsamkeit ab und verließ beschämt den Saal des Diwan.

Ein dritter Gelehrter erhob sich, bat den Herrscher um die Erlaubnis, fragen zu dürfen. Ehe er jedoch seine Fragen stellen konnte, sprach Tawaddud: »Oh Meister der Korankunde, der die sieben Lesarten kennt, dazu noch die Grammatik und die Lehre von der Wortbedeutung! Du bist bewandert in der Kenntnis der Koranverse. Du weißt, welche eindeutig und welche unklar, welche in Mekka und welche in Medina geschrieben wurden. So sage du mir denn, wieviele Suren enthält der Koran, wieviele Verse, wieviele Buchstaben? Wieviele Propheten wurden in ihm erwähnt?« Der Gelehrte antwortete: »Einhundertundvierzehn Suren enthält der Koran. Siebzig dieser Suren sind in Mekka und vierundvierzig in Medina offenbart. Die Zahl der Verse beläuft sich auf sechstausendzweihundertundsechsunddreißig.« An dieser Stelle stockte die Antwort des Gelehrten. Tawaddud aber fuhr fort: »Der Koran besteht aus neunundsiebzigtausendvierhundertundneununddreißig Worten, aus dreihundertunddreiundzwanzigtausendsechshundertundsiebzig Buchstaben. Zur Zahl der Propheten, die im Koran genannt werden, ist zu sagen, daß sie fünfundzwanzig beträgt. Ihre Namen sind: Adam, Noah, Abraham, Ismael, Isaak, Jakob, Joseph, Elia, Jonas, Lot, Salih, Hut, Schuaib, David, Salomo, Dhu al Kifli, Idris, Elias, Johannes, Zacharias, Hiob, Moses, Aaron, Jesus und Mohammed – Allahs Segen und Heil sei über ihnen.« Und Tawaddud fragte weiter: »In welchem Vers sprechen die Ungläubigen die Wahrheit?«

Als der Gelehrte mit der Antwort zögerte, gab sie Tawaddud selbst: »In dem Verse, darin der Erhabene sagt: Die Juden sagen, die Christen sind ohne Grund zu glauben. Die Christen sagen, die Juden haben keinen Grund zu glauben. Beide sprechen sie die Wahrheit.«

Da wußte auch der Gelehrte eine Frage: »In welchem Verse spricht Allah von sich selbst?« Tawaddud überlegte nicht lange. Sie antwortete: »In dem Vers, darin der Erhabene sagt: Ich habe die Menschen und die Geister nur dazu geschaffen, daß sie mir dienen.« Dann wollte der Gelehrte Antwort auf diese Fragen hören: »Was weißt du, Mädchen, über die Worte des Erhabenen, die da lauten ›Im Namen Allahs, des barmherzigen Erbarmers.‹ Sind diese Worte im Koran zu finden?« Tawaddud erwiderte: »Sie sind ein Vers aus dem Koran, und zwar aus der Ameisensure. Es wird überliefert, daß der Prophet – Allah spende ihm Segen und Heil – gesagt hat: Auf allem, was durch die Worte ›Im Namen Allahs, des barmherzigen Erbarmers‹ eingeleitet wird, ruht der Segen Allahs. Dies ist darauf zurückzuführen: Als Allah den Himmelsthron erschaffen hatte, da begann dieser Thron gewaltig zu schwanken. Da schrieb Er die Worte ›Im Namen Allahs, des barmherzigen Erbarmers‹ auf ihn, und sofort hörte er auf zu schwanken. Als die Formel ›Bism'illah‹ dem Gesandten Allahs, ihm sei Allahs Heil und Segen, geoffenbart worden war, da sprach er: ›Diese Worte enthalten für den Gläubigen derart viel an Sicherheit, daß er sich in Allah geborgen fühlen kann.‹ Vom Propheten – Allah segne ihn und spende ihm Heil – wird auch überliefert, daß er gesagt hat: ›Wenn am Tag der Auferstehung ein Mann vor Allah gebracht wird, der nie ein gutes Werk vollbracht hat und dafür mit dem Höllenfeuer bestraft werden soll, dann kann dieser Mann sagen: Oh Herr, du hast dich selbst den barmherzigen Erbarmer genannt, und du willst mich dennoch dem Höllenfeuer ausliefern!‹ Allah, der Hochherrliche aber wird sagen: ›Ich habe mich wirklich den barmherzigen Erbarmer genannt. Führet diesen meinen Knecht deshalb ins Paradies. Denn ich bin der Barmherzigste von allen, die Erbarmen üben.‹ «

Als der dritte der Korangelehrten diese Worte der Sklavin Tawaddud vernommen hatte, da blickte er beschämt zu Boden und sprach zum Kalifen: »Oh Beherrscher der Gläubigen! Das ist wahrlich das Wunder der Wunder, wie dieses Mädchen über den Ursprung der Worte ›Im Namen Allahs, des barmherzigen Erbarmers‹ sprechen kann. Ich möchte sie noch fragen, ob Allah den Koran auf einmal, an einem Stück, geoffenbart oder aber den Koran in einzelnen Abschnitten dem Gesandten Allahs – ihm werde Segen und Heil zuteil – mitgeteilt hat?« Tawaddud antwortete: »Gabriel der Getreue – der Friede Allahs sei mit ihm – brachte den Koran vom Herrn der Welten zu seinem Propheten Mohammed im Verlauf von zwanzig Jahren auf die Erde herab, mit allen Geboten und Verboten, mit Verheißung und Drohung, mit Geschichten und Gleichnissen.«

Der Frager wandte sich an Harun Al Rashid: »Oh Beherrscher der Gläubigen. Wir haben das Gebäude des Glaubens durchleuchtet. Wir haben das Buch des Wissens der Männer des Glaubens aufgeblättert. Nichts ist verborgen geblieben. Wenn wir sie fragen würden, welche Sure zuerst geoffenbart wurde, so wäre ihre Antwort: Die Sure ›Der Eingehüllte‹. Wenn wir sie fragen würden, welcher Vers zuletzt vom Himmel herabgesandt wurde, so würde sie richtig antworten, daß der Prophet – ihm werde Segen und Heil zuteil – zuletzt diesen Vers von Gabriel empfangen hat: ›Wenn da kommt die Hilfe Allahs und der Sieg.‹ Was wir fragen, diese Sklavin Tawaddud weiß die Antwort. Umfangreicher ist das Wissen um Allahs Offenbarung nicht.«

Wir alle, die wir uns an jenem seltsamen Tage im Saal des Diwan aufhielten, sahen, wie auch dieser dritte der Korangelehrten seinen Kopfputz des Gelehrten abnahm und sich nach einer Verbeugung vor dem Kalifen verabschiedete. Unser Herr, der mit Aufmerksamkeit die Dispute verfolgt hatte, war müde geworden. Er befahl, die Prüfung sei zu unterbrechen bis zum Morgen des folgenden Tages. Zu mir sagte Harun Al Rashid: »Dschafar, sorge dafür, daß dieses Mädchen Tawaddud und der Mann Al Husn, dem sie gehört, in guten Zimmern im Palast untergebracht werden.« Und zu den anderen, die anwesend waren, sprach der Kalif: »Morgen soll der Disput fortgesetzt werden. Tawaddud hat behauptet, daß ihr die Heilkunst nicht fremd sei. Sie soll morgen den Beweis für ihre Behauptung antreten.« Dann entließ er alle Gelehrten mit der Versicherung, daß ich, sein Wesir, für die Kosten von Unterkunft und Bewirtung aufkommen werde.

Am folgenden Morgen fehlte keiner, bis auf die drei Korangelehrten. Jeder der kenntnisreichen Männer wollte erfahren, ob das Wunder eine Fortsetzung finde. Als Tawaddud in den Saal des Diwan eingetreten war, da wurde auch schon die Ankunft des Kalifen Harun Al Rashid angekündigt. Auf seinen Wink hin trat einer der Männer vor, der sich auf die Heilkunst verstand, und sprach zu Tawaddud: »Sage mir, wie der menschliche Körper beschaffen ist, wieviel Adern hat er, wieviele Knochen, wieviele Rückenwirbel? Wo ist die Hauptader? Und: weshalb erhielt Adam den Namen Adam?« Tawaddud zögerte wiederum nicht mit ihrer Antwort: »Adam wurde Adam genannt wegen seiner ›udma‹, seiner rötlichen Farbe. Andere sagen, sein Name sei daraus abgeleitet, daß er aus dem ›adim‹ geschaffen worden ist, aus der oberen Schicht der Erde. Aus Erde an der Kaaba ist seine Brust gebildet worden, der Kopf aus der Erde des Ostens, seine Beine aus der Erde des Westens. Sieben Tore, sieben Öffnungen wurden für sein Haupt geschaffen: die beiden Ohren, die beiden Nasenlöcher, der Mund und die beiden Augen. Ferner erhielt er zwei Ausgänge: einen vorn und einen hinten. Die Augen wurden für den Gesichtssinn bestimmt, die Ohren für den Gehörsinn, die Nasenlöcher für den Geruchssinn, der Mund für den Geschmackssinn. Die Zunge aber wurde dafür geschaffen, daß sie ausspreche, was im Herzen des Menschen verborgen ist. Aus vier Elementen wurde Adams Natur geschaffen. Diese Elemente sind: Erde, Wasser, Feuer und Luft. Die schwarze Galle ist das Temperament der Erde, denn sie ist kalt und trocken. Die gelbe Galle ist das Temperament des Feuers, denn sie ist heiß und trocken. Der Schleim ist das Temperament des Wassers, denn er ist kalt und feucht. Das Blut ist das Temperament der Luft, denn es ist heiß und feucht.«

»Der Mensch«, so sprach Tawaddud weiter, »besitzt dreihundertundsechzig Adern, zweihundertundvierzig Knochen sind ihm gegeben worden und drei Seelen – die animalische, die geistige und die natürliche Seele, und einer jeden wies Allah eine besondere Funktion zu. Des weiteren erschuf Allah seinem Geschöpf Adam ein Herz, eine Milz, eine Lunge, sechs Eingeweide, zwei Nieren, eine Leber, Gehirn, Knochen, Haut, zwei Hinterbacken und fünf Sinne. Diese fünf Sinne sind: Gehör, Gesicht, Geruch, Geschmack und Gefühl. Das Herz legte Allah dem Adam auf die linke Seite der Brust. Den Magen legte Allah unter das Herz. Die Leber aber brachte er auf der rechten Seite unter, dem Herzen gegenüber. Dazu schuf Allah das Zwerchfell und die Eingeweide. Er setzte die Brustknochen zusammen und verband sie durch die Rippen.«

Der Fragende, ein Arzt, der sich viel darauf einbildete, das gesamte Wissen der Heilkunst in dieser erkenntnisreichen Zeit des Kalifen Harun Al Rashid zu beherrschen, fragte nun die Sklavin Tawaddud: »Kannst du mir sagen, wie viele innere

Kammern befinden sich im Kopf des Menschen?« Die Antwort der Befragten: »Drei Kammern, die von Schädelknochen umschlossen sind, enthalten fünf Sinne. Diese sind das Gedächtnis, das Denkvermögen, die Vorstellungskraft, die Kraft der Einbildung und der gesunde Menschenverstand.«

Die nächste Frage des Kenners der Heilkunst lautete: »Tawaddud, was weißt du von der Wurzel der Adern?« Sie antwortete: »Die Wurzel der Adern ist die Herzader, von der sich die anderen Adern abzweigen.« Der Arzt wollte nun wissen, an welchen äußeren Merkmalen Krankheiten zu erkennen seien. Er erhielt dies zur Antwort: »Wenn der Arzt ein Mann von Verstand ist, dann wird er die Hände betasten, ob sie straff, warm und trocken sind oder schlaff, kalt und feucht. Sind die Hände schlaff, kalt und feucht, dann leidet der Mensch unter inneren Entzündungen. Eine Gelbfärbung im Weiß der Augen zeigt an, daß die Leber krank ist. Ein gekrümmter Rücken weist auf eine Erkrankung der Lunge hin.« »Sage mir, wie Kopfschmerzen entstehen«, fragte nun der Arzt. Tawaddud sprach: »Kopfschmerzen entstehen dadurch, daß man Speise auf Speise zu sich nimmt, ohne darauf zu achten, daß die vorhergehenden Mahlzeiten verdaut worden sind. Wenn die Menschen Sättigung auf Sättigung folgen lassen, dann gehen sie zugrunde. Essen im Übermaß hat schon ganze Völker ins Verderben gestürzt. Wer die Absicht hat, lange zu leben, der esse sehr früh am Tag und nicht zu spät am Abend. Niemand soll essen, der nicht Hunger verspürt. Der Prophet – auf ihm ruhe Segen und Heil – hat gesagt: ›Der Magen ist das Haus der Krankheit, und mit Diät beginnt die Heilung. Der Ursprung aller Krankheit ist die schlechte Verdauung.‹ Der Prophet – Allah segne ihn – hat auch gesagt: ›Brot in Brühe übertrifft alle andere Nahrung, so wie meine Frau Aischa alle anderen Frauen übertrifft. Die beste Zukost ist das Fleisch, vor allem das Hammelfleisch.‹« Der Arzt fragte: »Welche Regeln gelten für das Trinken?« Die Antwort: »Trink Wasser nicht auf einen Zug, sonst wird dich der Kopfschmerz quälen. Warte mit dem Wassertrinken nach dem Beischlaf oder nach dem Essen. Ein jüngerer Mann braucht nicht so lange zu warten wie ein älterer. Trinke auch nicht sofort nach dem Erwachen aus dem Schlafe. Über das Trinken von Wein gilt, was der Prophet – Segen komme über ihn – gesagt hat: ›Im Wein und im Glücksspiel liegt eine große Sünde.‹ Wein ist aber auch von Nutzen für den Menschen. Er zerbröckelt die Nierensteine; er kräftigt die Eingeweide. Er verscheucht die Sorgen, fördert die Verdauung, vertreibt die Krankheit aus den Gelenken, reinigt den Körper von schlechten Säften. Der Wein stärkt die Natur des Körpers. Er zieht die Blase zusammen und regt die Leber an. Der Wein öffnet die Verstopfung. Er säubert das Hirn von Grillen. Er färbt die Backen rot. Er verhindert das Grauwerden der Haare. Er erzeugt Heiterkeit und Freude. Ja, er regt zur Großmut an.«

»Du hast recht«, bemerkte der Arzt nach dieser Verteidigung des Weins, die Tawaddud mit Heftigkeit vorgebracht hatte. »Wäre der Wein von Allah, dem Allmächtigen und Ruhmreichen, nicht verboten worden, nichts wäre für uns so köstlich auf der ganzen Erde als gerade der Wein.«

Wir, die wir im Saal des Diwan im Beisein des Kalifen Harun Al Rashid dem Disput mit der gelehrten Sklavin Tawaddud zuhören konnten, spürten, wie sehr der Arzt das Verbot des Weins bedauerte. Er meinte noch: »Daß der Prophet – Heil sei über ihm – das Glücksspiel verboten hat, das ist zu verstehen, schließlich ist das Glücksspiel eine Sache des Zufalls. Der Wein aber ist doch ein Geschenk Allahs. Kannst du mir sagen, Tawaddud, welcher Wein der beste ist?« Die Befragte gab Bescheid: »Wein, der achtzig Tage alt ist oder sogar noch älter. Aus weißen Trauben soll er gekeltert sein. Diesem Wein gleicht nichts auf dem gesamten Angesicht der Erde.« Mit dieser Auskunft war der Arzt sehr zufrieden.

Doch nun glaubte der Frager, das Mädchen, von dem er annahm, daß es Jungfrau sei, in Verlegenheit zu bringen, denn er fragte: »Was weißt du von der Gemeinschaft zwischen Mann und Frau?« Tatsächlich sahen wir, wie die Sklavin Tawaddud das Gesicht zur Erde neigte, wohl aus Scheu, gerade darüber befragt zu werden. Sie sprach: »Bei Allah, oh Beherrscher der Gläubigen, ich weiß genügend, um antworten zu können, doch ich bitte, mir die Antwort, die schon über meiner Zungenspitze schwebt, zu erlassen.« Der Kalif Harun Al Rashid, an den sich Tawaddud gewandt hatte, erwiderte: »Mädchen, rede! Ich will es!« Da begann Tawaddud zu antworten: »Die Vereinigung der Körper von Mann und Frau hat viele Vorzüge und bringt beiden Vorteile. Der Vollzug der Vereinigung erleichtert den Körper, der voll schwarzer Galle ist. Die Vereinigung zwischen Mann und Frau ist gut, um ein zorniges Gemüt zu beruhigen. Sie verbannt Sorgen und Unruhe des Herzens. Doch der Mann hat sich vor Ausschweifung zu bewahren. Ausschweifung im Liebesgenuß ist in den Tagen des Sommers und des Herbstes schädlicher als zur Zeit des Winters und des Frühjahrs. Ausschweifung schwächt die Sehkraft, ist die Ursache von Schmerzen in den Beinen, im Kopf und im Rücken. Der Mann hüte sich vor der körperlichen Vereinigung mit einer alten Frau. Der Imam Ali – Allah erhalte ihm seine Vorzugsstellung unter den Gläubigen – hat gesagt: ›Vier Dinge schwächen den Leib und führen zum Tode: Baden bei vollem Magen; Essen einer Speise, die übermäßig gesalzen ist; körperliche Gemeinschaft, wenn die Frau ihre monatliche Blutung hat; körperliche Gemeinschaft mit einer Kranken oder einer Alten.‹ Am besten wird die Vereinigung der Körper vollzogen, wenn die Frau noch jung an Jahren ist, von Leibesfülle noch zierlich, aber mit schwellender Brust. Sie wird dem Mann das Gefühl der Gesundheit im Körper vermehren. Zwei Zeiten des Tages sind gut für die Vereinigung der Körper: die Nacht, nachdem die letzte Mahlzeit verdaut ist, und der Morgen, nach der ersten Nahrung.«

Nun wollte der Arzt aus dem Munde der Sklavin Tawaddud erfahren, wie der Samen des Mannes entsteht. Sie antwortete: »Es gibt im Manne eine Ader, die alle anderen Adern speist. Die Adern versorgen die Hoden. Im linken Hoden wird Saft, der aus dem Blut der Adern abgesondert worden ist, durch die Körperwärme des Mannes eingedickt zu einer weißen Flüssigkeit, deren Geruch dem der Palmblüte gleicht.« Dem Arzt fiel keine Frage mehr ein, und er schwieg.

Da befahl der Kalif, daß dem Frager das Kopftuch des Gelehrten abgenommen werde. Nachdem dieses geschehen war, verließ auch der Arzt beschämt den Saal des Diwan. Für diesen Tag hatte Harun Al Rashid bis zur Ermüdung Fragen und Antworten gehört. Die Worte über die Vorzüge der Vereinigung der Körper von Mann und Frau hatten wohl seine Phantasie gereizt. Er entließ alle, die im Saal anwesend waren, bis zum Morgen des nächsten Tages. Auch zu mir sprach er: »Dschafar, ich brauche dich für heute nicht mehr. Für die Nacht ist kein Wesir nötig. Ich habe gehört, wie die Unruhe des Herzens zu beruhigen ist.«

Mit tiefen Verbeugungen verließen wir alle, das Gesicht dem Herrscher zugekehrt, den Saal des Diwan. Der Kalif Harun Al Rashid, den wir auf seinen Kissen sitzend zurückließen, machte einen vergnügten Eindruck.

Ich, der Wesir des Herrschers, wurde draußen in der Vorhalle gefragt, wo sich denn wohl die Schule befinde, die einem Mädchen derartiges Wissen zu vermitteln imstande sei. Die Fragenden hatten recht, von mir Auskunft zu verlangen. Ich sollte eigentlich über alles Bescheid wissen, was an Besonderem im Islamischen Reich geschah. Bestand irgendwo Gelegenheit für Mädchen, Kenntnisse zu erwerben, die den für den Hausgebrauch nötigen Umfang überstiegen, so war dies ein außergewöhnlicher Fall, der dem Verantwortlichen des Diwan hätte zu Ohren kommen müssen. Ibrahim Ibn Saijar Al Nazzam, der weiseste unter den Gelehrten, die der Kalif eingeladen hatte, um das Mädchen Tawaddud zu prüfen, war der Meinung, er kenne keinen einzigen Gelehrten, der sowohl Wissen in diesem Umfang beherrsche als auch den Wissensstoff noch weiter an Schüler vermitteln könne. Der Weise sagte, sein Kopf, aber auch sein Herz sei gleichermaßen begierig zu erfahren, was der morgige Tag bringen werde. Die Prüfung der Sklavin müsse doch ein Ende finden.

Am anderen Morgen waren wir wieder versammelt im Saal des Diwan: die Gelehrten, die noch nicht, nach Verlust ihres Kopfputzes der Gelehrsamkeit, beschämt den Hof des Kalifen verlassen hatten; die Höflinge, die vor allem sehen wollten, ob der Kalif die Sklavin Tawaddud schließlich in seinen Harem aufnahm; und ich, der die Quelle der Gelehrsamkeit des Mädchens erfahren wollte. Sobald der Kalif den Saal betreten hatte, sprach er: »Der Mann trete vor, der sich in den Gestirnen des Himmels auskennt.« Und Tawaddud, mutiger geworden nach ihren Siegen während der vergangenen zwei Tage, fügte hinzu: »Er möge fragen, was er wolle. Meine Hilfe aber kommt allein von Allah!«

Einer trat vor. Er war alt wie die übrigen. Streng fragte er: »Gib mir Auskunft über die Sonne. Über ihren Aufgang und über ihren Untergang!« Tawaddud antwortete: »Die Sonne geht auf und unter in bestimmten Himmelsrichtungen. Die Richtung des Aufgangs liegt in der östlichen Hemisphäre. Die Richtung des Untergangs liegt im Westen. Allah, der Erhabene, sagt: ›Die Sonne ist zu einer Leuchte erschaffen worden, der ein Gang zubestimmt ist, damit ihr die Zeitrechnung und die Zahl der Jahre erkennt.‹ Der Mond ist der Herrscher der Nacht, und die Sonne ist die Herrscherin des Tages. Beide kreisen miteinander um die Wette. Allah, der Erhabene, sagt: ›Es ist nicht gut, daß die Sonne den Mond einhole. Beide schweben in ihren Sphären.‹« Der alte Gelehrte wollte wissen: »Sage mir, was geschieht mit dem Tage, wenn die Nacht anbricht, und was wird aus der Nacht, wenn der Tag beginnt?« Tawaddud erwiderte: »Allah, der Erhabene, läßt die Nacht in den Tag eindringen und läßt den Tag eindringen in die Nacht.«

Der Frager konnte an dieser Antwort nichts aussetzen. So fragte er weiter: »Gib mir Auskunft über die Planeten, über ihre Art, über ihr Verweilen in den Sternbildern des Tierkreises, über ihren glückbringenden und über ihren unheilvollen Einfluß.« Tawaddud sprach: »Gern will ich dir sagen, was du ohnehin schon weißt. Sieben Planeten sind am Himmel zu erkennen.

Sonne, Mond, Merkur, Venus, Mars, Jupiter und Saturn. Die Sonne verweilt in jedem Zeichen des Tierkreises dreißig Tage lang. Der Mond verweilt zweiunddreißig Tage lang. Die Sonne kann, je nach ihrem Stand, Glück oder Unglück bringen. Der Mond jedoch bringt Glück. Merkur ist gemischter Natur: In Konjunktur mit Glückssternen bringt er Glück, und in Konjunktur mit Unglückssternen bringt er Unglück. Siebzehn Tage und einen halben Tag verweilt Merkur in allen Tierkreiszeichen. Venus ist in jeder Position glückbringend. In jedem Tierkreiszeichen hält sich dieser Planet fünfundzwanzig Tage lang auf. Mars bringt durchweg Unglück. Zehn Monate lang bleibt er in jedem Sternbild. Auf Jupiter ist Verlaß. Er bringt Glück. Ein Jahr lang bleibt er in jedem Sternbild. Saturn ist kalt und unheilbringend. Dreißig Monate lang nimmt er Aufenthalt in jedem der Tierkreiszeichen. Zum Sternbild Löwe ist die Sonne zugeordnet. Im Widder ist ihre Aszendenz und im Wassermann die Deszendenz. Der Mond gehört zum Krebs. Seine Aszendenz ist im Stier, seine Deszendenz im Skorpion. Der Steinbock ist in Verbindung mit dem Mond das Gestirn des Unheils. Steinbock und Wassermann bilden das Haus des Saturn. Seine Aszendenz befindet sich im Sternbild Waage, seine Deszendenz im Widder. Zeichen des Unglücks sind Krebs und Löwe. Das Haus des Jupiter sind die Fische und der Schütze. Die Aszendenz ist im Krebs zu finden und die Deszendenz im Steinbock. Zwillinge und Löwe sind Unheilgestirne im Zusammenhang mit Jupiter. Venus ist der Stier zugeordnet. In den Fischen ist die Aszendenz, die Deszendenz in der Waage. Widder und Skorpion sind ihre Gestirne des Unheils. Zum Merkur gehören Zwillinge und Jungfrau. Die Aszendenz ist in der Jungfrau, die Deszendenz in den Fischen. Sein Sternbild des Unheils ist der Stier.«

Als die Sklavin Tawaddud damit beginnen wollte, über die Konstellationen des Mars zu sprechen, da winkte der Astronom ab, denn er spürte, daß sie Bescheid wußte im gesamten Wissensgebiet, das die Gestirne des Himmels betraf. Um vor unserem Herrn, dem Kalifen, nicht eingestehen zu müssen, daß Tawaddud zumindest soviel wußte wie er selbst, nahm der Astronom Zuflucht in einer List. Er fragte: »Sprich, oh Tawaddud, wird es in diesem Monat Regen geben?« Tawaddud, die bei andern Fragen sofort mit der Antwort begonnen hatte, schwieg. Wir alle wurden unruhig. Es sah so aus, als ob Tawaddud diesmal die Antwort schuldig bleiben würde. Der Astronom fragte nach einer Weile: »Kannst du, die doch behauptet, alles zu wissen, keine Antwort geben auf die Frage, ob es in diesem Monat noch regnen wird?« Da sagte Tawaddud, zum Kalifen Harun Al Rashid gewandt: »Oh Beherrscher der Gläubigen, ich werde erst reden, wenn du mir die Erlaubnis dazu gibst.« Überrascht entgegnete der Kalif: »Was ist der Grund, daß du meine Genehmigung brauchst?« Tawaddud antwortete: »Der Grund ist, daß ich nur mit deiner Erlaubnis sagen darf, daß dieser Mann ein Ketzer ist, dem das Haupt abgeschlagen gehört. Ich möchte, daß du mir ein Schwert geben läßt, um ihn zu köpfen!« Der Kalif meinte daraufhin: »Ob ich dir ein Schwert geben lasse, werde ich später bestimmen. Jetzt antworte dem Kenner der Gestirne auf seine Frage!« Tawaddud sprach nun: »Du Sterndeuter weißt, es gibt fünf Dinge, über die nur Allah, der Erhabene, Bescheid weiß. Im Buch, das uns heilig ist, sind diese Worte zu finden: ›Siehe, bei Allah ist das Wissen geborgen von der Stunde des Gerichts und von der Stunde, da sich aus den Wolken der Regen ergießt. Allah allein weiß, was sich im Mutterschoß befindet. Keine Seele weiß, in welchem Lande sie den Menschenleib verläßt. Fürwahr, Allah allein ist allwissend und weise.‹«

Der Astronom, der wohl wußte, daß gemessen an diesem Koranvers seine Frage einen Glaubensgrundsatz verletzte, sprach nun: »Die Antwort ist gut und richtig. Bei Allah, ich habe dich durch die Frage nur auf die Probe stellen wollen!«

Tawaddud nützte diesen Augenblick der Verlegenheit des Astronomen, um ihn zu fragen: »In wie viele Gruppen zerfallen die Gestirne?« Da war keine Antwort zu hören. Der Astronom schwieg. Da sprach der Kalif: »Nun, Tawaddud, beantworte du selbst diese Frage!« Tawaddud befolgte den Wunsch. Dies waren ihre Worte: »Oh Beherrscher der Gläubigen, die Gestirne werden aufgeteilt in drei Gruppen. Ein Teil von ihnen hängt am Himmel wie Lampen. Diese Gestirne erleuchten die Erde. Der zweite Teil der Gestirne dient dazu, auf den Satan geworfen zu werden, wenn er versucht, im Himmel heimlich Gespräche zu erlauschen. Allah, der Erhabene, sagt: ›Fürwahr, den untersten Himmel haben wir mit Lampen geschmückt, die dazu bestimmt sind, als Geschosse auf den Satan geworfen zu werden.‹ Der dritte Teil der Gestirne aber hängt in der Luft. Durch sie werden die Meere erleuchtet.«

Der Astronom stellte eine letzte Frage: »Nenne mir vier gegensätzliche Dinge, die auf vier anderen gegensätzlichen Dingen beruhen.« Tawaddud wußte die Antwort: »Die vier gegensätzlichen Dinge sind Hitze, Kälte, Feuchtigkeit und Trockenheit. Allah, der Erhabene, erschuf aus der Hitze das Feuer, das heiß und trocken ist. Aus der Trockenheit schuf er die Erde, deren Art kalt und trocken ist. Aus der Kälte schuf er das Wasser, das kalter und feuchter Natur ist. Aus der Feuchtigkeit ließ er die Luft entstehen, deren Art heiß und feucht ist.«

Da sah der Astronom ein, daß er im Disput mit Tawaddud verloren hatte, denn keine der Fragen war unbeantwortet geblieben. Er sprach zu Harun Al Rashid: »Oh Kalif! Sie ist die Klügste unter allen, die je sich mit Gestirnen und mit den Elementen befaßt haben.« Und auch er legte den Kopfputz der Gelehrsamkeit ab und verließ den Saal des Diwan.

Harun Al Rashid, besessen vom Gedanken, im Kopf dieses erstaunlichen Mädchens alle Dimensionen des menschlichen Wissens unserer Zeit auszuloten, befahl einem Mann, der als weise bekannt war, Fragen zu stellen. Der trat vor die Sklavin Tawaddud und fragte: »Sage mir, was ist die Zeit? In welche Grenzen ist die Zeit gefaßt? Was bringt sie?« Tawaddud antwortete: »Die Zeit ist ein Begriff, der angewandt wird für die Stunden der Nacht und des Tages. Die wiederum sind die Maße für den Umlauf der Sonne und des Mondes, wie Allah verkündet hat, als er so sprach: ›Ein Zeichen für die Gläubigen ist auch die

Nacht. Wir nehmen den Tag fort, und siehe da, Finsternis umgibt die Menschen. Zu ihrem Ruheplatz eilt die Sonne. So ist die Ordnung, die der Allmächtige und Allwissende geschaffen hat.‹ Der Prophet, Allahs Segen und Heil ruhe auf ihm, hat gesagt: ›Keiner von euch verfluche die Zeit, denn die Zeit ist Allah.‹ «

Die nächste Frage, die Tawaddud zu beantworten hatte, lautete so: »Ein Mann sprach das Frühgebet, da blickte er auf eine Sklavin, die war so schön, daß er ihr beiwohnen wollte. Doch sie war ihm verwehrt. Als es Mittag ward, da durfte er sie so besitzen, wie er wollte. Am Nachmittag aber war sie ihm wieder verwehrt. Als die Sonne unterging, da konnte er sich wieder an ihrem Leib erfreuen. Zur Zeit des Abendgebets aber war sie ihm zum drittenmal verwehrt. Doch endlich, die Stunde des Frühgebets war gekommen, da war dem Mann die Beiwohnung erneut erlaubt. Wie ist das zu erklären?« Harun Al Rashid bemerkte, als er die Frage gehört hatte, daß wohl niemand in seinem ganzen Reich darauf eine Antwort wüßte. Die Sklavin Tawaddud aber begann bereits zu sprechen: »Du redest von einem Mann, der zur Stunde des Frühgebets eine Sklavin erblickte, die einem anderen gehört. Das Recht bestimmt, daß sie ihm verwehrt war. Der Mann kaufte die schöne Sklavin um die Mittagszeit, da durfte er sie so besitzen, wie er wollte. Am Nachmittag aber gab er ihr die Freiheit, und dies bedeutete, daß er kein Recht mehr hatte auf ihren Leib. Als die Sonne unterging, da nahm er sie zur Frau, und er konnte sich nach Herzenslust an ihrem Leib erfreuen. Zur Stunde des Abendgebets verstieß er sie und raubte sich so selbst das Recht, ihr beizuwohnen. Zur Zeit des Frühgebets bereute er, sie verstoßen zu haben, und er nahm sie, wie das Recht es erlaubt, wieder zur Frau.«

Als diese Frage beantwortet war, bat der weise Frager den Kalifen, sich in seine Heimat verabschieden zu dürfen. Er wolle keinen Tag länger in Baghdad bleiben, wo diese Frau lebe, die wohl vom Teufel ihr Wissen erhalten habe. Daraufhin war zunächst keiner mehr unter all den Gelehrten bereit, der Sklavin Tawaddud eine Frage zu stellen. Selbst der weithin geachtete

Gelehrte Ibrahim Ibn Saijar Al Nazzam, der die Gruppe der Korangelehrten, der Kenner des Rechts, der Medizin und der Logik nach Baghdad geführt hatte, wollte keine Frage mehr stellen. Doch der Kalif befahl auch ihm, die Kenntnisse des Mädchens zu prüfen. Ibrahim Ibn Saijar Al Nazzam stellte sich darauf vor das Mädchen, aufrecht, um sie einzuschüchtern, und sprach: »Glaube nicht, daß ich so bin wie die anderen. Ich werde dich im Disput besiegen und dich zum Gespött all derer machen, die hier im Saal des Diwan anwesend sind. Bei Allah, so wird es geschehen! Sage mir, welche fünf Dinge erschuf Allah, ehe er die lebende Kreatur erschuf?« Sie erwiderte: »Das Wasser, die Erde, das Licht, die Finsternis und die Früchte der Erde!«

Ibrahim Ibn Saijar Al Nazzam stellte kurze Fragen und bekam kurze Antworten: »Wer ist dein Vater im Islam?« »Der Prophet Mohammed, dem Allah Heil und Segen verleihe.« »Wer ist Mohammeds Vater im Islam?« »Abraham, der Freund Gottes!« »Worin besteht der Glaube des Islam?« »Im Bekenntnis, daß es keinen Gott gibt außer Allah, dem Allmächtigen und Allwissenden, und daß Mohammed sein Prophet ist.« »Jetzt sage mir, welches dein Anfang und was dein Ende ist!« Tawaddud antwortete: »Mein Anfang war ein Tropfen schleimiger Flüssigkeit. Mein Ende ist ein Leichnam, der verwest.«

Ibrahim Ibn Saijar Al Nazzam, von dem gesagt wurde, daß er mehr wußte als jeder andere Untertan des Kalifen Harun Al Rashid, stellte nun Fragen nach Einzelheiten, die nicht zum traditionellen Wissen der Gelehrten im Islamischen Reich gehören. Er wollte aus Tawadduds Munde hören, wie viele Worte Allah zu Mose gesprochen hatte. Sie wußte die Antwort: »Vom Gesandten Allahs – Segen und Heil sei über ihm – wird überliefert, daß er gesagt hat: Allah sprach zu Mose eintausendfünfhundertundfünfzehn Worte.« »Sage mir, wie Adam erschaffen wurde!« »Allah erschuf Adam aus Lehm, den Lehm machte er aus Schaum, den Schaum aus dem Meer, das Meer aus der Finsternis, die Finsternis aus dem Licht, das Licht aus einem Fisch, den Fisch aus einem Felsen, den Felsen aus einem Rubin, den Rubin aus Wasser. Das Wasser aber schuf er aus einer Allmacht heraus, wie Allah, der Erhabene, gesagt hat: Wenn Allah ein Ding will, so ist Allahs Befehl nur: Werde! und es wird.« Wir alle, die wir zuhörten, wußten, daß Ibrahim Ibn Saijar Al Nazzam eine Frage stellen würde, die das Mädchen in Verlegenheit bringen mußte. Lange brauchten wir auf eine solche Frage nicht zu warten. Wir hielten den Atem an, als wir diese kurze Frage gehört hatten: »Sage mir, wer war vortrefflicher, Ali oder Al Abbas?«

Wir begriffen, daß der Gelehrte damit eine Falle gestellt hatte. Unser Herrscher, der Kalif Harun Al Rashid, war ein Nachkomme des Abbas Abdel Muttalib, des Onkels des Propheten – Segen und Heil sei über ihm. Die Herrscherfamilie wurde nach diesem Vorfahren das Geschlecht der Abbasiden genannt. Ali aber war der Schwiegersohn des Propheten Mohammed – Segen und Heil werde ihm zuteil – und der Vater der Prophetenenkel Hassan und Hussein. Die Falle, die der Gelehrte Ibrahim Ibn Saijar Al Nazzam stellte, bestand darin, daß zwar Ali, der Schwiegersohn, vor Abbas, dem Onkel, vom Propheten bevorzugt worden war; diese Tatsache aber auszusprechen, war im Angesicht des Kalifen Harun Al Rashid, der stolz war auf die Abstammung von Al Abbas, nicht erlaubt.

Dem Mädchen war anzusehen, daß es sich in Verlegenheit befand. Sie war erst blaß geworden, dann aber schoß ihr das Blut ins Gesicht. Eine ganze Weile hielt sie ihr Haupt gesenkt. Schließlich aber sprach sie: »Du fragst nach zwei vortrefflichen Männern. Jeder der beiden besitzt seinen Vorzug. Sie sind beide derart erhaben, daß mir kein Urteil über sie zusteht. Es liegt allein bei Allah, bei dem, der alles weiß, zu entscheiden, welcher von beiden, Ali oder Al Abbas, seinen Platz näher beim Thron Allahs haben soll.«

Als Tawaddud ihre Antwort beendet hatte, stand der Gelehrte von seinem Kissen auf, blieb aufrecht stehen und sagte: »Dies war eine vortreffliche Antwort. Beim Herrn der Kaaba, besser konntest du die Prüfung nicht bestehen.«

Ibrahim Ibn Saijar Al Nazzam gab den Gedanken trotzdem noch nicht auf, Tawaddud im Disput zu besiegen. Er hatte sich eine ganze Reihe von Fragen aufgeschrieben. Sie folgten einander wie Blitze in einem Gewitter. »Was ist süßer als Honig?« Die Antwort folgte rasch: »Süßer als Honig ist die Liebe der Kinder zu ihren Eltern!« »Was ist schärfer als das Schwert?« Tawaddud sprach: »Die Zunge!« »Was ist die Freude für drei Tage?« Sie antwortete: »Die Freude für drei Tage ist die Enthaarung des Schoßes der Frau! Drei Tage lang hat der Mann seine Freude daran, dann sticht das nachwachsende Haar sein Glied.« »Was ist die Freude des Herzens?« Die Antwort: »Die Freude des Herzens ist eine Frau, die ihrem Mann gehorsam ist. Es steht geschrieben: Das Herz erfreut sich am Fleisch des Weibes.« »Welches Übel kann nicht geheilt werden?« Tawaddud wußte richtig zu antworten: »Nicht zu heilen ist ein schlechter Charakter.«

Den Kalifen packte nun der Überdruß an dieser Fragerei. Er befahl mir, seinem Wesir, den Gelehrten Ibrahim Ibn Saijar Al Nazzam aus dem Saal des Diwan zu weisen. Dann sagte Harun Al Rashid zur Sklavin Tawaddud: »Allah segne dich! Er segne auch den, der deinen Verstand geschärft und der dir Wissen beigebracht hat. Kannst du mir sagen, wer dein Lehrer war, der dich alles gelehrt hat, was die Menschen in unserer Zeit wissen können?« Tawaddud erwiderte: »Mein jetziger Herr, Abu Al Husn – der Vater der Schönheit –, hatte einen Vater, der in vielen Stunden mich gelehrt hat, den Geist zu gebrauchen, die Welt zu verstehen, und vor allem hat er mir beigebracht, auf Allah zu bauen, seinen Anweisungen zu folgen, seine Ordnung der Welt zu verstehen. Der Vater von Abu Al Husn hat seine Tage und Teile der Nächte damit zugebracht, mit mir alle Bücher der Weisen zu studieren. Darüber hat er sein Ladengeschäft in der Stadt Al Barid vernachlässigt, so daß er zuletzt weder Waren noch Geld besaß. Als armer Mann ist er gestorben, doch hatte ihm sein Sohn Al Husn noch ein würdiges Leichenbegängnis gerichtet. Sein Erbe, der Sohn Al Husn, besaß nichts mehr, nur ich gehörte ihm noch, die Sklavin Tawaddud. Ich sprach zu ihm, der mich geerbt hatte: ›Führe mich zu Harun Al Rashid, zum Beherrscher der Gläubigen, zum fünften Kalifen aus dem Geschlecht der Abbasiden, und verlange von ihm für mich den Betrag von zehntausend Dinaren. Wenn er für meine Schönheit, für meinen Leib nicht so viele Dinare zahlen will, dann sprich diese Worte: Oh Beherrscher der Gläubigen, dieses Mädchen Tawaddud ist noch viel mehr wert. Lasse ihr Wissen prüfen, und ihr Wert wird auch in deinen Augen noch sehr viel höher steigen. Ihresgleichen hat diese Sklavin nicht im gesamten Islamischen Reich. Sie gebührt nur einem Herrn wie dem Kalifen Harun Al Rashid.‹ So ist es geschehen. Mein Herr Abu Al Husn hat mich zu dir geführt, oh allmächtiger Beherrscher der Gläubigen. Ich habe alle Prüfungen bestanden. Im Namen meines Herrn verlange ich für mich zehntausend Dinare, die meinem Herrn Abu Al Husn zu übergeben sind. Dann trete ich gerne durch die Türe deines Harems und verbleibe dort, so lange du willst. Erfreue dich an meinem Leib. Ich will dir mit allen Gliedern dienen.«

Harun Al Rashid aber entschied, daß es klüger war, dem Besitzer der Sklavin Tawaddud monatlich einen Sold von tausend Dinaren auszubezahlen, als diese Frau, die an Kenntnissen die gelehrtesten Männer des Islamischen Reiches übertraf, in seinen Harem aufzunehmen. Ein Amt im Diwan konnte er ihr nicht übertragen.

Ich dachte bei mir, welche Verschwendung es doch war, eine Frau mit derartigem Wissen auszustatten – eine Frau, die niemals Wesir werden konnte, die niemals, und war sie noch so kundig und gescheit, die Stimme im Saal des Diwan erheben durfte.

Klug aber hatte Harun Al Rashid gehandelt, als er die Sklavin Tawaddud wieder in die Stadt Al Barid zurückschickte. Wieder einmal hatte er sich als freigebig erwiesen. Die Barmherzigkeit Allahs walte über allen, die zum Hause der Abbasiden gehören.

»Mein wundes, banges Herz, das mir dein Abschied gab«

Wurde mein Herr, der Kalif Harun Al Rashid, des Nachts von quälender Unruhe geplagt und war er in trübe Laune versunken, dann stand er von seinem Lager auf und wanderte in den langen Gängen seines Palastes umher. Meist verlangte er von mir, seinem Wesir Dschafar Al Barmaki, für Zeitvertreib und für Erlösung von der Unruhe zu sorgen. Oft genügte es, dem Beherrscher der Gläubigen ein Mädchen zuzuführen, dessen Leib er bisher nicht gekannt hatte. War es dem Kalifen aber nicht nach Frauen zumute, so hatte ich den Dichter Abu Nuwas zu suchen, der unseren Herrn durch diese Verse entzückt hatte:

Die Kraft der Liebe wirkt in meinem Herzen,
Sie sagt mir, daß ich lieb dich hab,
Sie spricht in mir und schafft mir große Schmerzen,
Ein wundes, banges Herz, das mir dein Abschied gab.

Die Worte vom wunden, bangen Herzen hatten die Seele unseres Herrn getroffen. Deshalb erwartete er häufig Tröstung vom Dichter Abu Nuwas.

Eines Nachts befahl er mir, nach Abu Nuwas suchen zu lassen. Ich schickte einen der Kammerherren in die Stadt Baghdad. In den billigen Schenken sollte er nach dem Dichter suchen. Dessen Gewohnheit war bekannt, sich dort zu vergnügen, wo Befriedigung offen angeboten wurde.

Der Kammerherr fand den Lieblingsdichter des Kalifen Harun Al Rashid schließlich in einer Schenke, in der Wein zu haben war. Doch ihn einfach mitnehmen und in den Palast bringen, das war nicht möglich. Abu Nuwas mußte dem Kammerherrn sagen, daß der Wirt ihn festhalte, weil dieser tausend Dirhem zu bekommen hatte, die Abu Nuwas nicht bezahlen konnte. Diese tausend Dirhem schuldete Abu Nuwas dem Wirt für die Beschaffung eines bartlosen Knaben, mit dem sich der Dichter vergnügt hatte. Als der Kammerherr erfahren hatte, warum Abu Nuwas in dieser Nacht nicht beim Kalifen erscheinen konnte, da sagte er: »Zeige mir den Knaben. Wenn er so schön ist, daß es sich lohnt, tausend Dirhem für ihn auszugeben, dann wird die Schuld beglichen!« Abu Nuwas entgegnete: »Warte eine kurze Weile, und ich werde ihn dir bringen.« Bald schon betrat der Dichter das Zimmer in der Schenke. Ihm folgte der Knabe, hochgewachsen wie ein Mann, in einem weißen Kleid. Abu Nuwas stellte ihn dem Kammerherrn mit diesen Worten vor:

»Er zeigt sich uns in einem weißen Kleid,
Er stellt sich vor in heller Pracht.
Daß er nicht mir gehören kann, erzeugt mir Leid.
Meine Feinde hat er schadenfroh gemacht.«

Sichtbar war, daß der junge Mann drei Kleider übereinander trug: unter dem weißen ein rotes und ein schwarzes. Auf ein Zeichen von Abu Nuwas legte er das weiße Gewand ab und zeigte sich in rot. Da seufzte der Dichter laut und sprach:

»Er zeigt sich im Kleid der roten Anemone.
Ist dir dein Kleid vom Blut des Herzens rot getränkt?
Er spricht: Die Sonne hat, eh sie zur Nacht verschwand,
Mir diesen Stoff aus Abendrot geschenkt.«

Als Abu Nuwas diese Verse gesprochen hatte, da streifte der bartlose Jüngling das rote Kleid ab und stand in schwarz gekleidet vor dem Dichter und vor dem Kammerherrn. Abu Nuwas seufzte wieder und sagte dann mit leiser Stimme:

»Er zeigt sich uns in einem schwarzen Kleide,
Er schreitet durch die Welt im Schwarz der Nacht.
Dein Kleid ist dunkel wie mein Glück,
Ist schwarz in schwarz und schimmert schwarz zurück.«

Auf einen Wink von Abu Nuwas wollte der Junge auch das schwarze Gewand ablegen – er beherrschte die Zeremonie der Entschleierung der Braut beim Hochzeitsfest, an deren Ende er kein Kleid mehr zu tragen hatte. Dies verhinderte der Kammerherr, der lange schon wußte, daß der Dichter Abu Nuwas bartlose Knaben liebte. Er hatte sich den schwarzgewandeten Leib angesehen und sagte nun: »Der Junge ist schön. Die tausend Dirhem, die er kosten soll, ist er wert.« Und er befahl seinem Diener, das Geld aus dem Palast zu holen. Abu Nuwas durfte den Jüngling mitnehmen.

Der Kammerherr ließ den Dichter jedoch nicht nach Hause gehen; er mußte ihn begleiten zum Kalifen Harun Al Rashid, der sehnsüchtig auf ihn wartete, hatte er doch befohlen, Abu Nuwas suchen zu lassen.

Und so ist die Vorgeschichte der Ereignisse jener Nacht zu berichten: Der Herrscher hatte wieder einmal eine unruhige Nacht durchwacht. Stundenlang war er durch die Gänge gewandert mit unregelmäßig schlagendem Herzen. Neugierig hatte er in Ecken geblickt, die er zuvor nie bemerkt hatte. Vorhänge hatte er aufgehoben und Türen geöffnet. Manchen friedlich schlafenden Mann und manche Frau hatte er betrachtet, ohne sich ihnen zu nähern.

Hinter einem Vorhang hatte er auch etwas Schwarzes liegen sehen, das einem Menschen mit dunkler Hautfarbe glich, der auf einem Lager ruhte. Zwei Kerzen brannten zu beiden Seiten des Körpers. Ein Krug, mit duftendem Wein gefüllt, stand auf einem Schemel mitten im Raum. Als er nähertrat, da bemerkte Harun Al Rashid, daß es sich um eine schwarze Sklavin handelte, die er nicht kannte. Niemand hatte ihm diese schöne Gestalt vorgestellt. Sie trug kein Kleid, doch ihr Körper war nahezu bedeckt durch die Fülle ihres Haares. Nur eine ihrer Brüste war im flackernden Licht der Kerzen zu erkennen.

Harun Al Rashid, in den Bann geschlagen durch diese Schönheit, setzte sich neben dem Lager der Schlafenden auf ein Kissen, schenkte sich einen Becher Wein ein und trank in kleinen

Schlucken aus. Er spürte, wie sich sein Herz beruhigte, wie sich seine Gefühle immer stärker dieser dunkelhäutigen Frau zuneigten. Er wollte sich über sie beugen, um die Spitze ihrer Brust zu küssen, da aber wachte sie auf und, noch im Halbschlaf, sagte sie:

»Beherrscher der Gläubigen, sei mein Gast!«

Harun Al Rashid antwortete mit diesen Versen:

»Zur Nachtzeit kehr ich bei euch ein,
Um hierzubleiben bis zum Morgenlicht.«

Die schwarze Sklavin aber schloß mit diesem Vers:

»Mir zu gefallen ist des Gastes Pflicht!«

Gemeinsam tranken der Kalif und das schwarze Mädchen den Krug Wein aus, dann aber vergnügten sie sich auf dem Lager. Nach der ersten Erschöpfung sprach sie: »Oh Beherrscher der Gläubigen, mir ist Unrecht geschehen!« Der Kalif wollte wissen, von welcher Art das Unrecht gewesen sei und wer die Verantwortung dafür trage. Da antwortete die Sklavin: »Vor einer Weile hat mich Dschafar, dein Wesir, für dich gekauft. Zehntausend Dirhem hat mein vorheriger Besitzer gefordert. Dschafar hat den Betrag ohne zu zögern aus eigenem Geld bezahlt. Daß ich dir, oh Beherrscher der Gläubigen, geschenkt werden sollte, hat deine Frau, die Herrin Zubaida, erfahren. Sie hat Dschafar bedrängt, mich hier vor dir zu verstecken. Er hat getan, was sie wollte, doch es nützte nichts. Nun warst du doch mein Gast. Ich möchte mir die Gnade erbitten, daß du auch in der nächsten Nacht mit mir hier schläfst.«

»Insh'allah! – So Allah will, soll es geschehen!« sagte der Kalif, als er die Sklavin verließ. Er war fest entschlossen, wirklich wiederzukommen.

Dies war der Augenblick, da er mich traf, als ich durch die Gänge des Palastes ging, um den Saal des Diwan zu erreichen. Er sagte: »Dschafar, du hast mir, ohne daß du es weißt, eine vergnügliche Nacht bereitet. Du hast dafür gesorgt, daß sich mein Herz beruhigt. Gehe hin und suche den Dichter Abu Nuwas. Ich will, daß er besingt, was in dieser Nacht geschehen ist.« Da ich den Dichter im Palast nicht fand, schickte ich einen Kammerherrn in die Stadt Baghdad, um Abu Nuwas zu suchen. Dies war die Vorgeschichte: So kam es, daß der Dichter mit einem schwarzgekleideten bartlosen Knaben die Räume des Kalifen betrat.

Kaum hatte er den Dichter erblickt, sprach der Kalif: »Oh Abu Nuwas, dichte mir Verse, die beschreiben, wie ich in dieser Nacht von einer schwarzen Sklavin geliebt worden bin. Diese Worte soll dein Gedicht enthalten: ›Beherrscher der Gläubigen sei mein Gast!‹ und diese Worte ebenfalls: ›Mir zu gefallen ist des Gastes Pflicht!‹ «

Abu Nuwas antwortete: »Ich höre und gehorche, oh Beherrscher der Gläubigen!« Dann flossen diese Verse von seinen Lippen:

»Lang war die Nacht mir und schwer der Sinn,
Der Leib war müd, doch Ruhe fand er nicht.
So verließ das Lager ich und wanderte umher
Von einem Raum zum andern, kreuz und quer.
Im Licht des Vollmonds sah ich die Gestalt,
Von dunkler Haut, fast ganz von Haar umwallt.
Der Leib, die Scham auch, war verhüllt,
Tief ins Gemüt drang ein mir dieses Bild.
Ich fand den Wein und trank den Becher leer,
Auf ihre Brust nun wollte ich sie küssen.
Ganz heimlich nahte ich auf leisen Füßen.
Sie aber schreckte auf und sprach in Hast:
Beherrscher der Gläubigen, sei mein Gast!
Ich schloß den Mund ihr mit den Lippen mein

Und sprach: Ich kehre bei euch ein,
Um hierzubleiben bis zum Morgenlicht.
Sie küßte mich und sprach: Ich zaudre nicht.
Klopfe als Gast entschlossen bei mir an,
Dir öffnen will ich mich sodann.
Den eigenen Wunsch verschweig ich nicht:
Mir zu gefallen ist des Gastes Pflicht.«

»Erstaunlich«, sagte der Kalif Harun Al Rashid, als Abu Nuwas sein Gedicht beendet hatte: »Es ist, als ob du uns in dieser Nacht zugesehen hättest.«

Jetzt erst ließ der Herrscher die schwarze Sklavin, seine Gefährtin dieser Nacht, die der Dichter bisher nicht zu sehen bekommen hatte, in den Saal holen. Als er ihre Schönheit, die jetzt in einen hellblauen Schleier gehüllt war, erblickte, da antwortete Abu Nuwas: »Ich bin ein Dichter und brauche die Augen nicht, um zu sehen was geschehen ist und was geschieht.«

Über diese Worte wurde der Kalif wütend, und er befahl mir: »Dschafar, bringe diesen anmaßenden Halunken in den Raum nebenan. Ich will ihn prüfen. Trete mit ihm wieder in den Saal des Diwan ein, wenn so viel Zeit vergangen ist, wie du brauchst, um die erste Sure des Koran zu sprechen!«

Als die Zeit verstrichen war, die der Gläubige benötigt, um die geringe Zahl der Worte aufzusagen, die Allah dem Propheten – Segen und Heil des allmächtigen Herrn über ihn – für die erste Sure genannt hatte, kam ich mit Abu Nuwas zurück zum Kalifen. Harun Al Rashid fragte sofort: »Wo ist der Becher versteckt, aus dem ich in der Nacht getrunken habe?« Unser Herrscher verlangte, Abu Nuwas müsse vor ihm niederknien. Dann packte Harun Al Rashid sein Schwert und stach den Dichter mit dessen Spitze in den Hals. Dazu sprach der Kalif: »Dichte mir Verse darüber, wo der Becher versteckt ist. Wenn du das nicht kannst, schlage ich dir auf der Stelle den Kopf ab!« Und er stach den Dichter mit solchem Zorn, daß sich Blutstropfen am Hals zeigten.

Von den Schmerzen beflügelt, trug Abu Nuwas diese Verse vor:

»Was ich sage, sah ich nie:
Der Becher liegt über eines Weibes Knie!
Versteckt ist er an dunklem Orte,
Sie hält ihn an des Glückes Pforte.
Den Ort zu nennen, tunlichst jeder vergißt,
Weil er dem Kalifen zu eigen ist!«

Unter dem hellblauen Schleier, den sie trug, holte die schwarze Sklavin tatsächlich zu meinem Erstaunen den Weinbecher hervor. Sie hatte ihn auf Geheiß des Kalifen an ihren Lenden verborgen gehalten.

»Allah möge dich strafen dafür, daß du mit dem Teufel im Bunde bist!« sagte Harun Al Rashid zum Dichter Abu Nuwas, der sein Leben gerettet hatte. Er hatte sich in seiner Not gefragt, welches Versteck dem Kalifen nach der Nacht der Liebe in der Eile wohl am ehesten in den Sinn gekommen sei, und seine Vermutung war die richtige.

Harun Al Rashid schenkte dem Dichter den bartlosen Knaben, der vom Kammerherrn aus der Kasse des Palastes bezahlt worden war, und entließ beide in Gnaden.

Abu Nuwas war der Dichter, der immer Verse fand, die den Kalifen überraschten und die meist dessen Gemütslage entsprachen. So konnte es sich Abu Nuwas leisten, einen Lebenswandel zu führen, der häufig nicht den Geboten Allahs entsprach, ohne daß er jedoch vom Herrscher empfindlich bestraft worden wäre.

Abu Nuwas gehörte zu denen, die Stunden ohne Gesellschaft von Knaben als vergeudete Zeit betrachteten. Nach wenigen Tagen der Enthaltsamkeit verlangte es ihn, seine Wünsche zu erfüllen. Er gab eines Tages seinem Koch Anweisung, für den Abend ein üppiges Essen zu bereiten, nach der Art, die sich Lippen, Zunge und Gaumen wünschen. Dann begab er sich auf den Markt, um zu sehen, ob er einen Jungen fände, der noch nicht durch Merkmale männlicher Reife gekennzeichnet war. Als er so ging, da sprach er zu Allah: »Mein Herr und Gebieter! Laß mich einem begegnen, mit dem ich die Nacht verbringen kann. Sende mir einen, der es wert ist, Genosse bei Tisch und auf dem Lager zu sein.«

Gerade als er diese Bitte ausgesprochen hatte, da sah er zwischen den Ständen der Marktgasse drei Jünglinge stehen, deren Gesicht noch frei war von jedem Hauch eines Bartes. Fremd war ihren Zügen männliche Herbheit. Zart waren ihre Reize. Biegsam waren ihre Gestalten.

Die drei Knaben waren ganz nach dem Geschmacke des Dichters Abu Nuwas, der sich daran freute, mit schönen Knaben in Lust zu leben, und der Rosenduft von manchem haarlosen Leib zu riechen pflegte. Abu Nuwas ging auf die drei Knaben zu, doch sie wandten sich ab. Sein angegrauter Kopf mißfiel ihnen offenbar. Seine Begabung, andere durch Verse zu gewinnen, half ihm jedoch auch jetzt. Er fand diese Worte:

»Laßt mich nicht stehn und geht nicht eurer Wege!
Mein Haus ist voll von feinem Essen, frischem Trank!
Ich habe alten Wein aus guter Pflege,
Voll Süßigkeiten ist der Speisenschrank.
Vom jungen Lamme ist viel Fleisch vorhanden,
Verfeinert durch Gewürz aus fernen Landen.
Der Wein, der reize dann die Gier,
Ihn zu genießen sind wir vier.«

Die Verse gefielen den drei Knaben. Vielleicht aber hatten sie nur Lust bekommen auf die Genüsse, die Abu Nuwas in seinen Versen angepriesen hatte. Zu viert verließen die bartlosen Jünglinge und der angegraute Abu Nuwas den Markt, um das Haus des Dichters aufzusuchen. Der Koch hatte Speisen und Getränke vorbereitet. Bis weit in die Nacht hinein tafelte und trank Abu Nuwas mit den drei Knaben.

Als die Stunde schon weit fortgeschritten war, da verlangten die drei, Abu Nuwas möge entscheiden, welcher von ihnen der Schönste sei, der Schlankste, der Ebenmäßigste an Wuchs. Damit ihm die Wahl leichter fiel, legten sie ihre Kleider ab und zeigten sich dem Dichter so, wie sie gewachsen waren. Der Reihe nach pries er sie an. Zum einen sagte er: »Dein Rumpf zieht die beiden Berge von Hunain zueinander« und verglich seinen Rumpf so mit der Landschaft zwischen den Bergen bei Mekka. Als den einen Berg betrachtete er die Brust des Jünglings, als den anderen Berg die Hinterbacken. Beim zweiten fand er die Lippen schön geformt – »so zart, daß sie dem Moschus und den Äpfeln gleichen«. Zum dritten sprach er: »Zum Land der zwei Moscheen treibt mich die Lust!«, und er strich ihm über die Hinterbacken, die in seiner Vorstellung Moscheekuppeln glichen. Die Reizung der Sinne durch Wein und Berührung führte dazu, daß Abu Nuwas mit Küssen und Umarmungen auf die bartlosen Knaben eindrang. Er legte sich auf sie und hatte schließlich keinen Sinn mehr für Sünde und Schande.

Nie wäre uns, dem Kalifen und seinem Wesir, zu Ohren gedrungen, was im Haus des Dichters Abu Nuwas getrieben wurde, wäre nicht Harun Al Rashid in dieser Nacht wieder von der Unruhe des Herzens getrieben worden. Als wir beim Gang durch die dunkle Stadt ein Gebäude sahen, dessen Fensterhöhlen erleuchtet waren, da klopften wir voll Neugier an die Tür. Wir hörten Stimmen, die uns aufforderten, einzutreten. So gelangten wir in den Saal des Hauses und sahen den Lieblingsdichter des Kalifen nackt bei nackten Jünglingen liegen. Der Kalif rief voll Entsetzen: »Bist du's wirklich, Abu Nuwas?« Der war in Trunkenheit versunken und sagte lallend: »Zu Diensten, oh Beherrscher der Gläubigen. Allah stärke deine Macht und segne dich durch langes Leben!« Harun Al Rashid schrie im Zorn: »Was finde ich hier für Zustände?« Abu Nuwas antwortete: »Diese Frage, oh Beherrscher der Gläubigen, ist wohl überflüssig!«

Ich fürchtete um das Leben des Dichters, denn häufig schon hatte der Beherrscher der Gläubigen einen Menschen wegen weit geringerer Kühnheit köpfen lassen. Der Kalif aber gab keinen Befehl zur Verhaftung oder zur Hinrichtung, sondern er fuhr fort: »Abu Nuwas, ich habe Allah um Erleuchtung gebeten, was mit dir geschehen soll, und er hat mir soeben eingegeben, ich soll dich zum Richter der moralisch Verkommenen einsetzen, zu deren Oberhaupt!« Da war Abu Nuwas toll genug zu antworten: »Hast du, oh Beherrscher der Gläubigen – wenn ich schon Richter und Oberhaupt der moralisch Verkommenen sein soll – mir eine Klage vorzubringen?« Voll Wut sagte darauf Harun Al Rashid zu mir: »Dschafar, wir verlassen dieses verwahrloste Haus, in dem Hurerei mit Knaben und Trunkenheit herrscht!«

Auf dem Weg zum Palast überlegte Harun Al Rashid, wie er den Dichter für seine Verwegenheit bestrafen könne. Der aber fürchtete nichts, denn er war betrunken. Ohne sich stören zu lassen, feierte Abu Nuwas den Rest der Nacht mit den bartlosen Knaben ein Fest der leiblichen Lust.

Am Morgen jedoch erwachte Abu Nuwas mit dem Gefühl, ihm drohe Unheil. Er wußte nicht mehr, wie er den Kalifen beleidigt hatte; nur die Erinnerung war geblieben, daß er Tollkühnes gesagt habe. Er gab den drei Jünglingen Geld und schickte sie fort. Dann zog er ein Ehrenkleid an, das ihm der Herrscher nicht lange zuvor verliehen hatte, und ging daraufhin zögernden Schrittes zum Palast des höchsten Gebieters im Islamischen Staat.

Als er dort ankam, hatte ich bereits alle Beamten im Angesicht des Kalifen empfangen, hatte Bittschriften angenommen und Entscheidungen getroffen. Der Kalif war soeben vom Diwan aufgestanden, um in einem kleineren Zimmer nebenan Tee zu trinken, da bemerkte er die Ankunft des Dichters. Harun Al Rashid befahl sofort seinem Schwertträger Masrûr, dem Dichter alle Kleider herunterzureißen. Als Abu Nuwas nackt war, mußte er niederknien, damit ihm der Packsattel eines Esels auf den Rücken gebunden werden konnte. Der Dichter bekam ein Halfter um seinen Kopf und einen Schwanzriemen um sein Glied gelegt. Dann sagte Harun Al Rashid zu Masrûr: »Führe ihn so durch die Gemächer der Sklavinnen, durch die Räume meiner Frauen, damit er Schande empfindet durch den Spott, der ihm zuteil wird. Wenn er in allen Räumen vorgezeigt worden ist, soll ihm der Kopf abgeschlagen werden!« Der Schwertträger Masrûr sagte: »Ich höre und gehorche!« Dann begann er auszuführen, was ihm aufgetragen worden war.

Abu Nuwas war bereits durch alle Zimmer gekrochen, in denen die Frauen des Kalifen wohnten, da trat mein Vater Jahja ein, der Älteste aus unserem Geschlecht Al Barmaki. Mein Vater wußte nicht, was vorgefallen war. Erstaunt fragte er: »Du, Abu Nuwas, was hast du verbrochen, daß du zu einer derart ungewöhnlichen Strafe verurteilt worden bist?« Abu Nuwas wußte rasch eine Antwort: »Ich habe fast mein ganzes Leben lang dem Kalifen schlechte Verse geschenkt, da hat er mir dafür dieses Kleid, das ich eben trage, zugedacht!«

Als dem Beherrscher der Gläubigen von dieser Antwort seines Lieblingsdichters erzählt wurde, da befahl er, mit dem Abschlagen des Kopfes sei bis auf bessere Gelegenheit zu warten. Das bedeutete nicht, daß der Kalif vergaß und vergab. Einen Monat später schon glaubte der Herrscher, die Gelegenheit sei gekommen, den Dichter köpfen zu lassen.

Als Harun Al Rashid eines Nachts wieder einmal durch die halbdunklen Gänge seines Palastes ging, traf er in einer Ecke, die nur durch ein kleines Fenster beleuchtet war, das den Widerschein des Mondlichts auf dem Tigris hereinließ, eine Sklavin, die er schon lange hatte besitzen wollen. Er griff nach ihr, doch sie wich aus. Er hatte aber ihren Umhang mit der Hand gepackt, der nun von ihrem Leib glitt. Harun Al Rashid verlangte, daß sie ihm auf dem Lager diente. Das Mädchen sprach: »Oh Beherrscher der Gläubigen, mein Leib ist nicht auf dein Kommen vorbereitet. Morgen abend werde ich bereit sein!« Der Kalif glaubte den Grund für ihr Widerstreben zu kennen und verließ diesen Teil seines Palasts. Am anderen Morgen aber schickte er einen Eunuchen, der ihr mitteilen mußte, der Kalif sei entschlossen, sie am Abend zu besuchen und zu besitzen. Doch der

Eunuch kam zurück mit dieser Antwort der Sklavin: »Am Morgen gilt das Wort der Nacht nicht mehr.«

Als die Stunde des Mahls gekommen war, wollte der Kalif mit den drei Dichtern gemeinsam speisen, die in jenen Jahren dem Leben in Baghdad Glanz gaben. Einer von ihnen war Abu Nuwas. Die beiden anderen hießen Al Rakashi und Abu Musab. Harun Al Rashid hatte die Gewohnheit angenommen, den Dichtern zu befehlen, aus Erlebnissen des Kalifen und aus Versteilen Gedichte zu formen. Da er noch bewegt war von dem, was er in der Nacht erlebt hatte, und da ihn die Botschaft der Sklavin verwirrte, gab er den drei Dichtern beim Mittagsmahl den Auftrag, Verse zu dichten, in denen die Worte vorkommen sollten: »Am Morgen gilt das Wort der Nacht nicht mehr.«

Nach einigen Augenblicken des Überlegens glaubte der Dichter Al Rakashi, gefällige Verse vortragen zu können. Er sprach:

»Dir, Herr, hat eine Jungfrau sich verweigert,
Sie hat dich nächtens liebeskrank gemacht.
Durch ihr Versprechen hat sie deine Lust gesteigert,
Doch sie empfindet anders nach der Nacht.
Ihr Spruch verwunderte dich sehr:
Am Morgen gilt das Wort der Nacht nicht mehr.«

Harun Al Rashid nickte befriedigt, als er die Verse des Al Rakashi vernommen hatte, und er forderte sogleich den Dichter Abu Musab auf, seine Dichtung vorzutragen. Der sprach:

»Dein Herz ist immer noch sehr leicht entbrannt,
Wenn Schlaf dich flieht und Unruh übermannt.
Schönheit zu sehen, ist dir nicht genug.
Wenn du erschreckt warst, wie dein Herz dir schlug,
Dann suchtest Frieden du an der Sklavin Leib,
Doch sie verwehrt den Zeitvertreib.
Zu glauben, was sie sagte, fällt dir schwer:
Am Morgen gilt das Wort der Nacht nicht mehr!«

»Dir, oh Abu Nuwas wird es schwerfallen, diese Verse zu übertreffen«, sagte Harun Al Rashid, »doch ich weiß, du wirst versuchen, den Preis davonzutragen.« Da begann Abu Nuwas zu sprechen:

»Voll Unruh ging ich durch das eigne Haus,
Mein Herz ging sprunghaft, setzte Schläge aus.
Im Licht des Monds, in seinem Widerschein,
Vom Tigris her drang Helligkeit herein,
Da sah ich sie, die trunken war von Schlaf.
Ihr Anblick meine wachen Sinne traf,
Doch meinem Griffe war sie rasch entflohn.
Der Anblick ihres Körpers aber war mein Lohn.
Zu Boden war das Kleid gesunken,
Ihr Reiz entzündete den Funken,
Der Gier, sie mein zu nennen.
Sie sprach: Oh Herr, ich muß bekennen,
Daß ich nicht ahnte deinen nächtlichen Besuch.
In dieser Nacht jedoch liegt auf der Liebe Fluch,
Denn nicht bereit, dich zu empfangen, ist mein Leib!
Die nächste Nacht, ich sag's, bin ich dein Weib!
Dies Wort, es war für mich Versprechen,
Ich glaubte nicht, es sei so leicht zu brechen.
Heut morgen schickt ich zu ihr den Eunuchen,
Ich hatt' bald Grund, sie leider zu verfluchen.
Die Antwort traf mich zentnerschwer:
Am Morgen gilt das Wort der Nacht nicht mehr!«

Unser erhabener Herr gab mir den Auftrag, den Dichtern Al Rakashi und Abu Musab jeweils tausend Dirhem für ihre Verse auszuhändigen. Derartige Beträge hatte ich als Wesir des Kalifen immer bereitzuhalten. Noch war die Belohnung für das Gedicht des Abu Nuwas nicht festgesetzt. Lange brauchte ich auf den Befehl des Kalifen nicht zu warten, dann sprach er: »Hole Masrûr, den Schwertträger. Er soll Abu Nuwas den Kopf abschlagen! Bei Allah, es ist nicht anders möglich, als daß dieser Lump heute Nacht im Palast herumgeschlichen ist, um mich zu belauschen. Vielleicht versuchte er, mich zu ermorden!«

Jetzt war für den Kalifen die Möglichkeit gegeben, den Dichter, der schon einmal seinem Schwert entkommen war, töten zu lassen. Masrûr breitete in der Mitte des Saales des Diwan das Blutleder aus, das die Springflut aus der Halsschlagader des Geköpften auffangen sollte. Der Schwertträger zwang Abu Nuwas, auf dem Leder niederzuknien, damit ihm bequem der Kopf abgeschlagen werden könnte.

Im letzten Augenblick, als Masrûr bereits das Schwert schwingen wollte, sagte Abu Nuwas: »Allah, der alles weiß, sei mein Zeuge! Nirgends sonst war ich in dieser Nacht als in meinem eigenen Haus. Oh Beherrscher der Gläubigen, du weißt doch, als Dichter brauche ich die Augen nicht, um zu sehen, was geschehen ist. Allah, der Erhabene, hat im heiligen Buch des Koran über die Dichter gesagt: ›Siehst du nicht, wie sie in jedem Wadi verstört herumlaufen und wie sie reden, ohne das zu tun, über was sie reden? Sie reden nur, doch sie sind ungefährlich!‹ «

Die Worte aus Allahs Buch stimmten den Kalifen noch einmal versöhnlich, und er befahl dem knienden Dichter, sich wieder zu erheben.

Von nun an bemühte sich der Dichter, dem Kalifen nicht mehr durch unmoralisches Leben aufzufallen. Ich aber wußte durch meine Spione, daß Abu Nuwas auch weiterhin die bartlosen Knaben liebte – und die Bewohner von Baghdad sprachen gern darüber.

»Lasst eure Augen nicht auf bartlosen Jünglingen weilen«

Die Lebensart des Abu Nuwas wurde von vielen der Männer in der Stadt Baghdad verurteilt; manche aber hatten Verständnis für den Dichter. Wer die Knabenliebe gelten ließ, hielt diesen Vers, den Abu Nuwas gedichtet hatte, für eine treffliche Beschreibung der Vorteile einer Beziehung zu einem jungen Mann:

»Zu preisen dieser Umstand ist,
daß du vor Unreinheit und Nachwuchs sicher bist.«

Die Gespräche der Menschen von Baghdad über die Vorzüge der Geschlechter veranlaßten den Kalifen, würdige Personen einzuladen, um vor seinen Ohren im Saal des Diwan zu disputieren, damit er entscheiden könne, wie die Geschlechter sich zueinander verhalten sollten.

Als die Stunde des Disputs gekommen war, sprach der Kalif Harun Al Rashid zu den im Saal Versammelten: »Im Namen Allahs, des Allerbarmers! Wir sind zusammengekommen, um Meinungen zu hören, die uns helfen können, Allahs Ratschluß in der Frage, ob Männer auch Männer lieben sollen, besser zu verstehen. Der Prophet – Allah segne ihn und spende ihm Heil – hat sich nicht eindeutig genug geäußert, wenn er sagte: ›Laßt eure Augen nicht auf bartlosen Jünglingen weilen, denn dadurch schwächt ihr euren Blick für die schwarzäugigen Jungfrauen des Paradieses.‹ Einige glauben, damit sei durch höchste Autorität bestätigt, daß die Jünglinge den Jungfrauen an Anziehungskraft überlegen sind, denn der Spruch gehe davon aus, daß sich jeder Mann vom Reiz der Knaben angezogen fühle. Andere aber meinen, der Prophet – Heil und Segen sei über ihm – habe deutlich vor den bartlosen Jünglingen gewarnt. Ich bin nun begierig, eure Meinung zu hören.«

Einer der Scheichs stand auf und sprach: »Ich liebe deshalb

Männer, weil Allah, der Erhabene, selbst den Mann über die Frau gestellt hat. Es ist mein Recht zu lieben, was übertrifft. Ich kann nicht lieben, was unterlegen ist. Den Beweis für die Überlegenheit des Mannes entnehme ich dem heiligen Buche, dem Koran, und der Tradition, der Überlieferung. Der Hocherhabene selbst hat gesagt: ›Die Männer stehen über den Frauen, weil Allah den Mann reicher ausgestattet hat als die Frau! Selbst in der Frage der Erbfolge ist durch Allahs Gesetz festgelegt, daß ein Mann vom Erbe soviel behalten soll wie zwei Frauen. Vom Propheten – Allah segne ihn und gebe ihm Heil – ist überliefert, daß er das Blutgeld im Falle von Totschlag für die Frau nur halb so hoch ansetzte wie für den Mann. Damit steht unzweideutig fest, daß die Männer den Frauen überlegen sind. Meine Folgerung ist: Wer überlegen ist, hat stärkere Anziehungskraft, hat sogar ein Recht auf Liebe.«

Ein anderer Scheich entgegnete: »Unser Disput hat doch zum Inhalt, ob ein Jüngling mehr Freude zu spenden vermag als eine junge Frau. Von der Überlegenheit des Mannes als Partner eines Mannes in der fleischlichen Beziehung ist vom Propheten – Heil und Segen sei ihm beschieden – überhaupt nichts gesagt worden.«

Der erste der Scheichs erwiderte: »Den gesuchten Beweis gibt uns der Dichter Abu Musab an die Hand, der von niemandem des Umgangs mit bartlosen Knaben bezichtigt wird. Wenn Abu Musab von einer Jungfrau und ihrer Schönheit spricht, dann vergleicht er sie mit einem jungen Mann:

> Sie ist dem schlanken Knaben gleich,
> Der zart ist in den Hüften.
> Sie wiederum dem Zephyr gleicht,
> Dem sanften Wind in Lüften.«

Ein dritter der Männer im Saale des Diwan stand auf, um zu sagen: »Was Abu Musab sagt, ist Versegestammel eines Dichters, der die Wirklichkeit nicht kennt. Ich bitte dich, wie kann je ein Jüngling den Reiz einer Jungfrau besitzen. Die Jungfrau ist vergleichbar dem Reis des Basilikum. Ihre Zähne haben das Weiß der Kamille. Wie Anemonen sind ihre Wangen. Ihr Wuchs zeichnet sich durch Ebenmaß aus. Die Stirn ist blütenrein. Weich wie Rahm sind ihre Lippen. Ihre Brüste sind wie aus Elfenbein. Das Tal dazwischen ist wie ein Pfad zwischen Bergen. Die wogenden Hüften gleichen einem kristallenen Meer. Hell ist ihr Schoß, von keinem Haar verunziert. Sie hat zwei Backen über den Beinen, deren Anblick das Herz schneller schlagen läßt. Wie kann es jemand wagen, sie mit einem Jüngling zu vergleichen?«

Ein vierter der Scheichs ließ sich vernehmen: »Es gibt keinen Zweifel, daß Allah diejenigen als lasterhafte Lüstlinge verdammt, die mit Knaben schlafen. Allah, der Erhabene, hat gesagt: ›Gehet ihr zu den Männern und verlaßt ihre eure Frauen, die euer Herr eigens für euch geschaffen hat, so seid ihr wahrlich ein sündiges Volk!‹ Der Sündigste aber ist Abu Nuwas, der diesen Vers gedichtet hat:

Ein Mädchen, ist es schlank so wie ein Knabe,
Sind enge Hüften ihre Gabe,
Taugt auch für den, der Knaben liebt,
Dem eine Frau nur wenig gibt.«

Der vierte Scheich fuhr fort in seiner Rede gegen die Knabenliebe: »Abu Nuwas wird den Weg ins Paradies nicht finden, denn Allah hat die Knaben dort nur zu Dienern bestimmt und nicht zu Lustknaben. Sicher ist: das Paradies ist der Ort der von Allah gewünschten Lust derer, die glauben. Die Verworfenen und Schlechten aber finden dort keinen Zutritt!«

Über diesem Disput war es Abend geworden, und mein Herr, der Kalif Harun Al Rashid, verspürte keine Lust, weitere Reden anzuhören. Auf seinen Wink hin entließ ich die würdigen Personen, ohne ihnen die Meinung des Herrschers mitzuteilen. Doch war von Harun Al Rashid bekannt, daß er keine Neigung empfand, sich bartlose Jünglinge auf sein Lager zu holen.

In jener Nacht noch ging der Kalif verkleidet aus, er wollte wieder einmal wissen, wie es seinen Untertanen erging. Das war in jener Zeit, als nur geringer Schatten gefallen war auf die Beziehung zwischen meiner Familie, dem Geschlecht Al Barmaki, und dem Beherrscher der Gläubigen. Wir gingen durch die Straßen und sahen, wie ein Ladengewölbe nach dem anderen verschlossen wurde, wie sich die Gassen leerten, wie die Lichter in den Häusern erloschen. Aus dem Verhalten der Menschen entnahm der Herrscher, daß es den Gläubigen wohl erging, daß sie die Nächte nicht in Angst verbrachten. Er sprach zu mir: »Dschafar, wenn uns Gefahr drohen würde, dann wüßten die Männer im Bazar, die Kaufleute, eher Bescheid als wir. Die Mächtigen erfahren zuletzt, was sich an den Grenzen abspielt. Die Gouverneure am Rand meines Reichs schicken nur Berichte nach Baghdad, die Gutes mitteilen. Das ist mir wohlbekannt, auch wenn du, oh Wesir, mir das Gegenteil sagst. Allein die Kaufleute in den fernen Provinzen informieren ihre Freunde in der Hauptstadt ehrlich. Verhielten sich unsere Händler im Bazar ungewöhnlich, wäre ich beunruhigt. So aber drückt mich keine Sorge.«

Da die Nachtluft heiß über dem Fluß stand und der Tigris deshalb der Stadt keine Linderung der Hitze bringen konnte, verspürte der Kalif bald ein Durstgefühl. Harun Al Rashid wollte diesmal nicht, daß ich ihm Wasser verschaffe, er wollte es sich selbst besorgen. Ich blieb deshalb wachsam unter einem Torbogen stehen, als er den Eingang eines Hauses betrat, aus dem noch Licht schimmerte. Der Kalif, der sicher war, in seiner Verkleidung nicht erkannt zu werden, klopfte an und bat den Diener, der ihm öffnete, um Wasser.

Harun Al Rashid war an heißen Tagen besonders reizempfänglich, wenn ihm eine schöne Frau begegnete. Die Frau, die ihm den Wasserkrug brachte, wollte er in jener Nacht noch besitzen, und er sprach seinen Wunsch ihr gegenüber in deutlichen Worten aus. Sie aber erkannte ihn trotz seiner Verkleidung als den Beherrscher der Gläubigen. Ohne ihn wissen zu lassen, daß sie die Verkleidung durchschaut hatte, bat sie ihn, das Haus um ihres guten Rufes willen zu verlassen. So gingen wir gemeinsam zurück zum Palast. Harun Al Rashid sprach kein Wort. Keiner von uns beiden ahnte, daß das harmlose Abenteuer der Begegnung mit einer reizvollen Frau noch nicht zu Ende war.

Einen Monat später kam eines Morgens, zur Stunde der Bittsteller, eine Gruppe von Männern in den Saal des Diwan. Von mir aufgefordert zu sprechen, sagte einer der Männer: »Oh Beherrscher der Gläubigen, Allah stärke deine Macht alle Tage!« Dann wies er auf einen anderen aus der Gruppe und sprach: »Dieser Mann hat ein Stück Land erworben, um es zu besäen. Er hat das Land auch eine ganze Weile, wie es sich gebührt, umgepflügt und bestellt. Aber dann hörte er plötzlich auf zu pflügen. Seither liegt das Land brach. Nun leidet das Feld unter der Vernachlässigung. Wenn es länger brachliegt, wird es völlig verderben. Sage uns, oh Beherrscher der Gläubigen, was soll geschehen?«

Harun Al Rashid, der nicht begriff, warum ihm diese Frage gestellt wurde, wandte sich an mich, ich möge die Schwierigkeit, die wohl rechtlicher Natur sei, aus der Welt schaffen. Ich spürte, daß die Erzählung vom Stück Land, das brach liegt, mit dem Kalifen selbst zu tun haben mußte. Ich fragte ihn: »Gestattest du, oh Beherrscher der Gläubigen, daß ich von den Männern Näheres wissen will?« Seine Antwort: »Sprich mit ihnen, oh Dschafar!« So wandte ich mich an die Gruppe: »Was hindert den Mann, sein Land zu bestellen, zu pflügen und zu besäen?« Da wurde mir erwidert: »Es wird erzählt, der Löwe habe das Land betreten und betrachte es nun als sein Eigentum. Der Besitzer des Bodens fürchtet sich aber vor dem Löwen, und deshalb hält er sich fern. Nichts kann er gegen den Löwen ausrichten.«

Da begriff ich, was geschehen war. Die Frau, die den Kalifen auch in dessen Verkleidung erkannt hatte, war so aufrichtig gewesen, die Begegnung mit dem Gast, der Wasser trinken und der sie lieben wollte, ihrem Mann zu erzählen. Der glaubte,

Harun Al Rashid sei auf Dauer für die Frau entbrannt; er werde wiederkommen, um zu holen, was ihm gefiel. Aus diesem Grunde wagte er es nicht mehr, sich seiner Frau zu nähern. Die Verwandten hatten sich, als sie das Elend des Mannes und der Frau nicht mehr ertragen konnten, auf den Weg gemacht zum Kalifen. Sie wollten wissen, ob die Sorge des Mannes zu recht besteht. Da konnte ich Trost geben. Ich sprach: »Seid alle beruhigt. Ich war Zeuge: Der Löwe hat das Land eures Verwandten überhaupt nicht betreten. Er wird es auch nicht tun, das kann ich versichern. Ganz unbesorgt kann der Mann seinen Acker pflügen und besäen. Sagt ihm, er soll sich an die Arbeit machen, damit die Ernte reich werde. Allah gebe ihm seinen Segen dazu. Der Löwe wird ihm nicht schaden!« Da gingen die Verwandten des Mannes befriedigt aus dem Palast des Kalifen.

Harun Al Rashid hielt sich an das, was ich versprochen hatte – er ließ jene Frau, die ihm so sehr gefallen hatte, für alle Zeit in Ruhe.

»Die Frauen sind eure Äcker«, sagte der Prophet

Allah, der Allmächtige – Preis und Segen dem, der uns Allahs Wort verkündet hat – ließ die Gläubigen durch die Offenbarung des Heiligen Koran wissen, es sei die Pflicht des Mannes, den Leib der Frau so wie seinen Acker zu bestellen, tagtäglich. Harun Al Rashid war in der Pflichterfüllung unser Vorbild.

Eines Morgens, als wir im Saal des Diwan beieinandersaßen, um vor der Öffnung der Türen für Höflinge, Beamte und Bittsteller zu beraten, was den Tag über zu tun sei, erzählte mir der Kalif eine Geschichte, die ihn an jenem Tag überaus belustigte.

Er habe, so berichtete der Beherrscher der Gläubigen, in der vergangenen Nacht mit drei Sklavinnen das Lager geteilt. Die

Heimat der einen sei Mekka gewesen, die der zweiten Medina, die der dritten das Zweistromland um Euphrat und Tigris. Die Frau aus Medina habe sein Glied derart geschickt berührt, daß es steil aufstand. Da habe auch die Frau aus Mekka danach gegriffen, so daß die Hand der ersten Sklavin verdrängt wurde. Da rief diejenige, die ihre Hand hatte zurückziehen müssen: »Ich war die erste. Ich hatte das Recht auf diese Rute. Ich weiß, daß der Korangelehrte Abdallah Ibn Salim von Said Ibn Zaid gehört hatte, der Gesandte Allahs – ihm werde Heil und Segen zuteil – habe gesagt: Wer totes Land wieder zum Blühen bringt, dem gehört es und der soll es behalten. Said Ibn Zaid war dabeigewesen, als diese Worte zum erstenmal ausgesprochen wurden.«

Diese schlagfertige Antwort der Frau aus Medina, so sagte mir der Kalif, habe ihm gut gefallen. Doch die Sklavin aus Mekka habe auch eine gute Antwort gewußt: »Wir aus Mekka wissen, daß Sufjan überliefert hat, Abu Al Zinad habe von Al Aradsch gehört und der wiederum von Abu Huraira, daß der Prophet – Allahs Segen werde ihm zuteil – gesagt haben soll: ›Jedes Wild gehört dem, der es fängt, und nicht dem, der es aufstöbert.‹ An dieses Wort habe ich mich gehalten!«

Die Frau aus dem Zweistromland aber, so erzählte der Kalif lachend, habe beide übertrumpft. Sie stieß die Frau aus Mekka so in die Rippen, daß sie das Glied aus dem Griff verlor. Dann sagte die Sklavin aus dem Land um Euphrat und Tigris : »Wir halten uns daran, daß eine Sache, um die sich zwei streiten, von einer dritten Person, die unparteiisch ist, in Verwahrung genommen werden muß.« Sie habe nach dem Glied des Beherrschers der Gläubigen gegriffen und nicht mehr abgelassen bis zum frühen Morgen.

An einem anderen Tag, es war zur heißen Jahreszeit, hatte der Kalif Lust, mit mir, ohne weitere Begleitung, am Fluß entlang zu gehen, auf der Suche nach Kühlung. Da begegnete uns eine Schar von Mädchen, die Wasser aus dem Tigris in ihre Krüge schöpfen wollten. Eines der Mädchen gefiel dem Beherrscher der Gläubigen besonders. Er hörte ihr zu, als sie, am Ufer des Flusses angekommen, zu einem anderen Mädchen Verse sprach:

»Er ist zur Nachtzeit nahe mir in Traumgestalt,
Ich greif nach ihm, doch find ich keinen Halt.
So liege ich und warte auf den Schlaf,
In mir brennt Glut, seit mich die Liebe traf.
Wie im Fieber werde ich gequält,
Der Gedanke an ihn den Schlummer fern mir hält.
Ob endet je die Qual, ich weiß es nicht,
Ihm treu zu sein, das ist mir Pflicht,
Auch wenn er in der Fremde weilt.
Ob jemals jemand mich davon heilt?«

Dem Kalifen gefielen diese Worte. Er sagte zu mir: »Dschafar, frage, wer diese Verse gedichtet hat!« Ich antwortete: »Ich höre und gehorche!« Dann sprach ich zu dem Mädchen: »Du Tochter edler Eltern! Hier mein Begleiter, der Umgang mit Dichtern hat und der etwas von Versen versteht, will wissen, welcher der Dichter des weiten Landes oder der Stadt Baghdad dir die Reime vorgesagt hat?« Die Antwort des Mädchens auf meine Frage war: »Von mir sind die Verse gemacht!« Harun Al Rashid wollte nun wissen, woher das Mädchen kam. Sie sagte: »Dort ist unser Zeltlager. Ich komme aus dem Zelt in der Mitte. Aus dem höchsten aller Zelte! Chuzaima ist mein Name!«

Da fragte das Mädchen: »Und woher kommst du? Wer bist du?« Der Kalif antwortete: »Ich bin Pferdehüter und hause dort unter den Bäumen!« Doch die junge Frau hatte den Beherrscher der Gläubigen erkannt, fiel vor ihm nieder und küßte den Boden. Sie sagte: »Allah stärke dich, oh Mächtiger des Islam. Der Herr der Welten lasse dich lange leben! Der Segen Allahs werde dir in vollem Maße zuteil.« Dann entfernte sie sich zusammen mit den anderen Mädchen.

Als die Gruppe im Zeltlager verschwunden war, sagte Harun Al Rashid zu mir: »Dschafar, ich muß mich mit diesem Mädchen verheiraten. Ich will, daß du sofort veranlaßt, daß mein Wille ausgeführt wird!« So ging ich hinüber zu den Zelten, betrat das Zelt in der Mitte, das höchste aller Zelte, und fand den Vater des Mädchens. Ich sprach: »Der Beherrscher der Gläubigen begehrt deine Tochter!« Er antwortete: »Herzlich gern soll sie ihm gehören. Will unser Herr sie als Magd haben, so schenke ich sie ihm!« Doch war zu sehen, daß dem Vater, der ein alter Mann war, die Tränen in die Augen traten.

Nur zwei Tage später brachte der Vater das Mädchen in den Palast. Im Saal des Diwan übergab er mir die Verschleierte, die einen weißen, bestickten Umhang trug. Ohne Abschied ging der Vater wieder hinaus.

Der Kalif, der im Saal anwesend war, trat auf die Frau zu, erklärte mich und den Schwertträger Masrûr zu Zeugen und sprach: »Ich nehme dich, Chuzaima, zur Frau.« Dann befahl er, daß man den Kadi Jusuf hole, damit der Ehevertrag aufgesetzt werde.

In der nächsten Nacht ging er zu ihr ein, und wir, die Tag für Tag im Palast zu sein hatten, spürten, daß ihm Chuzaima bald lieber war als die Herrin Zubaida, die den Anspruch erhob, die wichtigste Frau in den Gemächern der Gemahlinnen zu sein.

Ich merkte aber auch, daß Chuzaima fast immer still und ruhig war. Auch Harun Al Rashid war über ihre traurige Stimmung erstaunt. Doch er konnte sich nicht beklagen – Chuzaima begegnete ihm immer mit Zärtlichkeit und sanftem Gemüt. Den Grund der Bedrückung ihrer Seele aber sollte der Kalif bald erfahren.

Eines Tages, nur wenige Wochen nachdem er Chuzaima aufgenommen hatte, erhielt er die Nachricht, daß der Vater dieser Frau gestorben war. Betrübt ging er hinüber in ihr Gemach. Er hatte noch kein Wort gesagt, da zog Chuzaima den prächtigen Umhang, den sie für den Kalifen angelegt hatte, aus und ließ sich Trauerschleier geben. Dann begann sie um ihren toten Vater zu klagen. Der erstaunte Kalif fragte Chuzaima: »Warum klagst du?« Sie sprach: »Mein Vater ist gestorben. Ich wußte es, als ich dich kommen sah.« Da begriff Harun Al Rashid, daß Chuzaima niemand auf der Welt so sehr geliebt hatte wie ihren Vater. Dem Beherrscher der Gläubigen flossen bald auch die Tränen über die Wangen, und er verließ das Gemach der Chuzaima, für immer.

Chuzaima aber trat nie mehr durch die Tür, um andere Räume des Palastes aufzusuchen. Sie trauerte um den Vater. Dann starb auch sie. Allah gebe ihnen beiden die ewige Seligkeit.

Der einzige im Palast des Kalifen, der das Wort des Propheten – Allah gebe ihm Segen und Heil –, das da lautete: ›Die Frauen sind eure Äcker‹ nicht befolgte, war einer der Söhne des Harun Al Rashid. Zu meinen Aufgaben als Wesir des Beherrschers der Gläubigen gehörte es, diesen Sohn, der sich ungewöhnlich benahm, zu überwachen. Schon im Alter von sechzehn Jahren hatte er sich vorgenommen, ein Asket zu werden. Ich mußte dem Kalifen berichten, daß sein Sohn nachts auf Friedhöfe ging, um dort den Toten zuzurufen: »Ihr wart stolz auf dieser Welt. Ihr fühltet euch stark. Ihr habt andere beherrscht, doch eure Stärke und euer Wille zum Herrschen hat euch nicht vor dem Tod bewahrt! Und nun liegt ihr verscharrt. Oh wüßte ich doch, was ihr erlebt habt, nachdem euer Leben diese Erde verlassen hat.«

Harun Al Rashid, der es gerne gesehen hätte, wenn dieser Sohn das Leben und die Frauen so geliebt hätte wie er selbst, gab mir den Auftrag, dem jungen Mann die schönsten Sklavinnen zuzuführen, die in der Hauptstadt zu finden waren, doch der Kalifensohn wies die Frauen von seinem Lager. Er war jedoch auch nicht den bartlosen Knaben zugetan. Er wollte vergessen, daß auch er von Trieben gelenkt wurde.

Eines Tages ritten wir über den Markt in der Mitte von Baghdad – der Beherrscher der Gläubigen, ich, Dschafar der Wesir, und Masrûr, der Schwertträger der Rache des Kalifen, und andere Große des Islamischen Reiches. Da sahen wir den asketischen Sohn in härenem Gewand an der Straße stehen. Er sah uns zu, wie wir vorüberritten. Ich hörte die Würdenträger, die hinter mir ritten, sagen: »Mit den Lumpen, die er anhat, und mit dem wollenen Tuch um den Kopf macht er den Beherrscher der Gläubigen lächerlich. Wir können nicht verstehen, warum der Vater diesen Unsinn duldet. Wenn der Beherrscher der Gläubigen ihm ins Gewissen reden würde, daß es zur Pflicht eines Mannes gehört, sich eine Frau zu nehmen, dann würde der Sohn bestimmt sein Verhalten ändern.«

Auch Harun Al Rashid vernahm, was die Höflinge sagten. Er forderte den Sohn noch am selben Tag auf, gemeinsam mit ihm durch den Garten zu gehen. Während die beiden an Springbrunnen, an Palmen und Rosensträuchern vorüberschritten, folgte ich ihnen mit Abstand, wie es meine Aufgabe war. Ich hörte den Beherrscher der Gläubigen sprechen: »Du bist zwar mein lieber Sohn, doch du machst mir Schande durch dein Benehmen. Du führst dich auf wie ein Bettler und nicht wie der Sohn des Mächtigen im Islamischen Reich.«

Der Sohn entgegnete: »Ich bettle keineswegs. Allah ernährt mich, ohne daß ich dazu Reichtum brauche.« Da sah der Sohn einen Vogel, der auf dem Ast eines Strauches saß, und rief ihm zu: »Vogel, bei Allah, der dich erschaffen hat, setze dich auf meine Hand.« Zu meinem Erstaunen sah ich, wie der Vogel tatsächlich den Ast verließ und auf die Hand des Kalifensohnes herabschwebte. Ganz ruhig verhielt sich das Tier, bis der junge Mann sagte: »Fliege zurück auf deinen Ast.« Und der Vogel gehorchte. Als aber der Sohn sprach: »Du Vogel, setze dich auf die Hand meines Vaters, auf die Hand des Beherrschers der Gläubigen!«, da blieb das Tier ohne Bewegung auf dem Ast sitzen.

Der Kalif war verwundert über das, was er sah. Am meisten aber erstaunte es ihn, daß sein Sohn zu Tieren sprach. Noch ehe er etwas sagen konnte, hörte er diese Worte aus dem Munde des jungen Mannes: »Du siehst, der Vogel verachtet dich, weil er spürt, daß du weder Tier noch Mensch, sondern nur Macht und Reichtum liebst. Du bringst mir Schande, nicht ich dir. Deshalb gehe ich aus diesem Palast. Ich verlasse dich. Vielleicht finde ich dich wieder in einer zukünftigen Welt!«

Niemand versuchte den Kalifensohn aufzuhalten, als er den

Garten verließ. Sobald der Beherrscher der Gläubigen aus seiner Bestürzung erwachte, sagte er zu mir: »Laß dir ständig berichten, was er tut. Ich will es wissen!« Ich antwortete: »Ich höre und gehorche!«

Berichtet wurde mir während der nächsten Wochen, der Sohn des Kalifen sei auf einem Schiff, das arme Leute beförderte, den Tigris hinunter nach Basra gefahren. Dort verdingte er sich als Arbeiter, der Wände mauerte und Gräben aushob. Obgleich er dabei nur wenig verdiene, gebe er das Wenige den Armen.

Über Wochen hin erhielt ich keine Berichte aus Basra. Doch eines Tages bat ein Mann darum, mit mir sprechen zu dürfen, es handle sich um eine geheimnisvolle Geschichte. Ich ließ den Mann zu mir kommen. Als wir uns auf die Kissen niedergesetzt hatten, begann er zu erzählen: »Oh Dschafar, Wesir des Beherrschers der Gläubigen! Ich bin Abu Amir aus Basra, ein wohlhabender Mann. Wisse, vor einigen Wochen war in meinem Haus eine Mauer eingefallen, weil sie alt und brüchig geworden war. Ich ging in die Stadt auf den Markt. Den Platz suchte ich auf, wo die Arbeiter sich verdingen. Da stand in armer, aber sauberer Kleidung ein junger Mann, dessen vornehmes Gesicht auffällig war. Ich fragte ihn, ob er Arbeit suche, und als er meine Frage bejahte, da sprach ich: ›Wenn du Steine durch Mörtel aneinanderfügen kannst, so komm mit, um eine Mauer aufzubauen.‹ Er sagte, daß er für den Arbeitstag einen Dirhem verlange. Er bitte immer dann um eine Pause in der Arbeit, wenn der Muezzin zum Gebet rufe. Dann wolle er sich, wie es den Gläubigen befohlen sei, zur Moschee begeben. Diese Bedingung gestand ich ihm zu, denn der Wunsch zu beten war recht und billig.«

»Oh Wesir«, so fuhr Abu Amir aus Basra fort, »der junge Mann verstand sein Handwerk. Doch er verhielt sich nicht wie ein Maurer, eher wie ein Heiliger. Da er nichts aß, nahm ich an, daß er fastete. Als der Gebetsruf zu hören war, vollzog er die vorgeschriebenen Waschungen und begab sich dann in die Moschee. Sobald er die Gebete gesprochen hatte, kam er wieder, um die Arbeit an der Mauer fortzusetzen. Auch am Nachmittag ging er in die Moschee. Als er zurückkam, sagte ich: ›Der Prophet, Allahs Segen und Heil werde ihm zuteil, hat bestimmt, daß der Arbeitstag nur bis zur Stunde des Nachmittagsgebets daure. Deshalb lege dein Werkzeug nieder und laß die Steine liegen. Ich will dir den zugesagten Lohn geben. Er entgegnete: ›Bei Allah, bei dem, der alles weiß und alles bestimmt hat, mein Arbeitstag dauert bis zum Abend!‹ Als die Dämmerung anbrach, war die Mauer fertig. Ich wollte ihm das Doppelte an Lohn anbieten, also zwei Dirhem. Doch er bestand darauf, daß er nur Anspruch auf einen Dirhem habe.«

Abu Amir aus Basra erzählte mir nun, daß er den jungen Mann am folgenden Morgen wieder gesucht habe auf dem Markt, am Platz, wo sich die Arbeiter verdingen, er sei jedoch nirgends zu erblicken gewesen. Andere Arbeiter hätten ihm gesagt, er sei bisher immer nur an Samstagen gekommen. Abu Amir erzählte weiter: »Also wartete ich den nächsten Samstag ab. Tatsächlich traf ich den jungen Mann wieder. Ich trat auf ihn zu und sagte: ›Im Namen Allahs. Ich möchte, daß du auch heute für mich arbeitest.‹ Er antwortete: ›Wenn du meine Bedingungen annimmst.‹ An diesem Tag besserte er Schäden an meiner Gartenmauer aus. Ich sah ihm zu. Er aber konnte mich nicht sehen. Es war so mit seiner Arbeit, als ob sich die Ziegel von selbst aneinanderreihten. Ich sagte zu mir selbst: ›Dies muß in Wahrheit ein Heiliger Allahs sein.‹ Zu den vom Propheten – Allahs Segen und Heil sei immer über ihm – festgesetzten Stunden begab sich dieser Handwerker in die Moschee, zum gemeinsamen Gebet mit den Gläubigen. Beim Weggehen sagte er: ›Nur das Gebet gilt, das in der Gemeinschaft gesprochen wird.‹ Er kam wieder, und am Abend waren die Schäden der Mauer ausgebessert. Obgleich er für zwei Arbeiter das Tagwerk vollbracht hatte, wollte er nur den zuvor ausbedungenen Lohn von einem Dirhem bekommen.«

Seltsames sei am nächsten Samstag geschehen, berichtete mir Abu Amir: »Ich ging wiederum auf den Markt. Den Handwerker, den ich suchte, fand ich jedoch nicht. Die Umstehenden sagten mir, wo ich ihn finden könne: ›Gehe zum Haus der alten Raija, der Tochter von Al Ghitrif Al Sulami, dort wohnt er. Das Haus findest du nahe beim Al Zubri-Friedhof am Ufer des Euphrat.‹ Als ich in das Haus eintrat, da sah ich den jungen Mann auf einem einfachen Lager liegen. Ich grüßte ihn, und er grüßte mich. Ich setzte mich zu ihm, und wir schwiegen beide. Nach einiger Zeit aber sprach er diese Worte: ›Wenn dieser Tag und die folgende Nacht vorüber sind und wenn es wieder Morgen wird, dann komme hierher. Du wirst mich dann tot finden. Ich bitte dich, meinen toten Leib zu waschen und ihm ein Grab zu schaufeln. Das Gewand, das ich jetzt trage, soll mein Totenkleid sein. Aber trenne erst das Futter der Tasche auf. Nimm heraus, was du dort findest. Wenn du meinen Leib dann in die Erde versenkt und das Gebet über dem geschlossenen Grab gesprochen hast, nimm das, was du im Futter des Gewandes gefunden hast, und begebe dich nach Baghdad zu Dschafar, dem Wesir des Kalifen Harun Al Rashid, und entbiete ihm meinen Gruß. Dschafar wird dich dann zum Beherrscher der Gläubigen führen.«

Abu Amir erzählte mir dann, daß er am anderen Morgen tatsächlich den jungen Mann tot aufgefunden habe. Alles sei so geschehen, wie es am Vortag besprochen worden sei. Im Stoff der Gewandtasche habe er einen Rubin gefunden. Und Abu Amir reichte mir den Stein. Ich hatte längst begriffen, daß alles, was mir Abu Amir berichtete, den Sohn des Kalifen Harun Al Rashid betraf. So führte ich den Mann aus Basra zum Beherrscher der Gläubigen. Als der Kalif den Rubin sah, sank er wie ohnmächtig auf den Kissen zusammen. Nach einer quälend langen Zeit sprach er: »Was ist mit dem geschehen, dem dieser Rubin gehört?« Ich sprach: »Oh Beherrscher der Gläubigen, er ist tot!« Nach einer langen Zeit des Schweigens sagte Harun: »Der Sohn hat gewonnen. Der Vater hat verloren!«

Abu Amir fragte Harun Al Rashid: »Oh mächtiger Kalif. War das wirklich dein Sohn?« Da nickte der Befragte. Abu Amir erzählte auch ihm, wie er den jungen Arbeiter in Basra getroffen habe und wie schließlich sein Ende gewesen sei. Der Kalif sagte mit Tränen in den Augen: »Dieser Sohn saß schon als Kind gern bei den Gelehrten und bei denen, die das Wort Allahs genau kennen. Bald schon ging er mir aus dem Weg. Er wollte keine prächtigen Kleider und keine Sklavinnen besitzen. Eines Tages sagte ich mir: ›Dieser Jüngling hat sich ganz dem Dienste Allahs, des Erhabenen, geweiht. Dieser Dienst ist schwierig und häufig mit Not, Leid und Entbehrung verbunden.‹ Ich beschwor ihn deshalb, diesen Rubin bei sich zu tragen für äußerste Notfälle. Er weigerte sich lange, dann aber nahm er den Stein doch an sich. Von da an blieb er meinem Haus, das auch seine Heimstätte sein sollte, fern.«

Laut klagte darauf der Kalif um den Tod seines Sohnes. Schließlich sprach er: »Alle sind wir Geschöpfe Allahs. Von ihm kommen wir, und zu ihm kehren wir zurück. Ich flehe den Segen Allahs auf meinen toten Sohn herab.« Ich forderte Abu Amir auf, mit mir den Saal des Diwan zu verlassen. Vor der Tür verabschiedete sich der Mann aus Basra. Eine Belohnung wollte er nicht annehmen. Abu Amir sprach: »Das Leben und der Tod dieses Kalifensohns ist mir Mahnung, wie wenig die Dinge dieser Welt wirklich bedeuten.« Ohne in Baghdad zu verweilen, reiste er nach Basra zurück.

Während der Tage, die jener Stunde folgten, in der er vom Tod seines Sohnes erfahren hatte, waren die Nächte des Kalifen unruhiger als sonst. Ihn peinigte sein unregelmäßig schlagendes Herz und die Enge der Brust. Ich und Masrûr, der Schwertträger, mußten ständig in der Nähe sein.

Eines Nachts war der Kalif wieder von arger Schlaflosigkeit geplagt. Er ging von Gemach zu Gemach, doch die Unruhe des Herzens und des Gemüts wurde immer größer. Er ließ mich rufen und sprach: »Du Dschafar, mein Wesir, hast die Pflicht, dafür zu sorgen, daß ich mich wohlfühle. Was schlägst du vor, was ich tun soll. Weißt du aber kein Mittel gegen meine Unruhe, dann lasse ich dich sofort köpfen. Masrûr, das Schwert meiner Rache, steht bereit.« Ich sprach: »Ich höre und gehorche! Du hast dich, oh Beherrscher der Gläubigen, immer am besten zerstreut, wenn du zur Nachtzeit durch die Straßen deiner Stadt Baghdad gegangen bist, um zu sehen, ob das Volk sich geborgen fühlt, ob Sicherheit herrscht in der Hauptstadt, ob auf Sauberkeit geachtet wird. Es ist wieder an der Zeit, daß du dir Kenntnis verschaffst, wie es um Baghdad steht.« Da antwortete der Kalif: »Wir wollen das tun, was du sagst, Dschafar.« So zogen wir wieder einmal Kleider an von der Art, wie sie die Kaufleute tragen. Dann gingen wir zum Tor des Palasts hinaus in die Stadt.

Vollmond stand am Himmel. Er leuchtete auf unseren Weg. Niemand grüßte uns, obgleich wir vielen Menschen begegneten. Ich war sicher, daß etliche wußten, wer diese fremden Kaufleute waren, die ziellos durch Baghdad schlenderten. Es konnte nicht verborgen geblieben sein, daß der Kalif und sein Wesir zur Nachtzeit auf den Straßen Zerstreuung suchten. Doch jeder fürchtete sich davor, dem Beherrscher der Gläubigen den Glauben zu rauben, seine Verkleidung sei vollkommen.

Vom Tigris herüber wehte ein linder Wind, der die heiße Luft des Tages aus den Straßen vertrieb. Die Blüten von Büschen und Bäumen dufteten. Zikaden erfüllten die Luft mit zirpender Musik. Doch die Eintönigkeit ihres schrillen Klanges wurde unterbrochen durch Töne des Lautenspiels. Wir hörten auch Gesang. Je näher wir zu einem hell erleuchteten Haus kamen, das nahe beim Fluß stand, desto lauter wurde diese Musik.

Der Kalif war neugierig geworden. Er verlangte, daß ich einen Durchschlupf suche, der durch die Hecke in den Garten führte, der zu jenem Haus gehörte. Wir zwängten uns durch das Gesträuch, das die Blicke fernhalten sollte von dem, was in Haus und Garten geschah. Kaum hatten wir den Boden betreten, der Fremden eigentlich verwehrt ist, sahen wir, wie eine Dienerin aus dem Haus trat und zum Fluß hinüberging. Da legte sie gemächlich ihre Kleider ab. Sie bemerkte uns nicht. Nackt stieg sie ins Wasser des Tigris, und sie blieb so lange im Fluß stehen, bis sie alle Teile ihres Leibes gesäubert hatte. Bis zu den Brüsten stand sie im Wasser. Dann verließ sie den Fluß, trocknete sich mit einem Hemd ab und kleidete sich wieder an. Kaum war diese Dienerin wieder im Haus verschwunden, kamen zwei junge Mädchen, die besser gekleidet waren. Auch sie gingen zum Fluß und wuschen sich gründlich.

Dem Kalifen gefiel der Anblick der zwei Badenden, die im Mondlicht deutlich zu sehen waren. Er flüsterte mir zu, er müsse unbedingt Zutritt zu diesem Haus erhalten. Während er leise mit mir sprach, stiegen die zwei Mädchen aus dem Wasser, trockneten sich ab und gingen, nur leicht bekleidet, zurück zum Haus. Wir wollten uns eben auf die hell erleuchteten Fenster zubewegen, da bemerkten wir, daß ein Mann zur Tür hinaustrat. Auch er ging zum Fluß und badete. »Wer mag dieser Mann sein?« fragte Harun Al Rashid. Ich antwortete: »Oh Beherrscher der Gläubigen, wenn ich seine Kleider so betrachte, dann ist der Mann wohl ein Lastträger. Aber nur Allah, der Erhabene, weiß alles!«

Als der Mann, der wie ein Lastträger aussah, wieder im Haus verschwunden war, versuchten wir, durch die Fenster hineinzublicken. Wir sahen, wie sich die Dienerin und der Lastträger ohne Kleider auf einem Lager von Kissen vergnügten. Auch die zwei jungen Mädchen lagen da, im selben Raum wie das andere Paar, und hielten sich umschlungen und streichelten einander. Als der Kalif genossen hatte, was sein Auge da sah, zog er mich vom Fenster weg und sagte: »Ich habe Lust, bei diesen Leuten einzutreten. Erfinde du eine List, daß dies gelingt.« Meine Antwort war: »Ich höre und gehorche, oh Beherrscher der Gläubigen!« Ich klopfte an die Tür.

Es dauerte viele Augenblicke bis die Dienerin erschien. Zu ihr sagte ich: »Oh Herrin, wir sind Kaufleute aus Mossul. Seit zehn Tagen leben wir in der Absteige für fremde Händler. Heute wollten wir den Abschluß guter Geschäfte feiern und luden deshalb Tänzerinnen und Sängerinnen ein, daß wir uns vergnügten. Sie hatten gerade zu tanzen und zu singen begonnen, die Harfen und Lauten tönten, da drang die Straßenwache des Kalifen ein. Wir haben die Sitten nicht gekannt. Es war uns nicht bewußt, daß derlei Unterhaltung vor aller Augen in einer jedermann zugänglichen Absteige verboten ist. Wir mußten rasch fliehen und sind über die Mauer geklettert. Mit einigem Glück kamen wir davon. Aus Angst vor Verfolgung hielten wir uns hier in der Hecke verborgen. Doch nun wissen wir nicht, wohin wir uns wenden sollen. In die Absteige können wir vorläufig nicht zurück, wenn wir nicht der Straßenwache in die Hände fallen wollen. Erlaubt uns bitte, in das Haus einzutreten. Ihr braucht uns die Hilfe nicht umsonst zuteil werden zu lassen. Wir sind ehrliche Leute und werden unseren Anteil an Speise, Trank und Vergnügen bezahlen.« Nachdem ich meine Bitte vorgebracht hatte, verschwand die Dienerin, wohl um mit den beiden Mädchen zu beraten. Gleich darauf kam sie wieder und bat uns einzutreten.

Die Dienerin hatte den Kalifen und mich offenbar nicht erkannt, denn sie und die Mädchen behandelten uns, als ob wir Fremde seien, Kaufleute, die tatsächlich ohne ihr Verschulden in eine schwierige Lage geraten waren. Um den Schreck zu vergessen, wurde uns Wein angeboten. Der Mann, der aussah wie ein Lastträger, sprach: »Ein Weiser hat gesagt: Trinke nur mit rechtschaffenen Leuten, denn der Wein gleicht dem Winde, der würzig wird, wenn er an Pflanzen vorüberweht, die wohlriechend sind, der jedoch Übelkeit erzeugt, wenn er über Leichen streicht.«

Harun Al Rashid war erstaunt über die Rede des Mannes, die von feiner Bildung zeugte. Er wollte wissen, wie es geschehen könne, daß ein Mann wie er als Lastträger arbeite. Der Kalif erhielt dies zur Antwort: »Ihr habt einen erfahrenen Mann vor euch, der das Heilige Buch und die Schriften der Dichter und Erzähler gelesen hat. Ich weiß das Schöne auszusprechen und das Unanständige zu verschweigen.«

Da drang Harun Al Rashid in den Mann, daß er sein Schicksal erzähle. Nach einigem Zögern begann der Lastträger zu berichten: »Wisse, oh Fremder, hier in dieser Stadt Baghdad war ich ein Rechtsgelehrter, der daran glaubte, daß Recht und Gerechtigkeit geschehe und daß der Kalif nach dem Gesetze urteilen lasse. Doch ich habe Schreckliches erlebt. Eines Abends ging ich am Tigrisufer auf und ab. Da kamen zehn Männer und bestiegen einen Nachen. Ich dachte bei mir: Bei Allah, sicher sind diese irgendwo eingeladen und verbringen die kühlen Stunden des Abends miteinander. Sie werden essen, trinken und lustig sein. Da packte mich der Gedanke, nicht immer nur an Gesetz und Recht zu denken – einmal wollte ich lustig sein wie die anderen. Da die Dämmerung schon hereingebrochen war, merkten die zehn nicht, daß ich mit ihnen das Schiff bestieg. Zu meiner Überraschung fuhren wir nicht den Tigris hinauf oder hinab, sondern nur hinüber zur anderen Seite. Das Schiff erreichte das Ufer direkt beim Palast des Kalifen Harun Al Rashid. Entsetzt war ich, als wir aus dem Dunkel heraus überfallen wurden. Männer der Palastwache fesselten uns. Die zehn, denen ich auf das Schiff gefolgt war, schrien, sie seien eingeladen zum Kalifen, ein Gastmahl erwarte sie. Ganz bestimmt werde der mächtige Kalif alle bestrafen, die an diesem Überfall teilnahmen. Doch ohne Rücksicht auf dieses Geschrei wurden die zehn Männer und auch ich in den Palast geschleppt.«

Der Mann schwieg für einen Augenblick. Ich, der Wesir des Kalifen, wußte schon, von welchem Erlebnis er berichtete. Ich war daran beteiligt gewesen, zu meiner Schande muß ich dies bekennen, und ich kann nur hoffen, daß mich Allah in seiner Güte dafür nicht bestrafen wird. Vom Allerbarmer erbitte ich mir Gnade. Die zehn Männer hatte ich selbst auf das Schiff locken lassen, weil der Kalif ihren Tod wünschte. Sie gehörten einer Familie an, die sich geweigert hatte, ihr Haus am Tigris, das Harun Al Rashid einer Geliebten zugedacht hatte, um billigen Preis abzutreten. Mein Entsetzen war groß, als ich jetzt noch einmal den ganzen Vorgang aus dem Munde dieses Lastträgers hören mußte. Der Kalif aber nahm den Bericht offenbar ungerührt hin.

Der Mann sprach: »Man führte uns in Fesseln zum Beherrscher der Gläubigen, der dem Schwertträger Masrûr befahl, alle zehn nacheinander auf das Blutleder knien zu lassen, um sie zu köpfen. Als zehn Köpfe auf dem Boden lagen, da hörte Masrûr auf. Ich war als einziger der Gefesselten noch am Leben. Das lag vielleicht daran, daß ich versucht hatte, mich abseits zu halten. Der Kalif fragte: ›Masrûr, warum hast du nur neun geköpft?‹ Der Schwertträger antwortete: ›Bewahre mich Allah davor, oh Beherrscher der Gläubigen, nur neun Männer zu köpfen, wenn du mir befohlen hast, zehn Männern den Kopf abzuschlagen!‹ Da sagte der Kalif: ›Der zehnte steht ja noch hier im Raum!‹ Masrûr aber erwiderte: ›Bei Allah und deiner Gnade, oh Herr, ich habe zehn Köpfe abgeschlagen!‹ Gemeinsam zählten der Kalif und Masrûr die Köpfe, und der Kalif mußte zugeben, daß der Schwertträger, wie angeordnet, zehn Männer getötet hatte. Da schrie mich der Kalif an: ›Warum sagst du nicht, was du hier tust? Warum schweigst du? Hast du so wenig Verstand? Du gehörst überhaupt nicht zu diesen Leuten!‹ «

Als der Lastträger mit seiner Erzählung an dieser Stelle angekommen war, nickte der Kalif – und ich hatte Sorge, er würde dem Erzähler bestätigen: »Ja so war es!«, und sich damit zu erkennen geben.

Doch der Mann fuhr in seinem Bericht fort: »Ich sagte zum Fürsten über alle Gläubigen, von dessen Willen und Laune unser aller Leben abhängt: ›Oh Herr! Der Schreck hat mir die Sprache verschlagen. Mein Kopf ist leer vor Angst, meine Zunge gelähmt. Selbst wenn das Schwert schon durch die Luft gepfiffen hätte, wäre mein Mund stumm geblieben.‹ Dann erzählte ich dem hohen Herrn, daß ich ein Rechtsgelehrter bin. Da bot er mir an, um mich für den Schreck zu entschädigen, mich am Diwan zu beschäftigen, mich ehrenvoll am Hof aufzunehmen. Doch ich konnte nicht dort bleiben, wo ich gesehen hatte, wie zehn Männer geköpft wurden. Dies war nur deshalb geschehen, weil es dem Herrscher so gefiel. Es war mir fortan unmöglich zu sagen, was recht und unrecht ist. Hatte ich über einen armen Teufel zu richten, so erinnerte ich mich daran, was der Kalif getan hatte, ohne daß ihn irgend jemand nach der Berechtigung dieser

Handlung fragte. So legte ich mein Gewand des Rechtsgelehrten ab und wurde ein einfacher Mann, der sich mit einfachen Dingen vergnügt.

Hierher, in dieses Haus der beiden Schwestern, bin ich auf folgende Weise gekommen: Ich stand als Lastträger auf dem Markt von Baghdad, da kam eine junge, schöne Frau zu mir und sprach: ›Nimm deinen Korb und folge mir!‹ Sie besaß derart dunkle und glänzende Augen, die durch den Schleier strahlten, daß ich folgte, ohne nachzudenken. Ich rief aus: ›Oh Tag des Glücks! Oh Tag der Freude!‹ Dann folgte ich der Frau in die engeren Gassen des Markts. Zuerst betraten wir den Laden eines alten Christen, der uns Wein verkaufte. Drei Flaschen wurden in meinen Korb gelegt. Danach war das Gewölbe des Früchtehändlers an der Reihe. Die Frau kaufte die besten Sorten an Äpfeln, Quitten, Pfirsichen, Gurken, Orangen, Limonen, Myrten, Kamillen, Lilien, Nelken, Veilchen und Rosen. Alles verpackte ich sorgfältig in meinem Korb. In der Gasse der Metzger wurden zehn Pfund Hammelfleisch gekauft. Gleich nebenan erwarben wir Käse, Oliven und eingemachte Kräuter sowie Nüsse, Zukkerrohr, Pistazien und Zibeben. Der Zuckerbäcker verkaufte uns das feinste Backwerk und verzuckerte Früchte. Inzwischen war mein Korb schwer geworden, und ich sagte zu der Frau: ›Wenn ich gewußt hätte, daß du derart viele Einkäufe zu machen hast, dann hätte ich zumindest einen Esel, wenn nicht gar ein Kamel mitgenommen!‹ Doch die Frau lächelte nur und kaufte weiterhin ein: Rosenöl, Moschus, Ambra, Weihrauch und manches andere Gewürz. Dann mußte ich alles hierher tragen. Als wir das Haus betraten, stand unter der Tür eine andere Frau. Sie war so schön wie die Frau, die mich auf dem Markt angesprochen hatte: Der Wuchs war schlank, der Überwurf ließ wohlgeformte runde Brüste erkennen. Die Stirne war leuchtend wie der Mond. Sie hatte Augen wie ein Reh, Wangen wie Blätter der Rosenblüte, ihre Lippen besaßen die Farbe der Koralle, der Hals hätte einer Gazelle gebührt. Diese Frau gab mir meinen Lohn.«

Der Kalif und ich hörten den Bericht des Lastträgers, der so

Seltsames mitgemacht hatte. Er sprach: »Sicher wundert es euch, ihr Fremden, daß ich nicht meinen Lohn genommen habe und gegangen bin. Das war auch mein erster Gedanke gewesen. Doch als ich einen Augenblick zögerte, nach dem Geld zu greifen, sprach das Mädchen, das ich auf dem Markt zu begleiten hatte: ›Findest du deinen Lohn zu gering, so sprich!‹ Ich aber erwiderte: ›Bei Allah, der Lohn ist gerecht! Ich war nur einen Augenblick lang in Gedanken, weil ich bei euch keinen Mann sehe. Ich kann nicht begreifen, wie ihr Mädchen ohne Männer leben mögt. Ihr wißt doch, daß für ein fröhliches Mahl vier Tischgenossen gebraucht werden, ihr seid aber nur drei. Und so wie eine Gesellschaft nicht angenehm ist, die nur aus Männern besteht, so wenig gefallen kann eine Frauengesellschaft ohne Männer. Zu einer guten Musik gehören vier Instrumente: eine Harfe, eine Laute, eine Flöte, eine Zither. Zu einem schönen Strauß gehören viererlei Blumen: Rosen, Myrten, Levkojen und Lilien. Zu einem fröhlichen Leben gehören: Wein, Gesundheit, Geld und ein geliebtes Wesen. Ihr seid aber nur drei, ihr zwei Mädchen und die Dienerin. Euch fehlt ein vierter, und das kann nur ein Mann sein.‹ Darauf erwiderte die eine der Frauen: ›Mit Männern wollen wir zwei Mädchen nichts zu tun haben. Deshalb leben wir so zurückgezogen.‹ Doch die Dienerin sprach: ›Viel Aufwand ist getrieben worden beim Einkauf, um das Fest dieses Abends zu verschönen. Wenn du das Geheimnis der beiden zu wahren verstehst, kannst du bleiben für diese Nacht.‹ Ich antwortete: ›Edle Menschen wissen ein Geheimnis zu hüten.‹ So durfte ich bleiben. Die Dienerin bereitete Fleisch, Früchte, Kräuter und Gewürze, die wir eingekauft hatten, zu wohlschmeckenden Speisen und servierte sie auf allerlei Schüsseln und Platten aus Silber und Gold. Als wir gegessen und getrunken hatten, da kosten wir uns selbst, bis wir die Grenzen des Anstands und der Sitte überschritten. Die Mädchen hatten sich geliebt, ich war mit der Dienerin zusammen. Danach haben wir im Tigris gebadet und uns wieder vergnügt – bis ihr Fremden gekommen seid.«

Da war der Kalif der Ansicht, es sei Zeit, daß er, der Beherrscher der Gläubigen, und ich, der Wesir, uns zu erkennen gaben. Auf sein Zeichen sprach ich: »Höre! Wir sind gnädig gegen euch, denn ihr seid uns mit Gastfreundschaft und gütiger Freundlichkeit entgegengekommen. Ihr wißt wohl nicht, wer vor euch steht. Ich will es euch sagen. Ihr seid in Gegenwart des fünften Kalifen aus dem herrlichen Geschlecht der Abbasiden. Seid ehrfürchtig zu Harun Al Rashid, dem Schatten Allahs auf Erden. Sagt nur die Wahrheit. Meidet die Lüge, sollte auch die Wahrheit wie das Feuer der Hölle brennen. Von euch, ihr Mädchen, wissen wir noch nichts. Erzählet dem Beherrscher der Gläubigen eure Geschichte!«

»Ich war die Tochter eines Händlers auf dem Markt deiner Stadt Baghdad, oh Kalif, oh Fürst der Moslems«, sagte das Mädchen, das auf dem Markt eingekauft hatte. »Als der Vater starb, hatte ich das Geschäft zu übernehmen. Während dreier Jahre sah ich an jedem Tag, wie sich das Vermögen vermehrte. Mit Kaufleuten in der Stadt Basra machte ich gute Geschäfte. So wollte ich eines Tages Waren in diese Stadt bringen. Ich fuhr mit meinen Dienern zu Schiff den Tigris hinunter. Nach drei Tagen Fahrt gerieten wir in Nebel, der uns die Sicht raubte. Wir bemerkten nicht, wo Tigris und Euphrat sich zu einem breiten Wasser vereinigten. Unser Schiff mußte vom Wind in einen Seitenarm des Flußdeltas getrieben worden sein. Sumpfiges Land war ringsum zu erkennen. Am zwanzigsten Tag unserer Fahrt rief der Späher vom Mast herunter: ›Der Nebel reißt auf. In der Ferne ist eine Stadt zu sehen.‹ Wir freuten uns darauf, wieder an Land zu kommen, und drei Stunden später konnten wir unser Schiff an einer Hafenmauer festmachen.«

Was dann geschah, berichtete uns das Mädchen so: »Ich stieg aus, um mich mit den Menschen der Stadt bekannt zu machen, doch ich fand niemand. Leer waren Märkte und Basare. Der Wind wirbelte Staub auf, dies war das einzige Leben in der Stadt, das ich bemerken konnte. Da war ein prächtiges Gebäude, das wohl einem Fürsten gehören mußte. Niemand hielt mich auf, als ich hineinging. Ich durchschritt einen Saal nach dem anderen.

Goldverzierte Vorhänge bewegten sich leise in der warmen Luft, die von außen in die Kühle der Räume drang. Zu erkennen war, daß die Räume erst kürzlich noch benutzt worden waren. Mitten in einem Saal stand ein Himmelbett, dessen Kissen zerwühlt waren. Ich trat vor das Gebäude hinaus, um meinen Gefährten zuzurufen, daß sie sich in den leeren Gehöften um das Haus unterbringen sollten. Ich wollte die Nacht, die schon hereinzubrechen begann, in den vornehmen Räumen verbringen. So legte ich mich auf ein unbenütztes Bett und machte mir Gedanken, was mit dieser Stadt wohl geschehen sein mochte. Als die Dämmerung immer mehr zunahm, bemerkte ich im Spalt unter der Türe das Flackern eines Lichts. Diese Erscheinung fand ich merkwürdig. Ich stand auf und näherte mich der Türe. Als ich sie vorsichtig öffnete, sah ich einen jungen Mann, der auf dem Boden saß und mit allen Sinnen die Worte des Koran in sich aufnahm, den er eben las. Erst als ich ihn berührte, erkannte er, daß er nicht mehr allein war. Ich sprach zu ihm: ›Gelobt sei Allah, der mich zu dir geführt hat, damit du meinem Steuermann sagen kannst, wie wir wieder das offene Wasser und schließlich die Stadt Basra erreichen können!‹ Er antwortete: ›Gib mir Zeit, mein Gebet zu vollenden!‹ Und er las weiter im Heiligen Buch. Ich sah, daß er nur mit Worten zu beschreiben war, die der Dichter Abu Nuwas über die Schönheit eines Mannes gesagt hatte: ›Ich schwöre bei der Seligkeit seiner Augen, bei der weißen Stirne und den schwarzen Haaren, bei den Augenbrauen, die mir den Schlaf rauben, daß Trennung von ihm mir Tod bedeutet. Dem Karneol gleicht sein Mund, den Rosen seine Wange und den Myrten seine Schläfe. Sein Atem ist voll Wohlgeruch, wie süßes Wasser ist sein Speichel. Wie Seide ist seine Haut, voll Zartheit seine Hüfte. Seine Ausdünstung hat den Duft des Moschus, gemischt mit Ambra.‹

Sobald sein Gebet beendet war, sagte der junge Mann: ›Wisse, oh Magd Allahs! Die Einwohner dieser Stadt hatten das Feuer angebetet. Ihr Gebet galt nicht Allah, dem Erhabenen. Mein Vater war der Oberste der Feueranbeter. Mich aber lehrte eine alte Frau, daß es den Koran gibt, das Buch des allmächtigen und erbarmenden Herrschers über die Welt. Die alte Frau sagte: Bete nur Allah an! So lernte ich den Koran kennen.‹ «

Das Mädchen erzählte mehr von ihrer Begegnung mit dem jungen Mann in der ausgestorbenen Stadt. Was den Menschen, die dort lebten, zugestoßen war, hatte er ihr so berichtet: »Einmal im Jahr hörten wir eine Stimme, die rief: ›Ihr Bewohner der Stadt! Hört auf, das Feuer anzubeten! Betet zu Allah, dem Barmherzigen!‹ Doch niemand bekehrte sich. Nach drei Jahren und nach drei Warnungen kam das Heer des Beherrschers der Gläubigen und führte alle Bewohner der Stadt als Gefangene davon. Als die Bewaffneten mich packen wollten, da sahen sie, daß ich einen Koran in der Hand hielt, und so ließen sie mich frei. Mein Vater sowie alle Männer und Frauen der Stadt wurden in einem Elendszug durch die Tore getrieben. So blieb ich allein zurück. Jeden Tag betete ich zu Allah, daß er jemand schicke, der mich tröste und mir Freude am Leben zurückgebe.«

Das Mädchen sagte: »Ich antwortete dem jungen Mann, daß Allah mich wohl deshalb durch Dunst, Nebelschwaden und Sumpf habe irren lassen, damit ich den einzigen Gläubigen der Stadt aus der Einsamkeit rette. Ich berührte sein Gesicht, seinen Hals. Dann sagte ich: ›Allah will, daß wir unsere Jugend vereinigen.‹ Meine Liebkosung blieb nicht ohne Wirkung. Er entkleidete mich und sich und ging in mich ein. Und er befolgte Allahs Gebot, daß der Mann auch an die Frau denken müsse, ehe er sich selbst Befriedigung verschaffe. Als Allah uns Augenblicke des Glücks geschenkt hatte, schliefen wir ein. Ich lag zu den Füßen des jungen Mannes.«

»Am anderen Morgen«, so erzählte das Mädchen, »als wir aufwachten, da bat ich den Geliebten, mit mir nach Baghdad zu reisen. Ich sagte: ›Ich werde dein untertäniges Weib und du mein Herr sein!‹ Er antwortete: ›Du sollst meine Herrin und Gebieterin sein!‹ Und er holte aus der Schatzkammer goldene Schmuckstücke, die wir auf das Schiff mitnahmen. Dieses Gold erregte jedoch den Neid meiner Diener. Kaum waren der Jüngling und ich in der nächsten Nacht nach dem Liebesspiel beim sanften Schaukeln des Schiffes eingeschlafen, da packten die Diener den Mann und mich und warfen uns ins Wasser. Dieser ertrank, ich aber fiel in seichtes Wasser. Ich bemerkte, daß der Grund, auf dem ich stehen konnte, langsam anstieg, und so watete ich aus dem Wasser heraus, bis ich schließlich auf einer Insel stand. Hier fand ich Trinkwasser und Früchte. Mein Hemd hängte ich an einer Stange in den Wind. Es flatterte so lange, bis ein vorüberfahrendes Schiff meine Notlage bemerkte. So fand ich zurück nach Baghdad. Den Verlust des Geliebten konnte ich nicht verschmerzen. Fortan sollte kein Mann mich mehr berühren dürfen. Keiner durfte fortan in mich eingehen. Nur diesem Mädchen, das du hier siehst, ist es gestattet, mich zu berühren. Dies, oh Beherrscher der Gläubigen, ist meine Geschichte.«

Da wollte der Kalif, der längst nicht mehr unter Unruhe des Herzens litt, wissen, welche Erlebnisse das andere Mädchen dazu geführt hatte, die Zuneigung einer Frau zu suchen. Ich sagte zu ihr: »Sprich die Wahrheit vor dem Beherrscher der Gläubigen, und sei es auch, daß die Wahrheit dir nahezu die Zunge verbrennt!«

Sie fing an zu berichten: »Oh ihr edlen Herren! Auch ich hatte einen reichen Vater und wurde in ganz jungen Jahren von einem reichen Mann geheiratet. Bei seinem raschen Tod hinterließ mein Gemahl mir neunzigtausend Dirhem. Viele Kleider besaß ich, die mit vornehmer Stickerei geschmückt waren. Jedes dieser Kleider hatte tausend Dirhem gekostet. Eines Tages kam eine alte Frau zu mir, die sprach so: ›Wisse, oh Gebieterin, ich habe eine Tochter, die keinen Vater hat. Heute nacht ist ihre Hochzeit. Wir kennen aber niemand in dieser Stadt Baghdad. Ich fürchte deshalb, daß niemand zu dem Feste kommt. Wenn ich aber sagen kann, daß du meiner Tochter die Ehre deiner Anwesenheit gibst, dann werden sich andere Frauen in Baghdad veranlaßt sehen, an der Hochzeit meiner Tochter ebenfalls teilzunehmen.‹ Um ihre Bitte zu bekräftigen, küßte die alte Frau vor mir den Boden. So lange weinte sie, bis ich Mitleid bekam und zu ihr sprach: ›So Allah will, werde ich deiner Tochter einen Gefallen tun. Ich will sie auch mit meinem Schmuck zieren.‹ Als die Alte weggegangen war, ordnete ich Kleider und Schmuck. Dann begann ich, mich selbst für das Fest zu schmücken. Am Abend kam die alte Frau erneut und sprach: ›Oh Herrin! Die meisten Frauen der Stadt sind schon versammelt, weil sie gehört haben, daß du kommst. Sie erwarten dich!‹ Verschleiert ging ich hinter der Alten her. Wir überquerten Straßen, schritten durch Gassen und kamen in eine saubere Stadtgegend, in der die Wege gekehrt und mit Wasser bespritzt waren. Über der Türe eines Hauses standen diese seltsamen Worte geschrieben:

Freude herrscht in diesem Haus,
Hier ruht sich der Bedrückte aus.
Er findet Glück und Heiterkeit.
Bei Speis und Trank verfliegt die Zeit.
Rosen, Myrte und Kamillen
helfen ihm die Lust erfüllen.«

Die zweite der jungen Frauen erzählte, sie sei mit der alten Frau in dieses Haus eingetreten. Wachskerzen seien aufgestellt gewesen in zwei Reihen von der Türe an, so daß in der Mitte ein strahlend heller Weg gewesen sei. So war der Bericht des Mädchens in ihren eigenen Worten: »Auf einmal standen wir vor einem Vorhang aus Atlas. Ein Mädchen, noch fast ein Kind, trat dahinter hervor. Dieses Mädchen sagte zu mir: »Sei tausendmal willkommen, teure Schwester, oh Herrin! Die Alte sprach nicht die Wahrheit, als sie dich hierherlockte. Ich veranlaßte sie, sich an dein gutes Herz zu wenden. Du mußt wissen, daß ich einen Bruder habe, der weit schöner ist als ich. Er hat dich auf einem Fest gesehen. Dein Anblick hat ihn völlig verändert. Ich kann ihn verstehen, denn deine Schönheit und deine Liebenswürdigkeit sind vollkommen. Er gehört der besten Familie an, die in der persischen Provinz zu Hause ist. Und du bist eine der vornehmsten unter allen Frauen in Baghdad. Ich habe beschlossen, daß du und er einen Bund eingehen, daß er dein Mann wird.‹ Kaum hatte sie so gesprochen, da trat dieser junge Mann, den sie gepriesen hatte, durch den Vorhang aus Atlasstoff.«

»Oh Beherrscher der Gläubigen«, sprach das Mädchen zum Kalifen, »sobald ich ihn gesehen hatte, liebte ich ihn auch schon. Wir unterhielten uns gut miteinander, und bald war ich damit einverstanden, daß der Kadi im Beisein der Zeugen unseren Bund beschloß. Der Ehevertrag wurde aufgesetzt, in dem ich versprach, mich durch keinen anderen Mann berühren zu lassen. Dieses Versprechen fiel mir leicht, denn ich freute mich sehr und konnte es kaum erwarten, bis wir allein waren. Ich war schon einmal verheiratet gewesen, doch dieser junge Mann drang stürmischer und doch zärtlicher in mich ein als mein erster Mann. So erlebte ich einen Monat der höchsten Seligkeit.«

»Eines Tages«, so fuhr die Frau in ihrem Bericht für den Kalifen fort, »bat ich meinen Mann um die Erlaubnis, auf dem Markt einen besonders schönen Stoff kaufen zu dürfen. Jene alte Frau, die mich in das Haus meines neuen Mannes gebracht hatte, begleitete mich. Als wir in die Straße kamen, wo Seidenstoffe verkauft werden, sagte die Alte: ›Ich kenne einen Kaufmann, der ein großes Lager hat. Bei ihm kannst du alles finden, was du nur haben möchtest. Wir wollen uns zu ihm in das Ladengewölbe setzen. Er wird uns die schönsten Stoffe zeigen.‹ Da sagte ich zu meiner Begleiterin: ›Gib ihm Anweisung, daß er die Ware vorlege.‹ Sie meinte: ›Warum sprichst du nicht selbst zu ihm?‹ Meine Antwort war: ›Du weißt nicht, was ich meinem Manne versprochen habe. Ich möchte deshalb gar nicht erst mit diesem Händler reden!‹ Die Alte gab also die Anweisung, und ich konnte unter den Stoffen auswählen. Sobald ich den richtigen Stoff gefunden hatte, bat ich die Alte, den Händler zu fragen, welchen Preis er dafür fordere. Er sprach: ›Nicht um Gold und nicht um Silber ist dieser Stoff zu haben. Ich muß dich dafür küssen!‹ In diesem Augenblick war ich unachtsam, vielleicht weil ich tatsächlich geküßt sein mochte. Ich verhinderte nicht, daß er mein Gesicht berührte – er küßte mich so stark, daß ein

Mal an meinem Hals zurückblieb. Da fiel ich in Ohnmacht. Nach einiger Zeit erwachte ich wieder vor dem Laden, der schon geschlossen war. Der Händler war fort. Die alte Frau aber saß bei mir. Sie sprach: ›Allah bewahre uns vor größerem Übel! Steh auf, meine Gebieterin. Geh nach Hause und stelle dich krank. Ich werde ein wundersames Pflaster bringen, das dir den Hals in drei Tagen von jenem Mal befreit!‹ Ich ging nach Hause, legte mich ins Bett und deckte mich zu. Dennoch war es nicht zu vermeiden, daß mein Mann das Mal entdeckte. Er fragte: ›Wer hat dies getan?‹ Meine Antwort war: ›Ich war heute im Basar, um Stoff einzukaufen, da drängte sich an einer engen Stelle der Marktstraße ein Kamel heran, das eine Holzladung auf dem Rücken trug. Ein Stück Holz zerriß meinen Schleier und berührte grob meinen Hals.‹ Da sagte mein Mann: ›Gleich morgen früh will ich meinen Freund Dschafar, den Wesir des Kalifen, bitten, diesen Kameltreiber durch seine Wachen suchen und aufhängen zu lassen!‹ Darauf sprach ich zu meinem Mann: ›Wir sollten uns nicht versündigen an einem unschuldig ausgelöschten Leben. Es war wohl kein Kamel, es war eher ein Esel.‹ Die Antwort meines Mannes war: ›Noch ehe die Sonne aufgeht, werde ich bei Dschafar sein und ihn auffordern, den schuldigen Eseltreiber hart zu bestrafen!‹ Ich wollte nicht, daß derartiges Aufsehen gemacht werde, doch mir fiel nichts mehr ein, womit ich den Zorn meines Mannes besänftigen könnte. Da schrie er: ›Du hast dein Versprechen nicht eingehalten! Die Wahrheit ist, daß du dich von einem anderen Mann hast berühren lassen.‹ Er rief drei schwarze Sklaven herbei. Der eine mußte mich an den Händen packen, der andere an den Füßen. So hoben sie mich aus dem Bett und legten mich auf den Boden. Dem dritten befahl er, mich in Stücke zu hauen und meine Leichenteile den Fischen des Tigris zu verfüttern. Die Sklaven zögerten, doch mein Mann schrie sie an: ›Zerhackt sie und schafft mir Ruhe vor ihr!‹ Ich war nahe daran, vor Furcht den Verstand zu verlieren. Da kam einer der Nachbarn, der durch den Tumult angelockt worden war. Er erkannte, daß mein Mann den Sklaven befohlen hatte, mich zu töten. Da sprach der Nachbar zu meinem Mann: ›Wisse! Wer tötet, der wird getötet. Du würdest dein ganzes Leben lang unter der Erinnerung leiden, sie in Stücke gehauen, tot gesehen zu haben.‹ Da kam mein Mann zur Vernunft, und er sagte: ›Ich will sie dennoch züchtigen, damit sie nie vergißt, was sie mir angetan hat.‹ Er ließ mich durch die Sklaven völlig entkleiden, dann mußte mich einer mit einem Stock aus Quittenholz so lange schlagen, bis ich das Bewußtsein verlor.«

»Am anderen Tag«, so berichtete die Frau dem Kalifen, »fand ich mich in meinem eigenen Haus wieder. Mein Mann hatte mich also aus seinem Haus gewiesen. Ich pflegte mich und gebrauchte Arzneien, Salben, Balsam und Pflaster. Lange blieb mein Leib von den Schlägen angeschwollen. Vier Monate lang war ich krank. Ein Dichterwort, das ich einst gehört hatte, war mir Trost:

Die Welt ist so! Drum hab Geduld.
Verlierst du dein Eigen durch eigene Schuld,
Wirst vom Liebsten du geschieden,
Wirst von Freunden du gemieden,
Füge dich in Allahs Willen,
Mag dein Schicksal sich erfüllen.

War ich früher eine angesehene Frau, so bewirkte meine Zurückgezogenheit, mein Abschied von anderen Menschen, daß mich bald niemand mehr kannte. Eines Tages traf ich auf dem Markt die junge Frau, mit der ich hier zusammenlebe. Mir haben die Prügel die Lust ausgetrieben, mich zu einem Mann auf dem Lager zu gesellen. Sie aber hat der Verlust des Geliebten dazu gebracht, daß kein Mann mehr in sie eingehen darf. Wir blieben beieinander und sprachen nie mehr das Wort ›Mann‹ aus – bis zu dieser Nacht. Wir haben auch zu keinem Menschen über unsere Erlebnisse gesprochen. Du, oh Beherrscher der Gläubigen, hast den Bann gebrochen.«

In dieser Nacht fühlte sich unser Herr, der Kalif, außerordentlich wohl. Er schickte mich, den Wesir, los, Wein zu besorgen. Der Beherrscher der Gläubigen trank von diesem Wein, bis er schläfrig war und sich mit beiden Frauen auf das Lager zurückzog. Keine der beiden zögerte, dem Kalifen zu folgen. Ob er schlief oder ob er die Liebe genoß? Ich weiß es nicht. Am anderen Morgen, bald nach Sonnenaufgang, ging er gutgelaunt in meiner Begleitung zum Palast zurück. Als wir den Saal des Diwan betraten, sagte er: »Dschafar, sorge dafür, daß diese Geschichten aufgeschrieben werden. Für jeden, der sich später daran erfreuen will!« Um zu gehorchen, schrieb ich sie selbst auf. So entstanden die ersten Notizen, die ersten Grundlagen zur Beschreibung des Lebens unseres Herrschers.

Schams Annahar und das Problem Persien

In jener Zeit war meine Familie, das Geschlecht Al Barmaki, noch hochangesehen beim Kalifen Harun Al Rashid – wenigstens glaubten wir, die Barmakiden, noch daran, in der vollen Gnade des Herrschers der Gläubigen zu stehen. Ich war es, der Harun Al Rashid veranlaßte, den Palast am Tigris auszubauen. Die Baumeister schufen einen Saal, dessen Kuppel von hundert Säulen getragen wurde. Die Füße dieser Säulen waren mit vergoldeten Tieren und Vögeln verziert. Seidene Teppiche lagen auf dem Boden; weiße und rote Rosen waren darin gestickt. Auch die Decke der Kuppel war mit feiner, farbiger Seide bespannt. Auf Sockeln standen chinesische Gefäße aus weißem, gebranntem Ton, andere waren aus Gold oder aus Kristall, mit Edelsteinen besetzt. Die Wände des Saales waren durchbrochen von Fenstern. Vor jedem der Fenster stand ein Diwan, der von der edelsten Stickerei überzogen war. Jeder Diwan unterschied sich in der Farbe vom anderen. Durch die Fenster sah man hinaus auf den Garten. Wasser floß aus großen Teichen in kleinere. Viele dieser Teiche waren zu sehen. Sie sorgten für kühle Luft im Garten und im Palast. Die Ufer der Teiche waren reich bewachsen von Narzissen, Nelken und anderen Gewächsen, die man nur in Persien kannte. Die seltensten Pflanzen wuchsen in goldenen Vasen. Die Bäume in diesem Garten standen so dicht, daß die Äste ineinander verschlungen waren. Das ganze Jahr hindurch waren Früchte auf den Bäumen zu finden: Äpfel und Orangen, Birnen und Kirschen, bittere Zitronen und milde Aprikosen. Zwischen den Ästen der Bäume flatterten Vögel, die aus allen Gegenden des Islamischen Reiches herbeigebracht worden waren. Sie unterhielten sich miteinander durch ihr Gezwitscher.

Nahe bei diesem wundersamen Garten befand sich die Wohnung der Lieblingssklavin des Beherrschers der Gläubigen. Ihr Name war Schams Annahar. Ihre Wohnung zeichnete sich durch eine Vielzahl von großen und kleinen Räumen aus. In ihnen lagen die mannigfaltigsten Teppiche und Kissen. Schöne Diwans standen überall. Beim Schlafgemach der Schams Annahar befand sich eine Badekammer, in deren Boden ein Wasserbecken eingelassen war mit unterschiedlicher Tiefe. Das klare Wasser darin war dazu da, den Leib der Schams Annahar zu umspülen und dennoch in einem perlenden Schleier für das Auge des Kalifen geheimnisvoll sichtbar zu machen.

Für Schams Annahar war der neue Palast am Tigris gebaut worden. Unser Herr, der Beherrscher der Gläubigen, hatte ihm selbst den Namen ›Palast der ewigen Freuden‹ gegeben. Schams Annahar war, sah man auf ihren Stand, nur eine Sklavin unter Sklavinnen. Doch wer sie wirklich erblicken durfte, der stellte fest, daß sie – bewegte sie sich unter anderen Sklavinnen – wie die Sonne unter den Wolken hervorleuchtete. Lange schwarze Locken waren die Zierde ihres Kopfes. Zumeist verbarg ein blauer, goldbestickter Mantel die kostbaren Kleider und Juwelen, die sie auf dem Leib trug. Da sie sich bewußt war, die Frau zu sein, die Harun Al Rashid am meisten liebte, hatte sie sich angewöhnt, langsam zu schreiten. Sie bewegte sich majestätisch und doch grazil.

Schams Annahar war durch mich dem Kalifen zugeführt worden. Ein Lied hatte mich auf sie aufmerksam gemacht, ein Lied, das eines Tages auf dem Markt von Baghdad zu hören war. Seine Worte klangen so:

Tröste dich, Herz, sie kann niemand gehören.
Hüte dich, Herz, laß dich nicht betören:
Sie ist der strahlenden Sonne gleich,
An Schönheit über die Maßen reich,
Perlenwasser formt ihren Leib,
Geschaffen zu des Mondes Zeitvertreib.
Der Mond kann sie erreichen,
Auf Erden muß jeder von ihr weichen.

Mir, dem Wesir des Kalifen, der alles wissen muß, was an Ungewöhnlichem geschieht in der Hauptstadt des Beherrschers der Gläubigen, kam dieses Lied auch zu Ohren. Ich ließ erforschen, wer damit gemeint war. Bald wußte ich, daß von einem Mädchen die Rede war, das Schams Annahar hieß und das einem Mann gehörte, der sich Abu Al Aswad Ibn Jusuf nannte. Dieser Mann hatte Schams Annahar aus Persien mitgebracht. Er war, das wurde mir versichert, nie in sie eingegangen.

Da ich wußte, daß Harun Al Rashid der Herrin Zubaida überdrüssig war, sagte ich eines Tages am Ende der Beratungen im Saal des Diwan ganz beiläufig: »Oh Beherrscher der Gläubigen, ich habe erfahren, daß in deiner Stadt diese Verse gesagt werden und daß wahr sein soll, was die Worte meinen.« Und ich sagte ihm die Verse, die man von Schams Annahar sang.

Diese Verse weckten die Lust des Kalifen, der sich durch den Inhalt herausgefordert fühlte. Abu Al Aswad Ibn Jusuf war nicht mehr lange der Besitzer des Mädchens Schams Annahar. Ich bezahlte ihm hunderttausend Dirhem. Ein höherer Preis war nie für eine Sklavin entrichtet worden. Die Ausgabe lohnte sich: Der Kalif klagte über einige Zeit nicht mehr, die Brust sei ihm zu eng, der Atem mache ihm Beschwerde, das Herz schlage unruhig.

In jener Zeit lebte in unserer Stadt Baghdad ein Gewürzhändler, der dadurch wohlhabend geworden war, daß er die Küche des Kalifenpalastes mit Pfeffer, Safran, Koriander und mit fein gemahlenem Salz belieferte. Abu Hasan hieß dieser Mann, dessen Lebenswandel völlig ohne Tadel war. Ich konnte es ihm deshalb gestatten, den Frauen und Sklavinnen des Beherrschers der Gläubigen mit kleinen Geschäften zur Hand zu gehen: Abu Hasan kaufte Stoffe ein, Salben, Pflaster gegen Krankheiten. Von mir war Weisung ergangen, Abu Hasan habe begrenzten Zugang zum Harem. Er durfte einige Räume betreten, um dort seine Aufträge entgegenzunehmen. Den Frauen war es nur selten gestattet, den Bereich des Harems zu verlassen. Es gab jedoch eine Ausnahme: Schams Annahar durfte, wenn auch in Begleitung anderer Sklavinnen, den Markt besuchen.

Da Abu Hasan wohlhabend und angesehen war, trafen sich im Gewölbe seines Gewürzladens häufig Standespersonen, die aus entlegenen Provinzen nach Baghdad gekommen waren. Selbst an heißen Tagen blieb die Luft im Gewölbe des Abu Hasan kühl, und auf Kissen bot sich Gelegenheit für entspannte Gespräche. Vorteil daraus gewann ich, denn der Gewürzhändler war verpflichtet, mir den Inhalt der Gespräche zu berichten – so wie er auch angewiesen war, mir genau mitzuteilen, was die Frauen und Sklavinnen von ihm wollten.

Abu Hasan sagte mir eines Tages, ein Prinz aus den persischen Reichsgebieten habe sich bei ihm aufgehalten und habe versprochen, wiederzukommen. Er nenne sich Ali Ibn Bekkar. In der Person dieses Prinzen habe Allah treffliche Eigenschaften vereint: Anmut, Beredsamkeit, Freigiebigkeit, Mut, Ernst – auch Keuschheit sei zu spüren. Aus dem Munde des Abu Hasan erfuhr ich, daß dem Ali Ibn Bekkar eine eindrucksvolle Begegnung widerfahren war: »Zehn junge Sklavinnen waren auf grauen Maultieren an meinem Ladengewölbe vorbeigeritten. Sie alle waren so schön anzusehen wie der Mond, wenn er in seinem Strahlenglanz am Himmel steht. In der Mitte dieser zehn Sklavinnen aber ritt Schams Annahar. Einen rotseidenen Mantel trug sie, und ihr Gürtel war mit Perlen und Edelsteinen besetzt. Traumverloren blickte Ali Ibn Bekkar, mein fürstlicher Gast aus Persien, dem Mädchen nach. Er machte den Eindruck, als wüßte er nicht, ob er auf Erden oder bereits im Paradiese wandle. Seit jenem Tag ist der Prinz mit seinen Gedanken abwesend. Er hat offenbar jeglichen Verstand verloren.«

Abu Hasan wußte zu berichten, er habe seinen Besucher gewarnt, er möge keinen Versuch unternehmen, sich dieser Frau zu nähern, denn sie sei Schams Annahar, die Lieblingssklavin des Beherrschers der Gläubigen. Doch dafür bürgen, daß Ali Ibn Bekkar nicht als Verzweifelter handle, könne er, der Kaufmann Abu Hasan, nicht.

Als Abu Hasan mich damals verlassen hatte, rief ich alle Hofbeamten zusammen, die zum Diwan des Kalifen gehörten, und befragte sie über den Prinzen aus Persien, der Ali Ibn Bekkar hieß. Der Aufseher über das Steuerarchiv wußte bald zu melden, der junge Perser sei tributpflichtig, sei Vasall des Kalifen Harun Al Rashid. Er lebe in Schiraz, in der Provinz Fars. Seine Einnahmen beziehe er aus dem Zoll, den er für die Benutzung der alten Handelsstraße erheben lasse, die von der Hafenstadt Busher über Kazerun und Schiraz in Richtung Esfahan und der reichen Stadt Rey führt, die am Ausläufer des Elbrusgebirges liegt. In Rey war unser Herr Harun Al Rashid geboren worden. Er fühlte sich sehr stark mit Persien verbunden. Deshalb litt sein Gemüt so sehr unter der Unruhe, die sich in den Provinzen ostwärts des Bakhtiarigebirges ausgebreitet hatte. Einen Mann zu gewinnen, der in jenen Gegenden Einfluß besaß, mußte im Sinne des Kalifen sein, dessen Handlungsweise immer darauf ausgerichtet war, Persien fest an Baghdad zu binden. Sowohl mein Vater Jahja als auch ich hatten es im Dienste des Kalifen als ihre Aufgabe angesehen, die Kluft zu überbrücken, die zwischen Arabern und Persern aufgebrochen war.

Wer später einmal diese Papiere liest, die ich – Dschafar Al Barmaki, der Wesir des Kalifen Harun Al Rashid – mit eigener Hand beschrieben habe, der erinnert sich vielleicht nicht mehr, auf welche Weise Persien zum Bestandteil des Islamischen Reiches geworden war und wie es dann doch sein eigenes Gesicht bewahren konnte. Wenn jemand berufen ist, das Gedächtnis frisch zu halten an jene Ereignisse, dann bin ich es, denn die Familie Al Barmaki, der ich angehöre, stammt aus Persien, aus der Provinz Khorasan, aus einer Stadt, die Balkh heißt. Überliefert ist, daß meine Vorväter Priester waren. Unser Name Barmaki, so wurde mir von meinem Vater berichtet, ist in indischen Tempeln die Bezeichnung für den höchsten Priester derer, die Buddha anbeten. Die Erinnerung an die Anbetung jenes Gottes ist längst erloschen im Geschlecht Al Barmaki. Geblieben aber ist insgeheim das Vertrauen in den Propheten Zarathushtra, der – um eine Zeit zu nennen – zweieinhalb Jahrhunderte vor dem großen Feldherrn Alexander gelebt hat. Bemerkenswert ist, daß auch dieser Zarathushtra in der Stadt Rey geboren worden ist wie, in unsrer Zeit, der Beherrscher der Gläubigen Harun Al Rashid. Von Zarathushtra aber darf nicht gesprochen werden im Reich des Kalifen. Verfolgt wird, wer bekennt, daß er an den Propheten Zarathushtra glaubt.

Seit mehr als eineinhalb Jahrhunderten werden die Gläubigen Zarathushtras bereits verfolgt – seitdem die Gläubigen des Propheten Mohammed – Allah gebe ihm Segen und Heil – in der Schlacht von Al-Qadisiyah das persische Heer zerschlagen und damit das Ende des persischen Reiches und der persischen Propheten eingeleitet haben. Arabien hatte damals über Persien gesiegt. Die Araber zwangen die Perser, Untertanen zu sein im Islamischen Staat, denn die Araber fühlten sich als die Herren über alle anderen.

Vier Jahre zuvor war der Prophet Mohammed gestorben. Seine Nachfolger hatten den Glauben an Allah bereits über Syrien verbreitet, als sie bei Al-Qadisiyah dem Glauben an Zarathushtra die entscheidende Niederlage zufügten. Seit jener Zeit fühlen sich die Perser unterjocht. Den Glauben an Allah haben sie angenommen. Daß sie von Arabern regiert werden, schmerzt sie. Wenig nützt es, wenn ich in den persischen Provinzen darauf hinweisen lasse, der Beherrscher der Gläubigen sei in Rey geboren, in der einstigen Hauptstadt des Perserreiches. Jedermann weiß, daß Harun Al Rashid aus arabischem Geblüte ist. Er gehört zur Familie des Propheten Mohammed – der Segen Allahs sei über ihm –, die aus der Stadt Mekka stammt. Harun Al Rashid wird in den persischen Provinzen immer als ein Fremder angesehen. Ihm Freunde zu gewinnen in jener Gegend der Umtriebe und der Unruhe mußte sich auf die Dauer günstig für die Macht des Kalifen auswirken. Der Kalif äußerte allerdings meist die Meinung, die Schwierigkeiten könne ihm allein ein starker General in Khorasan vom Halse schaffen. Mein Vater Jahja und ich traten jedoch dafür ein, zu einflußreichen Männern der persischen Provinzen müßte eine Beziehung des Vertrauens geschaffen werden. Der Prinz Ali Ibn Bekkar gehörte ohne Zweifel zu jenen Männern.

Daß der junge Mann Ali hieß, wies auf sein Bekenntnis hin: Er gehörte zur ›Schiat Ali‹, zur Partei des Ali. Er zählte zu denen, die der Meinung sind, nur ein Mann aus der Familie des Propheten – Allah segne ihn – habe ein Recht darauf, im Islamischen Reich zu regieren. Die Forderung der Anhänger der Schiat Ali geht sogar soweit zu verlangen, nur ein blutsverwandter Mann aus der Familie des Propheten – Allah segne ihn – dürfe herrschen. Harun Al Rashid aber ist zwar ein Verwandter des Propheten – Allah gebe ihm Segen und Heil –, ein Blutsverwandter aber ist der Kalif nicht. Ziel meiner Bemühungen als Wesir des Kalifen war es, die Anhänger der Schiat Ali vergessen zu lassen, daß Harun Al Rashid von ihnen nicht als Herrscher angenommen werden konnte.

Abu Hasans Bericht hatte diese Gedanken in mir ausgelöst: Da hatte sich dieser persische Prinz in eine Sklavin von außerordentlicher Schönheit verliebt. Würde er in Baghdad ans Ziel seiner Wünsche gelangen, dann wäre wohl füglich zu erwarten, daß er die Hauptstadt des Islamischen Reiches in angenehmer Erinnerung behielte. Er würde Baghdad nicht mehr als ungeliebte Heimstatt der verhaßten Macht eines arabischen Geschlechtes betrachten, sondern als beglückenden Ort der Liebe, die ihm widerfahren war. Ein schlimmes Unglück war jedoch, daß Ali Ibn Bekkar in Liebe zu Schams Annahar entflammt war, die dem Kalifen durch ihr Geschick in der Liebe derzeit mehr als jede andere Frau gefiel. Schams Annahar mit dem persischen Prinzen auf dem Lager zu vereinen, konnte allen Beteiligten den Tod bringen. Doch wer vor einer solchen Gefahr zurückschreckt, der soll nicht nach der Macht greifen. Die Männer der Familie Al Barmaki haben nie gezaudert, in der Gefahr den Erfolg zu wittern. Ich zögerte also keinen Augenblick lang. Zunächst galt es festzustellen, ob Schams Annahar die Zuneigung des jungen persischen Prinzen Ali Ibn Bekkar erwiderte – wenn sie ihn erst einmal kennengelernt hatte. Die Gelegenheit zum Kennenlernen ergab sich bald. Schams Annahar hatte den Wunsch, den Kaufmann Abu Hasan kommen zu lassen, um ihn mit einem Geschäft zu betrauen. Abu Hasan sollte wie gewöhnlich ein Geldgeschenk, das sie vom Kalifen bekommen hatte, ihrer Familie in Persien übergeben lassen. Dies konnte durch Abu Hasans Verbindung mit Geldverleihern in den persischen Provinzen geschehen.

Als mir durch eine Dienerin der Wunsch der Sklavin Schams Annahar zu Ohren gekommen war, teilte ich ihr mit, sie dürfe, wenn sie nur wolle, den Laden von Abu Hasan auf dem Markt von Baghdad aufsuchen. Gern nahm Schams Annahar die Gelegenheit wahr, ihre Räume im Palast des Kalifen zu verlassen. Dem Kaufmann schickte ich Nachricht, er möge zu einer bestimmten Stunde des nächsten Tages dafür sorgen, daß sich Ali Ibn Bekkar bei ihm aufhielt.

Abu Hasan berichtete mir bald schon, was zu jener Stunde dann geschehen war: »Als Schams Annahar auf ihrem Maultier inmitten von zehn Sklavinnen über den Markt ritt, da war es, als ob jetzt erst die Sonne aufgegangen wäre. Sie trug wieder den rotseidenen Umhang und den Gürtel, der mit Perlen und Edelsteinen besetzt war. Sobald sie näher heranritt, fesselten ihre schönen Augen jeden, der bei mir im Laden war – vor allem aber die Augen des persischen Prinzen. Schams Annahar stieg von ihrem Maultier. Ich küßte vor ihr den Boden und befahl dann den Dienern, ein mit Goldfäden besticktes Kissen zu bringen, auf das sie sich setzen konnte. Ich sprach: ›Oh Schmuckstück im Herzen des Beschützers der Gläubigen, du bringst wie die Sonne Licht in diesen Laden!‹ Sie sprach von ihrem Auftrag an mich. Hinter einem zarten Schleier war die Bewegung der Lippen zu erkennen, die füglich Narzissenlippen genannt werden konnten. Über dem Schleier waren die Augen frei sichtbar, und ihre Strahlen verwirrten den Sinn des persischen Prinzen völlig. Ali Ibn Bekkar stand auf und wollte eben mit fast torkelndem Schritt meinen Laden verlassen, da sprach Schams Annahar: ›Herr! Ich bin Gast in diesem Laden. Durch dein Fortgehen zeigst du deutlich, daß ich dir nicht gefalle! Du fliehst vor mir?‹ Ali Ibn Bekkar antwortete: ›Oh meine Gebieterin! Dein Anblick hat mir den Verstand geraubt.‹ Und er sagte mit leiser Stimme die Verse auf, die mit diesen Worten beginnen: ›Der Sonne gleich, so unerreichbar fern.‹

Da lächelte Schams Annahar, und heller als ein Blitz leuchteten ihre Zähne. Sie fragte mich: ›Abu Hasan! Woher kennst du diesen fremden jungen Mann? Welchem Stand gehört er an?‹ Meine Antwort war: ›Sein Name ist Ali Ibn Bekkar. Er ist ein Prinz aus Persien.‹ Nach einer Weile öffneten sich die Narzissenlippen unter dem Schleier erneut. Zu hören waren diese Worte: ›Abu Hasan, wenn morgen meine Sklavin zu dir kommt, so folge ihr mit dem Prinzen, damit ich ihn bewirten kann. Denn er soll nicht sagen müssen, unter den Bewohnern der Stadt Baghdad sei die Gastfreundschaft nicht üblich. Er soll uns nicht des Geizes beschuldigen. Ich weiß wohl, Geiz ist das schlechteste Gewand eines Menschen. Hast du gehört, was ich gesagt habe? Wenn du meiner Anweisung nicht folgst, so trifft dich mein Zorn, Abu Hasan, ich werde dich nie mehr grüßen, und ich werde dafür sorgen, daß niemand im Palast des Beherrschers der Gläubigen künftig Aufträge erteilen wird, die dir Gewinn bringen!‹ Ich konnte nur noch stammeln: ›Allah bewahre mich, oh Erhabene unter den Frauen des Palastes, vor deinem Zorn!‹ Dann schritt Schams Annahar aus dem Ladengewölbe auf die Straße und ritt davon. Sie hatte sich aller Herzen bemächtigt.«

Aus den Worten der Erzählung von Abu Hasan war zu entnehmen, daß Schams Annahar in Liebe zu Ali Ibn Bekkar entflammt war, sonst hätte sie nicht die Einladung ausgesprochen. Diese Einladung war gefährlich für die Sklavin, die ja nicht Herrin über ihren Leib und ihren Willen war. Daß ihr Ali Ibn Bekkar gefiel, hatte sicher auch damit zu tun, daß der Prinz, wie sie selbst, aus Persien stammte. Die gemeinsame Heimat verband die beiden, für die Baghdad eine fremde Stadt war. Sie zusammenzubringen, war nun meine Aufgabe. Schwierig war allein, dies so geschehen zu lassen, daß der Kalif nichts davon erfuhr.

Am frühen Abend des anderen Tages entdeckte mir eine der Sklavinnen, sie habe den Auftrag, den Laden des Kaufmanns Abu Hasan aufzusuchen, um zu veranlassen, daß Abu Hasan und der Fremde aus Persien ihr in den Palast des Beherrschers der Gläubigen, und zwar in den Palast der ewigen Freuden, folgten. Sie habe diese Worte zu sagen: »Mein Herr Abu Hasan! Im Namen Allahs! Komme mit deinem Freund Ali Ibn Bekkar zu meiner Gebieterin Schams Annahar, die dem Herzen des Fürsten aller Moslems nahesteht!« Ich erlaubte dem Mädchen, so zu handeln, wie ihr von Schams Annahar aufgetragen war.

So geschah es, daß Abu Hasan und der junge Prinz aus Persien den Palast des Kalifen am Tigris betraten. Der Beherrscher der Gläubigen befand sich auf einer Bootsfahrt zusammen mit den Dichtern, deren Verse ihm am besten gefielen. Von den Höflingen war nur Masrûr bei ihm, der Schwertträger. Ich hatte dem Kalifen in aller Ehrfurcht gesagt, ich könne ihn nicht begleiten, da ich mit den Angelegenheiten der persischen Provinzen beschäftigt sei. Damit hatte ich keineswegs gelogen.

Die Bootsfahrt des Kalifen mit seinen Dichtern dauerte meist bis spät in die Nacht. So konnte Schams Annahar für Stunden sicher sein, daß ihr Abenteuer nicht entdeckt werde. Auch bestand die Gefahr nicht, daß Masrûr, die rächende Hand des Kalifen, argwöhnisch würde und Verdacht schöpfte. So sah ich mit Ruhe im Gemüt von Ferne zu, wie Ali Ibn Bekkar und der Kaufmann Abu Hasan durch den Saal schritten, dessen Kuppel von hundert Säulen getragen wird und dessen Boden mit seidenen Teppichen belegt ist. Ich sah, wie sie die chinesischen Gefäße betrachteten und den Diwan, der mit feinster Stickerei überzogen ist. Ohne mich den beiden Besuchern zu entdecken, ließ ich sie in aller Ruhe durch die Fenster in den Garten blicken, auf die Wasser, die jeweils von den größeren Teichen in die kleineren fließen, auf die Narzissen und seltenen Pflanzen, auf die Bäume, deren Äste eng verschlungen sind. Dort an den Wassern waren Stühle aufgestellt, aus Ebenholz gearbeitet, mit silbernen Nägeln beschlagen. Auf jedem der Stühle saß ein Mädchen, kostbar gekleidet. Alle hielten Lauten unterschiedlicher Größe auf dem Schoß, und ihr Spiel mischte sich mit dem Gezwitscher, das aus Vogelkehlen kam, mit dem Säuseln des Windes, mit dem Geplätscher des Wassers. Bald blies der Wind mit zartem Rauschen eine Rose auf, bald fing er sich in den Baumblättern. Über diese Klänge und Geräusche erhob sich der Gesang eines Mädchens:

»Noch ehe ich das Wort Liebe gekannt,
Ist mir Liebe im Gemüt entbrannt.
Die Qual der Trennung blüht in meiner Seele;
Tränen enthüllen, was ich verhehle.
Ich weine gegen meinen Willen,
Ich weiß kein Mittel, um die Qual zu stillen.
Seufzer der Sehnsucht helfen nicht,
Den Liebenden die Sehnsucht sticht.
Ich neige mich still der Hoffnung zu,
Für kurze Zeit schafft sie mir Ruh.«

Ali Ibn Bekkar, das war auch aus dem entferntesten Versteck zu erkennen, fühlte sich durch diese Verse berührt. Er bewegte die Lippen. Offenbar sprach er die Verse nach, die das Mädchen gesungen hatte. Dann aber erhob sich der Gesang der Sklavin wieder über alle Klänge und Geräusche:

»Geliebter, zu dem die Liebe immer stärker wird,
Für den mein Herz schlägt, völlig unbeirrt,
Lösch durch deine Nähe meines Herzens Flammen!
Der Wille Allahs führe uns zusammen.
Nimm, Allah, was du willst, an Lohn, an Schuld!
Verstoß nur ihn nicht aus göttlicher Huld!
Mir sei, für Schuld, der Tod bereitet,
Nachdem du ihn zu mir geleitet,
Ihn, dem ich den Leib will schenken,
Für immer soll er dann an mich denken!«

Ali Ibn Bekkar, so glaubte ich zu erkennen, wiederholte auch diese Verse mit bebenden Lippen. Nur für kurze Zeit blieb der Gesang der Sklavin verstummt, dann war ihre Stimme noch strahlender als zuvor zu hören:

»Allah ist über allem erhaben!
Er schenkt uns auch der Liebe Gaben!
Bald schon sind in Liebe vereint
Die Liebenden, die noch eben geweint.
Nur Allahs Wille hat den Mond der Nacht
Und des Tages Sonne zusammengebracht.
Sie treffen sich in der Ewigkeit Garten
So wie die Liebenden, die darauf warten,
Vereint zu sein, mit Seele und Leib,
Im Garten der Welt, als Mann und Weib.«

Als diese Worte erklangen, war Schams Annahar am Ende des Gartens zu erblicken. Zehn Sklavinnen folgten ihr. Sie trugen einen Sessel, der aus Silber gegossen war. Zierlich war seine Form. Dieser Sessel wurde zwischen die Bäume gestellt, und Schams Annahar setzte sich darauf.

Stille breitete sich nun im Garten aus. Schams Annahar und Ali Ibn Bekkar blickten sich an, und in ihren Blicken lag Liebe und Schmerz. Obschon beide schwiegen, sprach die Zunge der Liebe zwischen ihnen und enthüllte beiden das Innerste des Herzens.

Nach langer Zeit gab Schams Annahar ein Zeichen. Da stimmten die Mädchen ihre Lauten, und die Sklavin mit der schönsten Stimme begann erneut zu singen:

»Der Geliebte neigt sich zur Geliebten hin.
Die Sehnsucht nur lenkt seinen Sinn.
Er steht am Meer der Ewigkeit,
Das voll ist süßen Wassers, tief und breit,
Das aufnimmt alle Tränenflut,
Das dämpfend wirkt auf Herzensglut.
Es ist das Meer der Liebe zwischen Seelen,
Die einmal nur, dann nimmer wählen.
Sie senken sich ins Meer der Ewigkeit
Und bleiben dort für alle Zeit.«

Als Schams Annahar diese Verse gehört hatte, stand sie auf, um aus dem Garten in den Saal zu schreiten. Ali Ibn Bekkar folgte ihr und streckte seine Arme nach ihr aus. Unter der Türe umarmten sie sich. Es war, als ob die Sonne den Mond umarmte. Nie waren zwei schönere Menschen beisammen als diese beiden. Und obgleich Ali Ibn Bekkar in Schams Annahar einging, wurde doch nicht die Scham und die Schicklichkeit verletzt.

Ihre Kraft verließ sie endlich, und sie fingen an zu wanken. Da umgaben die anderen Sklavinnen die zwei Liebenden und legten sie auf die weichen Polster im Saale. Rosenwasser brachten Sklavinnen herbei und feines Pulver aus gemahlenem Moschus. Die Mädchen bespritzten und bestäubten Schams Annahar und Ali Ibn Bekkar mit den duftenden Stoffen, bis die beiden ihre Sinne wieder gewannen. Da waren die Liebenden schöner und blühender als zuvor. Schams Annahar wandte sich dann von ihrem Lager aus nach rechts und nach links. Es zeigte sich, daß sie den Kaufmann Abu Hasan suchte, der sich hinter den Mädchen verborgen hielt. Sie fragte nach ihm. Da trat er auch schon hervor. Freundlich grüßte ihn Schams Annahar und sagte dann: »Ich weiß nicht, wie ich dich belohnen soll. Du hast eine gute Tat für uns Liebende vollbracht!«

In meinem Versteck konnte ich alles hören, was die Sklavin sprach. Ich konnte auch sehen, daß Abu Hasan, der doch wirklich ein erfahrener und geschickter Mann war, errötete und zur Erde blickte. Er wußte der Schams Annahar keine Antwort zu geben.

Da wandte sich die Frau an Ali Ibn Bekkar und sagte: »Herr, deine Liebe hat eben den höchsten Grad erreicht. Laß dir sagen, daß auch ich den höchsten Genuß erreicht habe. Es bleibt uns nun nichts, als auf Allahs Ratschluß zu vertrauen. Wir dürfen seine Gnade nicht verlieren!« Ali Ibn Bekkar antwortete: »Meine Gebieterin Schams Annahar! Meine Vereinigung mit dir konnte das Feuer der Sehnsucht nicht löschen. Nur mit dem Tode werde ich aufhören, dich zu lieben. Erst wenn mein Herzschlag vergeht, wird auch meine Liebe vergehen!«

Abu Hasan fand die richtigen Worte für die beiden Liebenden. Er sprach: »Wunderbar ist, was ihr erlebt, und wunderbar ist, was unsere Augen sehen. Zart sind eure Gefühle füreinander. Laßt keinen Kummer aufkommen. Wahr ist das Wort, das auch der Prophet – Allah segne ihn und gebe ihm Heil – kannte: Rasch müssen Liebende ihre Zeit nützen!« Schams Annahar nickte nach diesen Worten. Dann gab sie einer der Sklavinnen ein Zeichen, ein silbernes Tischchen zu holen, das vor Ali Ibn Bekkar und Abu Hasan gestellt wurde. Auch Schams Annahar nahm an diesem Tischchen Platz. Speisen wurden herbeigebracht: kleine Portionen erlesenen Geflügelfleisches, das gebraten war. Dazu wurde Reis gereicht, in den Rosinen gemischt waren. Schams Annahar legte ihrem Geliebten die Speisen vor, und er schob ihr manchen Bissen in den Mund. Abu Hasan aber mußte sich selbst bedienen. Keiner der drei hatte Lust, viel zu essen. Bald schon wurde das Tischchen fortgetragen. Zwei Sklavinnen brachten eilends ein silbernes Waschbecken und eine goldene Wasserkanne. Sie wuschen den Liebenden und Abu Hasan die Hände. Dann winkte Schams Annahar wieder, und alsbald verschwand eine andere der Sklavinnen. Sie brachte schließlich drei Eunuchen mit, die trugen drei Trinkgefäße, die aus Kristall gefertigt und in Gold gefaßt waren. Wein befand sich in den Trinkgefäßen. Als der Wein von Schams Annahar, Ali Ibn Bekkar und Abu Hasan gekostet worden war, begann das Mädchen wieder zu singen, dessen Stimme vor der Vereinigung der Liebenden zu hören gewesen war. Sie sang diese Verse:

»Die Lust zur Vereinigung war rasch erwacht,
Sie lebt in euch fort, auch nach dieser Nacht.
Sie bleibt als Geheimnis bei uns verborgen.
Was heut ein Geheimnis, das dauert auch morgen.
Doch wird euch Leid wohl nicht verschonen,
Weil Tränen und Liebe beieinander wohnen.
Stunden der Liebe sind euch gegeben,
Stunden der Trennung müßt ihr erleben!
Da ihr nun euch, jeder den anderen, gewählt,
Denkt daran, daß nur der Augenblick zählt.«

Als dieses Lied zu Ende war, glitten die Liebenden erneut ins Reich des Entzückens. Während des Liebesspiels entfernten sich Abu Hasan und die Sklavinnen in den Garten. Auch ich wandte im Versteck den Blick von diesem Einklang der Körper und der Seelen.

Plötzlich aber wurde die Ruhe der Liebenden gestört durch eine Sklavin, die laut rufend herbeieilte. »Oh meine Gebieterin!« Dies waren die Worte, die mich im Versteck aufschreckten. Dann hörte ich die verstörte Sklavin sagen: »Diener des Beherrschers der Gläubigen sind von der Fahrt auf dem Tigris zurückgekommen. Masrûr, der Schwertträger, ist mit ihnen. Sie stehen an der Tür, um eine Botschaft unseres Herrn zu überbringen!«

Ich sah, daß das Mädchen zitterte wie die Spitze eines Dattelbaums im Wind. Abu Hasan, der aus dem Garten herbeigeeilt war, sah aus, als ob er vor Schreck im Boden versinken wollte. Auch Ali Ibn Bekkar empfand wohl, daß sich der Mond seiner Freuden verdüsterte, daß die Sterne der Wonne untergingen. Schams Annahar aber lachte über die Furcht des Ali und des Abu Hasan. Sie sagte: »Auch Masrûr, der Rächer des Beherrschers der Gläubigen, muß so lange an der Tür warten, bis ich bereit bin, ihn zu empfangen. Dieses Recht, warten zu lassen, hat mir mein Herr, der Kalif, zugestanden!« Dann erhob sie sich vom Lager, ließ die Tür zum Saal, dessen Kuppel von hundert Säulen getragen wird, schließen – auch die Vorhänge wurden zugezogen – und setzte sich sodann auf einen Stuhl im Garten, gleich neben die fließenden Wasser. Von einer Sklavin ließ sich Schams Annahar die Füße massieren und benahm sich so, als ob nichts Ungewöhnliches geschehen wäre. Endlich gab sie zu verstehen, daß Masrûr und die Diener des Beherrschers der Gläubigen nähertreten sollten.

Ich befand mich immer noch in meinem Versteck am Eingang des Kuppelsaals, hinter Vorhängen verborgen. Von dort aus konnte ich sehen und hören, was drinnen und draußen vorging. Im Saal saßen Ali Ibn Bekkar und Abu Hasan in sich zusammengekauert. Draußen im Garten trat Masrûr auf Schams Annahar zu und sagte: »Gebieterin! Der Fürst der Gläubigen läßt dich grüßen. Er fragt nach deinem Ergehen, und er will, daß du von seiner Sehnsucht nach dir erfährst. Der Beherrscher der Gläubigen hat einen fröhlichen Tag zugebracht, und es ist sein Wille, diesen Tag mit dir zu beschließen und die Nacht mit dir zu verbringen. Er möchte, daß du im Bade deinen Leib auf die Ankunft des Beherrschers der Gläubigen vorbereitest.« Schams Annahar antwortete: »Ich höre und gehorche. Es geschehe, was Allah und der Beherrscher der Gläubigen befehlen! Ich bitte unseren Herrn nur um Geduld, bis ich und das Lager bereitet sind!« Dann entließ sie Masrûr und die Diener.

Ich sah, wie die Lieblingssklavin des Kalifen Harun Al Rashid in den Kuppelsaal zu Ali Ibn Bekkar und Abu Hasan ging, die den Eindruck machten, als seien sie ängstliche Vögelchen in einem Nest. Schams Annahar drückte den Prinzen aus Persien fest an sich und sagte: »Ich glaube, dieser Abschied bringt mir den Tod! Allah gebe mir Geduld, bis ich dich wiedersehe. Was euch beide betrifft, so werde ich dafür sorgen, daß ihr ohne Schaden von hier fortkommt. Ali Ibn Bekkar, du kannst leicht deinen Liebeskummer verbergen. Niemand wird dich durchschauen, denn du hast das Glück, alleinsein zu können. Ich aber gehe einem bösen Geschick entgegen. Der Kalif wird bemerken, daß ich anders bin als sonst. Mit welcher Stimme soll ich vor ihm singen, die ihm nicht anzeigt, wie ich mich fühle? Wird mein Leib die Kraft haben, ihn zu bedienen, ihn glücklich zu machen auf dem Lager? Kann ich den Beherrscher der Gläubigen überhaupt noch zufriedenstellen?« Abu Hasan entgegnete: »Du brauchst Kraft in dieser Nacht, Schams Annahar! Allah in seiner Güte wird euch wieder vereinigen!«

Nachdem Abu Hasan diese Worte gesprochen hatte, wurden er und Ali Ibn Bekkar zu einem Pavillon geführt, der abseits im Garten stand. Schams Annahar aber ging, um ihren Leib für den Beherrscher der Gläubigen vorzubereiten.

Kurze Zeit später füllte sich der Garten mit Sklaven, die Lichter trugen, weiße Kerzen aus Wachs. Hell flackerte der Schein zwischen den Bäumen. Da war es auch für mich Zeit, das Versteck zu verlassen, um meinen Herrn zu begrüßen, der von Masrûr in den Garten geleitet wurde. Masrûr mußte den Kalifen festhalten, denn er schwankte vor Trunkenheit. Schams Annahar trat aus dem Saal, warf sich vor Harun Al Rashid auf den Boden und küßte die Erde. Der Kalif gab ihr bald ein Zeichen, das ihr erlaubte, sich wieder zu erheben. Er sprach: »Schams Annahar! Ich wünsche dir ein Leben, das von Glück bestimmt ist. Auch wünsche ich dir ein freudiges Herz!« Der Kalif setzte sich dann auf einen silbernen Sessel und ließ die Lieblingssklavin zu einem Stuhl geleiten, der sich seinem Platz gegenüber befand. Beide waren von so vielen Lichtern umgeben, daß die Nacht zum

Tag und die Finsternis in Glanz verwandelt wurde. Trinkgefäße wurden gebracht, und keiner verschmähte den Wein – der Beherrscher der Gläubigen auch nicht. Er wandte sich um und befahl einer Sklavin zu singen. Sie ließ diese Verse erklingen:

»Ich weine Tränen und ich glaube,
Daß Liebe mir die Lebensgeister raubt.
Dem Tod will ich mich anvertrauen,
Vom Paradiese den Geliebten schauen,
Dies ist der einzige Wunsch, der mir noch bleibt,
Zu dem mich die Verzweiflung treibt.«

Ich weiß nicht, warum die Sklavin diese Verse gesungen hatte, die das Herz der Schams Annahar tief berühren mußten. Ich sah, daß sie zu zittern begann, gleich zu Beginn des Gesangs. Als die Verse verklangen, sank sie in Ohnmacht auf ihrem Stuhl zusammen. Sklavinnen sprangen herzu und trugen Schams Annahar weg. Wie von Angst getrieben, verschwanden die Lichtträger zwischen den Bäumen. Und bald lag der Garten in völligem Dunkel.

Im Pavillon warteten, als dieses Ereignis geschah, Ali Ibn Bekkar und Abu Hasan in Sorge auf das, was mit ihnen geschehen würde. Es war meine Aufgabe, die beiden aus der Nähe des Kalifen Harun Al Rashid wegzubringen. Ich schickte eine Sklavin zum Pavillon, die einen bestimmten Auftrag hatte. Sie berichtete mir später: »Als ich zum Pavillon kam, lag der jüngere der beiden Männer mit steifen Gliedern auf dem Boden. Eine Ohnmacht hatte zu dieser Gliederstarre geführt. Ich sagte: ›Steht auf! Diese fürchterliche Nacht kann für uns alle das Ende bedeuten. Vielleicht hat Masrûr, der Schwertträger, schon den Befehl, uns allen die Köpfe abzuschlagen!‹ Der ältere der beiden Männer sprach darauf: ›Wie soll ein Mensch aufstehen, den völlige Lähmung befallen hat?‹ Ich wies ihn mit strenger Stimme an, den Gelähmten zu tragen. Unter keinen Umständen dürfe er länger innerhalb der Palastmauern bleiben. Unter Jammern und Klagen nahm der Ältere den Jüngeren auf den Arm und folgte mir hinunter zum Tigris. Dort lag, wie du befohlen hast, oh Wesir des Beherrschers der Gläubigen, ein Boot bereit. Der Ruderer wartete darauf, die beiden Männer ans andere Tigrisufer zu bringen. Zur Vorsicht begleitete ich sie. Die Ohnmacht des Jüngeren löste sich erst, als wir am hellerleuchteten Palast des Kalifen vorüberglitten. Er streckte eine Hand aus in Richtung der Fenster, die andere Hand aber legte er sich aufs Herz. Als wir am Ufer angekommen waren, da fühlte er sich noch so schwach, daß er kaum gehen konnte. Ich mußte die beiden dort verlassen. Was aus ihnen geworden ist, ich weiß es nicht!«

Dieser Bericht der Sklavin gab mir wenigstens Gewißheit, daß Ali Ibn Bekkar und Abu Hasan nicht mehr im Palast entdeckt werden konnten. In dieser Nacht war den Liebenden nicht mehr zu helfen. Ohne in Erfahrung bringen zu können, was mit Schams Annahar geschehen war, verließ ich den Palast und begab mich zu meinem eigenen Haus. Voll Unruhe verbrachte ich die Stunden bis zum Morgen.

Eines der Mädchen, die zum Haushalt der Schams Annahar gehörten, gab mir dann Bescheid über den Zustand der Lieblingssklavin des Beherrschers der Gläubigen. Sie berichtete: »Schams Annahar war aus dem Garten in ihre Räume getragen worden. Dorthin folgte ihr auch der Kalif. Er setzte sich ihr zu Häupten. Niemand sagte ihm, was an diesem Tag vor seiner Ankunft im Garten geschehen war. Als Schams Annahar endlich aus der Ohnmacht erwachte, küßte sie dem Beherrscher der Gläubigen die Füße. Dies waren ihre Worte nach dem Erwachen: ›Oh Herr! Allah nehme mein Leben für das deinige. Allah lasse mich sterben und dich ewig leben. Mir war unwohl geworden. Es war, als verzehre Feuer meinen Körper von innen. Ich wußte auf einmal nicht mehr, wo ich war.‹ Unser Herr, der Kalif, fragte darauf Schams Annahar, was sie den Tag über getan habe. Sie gab ihm jedoch nur falsche Antwort und sprach nichts von alldem, was vorgefallen war. Der Beherrscher der Gläubigen, froh darüber, daß das Unwohlsein der Lieblingssklavin vorüber war, wollte sich anschicken, das Lager mit ihr zu teilen, doch da brach die Krankheit wieder aus. Betrübt verließ der Beherrscher der Gläubigen die Räume der Schams Annahar. Er glaubte, daß sich ihre Seele für immer von ihm trennen wollte. Beim Weggehen ordnete er an, am frühen Morgen seien die besten Ärzte von Baghdad zu rufen. Sie sollten verhindern, daß sich die Seele der Schams Annahar von ihrem Leib trenne. Harun Al Rashid hatte nicht gemerkt, daß sie nur krank war aus Liebe. Kaum waren wir allein, versuchte ich, Schams Annahar zu helfen. Ich rüttelte sie, zog sie an den Beinen und bespritzte sie mit Rosenwasser, bis sie die Augen öffnete. Dies sagte ich zu ihr: ›Diese Nacht wird dich noch ins Verderben stürzen, mitsamt allen, die zu dir gehören! Beim Leben deines Geliebten! Gebrauche allen Verstand, den du hast!‹ Schams Annahar aber hatte nur eines im Sinn: Sie wollte wissen, wie es Ali Ibn Bekkar in der Nacht ergangen sei.«

Ich schickte das Mädchen, das mir dies alles erzählt hatte, zurück zu seiner Herrin mit der Nachricht, der persische Prinz sei wohlbehalten aus dem Palast gebracht worden. Meine Späher wußten auch bald zu berichten, Ali Ibn Bekkar befinde sich im Ladengewölbe des Abu Hasan. Der Kaufmann benahm sich so, als wäre nichts geschehen in der Nacht zuvor: er verkaufte und kaufte.

Als wieder Dämmerung anbrach, da besuchte mich Abu Hasan. Er erzählte mir davon, daß nur eine Stunde zuvor eine Sklavin aus dem Palast zu ihm in den Laden gekommen sei. Sie habe den Auftrag gehabt, einen Brief von Schams Annahar an Ali Ibn Bekkar zu überbringen. Da der Empfänger zu schwach war, um das Siegel zu brechen, hatte der Kaufmann die Briefblätter entfaltet und hatte vorgelesen, was Schams Annahar geschrieben hatte. Abu Hasan hatte sich den Wortlaut des Briefes gemerkt:

»Mein Gebieter! Du hast ein Herz verlassen, das vor Sehnsucht und Liebesqual nur noch mühsam schlägt. Meine Augen wachen vor Gram und haben sich den Schlaf abgewöhnt. Niemand kann die Fügungen des Schicksals abwenden. Bist Du auch meinem Auge fern, so wirst Du doch immer in meinem Herzen sein. Mein Zustand läßt sich so beschreiben: Zu keinem Augenblick weicht Wehmut von meiner Seele. Ich werde von Gedanken geplagt, die nur in einem kranken Körper zu Hause sein können. Mir ist, als hätte ich nie Gesundheit gekannt, als wäre ich immer krank gewesen. Ich fühle mich, als hätte ich nie frisch ausgesehen, als hätte ich nie ein fröhliches Leben geführt. Möge Allah uns doch dadurch erfreuen, daß er unsere Leiber wieder vereinigt.«

Als Abu Hasan geendet hatte, den Wortlaut des Briefes aufzusagen, da saß ich lange, ohne mich zu rühren. War es klug, das Spiel mit Herzen weiterzutreiben? Was war gewonnen, wenn der Prinz aus Persien zugrunde ging, entweder durch Gram, der seine Seele zerfraß, oder durch das Schwert des Masrûr, des Rächers des Kalifen?

Nachdem ich durchdacht hatte, was bisher geschehen war, kam ich zum Entschluß, das Spiel nicht zu beenden, denn noch war nichts verloren, aber alles konnte gewonnen werden. Ich befahl dem Kaufmann Abu Hasan, er möge den persischen Prinzen veranlassen, in einem Brief Schams Annahar zu antworten. Ehe das Schreiben jedoch in die Hand der Adressatin gelangen dürfe, müsse es von mir gelesen werden. Schon zwei Stunden später hatte ich die Antwort des Ali Ibn Bekkar an Schams Annahar in der Hand. Sie lautete:

»Im Namen Allahs, des Barmherzigen. Ich habe Deinen Brief vor mir liegen. Er wirkt auf mich wie ein Liebesbrief vom milden Mond, der durch sein Licht die Welt verschönt. Dein Brief hat einen Teil meiner Leiden erleichtert. Meine Liebe ist Dir nicht verborgen. Mein Kummer ist Dir bewußt. Meine Tränen hören nicht auf zu fließen, und die Flamme meiner Sehnsucht wird nie erlöschen. Zu keiner Stunde meines Lebens wird meine Liebe einem anderen Menschen gehören. Dein Brief, oh Gebieterin, hat etwas Ruhe in meine Seele gebracht, die von Gram und Schmerz ermüdet war. Trotzdem bleibt mein Herz gepeinigt, bis wir wieder vereinigt sind, bis sich unsere Leiber in einen Leib verschmelzen. Jetzt, da ich diese Worte schreibe, wird mir die Trennung, die Dein Brief erträglicher gemacht hat, wieder schmerzlich bewußt. Meine Klagen schreibe ich Dir nicht, um den Schmerz zu löschen, sondern nur, um Dir meine übermäßige Sehnsucht deutlich zu machen. Friede sei mit Dir.«

Abu Hasan, der mir den Brief überbracht hatte, machte einen überaus ängstlichen Eindruck. Als ich ihn beschwor, er möge mit mir doch über seine Sorgen sprechen, da sagte er in zögernden Worten: »Ich habe zum ersten Mal, seit diese Geschichte begonnen hat, an mich selbst gedacht. Ich gelte als angesehener Mann. Ich mache Geschäfte mit den Frauen des Beherrschers der Gläubigen. Ihm selbst, dem Kalifen Harun Al Rashid, bin ich nicht unbekannt. Was wird mir geschehen, wenn dem Kalifen die Liebe zwischen seiner Lieblingssklavin Schams Annahar und Ali Ibn Bekkar entdeckt wird? Ich werde mein Vermögen verlieren, vielleicht sogar mein Leben. Meine Kinder, ja meine ganze Familie würden ins Unglück gestürzt werden. Ich bin so sehr in diese Sache verwickelt, daß ich jetzt nicht einfach sagen kann: Ich habe damit nichts zu tun. Wirst du, der Wesir Dschafar Al Barmaki, mich retten können, wenn sich eine der Sklavinnen der Schams Annahar, die doch alles wissen, was geschehen ist, aus Groll, aus Rachsucht oder auch nur aus Schadenfreude an Masrûr, den Schwertträger des Kalifen, wendet? Vor dergleichen Dingen fürchtet sich der Kluge, es scheut sich davor der Verständige. Nachdem ich mit meinen Gedanken so weit gekommen war, da entschloß ich mich, Baghdad zu verlassen und nach Basra zu reisen. Dort besitzt ein Verwandter von mir einen Laden. Zu diesem Verwandten werde ich mich begeben. In Basra kann ich abwarten, was mit Schams Annahar und Ali Ibn Bekkar geschieht. Dort werde ich erfahren, was Allah über sie bestimmt hat. Sein Wille wird wohl sein, daß sie sterben. Schon jetzt ist die Liebe zwischen den beiden jungen Menschen derart gewaltig, daß sie zugrunde gehen, wenn sie nicht Erlösung in der Vereinigung finden. Darum ist es gut, wenn ich rasch Baghdad verlasse. Allah wird mich später nach meinem Handeln fragen.

Ich will ihm sagen können, daß ich an meine Kinder, an meine Familie in dieser Sache gedacht habe.«

Der Kaufmann Abu Hasan verließ mich, nachdem er diese Worte gesprochen hatte. Ohne Gruß ging er aus dem Saal. Ich versuchte nicht, ihn aufzuhalten. In Gedanken blieb ich auf dem Kissen sitzen: Da war eingetreten, was ich nie gewollt hatte. Meine Absicht war gewesen, einem Prinzen aus Persien den Aufenthalt in Baghdad zu versüßen, damit ihm die Hauptstadt des Islamischen Reiches in angenehmer Erinnerung bliebe. Entfacht hatte ich einen Brand der Gefühle, der nicht mehr zu löschen war und der nicht nur den beiden Liebenden, sondern auch dem Kaufmann Abu Hasan Verderben brachte. Der gute Gedanke, Versöhnung zu ermöglichen zwischen den persischen Provinzen und der von Arabern beherrschten Hauptstadt, stiftete Unheil. War die Versöhnung zwischen Persern und Arabern nicht Allahs Wille? Wollte Allah, daß die Perser wieder – wie zur Zeit des Schah-Inschah Chosru Nuschirwan, des zwanzigsten in der Reihe der Könige Persiens – ein unabhängiges Reich sein sollten? Chosru Nuschirwan wird von den persischen Geschichtsschreibern zu Recht mit Darius I. verglichen, der das Perserreich durch schöpferische Kraft gefestigt hatte.

Ich bin mir nicht sicher, ob ich, als Mitglied des Geschlechts Al Barmaki, in jener Abendstunde nicht mit Stolz an die große persische Vergangenheit gedacht habe – war doch unser Geschlecht persischen Ursprungs. Sicher gab es einen Augenblick, in dem ich verleitet war, an den Vorteil Persiens und nicht an den Vorteil des Kalifen zu denken. Im nächsten Augenblick aber dachte ich an beide, an Persien und an den Kalifen. So entschloß ich mich, aus Allahs Ratschluß abzulesen, ob er die Herrschaft der Araber über die Perser bewahren wollte oder ob er geneigt war, den Persern Unabhängigkeit zuzugestehen. Das Geschick von Ali Ibn Bekkar und Schams Annahar sollte mir Allahs Willen entdecken.

Am anderen Morgen kam eine der Sklavinnen der Schams Annahar zu mir, um mich im Auftrag der Herrin zu fragen, ob ich den Kaufmann Abu Hasan aus der Stadt geschickt habe. Sein Laden sei verschlossen. Ein Brief von Schams Annahar an Abu Hasan und damit an Ali Ibn Bekkar habe nicht abgegeben werden können. Der Adressat war verschwunden. Auch wisse niemand, wo sich der Prinz befinde. Schams Annahar sei nun der Meinung, ich hätte die Liebesbeziehung aus Angst vor dem Kalifen zerstören wollen. Sie wußte also nicht, daß ich es war, der diese Liebe überhaupt ermöglicht hatte. Der Zorn der Schams Annahar oder ihre Verzweiflung mußte riesig sein, wenn sie sich, durch Entsendung ihrer Sklavin zu mir, in ihrer Liebesangelegenheit an den Wesir des Kalifen wandte. Ich sagte zu der Botin: »Allah stehe deiner Herrin bei und verleihe ihrer Liebe einen guten Ausgang!« Dann entließ ich sie, ohne ihr zu sagen, daß Abu Hasan Baghdad aus freiem Willen verlassen hatte.

Ich war überzeugt, daß sich Ali Ibn Bekkar noch immer im Hause des Kaufmanns aufhielt. Der junge Mann aus Persien, der zuvor über eine eigene Wohnung in Baghdad verfügt hatte, war während der vergangenen Tage derart abhängig geworden von Abu Hasan, daß er sich vor der eigenen Wohnung und vor den eigenen Dienern fürchtete. Im Ladengewölbe von Abu Hasan hatte er Geborgenheit gefunden. Abu Hasan hatte dem persischen Prinzen wohl bei seiner überstürzten Abreise erlaubt, auch weiterhin in den Räumen hinter dem Laden zu leben. Verhungern, das war sicher, würde er dort nicht. Doch würde ihn, in der Verlassenheit, der Schmerz der Liebe töten. Ich befahl deshalb der Nachtwache, unbemerkt den Laden von Abu Hasan aufzubrechen. Ich befand mich dort, als sich die Flügel des Gewölbetors, von geschickter Hand entriegelt, in der Stunde nach Mitternacht öffneten. Im hintersten Raum des Ladens schlief Ali Ibn Bekkar.

Wenig war übriggeblieben von den eleganten persischen Kleidern, die dieser Prinz aus der Provinz Fars getragen hatte. Ungepflegt lag Ali Ibn Bekkar auf dem Lager, im zerknitterten Hemd. Den Mantel hatte er in eine Ecke geworfen. Als er erschreckt aufwachte und in das Fackellicht der Nachtwache blickte, fiel es mir schwer, ihn zu beruhigen. Daß ich mich ihm als Wesir des Kalifen Harun Al Rashid zu erkennen gab, trug nicht zu seiner Beruhigung bei. Er glaubte, ich käme als Rächer des Beherrschers der Gläubigen.

Als er begriff, daß er nicht für seine Liebe geköpft werden sollte, daß ich gekommen war, um ihm zu helfen, da sprach er: »Ich gehe gewiß zugrunde und sinke ins Verderben. Oh, möchte Allah doch meinen Tod beschleunigen! Ich bin zu keiner Überlegung mehr fähig. Hier liege ich als dein Gefangener. Ich werde dir, oh Wesir, in nichts widersprechen!« Ich sagte Ali Ibn Bekkar, er möge sich weiterhin im Laden des Abu Hasan verbergen, bis ich ihm Nachricht zukommen lasse. Der Nachtwache befahl ich, die Flügel des Gewölbetors wieder zu verriegeln. Der Sklavin Schams Annahar aber ließ ich Nachricht zukommen, daß Ali Ibn Bekkar lebe und sich noch immer in Baghdad aufhalte.

Der Beherrscher der Gläubigen war während der nächsten Tage ungnädig gelaunt. Der Grund erschloß sich mir nicht. Ich konnte nur annehmen, daß sich ihm seine Lieblingssklavin entzog, unter dem Vorwand, sie sei immer noch krank. Ich hatte dem Kalifen aufzuwarten im Saal des Diwan, doch Harun Al Rashid zeigte keine Neigung, sich mit Staatsgeschäften zu befassen.

Durch Masrûr, den Schwertträger, erfuhr ich, der Kalif werde des Nachts wieder von Unruhe des Herzens geplagt. Mit Sorge erfüllte mich die Erkenntnis, daß Harun Al Rashid nicht nach mir, nach seinem Wesir, rief – wie das früher geschah, wenn ihm die Brust zu eng geworden war. So ergab sich keine Gelegenheit für ein Gespräch über die persische Frage. Ich hätte gerne erfahren, ob Harun Al Rashid sich schon in der Wahl eines Feldherrn entschieden hatte, dem die Aufgabe der Unterwerfung der unruhigen Gemüter in den persischen Provinzen zufallen sollte. Ich wußte, daß er entschlossen war, seine Herrschaft mit Härte durchzusetzen. Aber es gelang mir nicht während kurzer Begegnungen im Saal des Diwan, den Beherrscher der Gläubigen zum

Reden zu bewegen. Ich muß auch bekennen, daß meine Gedanken zu sehr damit beschäftigt waren, dem persischen Prinzen zu helfen, der sich weiterhin im Laden des Abu Hasan verbarg.

Da erhielt ich eine schriftliche Nachricht von Schams Annahar. Dies waren die Worte, die sie dem Papier anvertraut hatte: »Im Namen Allahs, des Barmherzigen und Milden! Ich habe gehört, Abu Hasan, der ein Bote des Vertrauens war, habe Baghdad verlassen. Ich habe mich belehren lassen, daß Du ihn nicht aus der Stadt geschickt hast. Seine Abreise hat unseren brieflichen Verkehr unterbrochen. Allah möge meinem Herzen baldige Aufheiterung senden. Friede sei mit Dir, oh Dschafar Al Barmaki.« Dann aber offenbarte das Schreiben deutlicher die Absicht der Schams Annahar: »Wenn du einen sicheren Ort weißt, an dem ich den Gegenstand meiner übergroßen Liebe treffen kann, so werde ich dorthin kommen. Ein derartiges Feuer, das in mir brennt, kann nur durch die Vereinigung der Leiber gelöscht werden. Dies soll jedoch an einem Ort geschehen, wo keine Gefahr, kein Schaden und kein Unglück zu befürchten ist!«

Dem Mädchen, das die Nachricht überbracht hatte, schärfte ich ein, sie möge ihrer Herrin diese Worte sagen: »Ein sicherer Ort ist ausgewählt! Wenn ihr könnt, so kommt den nächsten Tag zur Nachtzeit zum Laden des Abu Hasan.«

Ich wußte, daß in jenem Ladengewölbe alles zu finden war, was zur Verschönerung der Stunde der erneuten Vereinigung beitragen konnte. Goldenes und silbernes Geschirr befand sich in den Räumen des wohlhabenden Kaufmanns Abu Hasan. Da lagen weiche Kissen und flauschige Teppiche auf dem Boden. Die Wände waren mit Tapeten verziert. In der Kühle der hintersten Kammer lagerten Krüge, die mit Wein gefüllt waren. Es mußten nur dienstbare Hände gefunden werden, die Vorbereitungen trafen für die Begegnung der Liebenden. Abu Hasan hatte bei seiner raschen Abreise einige der Diener mitgenommen und die anderen zu ihren Familien geschickt. Außer Ali Ibn Bekkar befand sich niemand im Ladengewölbe.

Wieder war es die Stunde nach Mitternacht, als ich die Flügeltore lautlos von der Nachtwache entriegeln ließ, und wieder war Ali Ibn Bekkar nur schwer zu beruhigen. In seinem Kummer konnte er lange nicht glauben, daß er Hoffnung haben durfte auf die Vereinigung mit Schams Annahar. Dann aber sprach er: »Oh Dschafar! Bist du ein treuer Bote, so laß alle Ausschmükkungen der höflichen Rede, die du am Hofe gewöhnt bist. Sage nichts anderes als die Wahrheit. Heile mit Wahrheit den Liebeskranken!« Die Wahrheit war, daß ich die Absicht hatte, Schams Annahar zu veranlassen, am folgenden Abend, gleich nach den Gebeten zum Sonnenuntergang, in das Ladengewölbe des Abu Hasan zu kommen. Als Ali Ibn Bekkar diese Wahrheit begriffen hatte, da sprang er wie einer, der eben von langer Krankheit gesund geworden war, vom Lager auf. Noch in jener Nacht begab er sich in seine eigene Wohnung, um sich zu reinigen, den Leib zu pflegen, um sich vorzubereiten auf die Stunde des Glücks. Ich aber sorgte dafür, daß im Ladengewölbe des Abu Hasan Kissen aufgeschüttelt, Tische und Geschirre aufgestellt, Getränke und Speisen aufgetischt und schließlich auch Wohlgerüche versprüht wurden.

Am anderen Tag, bald nach der Stunde der Gebete zum Sonnenuntergang, wurde mir berichtet, Ali Ibn Bekkar und Schams Annahar hätten sich heimlich in das Haus des Abu Hasan begeben, ohne daß jemand sie bemerkt habe. Sie befänden sich allein in den Ladengewölben. Kein Lichtschein dringe nach draußen. Im Laden und auf der Straße herrsche völlige Ruhe.

Als ich, es war früh am Morgen, mit dem Beherrscher der Gläubigen im Saal des Diwan saß, um die Geschäfte des Tages zu beginnen, da wurde der Befehlshaber der Nachtwache gemeldet. Er warf sich vor Harun Al Rashid nieder, küßte den Boden und wünschte dem Kalifen ein langes Leben und den Segen Allahs. Von mir schließlich befragt, was ihn in den Palast des Beherrschers der Gläubigen führe, sagte er, während der Stunden nach Mitternacht sei der Laden des Abu Hasan aufgebrochen und ausgeplündert worden. Er halte es für seine Pflicht, diese Untat anzuzeigen, denn es sei seiner Aufmerksamkeit nicht entgangen, daß ich, der Wesir des Beherrschers der Gläubigen, diesem Laden in den vergangenen Tagen meine Beachtung geschenkt habe. Die Plünderung habe, so sagte der Befehlshaber der Nachtwache, in der ganzen Stadt Aufmerksamkeit erregt. Nicht nur aus dem Marktviertel, sondern auch aus den angrenzenden Quartieren Baghdads ströme Volk herbei, um den Ort des Verbrechens zu sehen, denn lange sei derartiges in Baghdad nicht mehr geschehen.

Als Wesir war ich für Ordnung in Baghdad verantwortlich. Ich begab mich deshalb – mit der Erlaubnis des Beherrschers der Gläubigen – aus dem Palast zum Ladengewölbe des Abu Hasan. Viel war von außen nicht zu sehen, nur die Flügel der Ladentore waren aus den Angeln gerissen. Die Bewohner der Nachbarhäuser erzählten, sie hätten ein Geschrei gehört, und als sie daraufhin auf die Straße getreten seien, wären ein Dutzend vermummter Männer an ihnen vorbeigestürzt, die Säcke davongeschleppt hätten. Fortgetragen hätten sie aber auch zwei Menschen, wohl einen Mann und eine Frau, die offenbar nackt gewesen seien. Einige der Nachbarn des Abu Hasan wollten gesehen haben, daß sich die beiden Nackten gegen die Verschleppung gewehrt hätten.

Da fühlte ich große Angst in mir aufsteigen. Möglich war, daß dem Beherrscher der Gläubigen hinterbracht worden war, daß sich seine Lieblingssklavin mit Ali Ibn Bekkar im Laden des Abu Hasan getroffen und daß er Bewaffnete geschickt hatte, um beide zu fangen. Die Angst minderte sich etwas, als ich sah, daß aus dem Innern des Ladengewölbes die goldenen und silbernen Geschirre fortgetragen worden waren, daß Teppiche fehlten, daß sich keine Ware mehr im Laden befand. Das Gewölbe war also wirklich ausgeplündert worden. Hätte der Kalif Bewaffnete geschickt, um die Liebenden abzuholen, so wären die Männer nicht auf den Gedanken gekommen zu rauben. Doch diese Erkenntnis brachte mir nur geringen Trost, denn der Prinz aus

Persien und die Lieblingssklavin des Beherrschers der Gläubigen blieben verschwunden.

Daß sich Schams Annahar nicht mehr im Palast befand, konnte dem Kalifen kaum länger verborgen bleiben. Geringer war die Gefahr, daß jemand den persischen Prinzen vermißte. Meine Lage war schwierig geworden. Auch meine Späher, denen sonst nichts verborgen blieb, hatten über zwei Tage hin keine Spur der Verschwundenen entdeckt. Da suchte mich in meinem eigenen Haus am Abend ein Mann auf, der seinen Namen nicht nennen wollte. Er sagte nur: »Ich habe in einer wichtigen Sache mit dir zu reden! Aber dies kann nicht hier in deinem Haus geschehen. Folge mir!« Zu anderer Zeit wäre es völlig undenkbar gewesen, daß ich, der Wesir des Beherrschers der Gläubigen, eine derart barsche Aufforderung ungestraft gelassen hätte. Doch jetzt blieb mir keine andere Wahl, jede Möglichkeit zu erforschen, um Ali Ibn Bekkar und Schams Annahar wiederzufinden. Ich folgte also dem Fremden und verließ mein Haus, ohne dem Diener am Tor zu sagen, was mich veranlaßte, das Haus zu verlassen.

Wir gingen schweigend von einer Straße in die andere. Zuerst spendeten Fackeln, die an den Hauswänden steckten, Licht, doch dann wurden die Straßen und Gassen dunkel. Wie lange wir gingen, kann ich nicht mehr sagen. Schließlich traten wir in ein dunkles Haus ein. Hinter uns schoben zwei vermummte Gestalten schwere eiserne Riegel über das Tor. In einem Raum, in dem ein Wachslicht brannte, wurde ich von bärtigen Männern, es mögen vielleicht zwölf gewesen sein, erwartet. Einer fragte mich: »Kennst du uns?« Ich sagte: »Nein. Ich kenne weder euch, noch den Mann, der mich hierhergeführt hat. Ich kenne nicht einmal das Stadtviertel, in dem wir uns befinden.«

Da sprach derjenige, der mich gefragt hatte, diese Worte: »Wir haben vor zwei Nächten einen jungen Mann und eine junge Frau entführt. Du wirst von der Sache wissen. Eigentlich war es nur unsere Absicht aus einem Laden, der seit Tagen verlassen war, Waren zu holen, die wir gebrauchen können. Zu unserer Überraschung fanden wir in jenem Laden den Mann und die Frau, die sich herzlich umfingen. Erst wollten wir sie töten, doch dann sahen wir, daß die Kleider, die sie abgelegt hatten, überaus vornehm waren. Da kam uns der Gedanke, die beiden als Geiseln zu nehmen. Doch an wen sollten wir für die Freilassung Forderungen stellen? Wir fragten die jungen Leute nach ihrer Herkunft. Der Mann schwieg, die Frau aber sagte, sie sei eine von denen, die sich für Geld an Männer verkaufen. Diese Antwort erschien uns zunächst als wahr, konnten wir uns doch mit eigenen Augen überzeugen, daß der Schoß der Frau haarlos war. Sich den Schoß zu enthaaren, ist Sitte unter den käuflichen Frauen in Baghdad. Da kam einer von uns auf den Gedanken, die Frau könne auch dem Palast des Kalifen Harun Al Rashid angehören, denn er habe sagen hören, auch die Frauen im Haushalt des Beherrschers der Gläubigen seien angehalten, alle Haare von ihrem Schoß fernzuhalten. Um nun zu erfahren, was es mit der Herkunft der beiden auf sich habe, setzten wir die Frau, nackt wie sie war, rittlings auf ein scharfkantiges Brett, und zwar so, daß ihre Füße den Boden nicht berührten. Der Schmerz veranlaßte sie rasch, über sich selbst zu reden. Sie sagte uns, sie sei Schams Annahar, die Lieblingssklavin des Kalifen Harun Al Rashid. Über den jungen Mann teilte sie uns mit, er sei ein Prinz aus Persien. Als wir diese Auskunft gehört hatten, gaben wir den beiden ihre Kleider wieder, die wir aus jenem Haus, das wir überfallen, mitgenommen hatten. Die Frau und der Mann befinden sich hier in diesem Versteck. Sie sind in getrennten Räumen untergebracht.«

Ich wollte nun wissen, was die Entführer, die ich für einen Haufen von Banditen hielt, von mir erwarteten. Der eine sprach wieder: »Wisse, wir sind keine Räuber, wir sind Männer aus dem persischen Zagrosgebirge, aus den reichen, fruchtbaren Ebenen zwischen den Bergzügen, aus dem Tal des Flusses Khersan, der nach Norden fließt und sich dann nach Süden wendet, um bei Basra in den großen Strom zu münden. Wir wollen nicht von Baghdad aus regiert werden. Wisse, oh Wesir! Unsere

Hauptstadt ist Shiraz, die Stadt der Gärten und der Moscheen, die Stadt der Dichter Persiens, die Stadt, die um tausend Jahre älter ist als Baghdad. Hier am Tigris befinden wir uns nur, um uns vorzubereiten auf den Kampf um die Unabhängigkeit unserer persischen Provinzen. Wir wollten uns in Baghdad durch Plünderung die Gelder und Güter beschaffen, die uns diesen Kampf ermöglichen. Nun aber geschah uns das Mißgeschick, daß wir gleich beim ersten Überfall zwei Geiseln in die Hände bekamen, die uns wenig nützen können. Es ist nicht unsere Absicht, den Kalifen Harun Al Rashid zu reizen, damit er die Unterdrückung der Menschen hier in Baghdad und anderswo noch steigert. Wir sind gerne bereit, diese Frau, sollte es sich um die Sklavin Schams Annahar handeln, an den Kalifen zurückzugeben. Wir haben ihr zwar ein wenig Schmerz zugefügt, sie jedoch nicht angerührt, obgleich ihr Leib uns reizte. Wir haben ihr auch die Kleider nicht weggenommen. Sie war nackt, als wir sie fanden. Was den jungen Mann betrifft, so ist er, wenn die Frau die Wahrheit spricht, ein persischer Prinz. Damit ist er unser Verbündeter. Er kann unser Anführer sein. Es ist nun unsere Bitte an dich, Wesir des Kalifen Harun Al Rashid, zwischen uns und den Geiseln zu vermitteln. Es ist unser Wunsch, daß du uns Freiheit von Bestrafung zusicherst, sowohl für die Ausplünderung des Ladengewölbes – wir werden dem Geplünderten die Waren zurückgeben – als auch für die Entführung der beiden jungen Leute.«

Meine Antwort war, daß ich kein Versprechen abgeben könne, ehe ich die junge Frau gesprochen hatte. Da wurde ich zu ihr geführt.

Ich sah tatsächlich die Lieblingssklavin des Beherrschers der Gläubigen vor mir. Sie war in ihren rotseidenen Umhang gehüllt und trug den reich bestickten Gürtel, der durch Edelsteine verziert war. Als Schams Annahar mich erkannte, da sagte sie: »Oh Gebieter! Der Tod wäre mir leichter gewesen, als das, was mir widerfahren ist. Ich glaubte mein Leben verwirkt zu haben. Ich war in jener Nacht überzeugt, mein Herr, der Fürst aller Gläubigen ließe mich abholen, um mich erst foltern und dann sterben zu lassen. Doch als die Männer das Ladengewölbe des Abu Hasan ausräumten, merkte ich, daß es sich um Räuber handeln müsse. Sie fragten mich, wer ich sei. Ich antwortete, mein Name laute Dschamila. Essen und Wohnung, so sagte ich, bezahle ich durch Geld, das ich für meinen Gesang und für die Reize meines Leibes erhalte. Die Männer glaubten mir nicht. Sie setzten mich auf Holz mit scharfen Kanten, das so hoch war, daß ich die Beine nicht auf den Boden stellen konnte, um mir Erleichterung zu verschaffen. Ich glaubte, ich würde in zwei Hälften auseinandergeschnitten. Da bekannte ich, Schams Annahar zu sein.«

Sie verlangte von mir, daß ich ihr helfe, denn schließlich sei ich es gewesen, der sie und Ali Ibn Bekkar im Haus des Abu Hasan zusammengebracht habe. Sie sagte: »Mein Verlangen war, die Vereinigung sollte an einem Ort geschehen, wo keine Gefahr, kein Schaden und kein Unglück zu befürchten sei. Schaden und Unglück sind geschehen!«

Schams Annahar war mit meinem Vorschlag einverstanden, wieder in den Palast des Kalifen zurückzukehren. Ich versprach, gleich am anderen Morgen mit dem Beherrscher der Gläubigen zu reden. Dem Prinzen Ali Ibn Bekkar ließ ich durch die Entführer sagen, er sei mir, sobald die Stunde der Audienz beginne, im Saal des Diwan willkommen. Dann befahl ich, daß man mich zurückbringe zu meinem Haus. Etwa eine Stunde lang waren ich und mein Begleiter unterwegs, bis ich Straßen und Häuser bemerkte, die mir bekannt waren. Das Versteck der Männer aus dem Zagrosgebirge hätte ich nie wiederfinden können.

Den Rest der Nacht brachte ich ohne Schlaf zu. Zur Zeit, in der mich Harun Al Rashid erwartete, ging ich in den Palast, um meinen Dienst zu versehen. Der Beherrscher der Gläubigen fragte mich, ohne eine Begrüßung voranzuschicken: »Kennst du die Verleumdungen, die gegen Schams Annahar vorgebracht werden? Sie hat Feinde hier im Palast. Zu diesen Feinden gehört die Herrin Zubaida. Sie will erfahren haben, daß Schams Annahar in der Stadt einen Geliebten getroffen hat und daß du,

Dschafar Al Barmaki, ihr zu diesem Liebhaber verholfen hast. Sollte dies keine Verleumdung, sondern die Wahrheit sein, dann werde ich dir heute noch durch Masrûr den Kopf abschlagen lassen! Sprich, was du zu sagen hast, aber schnell!«

Da wußte ich, daß mir keine Zeit mehr blieb, um einen Ausweg zu suchen. Ich mußte die Wahrheit sagen. Ich erzählte dem Beherrscher der Gläubigen von meiner Sorge um den Erhalt der persischen Provinzen. Ich sprach von der Liebe zwischen Schams Annahar und dem Prinzen Ali Ibn Bekkar aus Persien. Nichts verschwieg ich. In aller Demut sagte ich dem Herrscher, daß ich nicht an eine Befriedung Persiens durch Gewalt glaube, Liebe und Verständnis sei nötig. Aus dieser Gewißheit heraus hätte ich gehandelt.

Zu meiner Überraschung hörte mir der Beherrscher der Gläubigen zu, ohne aufzubrausen. Er, der sich für unfehlbar hielt, für den Herrn der Welt, für den Fürsten aller Fürsten, war plötzlich nachdenklich geworden. Er sagte: »Oh Dschafar, was ist der Wille der Menschen und was ist der Wille Allahs? Der Allmächtige, der Allerbarmer hat den Propheten – Allahs Segen und Heil sei bei ihm – beauftragt, den arabisch sprechenden Menschen den höchsten Willen zu offenbaren, damit sie gerüstet sind, um sich auf den Tag des Jüngsten Gerichts vorbereiten zu können. Der Prophet – Allah gebe ihm Segen und Heil – fügte sich dem Willen Allahs, weil er wußte, daß andere Völker ringsum bereits die Offenbarung empfangen hatten. Wollte Allah, der Allmächtige und Allmilde, daß der Koran nun ausschließlich den Arabern vorbehalten blieb? Oder wollte er, daß der Koran auch für die anderen Völker zum Heiligen Buch werde? Ich frage mich, was wohl geschieht, wenn wir den Bewohnern der persischen Provinzen, so, wie sie es offenbar wünschen, ihre eigene Sprache zurückgeben, die wir ihnen vor fünf Generationen genommen haben. Innerhalb weniger Jahre werden sie den Koran nicht mehr lesen und aufsagen können. Sind sie dann von Allahs Heil ausgeschlossen? Ist es nicht unsere Pflicht, den Menschen Persiens den Eingang ins Paradies zu sichern? Niemand darf von mir, vom Beherrscher der Gläubigen, verlangen, daß in einem Teil meines Reichs das Wort Allahs keine Gültigkeit mehr hat, denn der Abfall von Allah bedeutet auch Abkehr vom Islamischen Reich. Persien will eigene Wege beschreiten. Der Wunsch der Perser wird in Erfüllung gehen, wenn ich ihnen erlaube, in einer anderen Sprache zu sprechen. Oh Dschafar! Dies werde ich nicht tun! Trotzdem möchte ich mit Ali Ibn Bekkar reden. Ich möchte erfahren, was dieser persische Prinz denkt.«

Als der Beherrscher der Gläubigen diese Worte gesprochen hatte, da ließ er Schams Annahar in den Saal des Diwan rufen. Ich bat darum, mich verabschieden zu dürfen, doch der Kalif wies mich an, sitzen zu bleiben.

Schams Annahar warf sich vor Harun Al Rashid auf den Boden und küßte dem Kalifen die Füße. Der Beherrscher der Gläubigen gab ihr ein Zeichen, sich zu erheben. Dann sprach er: »Schams Annahar, du weißt, mit welcher Inbrunst ich dich liebe. Vor allen übrigen Menschen bist du mir teuer. Ich werde dich vor jedem Übel bewahren. Alle Welt soll sehen, wie wert du mir bist!« Noch während Harun Al Rashid sprach, stand er auf und führte das Mädchen in sein prunkvolles Schlafgemach. Sie konnte sich dem Kalifen, ihrem Herrn, nicht verweigern.

Inzwischen wartete im Vorraum Ali Ibn Bekkar darauf, zu mir vorgelassen zu werden. Als ich allein war, durfte er eintreten. Er fragte sofort nach seiner Geliebten. Ich mußte ihm sagen, der Kalif habe sein Recht auf sie wieder in Anspruch genommen. Da sank Ali Ibn Bekkar in sich zusammen und sprach kein Wort. Auf keine meiner Fragen gab er eine Antwort. Ich sagte ihm noch, daß die Entführer nicht verfolgt würden – ohnehin sei der Ort ihres Verstecks nicht aufzufinden. Ali Ibn Bekkar hörte mir gar nicht zu. Da ich in Sorge war, er könne dem Kalifen begegnen, wenn der Herrscher sein Schlafgemach verließ, gab ich Befehl, den persischen Prinzen sofort aus dem Palast und nach Hause zu bringen. Ali Ibn Bekkar war für meine Absichten verloren.

Als der Tag zu Ende war, setzte sich Harun Al Rashid in den

Saal des Diwan, um sich zu unterhalten. Schams Annahar mußte an seiner Seite Platz nehmen. Der Kalif wollte damit zeigen, wie hoch diese Sklavin auch weiterhin in seiner Gunst stehe und welche Bedeutung sie in seinem Herzen habe. Doch ihr Geist war abwesend. Deutlich war zu sehen, wie Schams Annahar mehr und mehr in Trauer verfiel.

Harun Al Rashid forderte ein Mädchen auf, das im Kreis der Sklavinnen saß, es möge Verse von der Liebe singen. Sie ließ alsbald ihre Stimme vernehmen:

»Die Trennung von ihm läßt mein Herz verzagen,
Ich spür's, bald hört es auf zu schlagen.
Die Wimpern können die Tränen nicht mehr tragen.
Verboten ist's, nach ihm zu fragen.«

Als diese Verse erklangen, da konnte Schams Annahar die Fassung nicht länger bewahren. Die Tränen stürzten ihr aus den Augen. Schließlich sank sie bewußtlos nieder. Harun Al Rashid ließ den Becher fallen, den er eben in der Hand hielt, und beugte sich zu Schams Annahar, um ihr zu helfen. Ihr Atem wurde schwächer und schwächer. So starb die Lieblingssklavin des Kalifen Harun Al Rashid in seinen Armen.

Die Nachricht vom Tod des Mädchens verbreitete sich rasch in der Stadt. Die Bewohner von Baghdad erfuhren auch, daß Harun Al Rashid um sie trauerte. So kamen Tausende zum Palasttor, um Anteilnahme zu zeigen. Niemand aus dem Haushalt des Beherrschers der Gläubigen verriet damals, warum und wie Schams Annahar gestorben war. In diesen Papieren wird das Geheimnis enthüllt, damit unsere Nachkommen einst erfahren, wie sich die Familie Al Barmaki darum bemüht hat, durch die Liebesbeziehung zwischen Schams Annahar und Ali Ibn Bekkar den Menschen der persischen Provinzen zu helfen.

Mitzuteilen ist noch, daß der persische Prinz verschwunden war, als ich ihn schließlich in seiner Wohnung aufsuchen wollte. Sein Haushalt war aufgelöst. Daß er zurückgekehrt war in seine

Heimat, das erfuhr ich Monate später. Er ließ mir aus Schiraz Nachricht zukommen, er sei den Barmakiden für immer dankbar, der Kalif Harun Al Rashid aber könne nie mit seiner Achtung rechnen. Er habe zwar nicht erfahren, was zum Tode der Geliebten geführt habe, doch sei er sicher, daß sie gestorben sei, weil der Kalif ihr Gewalt angetan habe.

Auch die Männer, die ihn und Schams Annahar entführt hätten, so erfuhr ich aus dem Brief des Ali Ibn Bekkar aus Schiraz, seien in die Täler des Zagrosgebirges zurückgekehrt. Sie hätten ihn gefragt, ob er ihr Anführer werden wolle im Kampf gegen das Geschlecht der Abbasiden, das Persien nicht freigeben wolle. Er, Ali Ibn Bekkar, habe das Angebot abgelehnt. Sein Erlebnis in Baghdad habe ihm deutlich gemacht, daß er selbst nicht die Härte besitze, die nötig sei, um im Kampf zu führen. Somit bleibe er der Verpflichtung gegenüber dem Beherrscher der Gläubigen treu. Solange aber der rechte Anführer für den Aufstand nicht gefunden sei, werde er durch den Einfluß, den ihm der Rang eines Prinzen schaffe, dafür sorgen, daß in der Provinz Fars keine Unruhe herrsche.

Der Kalif Harun Al Rashid fragte mich wenige Wochen später: »Oh Dschafar! Hältst du Nachrichten von mir fern, die mich vertraut machen könnten mit dem Zustand unserer persischen Provinzen? Es ist doch nicht möglich, daß kein einziger Bericht eingetroffen ist in der letzten Zeit, der uns von Unruhe spricht!« Mit wachsendem Staunen hörte dann Harun Al Rashid an, was ich ihm zu sagen hatte vom Ausgang der Liebesgeschichte zwischen Schams Annahar und dem persischen Prinzen Ali Ibn Bekkar. Noch am selben Tag ließ er mir ein Ehrengewand anlegen, einen Mantel, der zum Teil aus festem, steifem Stoff und zum Teil aus fließender Seide bestand. Die steifen Stoffteile an Brust, Rücken und Kragen waren mit Perlen und Edelsteinen bestickt. Damit war zum zweiten Mal im Islamischen Reich vom Kalifen ein Ehrengewand vergeben worden – das erste war von Harun Al Rashid dem Imperator Charlemagne geschickt worden. Die Vergabe von Ehrengewändern war einst eine persische Sitte gewesen. Harun Al Rashid pflegte sie fortan im Islamischen Reich weiter.

Angetan mit dem Ehrengewand hatte ich den Mut, den Beherrscher der Gläubigen zu fragen, was ihn veranlaßt habe, mir zu verzeihen, daß ich seine Lieblingssklavin Schams Annahar und den Prinzen aus Persien zusammengebracht hatte. Dies war die Antwort: »Oh Dschafar, ich war nahe daran, dir den Kopf abschlagen zu lassen. Doch da spürte ich, daß du vieles gewagt hast, um mir zu dienen. Du dachtest, der Leib einer Frau sei zu ersetzen in meinem Haushalt, nicht aber die reiche Provinz Persien. Da mußte ich dir recht geben, so sehr mich schmerzte, was im Saal der hundert Säulen und im Ladengewölbe des Abu Hasan vorgefallen war. Ich glaubte danach, Schams Annahar wieder für mich gewinnen zu können. Ich irrte!«

»Stichst du einen Bauern, dann salbt er dich«

Abu Jusuf Jak'ub, den unser Herr zum Oberkadi des Islamischen Reiches bestellt hatte, gab dem Beherrscher der Gläubigen diesen Grundsatz zur Richtschnur seines Handelns: »Salbst du einen Bauern, so wird er dich stechen – stichst du einen Bauern, so wird er dich salben.« Aber auch ein anderer Grundsatz habe seine Gültigkeit, sagte Abu Jusuf Jak'ub, der Oberkadi, und dieser Grundsatz laute so: »Salbst du einen Händler, so wird er dich salben – stichst du einen Händler, so wird er dich stechen.«

So ist das Steuersystem, das der Oberkadi in meinem Auftrag für den Beherrscher der Gläubigen ausgearbeitet hat, darauf ausgerichtet, den Bauern möglichst viel ihres Einkommens wegzunehmen, den Händlern in den Marktgassen aber möglichst viel ihres Einkommens zu lassen. Der Grund für die ungleiche Behandlung war leicht einzusehen: Den Bauern konnte Eigentum weggesteuert werden, ohne daß die Auswirkung der Besteuerung den Gesamtreichtum des Islamischen Reiches beeinflußte. Blieb den Händlern aber viel frei verfügbares Eigentum, dann setzten sie Geld ein, um Waren aus fremden Ländern zu holen, die den Gesamtreichtum im Land des Beherrschers der Gläubigen vermehrten. Nichts sprach dafür, die Lage der Bauern zu verbessern. Sie leben auf dem Lande, sie sind sogar durch Zinsverträge verpflichtet, dort zu bleiben. Sie tragen nichts bei zur Verschönerung der Hauptstadt. Die Händler aber, machten sie Gewinn, bauten schöne Häuser, die zum Glanz des Kalifenhofes beitrugen.

Die Lehre des Abu Jusuf Jak'ub trug dazu bei, daß der Beherrscher der Gläubigen immer darauf bedacht war, die Händler zufriedenzustellen. Schlossen die Kaufleute des Marktes von Baghdad zu ungewöhnlicher Zeit ihre Läden, dann wurde dies im Saal des Diwan als schlimmes Zeichen beginnender Unruhe gewertet.

In jener glücklichen Zeit, als ich noch der vom Herrscher geliebte und vom Volk geachtete Wesir des Islamischen Reiches war, geschah es, daß ich den Kalifen Harun Al Rashid allein im Saal des Diwan antraf. Selten war der Beherrscher der Gläubigen ohne Begleitung, fast immer hielt sich Masrûr, der Schwertträger, in seiner Nähe auf, denn ständig konnte es geschehen, daß einem Mann der Kopf abgeschlagen werden mußte. Als ich, voll Erstaunen über das Alleinsein des Kalifen, mich ihm näherte, da spürte ich, daß er düsterer Laune war. Harun Al Rashid schaute nicht einmal auf, um zu sehen, wer da eintrat. Unbeweglich saß er mit gekreuzten Beinen auf den Kissen. Zu bemerken war allerdings auch, daß der Beherrscher der Gläubigen nicht gegen mich von üblem Sinne war. So wagte ich es endlich, an ihn das Wort zu richten. Ich sagte: »Oh Beherrscher der Gläubigen, erlaubst du mir die Frage, welche Ursache die Schwermut hat, die heute dein Gemüt zu belasten scheint? Ganz ungewöhnlich ist es, daß dein Geist umwölkt ist und kein Feuer zeigt.« Da antwortete Harun Al Rashid: »Du hast recht gesprochen, oh Dschafar, ich neige sonst nicht zum Trübsinn. Ich denke darüber nach, daß die Händler am Markt von Baghdad sich weigern, Steuern zu bezahlen. Du hast mir davon Kunde gebracht, oh Wesir. Doch den Grund, warum die Händler dem Beherrscher der Gläubigen nicht geben wollen, was ihm zusteht, konntest du mir auch nicht sagen. Darüber sinniere ich eben. Ist es gut, Gewalt anzuwenden? Sollen die Stadtwachen das Geld, das dem Kalifen gehört, aus den Läden holen? Zuerst müssen wir wissen, was diese Menschen bewegt.«

Als der Beherrscher der Gläubigen gesprochen hatte, sagte ich: »Oh Herr, nur mein Pflichtgefühl hat mich hierher geführt. Ich bin so kühn, dich zu erinnern, daß du selbst gesagt hast, du wolltest für die Ordnung in der Stadt Baghdad verantwortlich sein. Dein wachsames Auge solle vor allem dafür Sorge tragen, nachzuforschen, was die Menschen bewegt. Wir sollten uns umkleiden und in der Dämmerung durch die Straßen gehen, ohne daß uns jemand erkennt.«

Wie so häufig verkleideten wir uns als fremde Kaufleute, die sich die Stadt ansehen wollten. Durch die geheime Gartentür verließen wir den Palast. Dann gingen wir den Pfad am Tigris entlang und wandten uns dann stadtwärts. Bis zum Markt gingen wir. Dort waren noch viele Menschen unterwegs. Alle Ladengewölbe waren weit geöffnet. Lichter brannten. Wer essen wollte, dem wurde an jeder Straßenecke gebratenes Fleisch angeboten mit gekochten Gemüsen und Fladenbrot. Die Düfte, die durch die Straßen zogen, waren köstlich. Kühle Getränke, aus Schläuchen ausgeschenkt, erfrischten Händler und Kunden. Da hatte auch der Beherrscher der Gläubigen Lust zu essen und zu trinken. Wir setzten uns auf harte Stühle und aßen heißes Fleisch vom Lamm.

Da machte uns Lärm in einer Ecke auf spielende Kinder aufmerksam. Wir hörten einen aufgeweckten Jungen sagen: »Wir wollen die Geschichte von Ali Khodja spielen. Ich bin der Kadi. Wir brauchen einen Gerichtsdiener. Dann müssen zwei von uns den Ali Khodja spielen und den Kaufmann, der dem Ali Khodja die tausend Golddinare gestohlen hat.« Der Kalif begann zuzuhören, da der Junge mit Entschlossenheit redete. Es geschah, wie es der junge Kadi bestimmt hatte: Ein Knabe führte zwei andere vor, die den Ali Khodja und den Kaufmann darstellten. Der Kadi fragte den, der als Ali Khodja auftrat, ob er eine Klage vorzubringen habe. Er erhielt diese Antwort: »Herr, ich bin ein Händler in dieser Stadt, in der die Gerechtigkeit zu Hause war. Jetzt aber ist das Vertrauen zerstört. Höre, oh Kadi, was mir zugestoßen ist. Drei Nächte hintereinander ist mir im Traum ein alter Mann erschienen, der mich mit ernstem Blick zurechtwies, daß ich die vorgeschriebene Pilgerfahrt nach Mekka noch immer nicht vollzogen habe. Der Wille des Propheten – Allah segne ihn und spende ihm Heil – aber müsse erfüllt werden. Dieser Traum beunruhigte mich derart, daß ich daran ging, die Pilgerreise vorzubereiten. Ich besaß ein Haus und betrieb einen Laden. Dies, so dachte ich bisher, seien Gründe genug, um in Baghdad bleiben zu können. Jetzt aber war mein Gewissen gepeinigt. Ich verkaufte alle Waren, die ich besaß, bis auf einige Stücke, die ich in Mekka auf den Markt bringen wollte. Nachdem das Haus geordnet war, ging ich zu dem Platz in Baghdad, von dem aus Karawanen nach Mekka aufbrechen. Die nötigen Verabredungen waren bald getroffen. Nun blieb mir nur noch etwas zu tun: Ich mußte einen sicheren Platz finden für tausend Golddinare, die mir, nach dem Abzug der Reisekosten, als bares Geld übrigbleiben würden. Was sollte ich damit tun? Ich wählte ein passendes Gefäß, das aus Ton gefertigt war, tat die Goldstücke hinein und füllte es dann bis zum Rand mit Oliven. Wohlverschlossen brachte ich das Gefäß zu meinem Freund, dem Kaufmann. Zu ihm sprach ich: ›Du weißt, mein Bruder, daß ich in wenigen Stunden mit der Karawane die Pilgerreise nach Mekka antrete. Bitte nimm dieses Gefäß, das gefüllt ist mit Oliven, bis zu meiner Rückkehr in Verwahrung!‹ Der Kaufmann sagte, er wolle das anvertraute Gut auf seinen Speicher stellen. So ritt ich auf meinem Kamel mit der Karawane nach Mekka. Sobald meine Pflichten der Pilgerfahrt erfüllt waren, stellte ich meine Waren aus, um sie zu verkaufen. Da hörte ich Kaufleute sagen, daß gerade solche Waren, wie ich sie besaß, auf dem Markt in Kairo Gewinne erzielen würden, die alles überträfen, was in Mekka dafür an Geld zu bekommen sei. Also packte ich meine Waren wieder zusammen und ritt an den Nil. In Kairo waren die Preise für meine Waren tatsächlich besser. In kurzer Zeit war alles verkauft, und ich hatte noch Zeit, die Pyramiden und andere Wunder des Nillandes zu bestaunen. Nach vier Wochen Aufenthalt schloß ich mich einer Karawane an, die über Jerusalem nach Damaskus reiste. So hatte ich Gelegenheit, in jener Heiligen Stadt Jerusalem den Platz zu sehen, von dem aus der Prophet – Allah segne ihn und gebe ihm Heil – in den Himmel aufgestiegen ist, um das Heilige Buch, den Koran, aus der Hand des Erzengels Gabriel zu empfangen. Von allen Städten, die ich auf dieser Reise gesehen hatte, gefiel mir Damaskus am besten. Von Wassern wird diese Stadt durchzogen. Sie sorgen für Kühlung des heißen Winds, der von der Wüste und von baumlosen Bergen her weht. Zwischen den Häusern stehen Bäume und Sträucher. Sogar Wiesen sind da zu sehen. Nachdem ich Damaskus verlassen hatte, ritt ich über Aleppo zum Euphrat und gelangte schließlich wieder zurück in meine Heimatstadt Baghdad. Ein Jahr hatte ich in der Fremde zugebracht.«

Der Beherrscher der Gläubigen hatte der Erzählung des Jungen, die recht weitläufig war, aufmerksam zugehört. Während der Bericht nun breit und behäbig die Umstände der Ankunft darlegte, sagte Harun Al Rashid zu mir: »Oh Dschafar, frage, wo der Junge diese kluge Rede gelernt hat!« Ich antwortete: »Ich höre und gehorche!« So unterbrach ich die Erzählung des Jungen, der den weitgereisten Kaufmann Ali Khodja darstellte, und fragte ihn, wie es der Beherrscher der Gläubigen verlangt hatte. Da gab mir der Junge diese Antwort: »Oh Fremder, die ganze Stadt redet davon, wie Ali Khodja vor dem Kadi seinen Fall dargelegt hat. Wir waren auch dabei und haben zugehört. So wie ich gesprochen habe, hat Ali Khodja gesprochen. Und wie er werde ich weitersprechen!« Der Kalif war mit der Antwort zufrieden.

Ohne sich um uns weiter zu kümmern, machte der Junge wieder ein ernstes Gesicht und sprach weiter: »Schon am nächsten Tag nach der Heimkehr ging ich zu meinem Freund, dem Kaufmann, dem ich das Gefäß, gefüllt mit Gold und Oliven, anvertraut hatte. Er gab es mir zurück, und ich bedankte mich, daß er mir geholfen hatte. Zu Hause angelangt, mußte ich allerdings feststellen, daß das Gefäß nur noch Oliven enthielt und kein einziges der tausend Goldstücke. Ich ging zu meinem Freund zurück und sprach zu ihm: ›Du hast mir das richtige Gefäß ausgehändigt. Ich erkenne es wieder. Doch ich hatte noch tausend Goldstücke hineingelegt, und diese vermisse ich. Vielleicht hast du für deinen eigenen Laden Geld gebraucht, vielleicht warst du in Verlegenheit. Wenn dies so ist, dann bin ich froh, daß ich dir mit meinen Goldstücken habe helfen können. Du kannst sie zurückzahlen, wann es deine Geschäfte erlauben!‹ Zu meiner Bestürzung erhielt ich diese Antwort: ›Lieber Freund Ali Khodja. Seit deiner Abreise habe ich das Gefäß nicht angerührt. Es war, als ich es dir zurückgab, verschlossen und unbeschädigt – das wirst du bezeugen! Wenn du Goldstücke hineingelegt hast, so müssen sie auch noch drin sein. Du sagtest mir damals nur, Oliven müßte ich aufbewahren über die Zeit deiner Pilgerreise. Mehr weiß ich nicht von dieser Sache!‹ «

»Dies war die Antwort, die ich von meinem Freund, dem Kaufmann, erhielt«, sagte der Junge, der so redete, als sei er Ali Khodja, und er fuhr fort: »Darauf erwiderte ich meinem Freund: ›Ich halte gern mit jedermann Frieden. Es würde mir weh tun, wenn ich wegen dieser Sache den Kadi anrufen müßte. Bedenke doch, daß für uns Kaufleute, also auch für dich, der gute Ruf das Wichtigste ist. Also gib mir meine Goldstücke zurück, und wir vergessen, was geschehen ist!‹ Aber auf diese Mahnung zur Regelung in Güte ging der Kaufmann, der bisher mein Freund war, nicht ein. Eine große Menschenmenge hatte sich inzwischen um uns herum versammelt. Kaufleute aus den Gewölben der Nachbarschaft strömten dazu. Und alle gaben mir den Rat, mein Recht bei dir, oh Kadi, zu suchen.«

Der Junge, der redete wie Ali Khodja, wandte sich an einen anderen Jungen, der besonders würdig dreinblickte und der über dem hoheitsvollen Gesicht einen Turban trug. Dieser fragte den, der bisher gesprochen hatte: »Ali Khodja, hast du Zeugen dafür, daß du Goldstücke in das Tongefäß gelegt hast?« Diese Frage wurde verneint. Daraufhin ließ der Turbanträger den beklagten Kaufmann schwören, daß er die Goldstücke nicht gestohlen habe. Danach endete die gespielte Gerichtsverhandlung mit einem Freispruch. Darüber lachten die Kinder.

Als sich das Gelächter der Kinder gar nicht legen wollte, da befahl mir der Beherrscher der Gläubigen, mich danach zu erkundigen, was die Ursache des Gelächters sei. Der Junge, der den Kadi gespielt hatte, gab mir zur Antwort: »Wir lachen, weil der Urteilsspruch gar zu dumm ausgefallen ist. Der Kadi hat tatsächlich so geurteilt!« Ich fragte den Jungen, was denn an dem Urteilsspruch so falsch sei. Da war seine Antwort: »Der Kadi hätte nur prüfen müssen, ob alle Oliven ungenießbar geworden sind. Sie halten, ohne in Öl gelegt zu werden, kein Jahr lang, dann sind sie faul. Wenn der beschuldigte Kaufmann die Goldstücke aus dem Tongefäß genommen hat, dann mußte er frische Oliven nachfüllen. In diesem Fall waren zwei Sorten von Oliven im Gefäß zu finden. Das hätte festgestellt werden können. Der Kadi aber hat sich überhaupt nicht um die Oliven gekümmert. Darüber lacht die ganze Stadt.«

Als wir die Worte des Jungen gehört hatten, wurde der Beherrscher der Gläubigen nachdenklich. Er fragte mich: »Oh Dschafar, könnte dieser Kadi und sein leichtfertiges Urteil die Ursache der Unzufriedenheit der Kaufleute auf dem Markt sein?« Ich mußte zugeben, daß der Kalif recht hatte. Die Kaufleute glaubten nicht mehr an die Gerechtigkeit, und deshalb waren sie nicht bereit, Steuern zu bezahlen. Harun Al Rashid sagte: »Sorge dafür, daß Ali Khodja, der Kadi und der beschuldigte Kaufmann morgen früh im Saal des Diwan erscheinen. Unter allen Umständen muß auch das Tongefäß samt den Oliven mitgebracht werden. Wir müssen für Gerechtigkeit sorgen.«

Ali Khodja zu suchen, war gar nicht nötig, denn er stand am anderen Morgen vor dem Tor des Kalifenpalastes, um eine Bittschrift abzugeben. Es war üblich, daß Menschen – Männer und Frauen aus dem ganzen Islamischen Reich – wenn sie Hilfe brauchten, nach Baghdad kamen, um dem Beherrscher der Gläubigen ihr Anliegen vorzutragen. Sie warteten dann ab, bis Harun Al Rashid vom Morgengebet aus der dem Palast gegenüberliegenden Moschee trat, um zu Fuß, gefolgt von Höflingen und Beamten, zum Saal des Diwan zu gehen. Der Höfling, der unmittelbar hinter dem Kalifen schritt, hatte die Bittschriften einzusammeln. Sie wurden jeweils sofort im Saal des Diwan auf ihre Dringlichkeit geprüft.

An jenem Tag fiel mir auf einer der Bittschriften der Name Ali Khodja ins Auge. Ich entfaltete das Schreiben und sah, daß der Kaufmann dem Kalifen seinen Fall unterbreiten wollte. In aller Demut bat er den Beherrscher der Gläubigen darum, ihm zu seinem Recht zu verhelfen. Sofort ließ ich einen der Diener zu Ali Khodja vor das Palasttor schicken. Es war Sitte, daß die Bittsteller so lange warteten, bis sie Nachricht aus dem Saal des Diwan erhielten, ob ihnen gestattet werde, dem Kalifen die Ursache ihrer Bedrängnis mitzuteilen. Mein Vater Jahja Al Barmaki, der das Ritual der Übergabe der Bittschriften mit festen Regeln versehen hatte, war auch darauf bedacht gewesen, daß die Bittsteller rasch Antwort erhielten. Ali Khodja hielt sich an den Brauch: Er wartete vor dem Palasttor auf Antwort aus dem Saal des Diwan.

Leicht war es nun mit Hilfe von Ali Khodja, den beschuldigten Kaufmann und das mit Oliven gefüllte Tongefäß zu holen. Der Beherrscher der Gläubigen befahl auch, zwei Händler müßten geladen werden, die befähigt waren, ein Urteil über die Qualität von Oliven abzugeben. Bald fand sich, gerufen von mir, der Kadi ein, der in seinem Urteil gegen Ali Khodja entschieden hatte.

Als alle, die der Beherrscher der Gläubigen im Saal des Diwan zur erneuten Verhandlung der Klage des Ali Khodja zu sehen wünschte, sich versammelt hatten, da ließ sich Harun Al Rashid das Gefäß mit den Oliven zeigen. Es wurde geöffnet. Der Kalif wollte eine Olive kosten. Sie wurde ihm gereicht. Der Kalif befand, daß sie eßbar sei. Auf ein Zeichen von mir stürzten die Diener nun das Tongefäß um, so daß alle Oliven in einem Haufen auf dem Boden lagen. Ich winkte die Händler heran, die Bescheid wußten über die Qualität von Oliven, und befahl ihnen, mir zu sagen, ob die Oliven aus diesem oder aus dem vergangenen Jahr stammten. Ihre Antwort war, daß viele der Früchte in diesem, viele aber auch im vergangenen Jahr geerntet worden seien. Harun Al Rashid fragte nun den Kadi, der den Fall schon zugunsten des beklagten Kaufmanns entschieden hatte, welchen Schluß er aus dem Unterschied in der Qualität der Oliven ziehe. Beschämt gab der Kadi zu, daß er wohl leichtfertig geurteilt habe. Zu erkennen sei ganz deutlich, daß der Beschuldigte erst kürzlich, nach der diesjährigen Olivenernte, das Tongefäß aufgefüllt habe. Er müsse einen Grund dafür gehabt haben. Nach seiner Erkenntnis könne es nur einen einzigen Grund geben: Der Beschuldigte habe die tausend Goldstücke, die dem Ali Khodja gehörten, aus dem Gefäß herausgenommen. Da das Tonfaß aber nun halbleer gewesen sei, habe der Beschuldigte Oliven neuer Ernte hinzugeschüttet. Der Beschuldigte habe einen Betrug begangen, für den er den Tod durch Erhängen verdiene.

Der Beherrscher der Gläubigen folgte diesem veränderten Urteil des Kadi. Der beschuldigte Kaufmann wurde sofort den herbeigerufenen Gerichtsdienern übergeben, die ihn ohne Zögern aufzuhängen hatten. Die Witwe des Verurteilten wurde aufgefordert, an Ali Khodja tausend Goldstücke auszuhändigen.

An den folgenden Tagen erwies es sich, daß die Unruhe, die unter den Kaufleuten am Markt von Baghdad geherrscht hatte, wieder verflog. Der Grundsatz der Gerechtigkeit war erneut gültig. Diejenigen, die sich aus Zorn über die ungerechte Behandlung des Ali Khodja geweigert hatten, Steuern zu bezahlen, erklärten sich nun bereit, die fälligen Zahlungen zu leisten.

Als die Ruhe wieder eingekehrt war, gab mir Harun Al Rashid den Auftrag, darüber nachzudenken, wie die Kaufleute im Islamischen Reich davor bewahrt werden könnten, ihr Eigentum an ungetreue Freunde zur Aufbewahrung geben zu müssen, wenn sie sich auf die Pilgerreise begeben oder wenn sie in Geschäften die Stadt Baghdad zu verlassen haben. Der Beherrscher der Gläubigen sprach zu mir: »Oh Dschafar, an nichts ist uns soviel gelegen wie am Blühen des Handels in unserem Reich. Ich kann mir vorstellen, daß unser Schatzhaus, das wohl das sicherste Haus in Baghdad ist, eine Aufbewahrungsstätte für das Gold der Kaufleute sein könnte. Haben sie ihr Eigentum dort abgegeben, können sie sich unbesorgt auf Reisen begeben.« Und so geschah es, daß ich ein Amt unter der Protektion des Kalifen Harun Al Rashid schuf, das Geld verwahrte und das bald darauf über genügend Goldstücke verfügte, um sie gegen Sicherheiten an Kaufleute, die in Verlegenheit waren, ausleihen zu können.

Im neugeschaffenen Amt machte man es sich bald zur Aufgabe, die Qualität der ihm anvertrauten Münzen zu prüfen. Nach einigen Wochen sagten mir die eingesetzten Prüfer, die ›Dirhem‹ genannten Münzen in Gold und Silber seien von unterschiedlicher Größe und von ungleichem Gewicht. Deshalb könnten die Goldstücke und Silberstücke nicht einheitlich bewertet werden. Die Händler, so wurde mir gesagt, beschwerten sich darüber. Da gab ich, im Namen des Beherrschers der Gläubigen, die Anweisung, eine neue Münze zu schlagen, die den Namen tragen sollte ›Dirhem des Harun Al Rashid‹.

Und so geschah es. In die Mitte der Münze ließ ich diese Worte setzen: »Es gibt keinen Gott außer Allah!« Rings um den Rand der Vorderseite war zu lesen: »Im Namen Allahs geschlagen wurde dieser Dirhem in der Stadt des Heils im Jahr einhundertsechsundachtzig.« Die Rückseite trug die Worte des wichtigen Bekenntnisses: »Mohammed ist der Gesandte Allahs!« Dasselbe Bekenntnis, aber in erweiterter Form, schmückte den Rand der Rückseite: »Mohammed ist der Gesandte Allahs! Allah hat durch ihn gesandt die Anleitung zum Leben für alle Menschen, und er hat die wahre Religion gesandt. So ist er zum wahren Herrscher über die Welt geworden, auch wenn dies die Götzendiener nicht wahrhaben wollen.«

Die Preisung des Propheten – Allah segne ihn und gebe ihm Heil – war in Wahrheit die Preisung des Beherrschers der Gläubigen, der zur Familie des Gesandten Allahs gehörte. Harun Al Rashid war der Nachfolger des Gesandten Allahs. War dieser Herrscher der Welt, dann war es sein Nachfolger ganz selbstverständlich auch. Wurde Baghdad als Stadt des Heils bezeichnet, so war auch dies eine Verbeugung vor Harun Al Rashid. Der Beherrscher der Gläubigen hat fast niemals den wahren Namen der Stadt Baghdad ausgesprochen. War von der Hauptstadt die Rede, dann sagte der Kalif: »Meine Stadt des Heils.«

Die Prägung des ›Dirhem des Harun Al Rashid‹ und die Gründung eines Amtes, das sich mit der Qualität der Münzen des Islamischen Reiches befaßte, wirkte sich segensreich aus für die Stadt des Heils: Baghdad wurde zum sichersten Markt der gesamten Welt, und so strömten bald von den berühmtesten Handelsplätzen die Waren zusammen. Aus Indien kamen Gewürze, Ebenholz für das Kunstgewerbe, Aloe und Sandelholz zum Räuchern, Teakstämme zum Schiffsbau. Auch kamen von Indien Edelsteine, Metalle, Farben und Mineralien. Händler in China lieferten Seide, Porzellan und duftenden Moschus. Länder im Osten sandten Pelzwerk und Sklaven. Sklaven trafen auch von der Ostküste des Landes Ifriqia ein. Von dort brachten Schiffe, die im Hafen Basra eintrafen, auch das weiße Gold, das Elfenbein, mit; Schnitzereien aus diesem Material liebte der Beherrscher der Gläubigen überaus. In Basra wurden auch Schiffe aus Ägypten entladen, die Reis, Getreide, Leinenstoffe und Papier beförderten. Von Basra aus zum Markt von Baghdad waren die Güter meist noch siebzehn Tage unterwegs.

Etwas länger brauchten Waren aus Syrien, die durch Kamelkarawanen über Land getragen wurden. Der Markt in Damaskus bediente uns mit Gläsern, mit Werkzeugen aus Metall, mit Schwertern und Schildern. Vorzüglich war auch die Güte der

Perlen, die in Damaskus angeboten wurden. Für sie fanden sich auf dem Markt von Baghdad leicht Abnehmer.

Wertvolle Teppiche, in den persischen Provinzen hergestellt, wurden von den Händlern in großer Zahl in die Stadt des Heils gebracht. Trafen neue Lieferungen ein, dann mußten die schönsten Stücke zunächst im Palast des Kalifen angeboten werden. Meine Beauftragten prüften jeweils, ob Bedarf bestand für die Ausstattung der Räume des Beherrschers der Gläubigen und seiner Frauen. Niemand durfte wagen, sein Haus üppiger zu schmücken als der Herrscher des Islamischen Reiches. Die Übertretung dieses Brauches hat sich für uns, für die Mitglieder der Familie Al Barmaki, gerächt. Daß manche der Händler zuerst ihre Ware in unserem Haus anboten und dann erst im Palast des Kalifen, schmeichelte uns lange Zeit, bis wir begriffen, daß die Feindschaft gegen uns im Herzen des Kalifen wuchs. Spät erst merkten wir die Veränderung. Heute weiß ich, daß es die Frauen im Harem des Beherrschers der Gläubigen waren, die mit giftiger Tücke das Gemüt unseres Herrn beeinflußten. Neid war entbrannt auf die Frauen in den Gemächern des Hauses der Barmakiden. Erzählt wurde, unsere Frauen und Sklavinnen schritten über edlere Teppiche als die Gefährtinnen des Kalifen. Erzählt wurde auch, unsere Frauen und Sklavinnen seien mit den prächtigsten Edelsteinen der Welt geschmückt. Erfuhren wir, was die Menschen in der Stadt über uns redeten, so lächelten wir darüber, weil wir wohl wußten, daß sie die Wahrheit sprachen. Doch das Lächeln war eitel und zeugte von unserer Dummheit.

Die Herrin Zubaida wird mächtig

Häufig waren mein Vater Jahja und ich die wahren Herrscher in der Stadt des Heils. Das war dann der Fall, wenn sich Harun Al Rashid nicht in Baghdad aufhielt. Jahrelang hatte ihm die Stadt am Tigris gefallen, hatte er nur gute Worte gefunden für den Palast am Tigris. Doch seit dem Tag, als er die Sklavin Schams Annahar verlor, war dem Beherrscher der Gläubigen die Freude an der Stadt und am Palast vergangen. In einem kleinen, aber stark befestigten Schloß am Euphrat fühlte sich der Kalif wohl. Der Lärm in der Stadt und der Qualm, so sagte er, störe ihn. Im Schloß am Euphrat geriet Harun Al Rashid mehr und mehr wieder unter den Einfluß der Herrin Zubaida. Sie war keine Freundin des Geschlechtes Al Barmaki.

Eines Tages saß ich mit Freunden beim Wein. Wir alle hatten rote Obergewänder an. Diese Kleidung war Brauch geworden, wenn Wein getrunken wurde, um zu vermeiden, daß Flecken auf unseren weißen Hemden uns als Weintrinker verrieten. Ich hatte dem Aufseher meiner Diener befohlen, nur einen Menschen noch an diesem Abend ins Haus zu lassen, meinen Trinkgenossen Abdel Malik Ibn Salih. Unglücklicherweise bat ein anderer Abdel Malik um Einlaß, der aber nicht der Sohn des Salih war. Mein Aufseher achtete auf diesen feinen Unterschied nicht und ließ aus Versehen den falschen Abdel Malik eintreten. Im Gegensatz zum Sohn des Salih war dieser Mann, der eintrat, von sehr ernster Art und achtete darauf, alle Vorschriften des Koran einzuhalten. Ihn hatte schon zuvor der Kalif dazu eingeladen, mit ihm den Becher kreisen zu lassen. Doch selbst eindringliche Bitten des Beherrschers der Gläubigen hatten Abdel Malik nicht dazu bewegen können, auch nur einen Tropfen Wein zu trinken. Dieser Mann, der seinen Grundsätzen treu geblieben war, stand nun in meinem Haus vor mir, während ich auf weichen Kissen saß und einen Becher in der Hand hielt. Ich muß bekennen, daß ich mich schämte. Abdel Malik bemerkte meine Verlegenheit.

Wohl um sie zu lösen, sagte er: »Von mir habt ihr nichts zu befürchten. Ich werde euch nicht bei den Männern des Glaubens anschwärzen.«

Auf meine Frage an Abdel Malik, was ihn denn zu dieser ungewöhnlichen Abendstunde zu mir führe, erhielt ich dies zur Antwort: »Um drei Dinge bitte ich. Du mußt sie beim Kalifen durchsetzen. Die erste Sache ist: Mein Haushalt braucht hunderttausend Golddinare. Zum zweiten: Ich möchte gerne, daß mein Sohn eine Statthalterschaft im Reich des Kalifen erhält. Als drittes ist es mein Wunsch, meinen Sohn mit der Tochter des Kalifen zu verloben.«

Ich war verblüfft. Bei Allah, diese Art von Wünschen hätte ich nicht erwartet. Abdel Malik hatte erkannt, daß ich von jenem Augenblick an in seiner Hand war. Wenn er wollte, könnte er mich bei den Männern des Glaubens anklagen, in meinem Hause werde Wein getrunken. Wenn ich als Gast unseres erhabenen Herrn, des Beherrschers der Gläubigen, Wein trank, dann geschah dies unter seinem Dache, unter seinem Schutz. Niemand durfte Kritik daran üben, was im Hause des Kalifen geschah. Jetzt aber war ich in übler Lage. Es blieb mir nichts anderes übrig, als zu sagen: »Allah gewährt dir die Erfüllung aller drei Wünsche. Das Geld wird sofort in deine Wohnung gebracht werden. Für deinen Sohn sorge ich: Er wird Statthalter in Ägypten. Die Tochter des Kalifen wird künftig zu deinem Haushalt zählen. Du wirst allerdings ihrem Vater, dem Beherrscher der Gläubigen, nach Brauch und Sitte eine Morgengabe zugunsten seiner Tochter in Höhe von hunderttausend Dirhem ausbezahlen. Wenn du damit einverstanden bist, dann behalten wir das Geld, das zur Auszahlung an dich vorgesehen war, gleich hier. Du kannst nun in Allahs Namen beruhigt nach Hause gehen, oh Abdel Malik, mein Freund!«

Am folgenden Morgen, als die täglichen Amtsgeschäfte im Saal des Diwan begannen, da bedrängte ich den Beherrscher der Gläubigen, er möge doch dem zustimmen, was ich versprochen hatte. Leicht war es, ihn zu bewegen, den Befehl zur Ernennung des Sohnes von Abdel Malik zum Statthalter am Nil zu unterzeichnen, da die Ablösung des bisherigen Vertreters des Kalifen in Ägypten ohnehin beabsichtigt war. Und letztlich folgte Harun Al Rashid sogar meinem Rat, seine Tochter mit dem Sohn von Abdel Malik zu verloben. Ich hatte an jenem Morgen allen Grund, stolz zu sein auf meine Beredsamkeit.

Die Herrin Zubaida aber nahm übel, daß ihre Tochter einem Manne gegeben wurde, den sie nicht in Betracht gezogen hatte. Zu Recht wies sie mir die Schuld daran zu. Fortan kämpfte sie mit Gehässigkeit gegen das Geschlecht Al Barmaki. Da der Beherrscher der Gläubigen ihr mehr denn je zugetan war, war ihre Feindschaft gefährlich.

Die einzige List, die mir einfiel, um den Einfluß der Herrin Zubaida zu mindern, war die, den Beherrscher der Gläubigen in Lust zu einer anderen Frau entbrennen zu lassen. Unter meinen eigenen Sklavinnen suchte ich ein Mädchen aus, dessen Leib in seiner Fülle dem Kalifen gefallen mußte. Sie hatte gelernt zu lieben und zu singen. Ihr Name war Kut Alkulub. Als Harun Al Rashid eines Nachts, weil ihn die Enge der Brust bedrängte, mit mir durch den Garten des Palastes am Tigris ging, da entdeckte er ein Mädchen, das bis zur Brust im Wasser stand und sich leicht hin und her bewegte. Das Haar hielt sich das Mädchen mit den Händen von den Schultern fern. Langsam näherte es sich dem Ufer, auf dem wir, verdeckt von Büschen, standen. Das Mädchen geriet in seichteres Wasser, und so geschah es, daß seine Gestalt sichtbar wurde. Obgleich es von unserer Anwesenheit wußte, zeigte es keine Scheu. So sah der Kalif im Mondlicht den Leib meiner Sklavin Kut Alkulub. Der Beherrscher der Gläubigen kannte sie aber nicht. Er glaubte, eine Frau aus seinem eigenen Haushalt zu beobachten. Als Kut Alkulub aus dem Wasser gestiegen war, sich abgetrocknet und verhüllt hatte, da sprach Harun Al Rashid zu mir: »Oh Dschafar, wie kommt es, daß ich dieser Schönheit noch nie begegnet bin? Sie lebt in meinem Hause, und ich kenne sie nicht. Noch in dieser Nacht, Wesir, will ich ihr beiwohnen!« Meine Antwort war: »Ich höre und gehorche, oh Gebieter!« Und so geschah es auch. Von dieser Nacht an vernachlässigte der Kalif die Herrin Zubaida. Die Stunden des Schlafs verbrachte er mit Kut Alkulub.

In jener Zeit herrschte Unruhe in Kerbela. Der Beherrscher der Gläubigen sah sich gezwungen, mit einer starken Gruppe Bewaffneter in diese Stadt zu reiten, die von Menschen bewohnt wird, die dem Glauben anhängen, nur Nachkommen Alis, des Schwiegersohns des Propheten – Allah segne ihn und spende ihm Heil – dürften im Islamischen Reich regieren. Diejenigen, die solches glauben, rechnen sich zur Schiat Ali, zur Partei des Ali. Die Anführer der Schiat Ali hatten wieder einmal am Schrein des Alisohnes Husain ihre Forderung verkündet. Um zu verhindern, daß ihre Botschaft weit im Reich gehört werde, handelte der Beherrscher der Gläubigen rasch und entschlossen.

Zehn Tage war er unterwegs, um den offenen Ausbruch der Unruhe zu unterdrücken. Drei Tage dauerte sein Ritt von Baghdad nach Kerbela. In vier Tagen bestrafte er die Anführer der Schiat Ali. Nach weiteren drei Tagen befand sich Harun Al Rashid wieder in seinem Palast in Baghdad.

Zur Stunde seiner Rückkehr erschien auch ich im Saal des Diwan. Ich wunderte mich, daß alle Diener schwarz gekleidet waren, doch ich überließ es dem Kalifen, nach dem Grund der Trauer zu fragen. Von der Herrin Zubaida erhielt Harun Al Rashid diese Antwort: »Kut Alkulub ist gestorben. Allah vermehre deinen Lohn im Paradies um der Toten willen. Wir haben sie im Garten am Tigris begraben und nicht dort, wo die anderen Toten ruhen. Wisse, oh Fürst der Gläubigen, dies habe ich getan, weil mir Kut Alkulub so teuer war.«

Noch in seinen Reisekleidern schritt der Kalif in den Garten, um das Grab zu sehen. Ihm war anzumerken, daß sein Herz zitterte. Zu mir sagte er mit leiser Stimme: »Dschafar, laß die Erde von dem Mädchen entfernen!« Als ich zögerte, einen derartigen Befehl zu erteilen, da sprach er laut: »Wenn du nicht gehorchst, wird dir Masrûr den Kopf abschlagen!« Ich antwortete: »Oh Beherrscher der Gläubigen, ich höre und gehorche!«

Als das Leichengewand sichtbar wurde, wollte Harun Al Rashid, daß Kut Alkulub aus der Grube gehoben werde. Da schrie die Herrin Zubaida: »Oh Beherrscher der Gläubigen, es ist eine Sünde für einen Mann, ein totes Mädchen zu sehen! Der Prophet – Allahs Heil und Segen sei über ihm – hat dies verkündet. Bewahre dich vor Sünde!« Da ließ der Kalif die Tote wieder mit Erde bedecken. Auf seine Anordnung wurden Koranleser geholt, die alle Gebete zu sprechen hatten, die den Weg der Seele der Sklavin Kut Alkulub ins Paradies begleiten sollten. Die Nacht wollte Harun Al Rashid allein am Grab verbringen.

Am Morgen traf ich den Herrscher wieder im Saal des Diwan an. Ohne auf meine Beteuerung der Demut und der Unterwerfung zu warten, sagte er sofort: »Dschafar, höre, was ich während der Nacht erlebt habe. Ich war in den Schlaf der Ohnmacht gefallen, da nahm ich wahr, was zwei Mädchen zueinander sprachen. Die eine sagte: ›Wehe uns, Schawahi! Der Beherrscher der Gläubigen liegt da wie ein Toter!‹ Da meinte die andere: ›Wehe uns, Kadhib! Unser Herr weiß nicht, was vorgefallen ist. Er wacht an einem Grab, in dem nur eine grobe Figur aus Holz liegt.‹ Da hörte ich wieder die erste sagen: ›Und was ist aus Kut Alkulub geworden, die der Beherrscher der Gläubigen so sehr geliebt hat?‹ Die Antwort war: ›Wisse, die Herrin Zubaida hat ihr einen Schlaftrunk geben lassen. Als Kut Alkulub bewußtlos schlief, da wurde sie auf Befehl der Herrin Zubaida in eine Kiste gelegt. Die Kiste ist dann in ein verlassenes Grabmal gestellt worden. Die Herrin Zubaida wollte, daß Kut Alkulub stirbt. Doch sie hat zu ihrem Zorn erfahren, daß Kut Alkulub gerettet worden ist. Ein Mann, der Ghanem heißt und aus Damaskus stammt, hat sie gefunden und bei sich aufgenommen.‹ «

»Dies war das Gespräch, das ich gehört habe in der Nacht«, sagte der Beherrscher der Gläubigen. »Du, Dschafar!« so fuhr er fort, »frage nach, wo der Mann aus Damaskus wohnt, der Ghanem heißt. Dringe in sein Haus ein und bringe mir die Sklavin Kut Alkulub zurück! Schleppe aber auch den Mann hierher, damit ich ihn bestrafe!«

Mit den Polizeiobersten und ihren Bewaffneten ritt ich zu einem Haus, das mir als Wohnplatz des Damaszeners Ghanem genannt wurde. Dort traf ich beide an, den Mann, der noch recht jung war, und das Mädchen. Als sie mich sah, stand Kut Alkulub auf und sprach: »Herr, mit Allahs Feder ist geschrieben, was Allah beschlossen hat. Mir ist der Tod beschieden!« Ich antwortete: »Entschieden ist nur, daß Ghanem sterbe!« Dann ließ ich beide in den Palast des Kalifen und dort in den Saal des Diwan schleppen.

Harun Al Rashid, der sich von der Herrin Zubaida, von Kut Alkulub und von Ghanem betrogen fühlte, schrie den jungen Mann an: »Du Unverschämter! Ehe du stirbst durch das Schwert des Masrûr, sagst du mir alles, was vorgefallen ist, oder man wird dich blutig peitschen!« Da sprach Ghanem: »Oh Beherrscher der Gläubigen. Wenn ich alles berichten soll, was vorgefallen ist, brauche ich lange. Doch ich höre deinen Befehl und ich gehorche. So begann alles: Ich bin Kaufmann in der Stadt Baghdad. Als einer der Kaufleute gestorben war dieser Tage, da sprach ich zu mir, daß ich Lohn im Himmel erwerben werde, wenn ich mitgehe im Zug der Trauernden zum Ruheplatz der Toten. Ich zog mit Kaufleuten und mit der Leiche hinaus vor die Stadt. Der Tote wurde beerdigt. Der Koran wurde gelesen. Dann setzten wir uns abseits und aßen süße Speisen zum Leichenschmaus. Da die Nacht hereinbrach, wurden Lampen angezündet. Ich wunderte mich, daß keiner der Kaufleute aufbrechen wollte, als Mitternacht herannahte. Längst waren die Tore der Stadt Baghdad geschlossen. Jeder von uns suchte sich schließlich auf dem Platz, wo die Toten ruhen, eine Stelle, um sich schlafen zu legen. Da fand ich ein Grabmal, das von vier Mauern umgeben war. Ein Dattelbaum stand direkt daneben. Als ich mich im Schutz der Mauern auf den Boden kauern wollte, sah ich ein Licht, das sich von der Gegend, wo der Palast des Beherrschers der Gläubigen steht, näherte. Vor Angst kletterte ich auf den Dattelbaum. Da konnte ich mich im Dunkel des Geästs und der Blätter verstecken. Ich sagte zu mir selbst: ›Es gibt keinen Schutz und keine Macht, außer bei Allah, dem Erhabenen!‹ Bald sah ich im Schein jenes Lichts drei Sklaven, die eine Kiste trugen. Sie stellten ihre Last vor dem Tor des Grabmals ab, dann öffneten sie das hölzerne Gitter und trugen die Kiste hinein. Ein Grab gruben sie sodann. Es war schon nahezu Morgen, als sie die Kiste, die nun im Grab stand, mit Sand bedeckten. Sobald die Sonne eine Handbreit über dem Horizont stand, gingen die drei Sklaven, deren Hautfarbe ich jetzt erst als schwarz erkannte, in Richtung Baghdad davon.«

Als der Mann, der Ghanem hieß, in seiner Erzählung soweit gekommen war, da zeigte der Beherrscher der Gläubigen Zeichen der Ungeduld. Er wollte wissen: »Sprich, befand sich in jener Kiste die Sklavin Kut Alkulub?« Ghanem antwortete, in dem er sich zu Boden warf, um die Füße des Kalifen zu küssen:

»Oh Beherrscher der Gläubigen, so ist es, wie du sagst. Als die drei schwarzen Sklaven nicht mehr zu sehen waren, stieg ich vom Dattelbaum herunter und grub mit meinen Händen die Kiste aus dem Sand. Unter dem Deckel, der leicht abzunehmen war, lag ein junges Mädchen, das ganz leise atmete. Daß sie aus einem reichen Hause kommen mußte, war ihrem Kleid anzusehen. Irgend jemand hatte ihr Böses antun wollen, hatte die Absicht gehabt, sie für immer verschwinden zu lassen. Da der Atem des Mädchens immer stärker wurde, hob ich sie aus der Kiste, trug sie hinaus ins Freie und setzte sie so auf den Boden, daß ihr Rücken an die Mauer angelehnt war. Der frische Wind konnte ihr in die Nase blasen. Es dauerte nicht lange, und sie begann zu sprechen. Sie nannte Namen, die unendlich süß klangen. Es waren wohl die Namen ihrer Sklavinnen. Sie sagte: ›Morgenröte, Anmut, Perlenbaum, Abendstern‹ und viele andere Namen. Dann seufzte sie: ›Niemand hört mich.‹ Jetzt erst schlug das Mädchen die Augen auf. Erschreckt bemerkte sie, daß sie zwischen Grabmalen saß. Da sprach sie mit Entsetzen in der Stimme: ›Wer begräbt mich zwischen Gräbern? Oh du, der das Verborgene kennt, der Rechenschaft fordert am Auferstehungstag! Wer hat mich hierhergebracht?‹ Da trat ich vor ihre

Augen und sagte: ›Sei meine Gebieterin und vergiß die Gräber! Ich bin der Kaufmann Ghanem, Sohn des Eiub. Der, der allein alle Geheimnisse kennt, hat mich zu dir geschickt, damit ich dich errette!‹ Das Mädchen antwortete mir so: ›Es gibt keinen Gott außer Allah, und Mohammed ist sein Prophet – Allah segne ihn und spende ihm Heil! Sage mir du, Ghanem, wie bin ich hierher, zum Ruheplatz der Toten gekommen?‹ Da erzählte ich von den drei schwarzen Sklaven und von der Kiste. Dann wollte ich ihre eigenen Erlebnisse erfahren, doch sie sprach: ›Gelobt sei Allah, der dich zu mir geschickt hat! Jetzt tragen wir die Kiste zur nächsten Straße. Ich lege mich wieder hinein, und du mietest einen Wagen mit einem Mauleselgespann. Der Mauleseltreiber soll die Kiste zu deinem Haus bringen. Sind wir dort angekommen, dann wirst du meine Geschichte erfahren!‹

In meinem Hause angekommen, bemerkte das Mädchen, daß es hungrig war. Ich ging auf den Markt und kaufte gebratenes Hammelfleisch, Früchte und eine Schüssel voll süßer Speise. Wir aßen die Speisen und tranken den Wein, der sich in meinem Hause fand. Bald aber spürte ich, daß Liebe und Verlangen in mir wuchsen. Und ich sprach: ›Gelobt sei der, der den Herzen Liebe einflößt.‹ Zu bemerken war, daß auch das Mädchen Zuneigung empfand. Trotzdem legte sich jeder von uns an einem anderen Platz des Hauses zum Schlaf nieder. Am Morgen, als ich doch mit ihr das Lager teilen wollte, da sagte sie: ›Ich dachte, daß du in mich eingehst in der Nacht, wenn ich trunken bin und nichts mehr von mir weiß. Jetzt aber muß ich sagen: Ich darf nicht, denn um meinen Gürtel ist ein hartes Wort geschrieben!‹ Da reichte sie mir den Gürtel, und ich konnte lesen: ›Ich gehöre dir, oh Vetter des Propheten!‹ Als ich sie fragend ansah, da sprach sie: ›Wisse, ich bin die Geliebte des Beherrschers der Gläubigen. Mein Name ist Kut Alkulub. Ich bin ein Geschenk des Wesirs Dschafar an den Kalifen. Da der Beherrscher der Gläubigen die Schönheit meines Leibes liebt, richtete er für mich eine eigene Wohnung im Palast ein. Auch gab er mir zehn Sklavinnen, die für mich zu sorgen hatten. Ich wurde vom

Beherrscher der Gläubigen mehr beachtet als jede andere der Sklavinnen im Haushalt des Kalifen.‹«

Als Ghanem in seinem Bericht stockte, verlangte Harun Al Rashid, daß er weiterrede. Und der junge Mann erzählte weiter: »Kut Alkulub sagte mir auch, der Beherrscher der Gläubigen verbringe mehr Nächte bei ihr als bei der Herrin Zubaida, die bisher die Favoritin gewesen sei.«

Nun wandte sich der Kalif an Kut Alkulub und fragte: »Wie ist es geschehen, daß dich dieser Ghanem in einer Kiste finden konnte?« So lautete die Antwort: »Oh Herr, sicher kann ich es dir nicht sagen, doch es wird so gewesen sein, daß mir jemand bald nach deiner Abreise einen Schlaftrunk eingeflößt hat. Meine Erinnerung ist trübe, doch ich weiß noch, daß mir ein Glas Saft der Orange gereicht wurde, ehe ich einschlief.«

Der Kalif verlangte nun von mir, ich möge feststellen, welche der Sklavinnen an jenem Tag Kut Alkulub zu bedienen hatte. Diesen Wunsch zu erfüllen war leicht. Bald stand die betreffende Sklavin zitternd vor Harun Al Rashid. Sie wußte, daß sie die Wahrheit sprechen mußte, wenn sie nicht vor den Augen aller, die im Saal des Diwan anwesend waren, entkleidet und ausgepeitscht werden wollte. Sie sagte: »Als du, oh Herr, abgereist warst, da ließ mich die Herrin Zubaida rufen. Sie herrschte mich an: ›Ich will etwas von dir!‹ Ich antwortete: ›Was, oh Herrin, verlangst du von mir?‹ Da sprach die Herrin Zubaida: ›Wenn Kut Alkulub Durst hat, dann gib ihr ein Getränk, in das du diesen Schlaftrunk geträufelt hast.‹ Und die Herrin Zubaida steckte mir ein kleines tönernes Gefäß zu, das eine Flüssigkeit enthielt. Ich sprach darauf: ›Recht gern, oh Herrin, erfülle ich dir diesen Wunsch.‹ Dann gab mir die Herrin Zubaida Geld. Ich handelte so, wie sie mich geheißen hatte. Sobald Kut Alkulub den Saft getrunken hatte, in den ich die Tropfen des Schlaftrunks geträufelt hatte, da fiel sie auf den Kissen in sich zusammen, als sei sie gestorben. Schon kurze Zeit später ließ die Herrin fragen, ob ich getan hätte, was mir befohlen worden sei. Ich gab Antwort. Ich brauchte nicht lange zu warten, da brachten drei

Sklaven eine Kiste. Sie hoben Kut Alkulub hoch und legten sie in diesen hölzernen Sarg. Dann trugen sie ihre schwere Last fort. Mehr, oh Beherrscher der Gläubigen, kann ich dir nicht sagen!«

Da war Harun Al Rashid sicher, daß ihn Kut Alkulub nicht hintergangen hatte. Erstaunt war er allerdings, daß der Kaufmann Ghanem, als er Gelegenheit dazu gehabt hatte, nicht in die Frau eingegangen war. Harun Al Rashid fragte mich, was zu tun sei, um Ghanem zu belohnen, der Kut Alkulub gerettet, auch im Zustand der Trunkenheit nicht belästigt und schließlich als Eigentum des Kalifen geachtet habe. Meine Antwort war: »Oh Beherrscher der Gläubigen! Schenke ihm Kut Alkulub. Er hat sie verdient!« Und so geschah es. Noch an diesem Tag zog die Frau, die erst mir und dann dem Kalifen gedient hatte, ins Haus des Kaufmanns Ghanem.

Der Ratschlag, Kut Alkulub zu verschenken, war mir leicht gefallen. Sie hatte verloren im Kampf gegen die Herrin Zubaida. Nie wäre sie sicher gewesen im Haushalt des Kalifen vor Zubaidas Nachstellungen. Der Beherrscher der Gläubigen mußte einsehen, daß seine bisherige Lieblingsfrau die Mächtigste war in den Frauengemächern. Nie war ein Wort darüber zu hören, daß der Kalif der Herrin Zubaida Vorwürfe gemacht hätte. Er benahm sich so, als ob ihm mit der Entfernung der Kut Alkulub eine Last abgenommen worden wäre, der er sich nicht gewachsen gefühlt hatte. Seine Lieblingsfrau aber ließ spüren, daß sie es war, die den Beherrscher der Gläubigen wieder auf den rechten Weg zurückgeführt hatte. Sie verlangte Anerkennung dafür.

Mir, dem Wesir des Kalifen, wurde schmerzhaft bewußt, daß es nicht gelungen war, den Einfluß der Herrin Zubaida auf den Beherrscher der Gläubigen zu mindern. Fortan lebte er wieder häufig zurückgezogen in Palästen außerhalb der Stadt, dort, wo abends der kühlende Wind aus der Wüste Erquickung brachte. Von den Geschäften wollte er dann nur wenig wissen. Schickte ich Briefe aus dem Saal des Diwan, die Entscheidungen verlangten, so wartete ich vergeblich auf Antwort. Da die nächtlichen Gänge durch die Stadt Baghdad unterblieben, erfuhr der Beherrscher der Gläubigen nicht mehr, was im Zentrum des Islamischen Reiches vorging. Im Netz der Herrin Zubaida verlor er die Beziehung zu seinen Untertanen.

Uns, den Mitgliedern der Familie Al Barmaki, kam diese Entwicklung zunächst zustatten. Befand sich der Kalif nicht in der Stadt des Heils, dann regierten wir. Die Machtbefugnis, im Namen des Beherrschers der Gläubigen zu sprechen, nützten wir aus, mein Vater Jahja und ich. Erst als unser Untergang schon beschlossen war, erfuhren wir, die Herrin Zubaida habe sich dadurch an uns gerächt, daß sie dem Kalifen einflüsterte, die Familie Al Barmaki wolle das Geschlecht der Abbasiden völlig von der Spitze des Islamischen Staates verdrängen. Dieser Wille aber sei einer Lästerung Allahs gleichzusetzen, denn schließlich regierten die Nachfahren des Al Abbas im Namen Allahs. Die Herrin Zubaida erinnerte den Kalifen daran, daß er verwandt sei mit dem Propheten – Allah segne ihn und verleihe ihm Heil. Nach dem Willen Allahs und seines Gesandten hätten überhaupt allein die Mitglieder der erhabensten Familie das Recht, die Gläubigen zu regieren. Nur sie könnten dafür bürgen, im Sinne des Allmächtigen, des Allerbarmers zu regieren. Aus diesem Grund habe Allah, der die Geschicke der Welt lenkt, die Familie Umaija vernichtet, die sich gegen Allahs Gebot über die Gläubigen gesetzt habe. Harun Al Rashid habe die Pflicht, sich gegen das Geschlecht Al Barmaki zu wehren. Gelinge es aber diesem Geschlecht, nach der Macht im Islamischen Reich zu greifen, dann werde es genauso wie die Familie Umaija mit allen seinen Mitgliedern der ewigen Verdammnis anheimfallen. Ohne daß wir, die Barmakiden, dies wußten, säte die Herrin Zubaida so Argwohn in das Herz des Kalifen. Ich bemerkte nur, daß die Lieblingsfrau, die eigentlich Bestrafung verdient hatte, von Harun Al Rashid reich belohnt wurde. Darüber waren wir sehr erstaunt.

Als sich der Herrscher eines Tages doch wieder in seinem Regierungspalast am Tigrisufer in Baghdad aufhielt und sich sogar dazu herabließ, Gouverneure, fremde Gesandte, Höflinge und Bittsteller im Saal des Diwan zu empfangen, da trat eine der Vertrauten der Herrin Zubaida ein. Sie warf sich auf den Boden und küßte die Marmorplatten vor den Füßen des Beherrschers der Gläubigen. Dieses zu tun, fiel ihr nicht leicht, da sie in einer Hand ein wertvolles Diadem zu tragen hatte, das kunstvoll aus Gold und Silber gearbeitet war. Sobald ihr Harun Al Rashid zu sprechen erlaubte, hob sie ihr Haupt, blieb jedoch weiterhin auf den Knien. Die Frau sagte: »Oh Fürst aller Menschen, die in der Gnade Allahs, des Allwissenden, stehen. Meine Gebieterin Zubaida verbeugt sich vor dir. Sie läßt dir, oh Gebieter, sagen, daß sie gemäß deiner Erlaubnis ein Diadem beim geschicktesten Juwelier in der Stadt des Heils bestellt habe. Hier ist dieses Diadem. Die Herrin Zubaida ist der Meinung, daß dem Schmuckstück ein großer Stein fehle. Unter ihren eigenen Schätzen aber hat sie keinen derartigen Stein finden können. Sie bittet dich nun, in deiner Schatzkammer danach suchen zu lassen.«

Harun Al Rashid wartete mit seiner Antwort. Zuerst wandte er sich an mich und sprach: »Oh Dschafar, mein Wesir! Begib dich selbst in das Gewölbe, in dem mein Eigentum aufbewahrt wird. Suche einen passenden Stein!« Ich antwortete: »Ich höre und gehorche!«

Diese Aufgabe zu erfüllen, erschien leicht. Doch auf dem Weg zur Schatzkammer wuchs Angst in mir, dem Kalifen nicht zu dessen Zufriedenheit dienen zu können. Kein Stein, den ich bringen würde, könnte in seinen Augen der richtige sein. Suchte ich den Stein aus nach dem Grad seines Feuers, das er sprühte, dann war er dem Herrscher sicher zu klein. Suchte ich ihn nach der Größe aus, dann würde Harun Al Rashid wohl bemerken, daß dem Stein Glanz und Feuer fehle. Er wollte der Herrin Zubaida den schönsten aller Steine schenken. Aber würde ich im Schatzgewölbe den Stein finden, den er sich vorstellte? Noch ehe ich die richtige Kammer erreichte, drehte ich mich um und ging zurück in den Saal des Diwan.

Mit diesen Worten trat ich ein: »Oh Beherrscher der Gläubigen. Ich habe alle Steine betrachtet, keiner ist prächtig genug, das Diadem der Gebieterin Zubaida zu zieren.« Da brach Zorn aus dem Kalifen hervor. Er schrie: »Du Hund von einem Wesir! Du wagst es mir zu sagen, meine Schatzkammer enthalte keinen Edelstein, der es würdig wäre, die Herrin Zubaida zu schmükken?«

Da habe ich zum ersten Mal die Worte zu hören bekommen: »Du Hund von einem Wesir!« Nie hatte der Beherrscher der Gläubigen mich bisher derart beschimpft. Er hatte mehrmals schon gedroht, mir durch Masrûr den Kopf abschlagen zu lassen. An diese Drohung hatte ich mich gewöhnt. Jetzt aber war ich mit dem schlimmsten Schimpfwort belegt worden, das ich kannte. In seinem Herzen mußte Gift wirken, das die Gefühle des Kalifen für mich zersetzte.

Während ich überlegte, hatte der Beherrscher der Gläubigen weitergesprochen: »Wehe dir, oh Dschafar! Ich bin Kalif! Ich will, daß der schönste Stein gefunden werde. Du bist mir allein verantwortlich dafür.« Ich sprach: »Ich höre und gehorche!«

Noch am selben Tag bat ich die Herrin Zubaida, ihr meine Aufwartung machen zu dürfen. Sie ließ mich nicht lange warten, was ich als gutes Zeichen werten durfte. Zum erstenmal betrat ich den Teil des Palastes, in dem sie wohnte. Die Wände und der Boden in den Gängen bestand aus Marmorplatten von zartrosa Färbung. Die Fensteröffnungen waren mit seidenen Vorhängen verhüllt, die sich im Wind sanft bewegten. Das Zimmer, in dem mich die Herrin Zubaida empfing, hatte Wände, die mit lindgrünem Seidenstoff bespannt waren. Auch der Diwan, auf den ich mich setzen durfte, hatte einen grünen Bezug, der mit Goldfäden durchwirkt war. Die Lieblingsfrau des Kalifen hatte einen Mantel in frühlingshaft gelber Farbe an und saß mir gegenüber. Sie lächelte mich an und sprach dann: »Oh Dschafar, Wesir des Beherrschers der Gläubigen, ich kann mir denken, warum du zu mir kommst. Dich beunruhigt mein Wunsch nach einem Stein für mein Diadem. Du hast klug gehandelt, als du vorgabst, keiner der Steine im Schatzgewölbe sei schön genug für mich. Ich habe von einem Edelstein gehört, dessen Größe, Glanz und

Feuer mich schmücken würde. Dieses Schmuckstück ist bei einem Juwelier in Basra zu finden. Sein Name ist Abu Mohammed. Schicke Masrûr, den Schwertträger, nach Basra, um Abu Mohammed und seinen Stein zu holen.«

So, wie die Herrin Zubaida gesagt hatte, geschah es. Masrûr, der Rächer des Beherrschers der Gläubigen, brachte den Kaufmann Abu Mohammed in den Saal des Diwan. Ich wunderte mich, daß er sich nicht niederwarf, wie dies sonst üblich ist. Abu Mohammed verbeugte sich nur und grüßte den Kalifen. Dann sprach der Kaufmann: »Ich habe den Stein mitgebracht, den sich die Gebieterin Zubaida wünscht. Als dein ergebener Diener habe ich auch für dich, oh Beherrscher der Gläubigen, Geschenke bei mir. Kleine goldene Bäume mit Blättern aus Smaragd, mit Früchten aus Rubin und weißen Perlen. Die Bäumchen werden dir sehr gefallen! Glaube nicht, daß ich diese Geschenke aus Furcht bringe. Ich dachte nur, sie geziemen dir, dem Fürsten über alle Menschen rechten Glaubens, besser als mir, einem einfachen Mann!«

Als der Kalif diese Worte gehört hatte, sprach er: »Der Prophet – Allah segne ihn und spende ihm Heil – hat gesagt: Geld ist der beste Adel. Niemand, der besitzt, braucht sich seiner einfachen Herkunft zu schämen.« Dann wollte er wissen, wie Abu Mohammed reich geworden sei. Der Kaufmann antwortete: »Wunderbar ist die Geschichte, die ich zu erzählen habe. Mein Vater ist Schröpfer in einem Bade gewesen. Nichts habe ich von ihm geerbt. Trotzdem hatte ich keine Lust zu arbeiten. Ich wurde deshalb Abu Mohammed der Müßiggänger genannt. Meine Mutter, die Wäsche wusch, gab mir hin und wieder Geld. Eines Tages kam ein Ausrufer durch unsere Straße, der verkündete, im Hafen von Basra liege ein Schiff, das in den nächsten Tagen nach China segeln werde. Der Besitzer des Schiffes sei bereit, von den Kaufleuten des Marktes in Basra Aufträge für Einkäufe in China anzunehmen. Das Geld dazu müßte am kommenden Tag dem Schiffseigner übergeben werden. Ich hatte damals zehn Dirhem in meinem Beutel. Das war wohl keine

Summe, um Geschäfte in China zu tätigen. Doch Allah in seiner Gnade veranlaßte mich, am kommenden Tag zum Hafen zu gehen. Er, der allein alles weiß, ließ mich den Besitzer des Schiffes ansprechen, sein Name war Abu Muzfir. Ich sagte: ›Herr, es drängt mich, dir den kleinen Betrag zu geben, den ich besitze. Kaufe mir dafür etwas im fernen China ein, das ich hier auf dem Markt mit Gewinn wieder verkaufen kann.‹ Abu Muzfir war ein ernsthafter Mann. Er nahm die zehn Dirhem, trug meinen Namen in die Liste der Geldgeber ein und gab mir, wie es in der Ordnung war, eine Quittung.« An dieser Stelle seiner Erzählung hielt Abu Mohammed ein und fragte, ob er den Beherrscher der Gläubigen nicht langweile. Harun Al Rashid forderte ihn auf, mit seinem Bericht fortzufahren.

Da sprach Abu Mohammed: »Es war ein Jahr später, ich dachte nicht mehr an das Geld und an Abu Muzfir, da kam wieder der Ausrufer durch unsere Straße. Ihm war aufgetragen, mitzuteilen, daß jenes Schiff aus China zurückgekehrt sei, reich beladen. Jeder, der Geld zum Einkauf in der Ferne beigesteuert habe, solle zum Hafen Basra kommen, um seine Ware abzuholen. Nötig sei, daß die Quittung mitgebracht werde. Neugierde veranlaßte mich diesmal, den Seemann Abu Muzfir aufzusuchen. Als er mich sah, zeigte er große Freude und sprach: ›Wisse, deine zehn Dirhem haben mir Glück gebracht, haben mir sogar das Leben gerettet. Ich war mit Schiff und Mannschaft schon fast auf der Heimreise, da bemerkte ich, daß dein Name auf der Liste der Geldgeber nicht ausgestrichen war. Ich konnte erkennen, daß dein Auftrag noch offenstand. Wir machten noch einmal Halt auf einer der Inseln Chinas. Im Hafen bot ein Mann einen Affen an, der den Gegenwert von zehn Dirhem kosten sollte. Dies war die letzte Gelegenheit, deinen Auftrag auszuführen, und so kaufte ich den Affen, obgleich er räudig war. Der Affe war nun jeden Tag bei uns auf dem Schiff. Des Nachts hockte er sich auf den Mast zwischen Segeln und Seilen, um dort zu schlafen. Dort war der Affe auch, als wir ganz in der Nähe der Insel Zing von Schwarzen überfallen wurden. Wir wußten, daß diese Schwarzen Menschenfresser waren, und hatten deshalb große Furcht. Die Schwarzen legten uns in Ketten. Dann segelten sie unser Schiff in den Hafen ihrer Insel. Dort wurden einige Männer der Mannschaft weggeschleppt, wohl um geschlachtet und gegessen zu werden. Wir übrigen saßen nun aneinandergekettet in der Dunkelheit an Deck des Schiffes, ohne Hoffnung, den Menschenfressern zu entkommen. Doch da merkten wir auf einmal, wie unsere Ketten gelockert wurden. Wir erkannten den räudigen Affen, der von seinem Schlafplatz in den Segeln heruntergeklettert war. Er war es, der uns die Fesseln löste. Als wir frei waren, überfielen wir die drei Schwarzen, die Wache an Bord unseres Schiffes hielten. Dann lösten wir die Taue und ruderten im Schutz der Nacht aus dem Hafen der Insel Zing. Den Affen, der mir und der Mannschaft das Leben gerettet hat, bringen wir dir. Dazu schenke ich dir den größten Edelstein, den ich aus China mitgebracht habe.‹ «

»Dies waren die Worte«, sagte der Kaufmann Abu Mohammed, »die der Schiffseigner Muzfir gesprochen hatte. Dann gab er mir den Edelstein und den Affen. Die anderen Händler, die begriffen, daß nur dank des Affen der Seemann Abu Muzfir und das Schiff samt Waren hatten nach Basra zurückkehren können, zeigten ihre Dankbarkeit. Einige schenkten mir Geld, andere aber Teile ihrer Waren, die in China gekauft worden waren. So wurde ich Besitzer der goldenen Bäumchen mit den Blättern aus Smaragd, mit den Früchten aus Rubin und weißen Perlen. Die Bäumchen schenke ich dir, denn der Affe ist mir genug. Er treibt mich an, zu arbeiten. War ich früher der Müßiggänger, so stößt mich jetzt der Affe morgens in der Frühe an, damit ich aufstehe und den Laden öffne, den ich mit den Geldgeschenken gekauft habe. Er sorgt dafür, daß mein Geschäft läuft und daß ich Geld verdiene. Dein Schwertträger sagte mir, die Herrin Zubaida wolle meinen Stein besitzen. Ich möchte ihn ihr, sofern du es erlaubst, selbst übergeben.« Dies gestattete der Beherrscher der Gläubigen.

Abu Mohammed, der einst ›der Müßiggänger‹ geheißen hatte,

blieb einige Tage lang in Baghdad im Palast des Kalifen. Er nahm den Auftrag an, zusammen mit Abu Muzfir, dem Schiffseigner, dafür zu sorgen, daß der Handel mit China ausgeweitet wurde. Bald schon machte das China-Kontor in Basra gute Geschäfte. Es dauerte auch nicht lange, bis mir zugetragen wurde, die Herrin Zubaida erhalte jeden Monat einen ansehnlichen Betrag von Abu Mohammed zugeschickt. Sie war Teilhaberin am China-Kontor geworden.

In einem meiner Häuser am Fluß in Baghdad weilte zu jener Zeit ein junges Paar. Der Mann, er hieß Mabarak, war der Vertreter des Statthalters in Ägypten beim Diwan des Kalifen. Der Name seiner Frau war Bedur. Als Mabarak eines Tages dringend zu seinem Herrn an den Nil gerufen wurde, da war Bedur allein im Haus am Tigris. Nur eine Haushälterin, Tochfat mit Namen, war bei ihr, der wiederum fünf Sklavinnen dienten. Vier Wochen vergingen ohne besondere Zwischenfälle, dann aber kam die Haushälterin zu mir in mein Haus und sprach: »Die Herrin Bedur hat heute, oh Wesir, den Wunsch geäußert, sie wolle das Bad in der Stadt aufsuchen, um dort andere Frauen zu treffen und um vergnügliche Gespräche zu führen. Meine Antwort aber war: ›Ich werde den Besitzer dieses Hauses, den Wesir Dschafar Al Barmaki, fragen, ob er uns nicht hier ein Bad einrichten läßt. Ist er bereit dazu und ist dies geschehen, dann werde ich selbst Wasser wärmen und dir den Kopf waschen! Es ziemt sich nicht für dich, ins Badhaus zu gehen!‹ Bedur sprach darauf: ›Oh Tochfat, du denkst wie ein eifersüchtiger Mann, der glaubt, daß eine Frau, sobald sie nur das Haus verläßt, schlimme Dinge begeht und damit ihren Mann betrügt. Du bist eine Frau, du mußt wissen, daß eine Frau, wenn sie es ernsthaft will, unentdeckt alles tun kann, wenn sie sich nur von ihrer List leiten läßt.‹ Dies genau waren die Worte der Frau, die mir anvertraut ist, oh Wesir. Bedur ist entschlossen, das Bad der Frauen in der Stadt aufzusuchen. Sie ist dein Gast, oh Wesir. Sage mir, was geschehen soll!«

Ich gab nicht gleich eine Antwort, sondern dachte nach. Es

war mir bekannt, daß die Aufseherin des Bades eine Vertraute des Beherrschers der Gläubigen war. Sie war angewiesen, dem Kalifen Mitteilung zu machen, wenn eine besonders schöne Frau sich im Bad blicken ließ. Häufig geschah es dann, daß diese Frau in die Gemächer des Kalifen bestellt wurde. Gefiel sie dem Herrscher, dann wurde dem Mann der Frau, so sie verheiratet war, durch Masrûr, den Schwertträger, der Kopf abgeschlagen. Einen Vorwand für die Hinrichtung ohne Urteil fand Harun Al Rashid immer. Nun war Bedur, die Frau des Mabarak, eine außerordentliche Schönheit. So war es gar nicht auszuschließen, sondern höchst wahrscheinlich, daß sie der Aufseherin des Bades auffiel. Ihr war es dann möglich, eine Beziehung anzubahnen zwischen dem Beherrscher der Gläubigen und Bedur. Eine Beziehung, die vielleicht den Einfluß der Herrin Zubaida mindern konnte. Im Falle der Kut Alkulub hatte sie gesiegt. Es lohnte sich aber wohl, die Fäden neu zu spinnen. So sprach ich zu Tochfat, der Haushälterin meines Hauses am Tigris: »Begleite Bedur morgen ins Bad und berichte mir dann, was Berichtenswertes geschehen ist!«

Am übernächsten Tag schon erfuhr ich, was vorgefallen war: »Wie du, oh Wesir, empfohlen hast, bin ich, nachdem ich alles, was notwendig ist, zusammengepackt hatte, mit Bedur ins Bad gegangen. Als sie sich entkleidete, da staunten alle Frauen, die anwesend waren, über ihre Schönheit. Sie standen um sie herum und schauten sie an. Manche priesen den Schöpfer, dem ein derartig vollkommenes Geschöpf gelungen war. Andere sagten laut, auch der erhabene Kalif habe wohl keine schönere Frau in seinen Gemächern. Bald wurde die Schönheit der Herrin Bedur auch draußen vor dem Badhause beschrieben. Viele Frauen, die an diesem Tag gar nicht die Absicht gehabt hatten, sich zu reinigen, bezahlten nun das Eintrittsgeld, um sich den Anblick der fremden Frau nicht entgehen zu lassen. Bedur aber fühlte sich durch die vielen Gaffenden in keiner Weise gestört. Sie tauchte in das warme und in das kalte Wasser, trocknete sich langsam ab, legte sich auf die Ruhebank, kleidete sich an und verließ das Badhaus. Dieses Vergnügen, so meinte sie, wolle sie nun in jeder Woche mindestens einmal genießen.«

Aus dem Bericht der Haushälterin Tochfat konnte ich schließen, daß die Vertraute des Kalifen sicher bereits im Palast ihre Erlebnisse geschildert hatte. Abzuwarten war das Erscheinen einer Sklavin im Haus am Tigris, die mitzuteilen hatte, daß der Beherrscher der Gläubigen wünsche, die Herrin Bedur bei sich im Palast zu sehen. Zu erwarten war auch, daß die Wache des Kalifen jenes Haus durchsuchte, um den Mann der Herrin Bedur zur Hinrichtung abzuführen. Ich war froh darüber, daß sich Mabarak nicht in Baghdad, sondern bei seinem Herrn, dem Statthalter Ägyptens, aufhielt. So war er nicht in Gefahr.

Doch keine Botin kam, und auch die Wache des Kalifen blieb aus. Nach einigen Stunden aber wurde ich in die Gemächer der Herrin Zubaida bestellt. Sie empfing mich wiederum sehr freundlich. Als wir uns lange genug höflich begrüßt hatten, sprach sie:

»Oh Wesir des Beherrschers der Gläubigen! Seltsames ist geschehen. Du sollst wissen, daß die Aufseherin des Bades auch in meinen Diensten steht. Sie war einst eine meiner Sklavinnen, doch ich habe sie freigelassen. Dadurch habe ich sie mir verpflichtet. Ehe sie dem Kalifen berichtet, daß sich eine besonders schöne Frau im Badhaus gezeigt hat, berichtet die Aufseherin mir, was sie gesehen hat. Nun kam sie zu mir und sprach so: ›Oh meine Herrin! Eine wunderbare Frau habe ich gesehen. Nie gab es eine derartige Erscheinung in der ganzen Stadt Baghdad.‹ Ich unterbrach sie und sprach: ›Sage mir deutlich, was du gesehen hast!‹ Da fuhr sie fort zu erzählen: ›Ich habe eine Frau im Bade gesehen, so schön wie der Mond, wenn er voll erblüht ist. Weder unter den persischen, noch unter den arabischen Frauen habe ich derartiges gesehen. Nicht einmal unter den türkischen Frauen kann eine vergleichbare Schönheit gefunden werden! Wenn der Beherrscher der Gläubigen sie sieht, wird er ihrem Mann den Kopf abschlagen lassen, um sie allein zu besitzen. Wenn er in diese Frau eingegangen ist, wird er auf keine andere mehr Lust verspüren.‹ Ich fragte nun die Aufseherin des Bades nach Namen und Herkunft der Frau und erfuhr, daß sie Bedur heißt und bei dir wohnt, im Haus mit den zwei Toren, von denen sich eines zum Fluß hin, das andere zur Stadt hin öffnet. Dann sprach ich zu der Aufseherin: ›Ich will diese Frau sehen, von der du annimmst, daß ihre Schönheit den Kalifen veranlassen wird, ihrem Mann den Kopf vom Rumpf trennen zu lassen. Wenn sie nicht so außergewöhnlich schön ist, wie du sie mir geschildert hast, dann laß ich dir durch Masrûr, den Schwertträger, den Kopf abschlagen!«

Als die Herrin Zubaida ihre Erzählung unterbrach, sagte ich: »Sprich, oh Herrin, was habe ich mit dieser Frau zu schaffen, außer der Tatsache, daß ich ihrem Mann und ihr ein Haus am Fluß überlassen habe, das über einige Zeit nicht bewohnt war?« Ihre Antwort war: »Ich hatte eigentlich vor, den Schwertträger Masrûr, der als Verschnittener zu solchen Aufgaben taugt, zu diesem Haus von dir zu schicken, damit er Bedur abhole und zu mir bringe. Doch jetzt kam mir der Gedanke, daß ich mich selbst heimlich ins Bad begebe, zu der Stunde, in der sich auch Bedur dort aufhält. Die Aufseherin wird dafür sorgen, daß nur Frauen im Bad sein werden, die zu meinem Haushalt gehören. Du, oh Wesir des Kalifen, wirst mir durch deine Haushälterin, die für die Frau sorgt, sagen lassen, wann sie wieder vorhat, das Bad aufzusuchen. Wenn du mir hilfst, meine Neugierde zu befriedigen, werde ich dir sehr verbunden sein. Ich habe der Aufseherin des Bades, dies sollst du wissen, Anweisung gegeben, dem Kalifen nichts von dieser außerordentlichen Schönheit zu sagen. Ich möchte vorerst nicht, daß sie ihm gehört. Allerdings, sollte die Beschreibung der Aufseherin zutreffen, dann müssen wir dafür sorgen, daß sie aus Baghdad verschwindet. Der Kalif hat mich und über dreihundert andere Frauen. Eine ungewöhnliche Schönheit braucht er nicht!«

Mit diesen Worten entließ mich die Herrin Zubaida. Zurückgekehrt in meinen eigenen Haushalt, ließ ich die Haushälterin kommen, die für Bedur sorgte, und veranlaßte, daß alles so geschah, wie es die Lieblingsfrau des Beherrschers der Gläubigen angeordnet hatte.

Zwei Tage später wurde mir berichtet, was sich bei der Begegnung zwischen Zubaida und Bedur ereignet hatte. Die Haushälterin wußte dies zu erzählen: »Der Herrin Zubaida zeigte ich an, wie von dir befohlen, wann sich Bedur ins Bad begeben wollte. Dort angekommen, sahen wir, daß nur wenige Frauen zu dieser Stunde baden wollten. Die wenigen aber, die sich eingefunden hatten, bewunderten den Leib der Bedur. Eine aber, die von den anderen besonders respektvoll behandelt wurde, redete Bedur an, pries ihre Schönheit und lobte ihre Bescheidenheit. Dann folgten erste zarte Berührungen. Von nun an schwiegen die beiden. Bald aber wurden die Frau und Bedur durch die Aufseherin hinausgeleitet. Von jenem Augenblick an, oh Wesir, habe ich Bedur nicht mehr gesehen!«

Der Bericht der Haushälterin überraschte mich. Diese Wendung hatte ich nicht erwartet. Ich beruhigte die Frau, die sehr besorgt war. Daß sich Bedur wohl mit der Herrin Zubaida, der Lieblingsfrau des Beherrschers der Gläubigen, in Zuneigung verbunden hatte, sagte ich der Haushälterin nicht.

Eine Woche dauerte es, bis ich Nachricht über den Verbleib von Bedur erhielt. Die Haushälterin ließ mich wissen, die Frau sei zwar ins Haus am Tigris zurückgekehrt, jedoch in Begleitung des Eunuchen Masrûr. Sie habe aus ihren Gemächern nur das Nötigste geholt, dann sei sie mit Masrûr wieder weggegangen.

Ich glaubte, Bedur sei in den Palast zurückgekehrt, um dort zu bleiben. Ich wartete darauf, ihr irgendwann zu begegnen oder zumindest von ihr eine Nachricht zu erhalten. Doch die Hoffnung auf ein Lebenszeichen trog. Selten traf sich die Herrin Zubaida während der Wochen, die auf den Tag des Verschwindens der Bedur folgten. Sah ich die Lieblingsfrau des Beherrschers der Gläubigen tatsächlich einmal, so nickte sie mir zu, sprach jedoch kein Wort mit mir. So erfuhr ich nichts über den Verbleib meines Gastes, der im Haus mit den zwei Toren am Tigris gewohnt hatte.

Monate später sprach mich Harun Al Rashid im Saal des Diwan mit diesen Worten an: »Dschafar, mein Wesir! Gehört es nicht zu deinen Pflichten, alles zu wissen, was im Islamischen Reich vorgeht?« Wurde ich zu jener Zeit derart vom Kalifen angesprochen, beschlich mich bereits Angst. Ich antwortete: »Mein Gebieter! Sollte ich meine Pflicht verletzt haben, so rechne mir dieses Vergehen nicht zu übel an, denn fern sei es von mir zu glauben, Vollkommenheit sei eine meiner Eigenschaften. Aber sage mir, oh Herr, welches Ereignis meiner Aufmerksamkeit entgangen ist!« Da reichte mir Harun Al Rashid einen Brief. Er wies mich an, seinen Inhalt laut vorzulesen. Meine Antwort war: »Ich höre und gehorche!«

Geschrieben worden war der Brief vom Statthalter des Kalifen in Ägypten. Dies war zu lesen:

»Im Namen Allahs, des Allerbarmers und Allwissenden! Gepriesen seist du, Beherrscher der Gläubigen, in der Stadt des Heils! Ein amtliches Schreiben ist dieser Brief nicht. Er enthält keinen Bericht über die Aussichten der Steuereinnahmen am Nil, und er gibt nicht Rechenschaft über mein Tun. Dieser Brief ist ausschließlich Ausdruck meiner Verwunderung über ein Geschehen, das sich in meinem Hause am Nil ereignet hat. Es traf aus der Stadt Baghdad eine Gruppe von Reitern ein. Kaum angekommen, legten sie Mabarak in Fesseln. Sein Amt war es, mich bei dir, oh Beherrscher der Gläubigen, zu vertreten, mir deine Befehle mitzuteilen. Er befand sich hier am Nil, da ich ihn gebeten hatte, mich ganz mit deinem erhabenen Willen vertraut zu machen. Zu meiner Zufriedenheit hat Mabarak diese Aufgabe erfüllt. Ich kenne jetzt deinen erhabenen Willen.

Oh Herr! Nichts hat Mabarak getan, was deinen Unwillen hätte erregen können. Als ich den Anführer der Gruppe fragte, warum mein Vertreter beim Beherrscher der Gläubigen in Fesseln gelegt wurde, gab er mir zur Antwort: ›Der Prophet – Allah segne ihn und spende ihm Heil – hat gesagt: In Fesseln schlagt, wer dem Willen des Gesandten Allahs und seiner Familie den Gehorsam versagt. In Fesseln schlagt, wer Ärgernis erregt im

Haushalt des Gesandten Allahs! Mich schickt Masrûr, der Schwertträger. Ich erfülle seinen Befehl!‹ Dann mußte ich zusehen, oh Beherrscher der Gläubigen, wie der Abgesandte des Masrûr das Blutleder ausbreitete. Mabarak wurde gezwungen, darauf zu knien. Dann schlug ihm derjenige, den der Schwertträger geschickt hatte, den Kopf ab. Kopf und Rumpf warfen die Diener, die mit der Gruppe gekommen waren, in den Nil.

Ich hatte, oh Beherrscher der Gläubigen, den jungen Mann wie einen Sohn gehalten. Eine sehr schöne Frau, sie heißt Bedur, hatte ich ihm gegeben. Sie muß sich in der Stadt des Heils aufhalten. Wer sagt ihr, daß ihr Mann Mabarak nicht mehr lebt? Beide, Mabarak und Bedur, haben in einem Haus deines Wesirs Dschafar gewohnt. Beauftrage, wenn es deinem Willen entspricht, Dschafar, Bedur zu trösten.

Es steht mir nicht an, oh Gebieter, nach dem Grund zu fragen, warum deinem Diener, der auch mein Diener war, der Kopf abgeschlagen wurde. Was auch geschah und was auch geschehen wird, meine Treue zu dir, mächtiger Herrscher, bleibt unverändert. Allah segne dich und schenke dir ein langes Leben.«

Als ich den Brief des Statthalters in Ägypten gelesen hatte und als ich schwieg, fragte mich der Kalif: »Was weißt du von der Ursache, warum dem Mabarak der Kopf abgeschlagen wurde?« Ich sprach: »Oh Gebieter, du hast recht, dein Wesir sollte alles wissen, was in deinem Reiche vorgeht, um dich kundig zu machen, wenn es die Umstände erfordern. Doch du allein weißt, warum du Masrûr, den Schwertträger, veranlaßt hast, einen Mann an den Nil zu schicken, um Mabarak zu töten. Ich, dein Wesir, war mit dieser Angelegenheit zu keiner Zeit befaßt!« Da wurde Harun Al Rashid zornig: »Du Hund von einem Wesir! Du hast eigenmächtig gehandelt, aus eigensüchtigen Gründen, die ich nicht kenne!«

Zum zweiten Mal hatte ich die bösen Worte zu hören bekommen: »Du Hund von einem Wesir!« Wie ein Peitschenhieb hatten sie mich getroffen. Doch ich ließ mir die Bestürzung nicht anmerken, als ich antwortete: »Oh Gebieter, ich schwöre dir, ich will nicht ins Paradies einziehen, wenn ich die Unwahrheit spreche. Ich habe niemanden an den Nil geschickt, um dem Vertreter des Statthalters den Kopf abschlagen zu lassen.« Da kam mir der Gedanke, der mich retten konnte. Ich sprach zu Harun Al Rashid: »Gebieter! Jener Mann, von dem der Statthalter schreibt, handelte auf Befehl von Masrûr, dem Schwertträger. Nur Masrûr kann sagen, aus welchem Grund Mabarak sterben mußte!« Da ließ Harun Al Rashid den Eunuchen Masrûr kommen.

Der Schwertträger, der wohl ahnte, daß von ihm in peinlicher Sache Rede und Antwort verlangt wurde, warf sich vor dem Kalifen nieder und küßte ihm die Füße. Mit schroffer Stimme fragte ihn Harun Al Rashid: »Masrûr, sprich! Wer hat befohlen, meinem Diener Mabarak den Kopf abzuschlagen? Wer hat angeordnet, daß Kopf und Rumpf in den Nil geworfen werden?« Da antwortete Masrûr: »Beherrscher der Gläubigen! Ich höre und gehorche, um die wahre Antwort zu geben. Es war die Herrin Zubaida, die mir befohlen hat, Mabarak zu töten und jede Spur von ihm zu tilgen. Hätte ich nicht gehorcht, so wäre mir auch der letzte Rest meiner Männlichkeit genommen worden. Dies eigenhändig zu tun, hatte mir die Herrin Zubaida angedroht. Ich bin zwar ein Verschnittener, doch noch immer der Erregung fähig. Um so zu bleiben, handelte ich wie befohlen.«

Ohne eine Antwort zu geben, entließ uns, den Schwertträger und mich, der Kalif Harun Al Rashid aus dem Saal des Diwan.

Bald darauf erreichte mich in der Nacht die Nachricht, der Beherrscher der Gläubigen verlange nach meiner Gesellschaft. Ich eilte von meinem Hause in den Palast des Kalifen. Als ich bei Harun Al Rashid eintraf, da sah ich, daß er wieder eine der unruhigen Nächte erlebte. Blaß war sein Gesicht, und Schweißperlen standen ihm auf der Stirn. Er begrüßte mich mit diesen Worten: »Oh Dschafar, die Brust ist mir eng. Mein Herz schmerzt, und zu atmen fällt mir schwer. Weißt du nicht ein Mittel, damit ich die Angst vertreiben kann, die mich beschleicht?« Ich antwortete: »Oh Mächtigster aller Menschen, du hast Frauen in deinen Gemächern, viele, die alle begierig sind, dir die Stunden der Nacht angenehm zu machen. Du brauchst nur den Befehl zu geben, und der Saal des Diwan füllt sich mit Dichtern, die wunderbare Verse sprechen und Lieder singen, um dein Gemüt aufzuheitern. Du, oh Beherrscher der Gläubigen, kannst auch, wie sonst, mit mir durch die Stadt streifen. Wir werden beobachten, was des Nachts geschieht, wie sich die Sonne erhebt, wie die Stadt des Heils erwacht.« Die Antwort des Kalifen war: »Diese Vorschläge hat mir Masrûr auch schon gemacht. Zu nichts von alldem habe ich Lust in dieser Nacht. Eigentlich habe ich dich rufen lassen, weil ich gehört habe, daß du eine Sklavin gekauft hast, die Dschamila heißt und die überaus reizvoll sein soll. Verkaufe sie mir! Ich habe mir in den Kopf gesetzt, diese Frau zu besitzen.«

Nun war diese Dschamila derzeit die Lust meiner Nächte. Ein Händler hatte sie aus Ägypten nach Baghdad gebracht und mir zuerst zum Kauf angeboten, noch ehe andere Kaufwillige zugreifen konnten. Ihre Haut war braun getönt und fühlte sich samtig an. Gefügig war sie, immer bereit, sich meinem Willen zu öffnen. Dschamila herzugeben, dagegen wehrte ich mich! Hätte ich gewußt, wie stark der Entschluß des Kalifen war, mir und dem ganzen Geschlecht Al Barmaki zu schaden, dann wäre mir sicher der Gedanke gekommen, daß es klüger sei, den Wunsch des Herrschers zu erfüllen. Daß ich bereits zweimal als Hund beschimpft worden war, hatte ich in meinem Gedächtnis wieder ausgelöscht. So sprach ich zum Kalifen: »Ich verkaufe dir die Sklavin Dschamila nicht, oh Beherrscher der Gläubigen!« Harun Al Rashid antwortete mit leiser Stimme: »Dann schenke sie mir, Dschafar!« Ich blieb beharrlich: »Ich schenke sie dir nicht! Oh Kalif!«

Da klatschte Harun Al Rashid in die Hände, und sofort erschienen Diener, die auch in der Nacht auf Befehle des Herrschers in den Vorräumen zu warten hatten. Ihnen befahl der Kalif, Wein zu bringen. Dann wünschte er, daß eine der Sklavinnen, die singen gelernt hatte, aus ihrem Gemach geholt werde, damit sie hinter einem Vorhang, meinen Augen verborgen, singe.

Es geschah, wie es Harun Al Rashid befohlen hatte. Bald war eine Stimme zu hören, die dieses Lied sang:

»In meinem Herzen malt die Sehnsucht mir ein Bild
Von ihr, die ganz mein Herz erfüllt.
Die Hoffnung allein sie mir nahebringt,
Zu ihr sich der Gedanke schwingt.
Oh, wäre ich zur Stund ihr Kleid –
Daß es Brüste berührt, erweckt meinen Neid.
Falsch ist es, von ihrer Schönheit zu sagen,
Sie sei wie der Mond. Das wär zu beklagen,
Denn Vollmond ist nicht von langer Dauer.
Der Liebe Schwinden erweckt nur Trauer.
Falsch ist es, von ihrer Schönheit zu sagen,
Sie sei wie die Sonne, nicht zu ertragen.
Die Sonne ohne Gnade verbrennt,
Wem nicht ist der Schatten vergönnt.«

Während dieses Lied erklang, trank der Beherrscher der Gläubigen in großen Zügen einen Krug Wein leer. Und auch ich war nicht zurückhaltend. Als der letzte Ton verklungen war, da sagte Harun Al Rashid zu mir: »Verkaufe mir deine Sklavin Dschamila! Ich will sie haben!« Meine Antwort war: »Ich verkaufe sie nicht, oh Beherrscher der Gläubigen!« Und wieder sprach der Kalif wie vorhin mit leiser Stimme: »Dann schenke sie mir, Dschafar!« Ich antwortete: »Ich schenke sie dir nicht! Oh Kalif!«

Da gab der Herrscher ein Zeichen, und erneut begann die Sklavin zu singen:

»Vier Reize haben mein Herz verwundet,
Es so verletzt, daß es nicht gesundet.

Der erste Reiz ist ihrer Stimme Licht;
Die Welt kennt ihresgleichen nicht.
Der zweite Reiz ist ihrer Haare Pracht;
Sie sind so dunkel wie das Schwarz der Nacht.
Der Rose gleichen ihre Wangen;
Sie locken mich, ihren Leib zu umfangen.
Perlen sind hinter den Lippen, dem Mund;
Wenn ich ihn küsse, werd ich gesund.«

Wieder hatten wir, der Kalif und ich, getrunken. Bedrückendes Schweigen war im Raum, als die Sängerin das kurze Lied beendet hatte. Der Kalif wollte, daß sie ein drittes Lied singe, und sie begann:

»Wer vor Liebe stirbt,
Sich das Paradies erwirbt.
Von Allah ist es so bestimmt:
Wem die Liebe das Leben nimmt,
Wem die Liebe das Herz zerbricht,
Der gehört zu den Verdammten nicht:
Er wird geachtet wie ein Held.
Der Liebestod auch dem gefällt,
Der Wache am Paradiese hält.«

Mit trunkener Zunge sagte der Beherrscher der Gläubigen, als er diese Worte gehört hatte: »Wahr spricht dieses Lied: Wer vor Liebe stirbt, der gilt als Märtyrer. Der ist dem gleichzusetzen, der auf dem Schlachtfeld für den Glauben stirbt. Doch es ist nicht meine Absicht, Märtyrer zu werden. Deshalb frage ich dich, Dschafar, noch einmal: Verkaufst du mir deine Sklavin Dschamila?« Auch meine Stimme klang wohl nicht mehr fest, als ich antwortete: »Ich verkaufe Dschamila nicht, oh Beherrscher der Gläubigen!«

Mit starrem Blick hörte der Kalif meine Antwort. Mir schien es, er habe nicht verstanden, was meine Worte bedeuteten. Er trank einen gewaltigen Schluck aus seinem Becher, ehe er diese Worte an mich richtete: »Ich könnte dir dein Haupt abschlagen lassen, jetzt sofort. Masrûr wartet auch in der Nacht auf solche Befehle. Doch ich brauche dich noch. Deshalb sage ich dir jetzt: Wenn du mir Dschamila nicht verkaufst oder verschenkst, will ich zur Herrin Zubaida dreimal sprechen, daß ich von ihr geschieden sei. Darauf gebe ich dir meinen Eid.« Ohne zu überlegen antwortete ich: »Und ich will mich von meinem Weibe scheiden lassen, wenn ich je bereit bin, Dschamila dir zu verkaufen oder zu schenken! Auch darauf lege ich einen Eid ab!«

Da schwand plötzlich die Trunkenheit aus unseren Köpfen. Dem Kalifen und mir wurde bewußt, daß wir Eide geleistet hatten, die uns banden. Das Schlimmste war, daß einer von uns beiden auf jeden Fall, gleich wie die Sache ausging, gezwungen war, seinen Eid zu brechen. Im Weinrausch hatten wir uns Verpflichtungen auferlegt, die eigentlich keiner von uns erfüllen wollte. Harun Al Rashid hatte keinen Grund, sich von der Herrin Zubaida scheiden zu lassen, auch wenn mir diese Scheidung gelegen gekommen wäre, hätte sie doch die Entfernung der listenreichen Lieblingsfrau aus den Gemächern des Kalifen bedeutet. Die Frage war nur, ob der Beherrscher der Gläubigen nicht wenig später vor Sehnsucht den Entschluß zur Scheidung bereut hätte. Eine solche Reue aber hätte die Familie Al Barmaki zu spüren bekommen, denn der Beherrscher der Gläubigen hätte sich gerächt.

Der Kalif, darauf bedacht, den angerichteten Schaden zu mindern, hatte einen Einfall: »Unsere Eide haben ein Rechtsproblem zwischen uns geschaffen, das nur der Kadi Abu Jusuf lösen kann. Ich lasse ihn rufen, diesen Obersten aller Rechtsgelehrten in der Stadt des Heiles!«

Nur eine knappe Weile später betrat Abu Jusuf den Raum, in dem der Kalif und ich vor leeren Bechern saßen. Abu Jusuf verbeugte sich tief und sprach dann: »Oh Beherrscher der Gläubigen! Du hast mich zu dieser Nachtzeit sicher deshalb rufen lassen, weil du Rechtsgelehrsamkeit brauchst in einem Fall, der die Grundlagen des Islam betrifft. Wo, oh Kalif, ist der erhabene Glauben in Gefahr geraten?« Ehe er antwortete, forderte Harun Al Rashid den Kadi auf, sich unmittelbar neben ihm auf die Kissen zu setzen. Ähnliches hatte sich nach meiner Erinnerung nie ereignet. Nicht einmal ich, der Wesir des Herrschers, durfte mich neben ihn setzen.

Als wir alle saßen, sprach der Kalif: »Dschafar hat eine Sklavin, der ich beiwohnen will. Ich habe geschworen, als ich nicht ganz bei Sinnen war, daß ich mich von der Herrin Zubaida scheiden lasse, wenn ich dieses Mädchen nicht bekomme. Dschafar aber hat geschworen, sich von seinem Weibe zu trennen, sollte er je bereit sein, die Sklavin mir zu überlassen. Doch weder ich noch er sind gewillt, unsere Lieblingsfrauen fortzuschicken. Wir sind aber auch nicht willens, heilige Eide zu brechen. Was ist in einem solchen Fall zu tun, oh Kadi?«

Abu Jusuf überlegte kurz und sprach dann: »Oh Beherrscher der Gläubigen! Dieser Fall ist leicht zu entscheiden, falls du, oh Wesir des Kalifen, dich durchgerungen hast, die Sklavin Dschamila freizugeben. Es bleibt gar kein anderer Ausweg. Die Lösung sieht so aus: Verkaufe dem Beherrscher der Gläubigen die eine Hälfte der Dschamila und schenke ihm die andere Hälfte. Dann sind die Eide aufgehoben. Ich schlage vor, du, oh Dschafar, läßt die Sklavin Dschamila hierher in den Palast rufen, und dann wird die Übertragung der Rechtsansprüche geregelt.« Harun Al Rashid zeigte seine Zufriedenheit, als er diese Worte gehört hatte. Mir befahl er, Dschamila holen zu lassen. Meine Antwort war: »Ich höre und gehorche! Oh Gebieter.«

Der Kalif hatte gut gewählt: Dschamila war von strahlender Schönheit, als sie eintrat. Sie wollte sich vor dem Beherrscher der Gläubigen niederwerfen, wurde von ihm jedoch daran gehindert. Er sagte: »Ich sehne mich nach diesem Leib mit großer Leidenschaft. Ich möchte sofort mit dir das Lager teilen!« Da aber machte Kadi Abu Jusuf darauf aufmerksam, daß die Vorschrift im Islam laute, der neue Besitzer einer Sklavin müsse ihre Blutung abwarten, ehe er in sie eingehe. Nur so könnten Rechtsansprüche, die bei einer möglichen Schwangerschaft entstehen würden, ausgeschlossen werden. Ich, Dschafar, der bisherige Besitzer, könne sonst verlangen, daß das erste Kind der Dschamila mir gehöre. Selbst gegen den Kalifen sei ein derartiger Rechtsanspruch durchzusetzen. Dagegen gebe es aber ein Rechtsmittel, das der Kadi so erläuterte: »Wenn ich einen anderen Mann, etwa einen der Diener des Kalifen, mit Dschamila vermähle und er sich sofort wieder scheiden läßt, ohne in die Sklavin einzugehen, dann ist die Voraussetzung geschaffen, daß der Beherrscher der Gläubigen sofort, noch in dieser Nacht, das Lager mit ihr teilen kann, denn der vorherige Besitzer, der Diener des Beherrschers der Gläubigen, hat dann noch nicht Besitz ergriffen von Dschamila.«

Dieser Vorschlag gefiel dem Kalifen ganz außerordentlich. Jetzt, mitten in der Nacht, ließ er einen seiner Diener kommen, einen noch jungen Mann, der sich bereit fand, in das Verfahren von Ehe und Scheidung einzuwilligen. Der Kadi sprach daraufhin die Formel der Eheschließung aus. Als aber von dem jungen Mann verlangt wurde, sich durch dreimaliges Aussprechen der Formel »Ich scheide mich von dir« von Dschamila zu trennen, da weigerte er sich hartnäckig, die Worte auszusprechen. Selbst das Angebot, ihm tausend Dirhem auszuzahlen, änderte seinen Sinn nicht.

In dieser verzwickten Lage wußte wiederum der Kadi Rat. Er sagte: »Oh Beherrscher der Gläubigen! Du brauchst dir keine Sorge zu machen. Du schenkst deinen Diener der Sklavin Dschamila. Wenn sie das Geschenk annimmt, wird in diesem Augenblick die Ehe ungültig! Das Gesetz schreibt vor, daß keine Frau mit einem Mann verheiratet sein darf, der ihr Eigentum ist. Die Voraussetzung, daß du noch heute nacht zu ihr eingehst, aber bleibt bestehen, denn der Diener hat die Ehe mit Dschamila ja noch nicht vollzogen.«

So geschah es. Der Beherrscher der Gläubigen verließ mit meiner Sklavin, auf die ich eigentlich nicht hatte verzichten wollen, den Raum. War Dschamila nun schwanger von mir, so hatte ich keinen Anspruch auf ihr Kind. Vermieden aber war die Auseinandersetzung mit der Herrin Zubaida.

Ein Asket mahnt

Daß der Kalif Wein trank, daß der Oberste der Richter Urteile fällte, die den Beherrscher der Gläubigen begünstigten, das ließ sich nicht verbergen. In den Gewölben des Marktes von Baghdad und Basra wurde darüber gesprochen. Kaufleute und Käufer, Besucher der Teestuben und Badhäuser, Handwerker und Barbiere – sie alle ärgerten sich darüber, daß ihnen der Genuß des Weines verboten war und daß der Kadi seine Verachtung für alle spüren ließ, die nicht zum Haushalt des Kalifen gehörten. Die Lebenslust am Kalifenhof brachte manchen zu der Einsicht, daß Glanz und Eitelkeit dieser Welt nicht der Sinn des Lebens sein könnten. Der Tod wurde zum Gegenstand von Liedern. Verse über den Tod fanden Anklang bei den Zuhörern. Ich ließ mir berichten, dieses Lied gefiele überaus:

Du lebst und hast den Tod vergessen,
Vom Leben bist du ganz besessen.
Du willst dich auf die Welt verlassen,
Willst alles mit Genuß umfassen,
Willst Wein und Frauen, suchst die Lust,
Vergißt, daß du auch sterben mußt.
Dein Leben, glaubst du, sei von Dauer,
Du siehst den Tod nicht auf der Lauer,
Verdrängst, daß auch die Eltern starben,
Daß Fleisch und Knochen längst verdarben.
Der Tod, er wird auch dein Geselle.
Drum denk an ihn, gleich auf der Stelle.

Der Dichter des Liedes, so wurde mir gesagt, hieße Abu Al Atahija. Er war jedoch während vergangener Jahre bekannt gewesen als Dichter recht lebenslustiger Gesänge. Auch über mich, Dschafar Al Barmaki, hatte Abu Al Atahija, Verse gemacht:

Wer ankommt in Baghdad, besucht Dschafar,
Der lenkt zu dessen Haus sein Dromedar.
Wer müde ist von tagelangen Ritten,
Der braucht Dschafar nicht lang zu bitten
Um Speis und Trank, um Ruhekissen.
Daß er uns hilft, ist gut zu wissen.
Sein Hoftor öffnet sich uns weit,
Gedeckte Tische stehn bereit,
Und Mädchenstimmen sind zu hören,
Und Frauen uns den Sinn betören:
Hochherzig sind die Barmakiden –
Allah spend ihnen Heil und Frieden.

Die Zeit, als Abu Al Atahija solche Verse gedichtet hatte, lag lange zurück. Viele bedauerten den Wandel seiner Sinne. Auch im Haushalt des Beherrschers der Gläubigen hatte der lebenslustige Dichter viele Anhänger gehabt. Selbst Harun Al Rashid wollte nicht verzeihen, daß Abu Al Atahija keine Liebesgedichte mehr schrieb. Der Kalif ließ den Dichter deshalb verhaften. Ich, der Wesir des Kalifen, erfuhr davon erst, als ich eines Tages wissen wollte, welche Männer von Ansehen derzeit im Gefängnis säßen. Als mir der Name Abu Al Atahija genannt wurde, da befahl ich, daß der Dichter mir vorgeführt werde.

In zerlumpten Kleidern trat er in den Saal des Diwan ein. Von mir nach seinem Schicksal befragt, sprach Abu Al Atahija:

»Der Beherrscher der Gläubigen hat mich durch Masrûr in meinem Haus abführen lassen. Ich wurde ins Gefängnis geworfen. Hinter mir verschloß sich die Türe. Als ich begriff, in welcher Lage ich war, packte mich das Entsetzen. Nur langsam gewöhnten sich meine Augen an die Dunkelheit. Da sah ich einen Mann gefesselt an der Wand des Kerkers sitzen. Der sprach schließlich: ›Du hast nicht gegrüßt, als man dich zu mir brachte. Ein Heimgesuchter sollte auch einen Heimgesuchten grüßen, wie sich das unter Moslems geziemt!‹ Ich bat den Mann um Verzeihung. Dann wollte ich wissen, warum er gefesselt in diesem Loch sitze. Seine Antwort war: ›Man verlangt von mir, daß ich jemanden verrate, der zu den engsten Mitgliedern der Familie des Propheten – Allah segne ihn und gebe ihm Frieden – gehören soll. Sein Name ist Ahmad. Ich weiß, wo er sich versteckt, doch ich kann nicht schuld sein vor Allah, daß er hingerichtet wird. Bei Allah, ich werde ihn niemals verraten, auch nicht in der Stunde, da man mich zur Hinrichtung rufen wird!‹ Das sagte mir jener Fremde, oh Wesir, dessen Name mir aber unbekannt ist. Mit ihm zusammen hause ich in jenem finsteren Loch.«

Ich fragte Abu Al Atahija, ob er wisse, warum er ins Gefängnis gebracht worden war. Er antwortete: »Der Schwertträger hat mir gesagt, der Beherrscher der Gläubigen werde mich erst freilassen, wenn ich wieder bereit sei, freudige Lieder zu dichten.«

Ich versuchte den Dichter zu überzeugen, daß er mit seiner Hartnäckigkeit wenig gewinne. Ich fragte: »Willst du dein ganzes Leben hinter Kerkermauern verbringen!« Er antwortete: »Ich habe dem Kalifen nichts mehr zu sagen, denn meine Dichtung ist nicht für Herrscher geeignet. Der Beherrscher der Gläubigen wird sich nie mit Askese, mit Enthaltsamkeit befassen. Meine Gedichte gehören den Kennern des Heiligen Buches, den Gelehrten, die auf der Suche sind nach Wahrheit. Meine Gedichte, oh Wesir, gehören auch dem Volk, das begreift, daß Allah nicht mit denen ist, die Völlerei betreiben.«

Dann sagte Abu Al Atahija: »Ich will dir ein Gedicht sagen, das in diese Zeit paßt:

Ihr zeugt Kinder für den Tod.
Enthaltsamkeit sei das Gebot!
Eure Häuser werden bald zerfallen,
Der Untergang, er droht euch allen.
Gerechtigkeit bringt allein der Tod,
Der Armen und den Reichen droht.«

Willig ließ sich der Dichter wieder in seinen Kerker zurückführen. Am anderen Tag bat ich den Beherrscher der Gläubigen, er möge nach Recht und Gesetz den Fall Abu Al Atahija entscheiden. Den Hinweis auf Recht und Gesetz sprach ich in aller Bescheidenheit aus, da sich der Beherrscher der Gläubigen als Schatten Allahs zum alleinigen Herrn über das Recht berufen fühlte. Gegen seinen Richtspruch konnte sich auch der Kadi nicht wehren.

Harun Al Rashid ließ tatsächlich alsbald den asketischen Dichter Abu Al Atahija aus dem Gefängnis holen. Mit ihm wurde auch der Mann gebracht, der in der gleichen Zelle gefangensaß. Dieser Fremde blieb aufrecht vor dem Kalifen stehen, auch seine Bewacher konnten ihn nicht auf die Knie zwingen. Als sie noch mit ihm rangen, da gebot der Herrscher Einhalt. Er fragte den Gefesselten: »Was weißt du von Ahmad, dem Nachkommen des Ali?« Folgende Antwort erhielt er auf seine Frage: »Du kannst mit mir machen, was du willst. Du kannst mich auch sofort enthaupten lassen. Frage mich nicht nach Ahmad. Selbst wenn ich ihn unter meinem Hemde verborgen hätte, würde ich ihn dir nicht preisgeben!«

Da wartete Masrûr, der Schwertträger, nicht länger. Er breitete das Blutleder aus, das im Saal des Diwan immer bereitlag. Dann zwangen seine Knechte den Mann, der so stolz gesprochen hatte, den Kopf zu beugen. Mit einem Schlag war dem Anhänger der Nachkommen des Ali der Hals durchgetrennt. Weit über das Leder hinaus sprang der Bogen des Blutes aus dem Rumpf.

Als Kopf, Rumpf und Leder aus dem Raum geschafft waren, da sprach der Beherrscher der Gläubigen zu Abu Al Atahija:

»Ich bemerke, daß du entsetzt bist über das, was du gesehen hast.« Der Dichter aber antwortete: »Ich gestehe, oh Herr, daß mir vor Schreck und Angst die Seele entflohen ist!« Da wollte der Kalif wissen: »Wirst du, Elender, endlich Verse schreiben, wie ich sie hören will, oder wirst du fortfahren, Widerwärtiges über den Tod zu dichten?« Nach wenigen Augenblicken des Überlegens sprach Abu Al Atahija:

»Ein jeder weiß, daß fast kein Jahr vergeht,
Ohne daß die Macht eines Königs im Staub verweht.
Ein anderer ersteiget dann den Thron,
Doch auch ihm ist bereitet schon
Der Untergang, der unvermeidlich,
Denn unsere Grenzen, die sind zeitlich.
In Allahs Hand liegt unser Leben,
Begrenzte Zeit ist uns gegeben.
Bedenke, daß der Tod Erlöschen bringt,
Ihm zu entkommen, keinem gelingt.«

Als er diese Verse gehört hatte, wurde der Beherrscher der Gläubigen zornig. Er ließ den Dichter zurückführen ins Gefängnis.

Nur wenige Tage später traf eine Gesandtschaft aus Konstantinopel in der Stadt des Heiles ein. Harun Al Rashid glaubte, die Abgesandten des Kaisers würden mit ihm über eine Stundung der Tributzahlungen verhandeln wollen, und so ließ er sie warten. Sie waren jedoch gekommen, um zu fragen, ob der Dichter Abu Al Atahija nicht für einige Zeit am Kalifenhof entbehrlich sein könnte. Der Ruhm des Asketen sei bis nach Konstantinopel gedrungen. Die neue Art, Lieder zu dichten, finde Anklang, treffe das Gefühl der Zuhörer. Der Imperator sei geneigt, die Verse aus der arabischen Sprache in lateinische Worte übersetzen zu lassen.

Harun Al Rashid war erstaunt darüber, daß der christliche Imperator Gefallen an Liedern eines arabischen Dichters fand, und er war gewillt, die Bitte aus Konstantinopel zu erfüllen. Wieder ließ er Abu Al Atahija aus dem Kerker holen. Zum gefesselten Dichter sprach der Beherrscher der Gläubigen so: »Ich weiß nicht, wie es geschehen kann, daß deine Verse den Ungläubigen gefallen. Nun will der Imperator, daß du zu ihm kommst. Er will mehr von dir hören, von deinen Todesliedern. Vielleicht fühlt er selbst die Nähe des Todes. Wenn du seine Einladung anzunehmen gedenkst, lasse ich dich frei, und du kannst reisen!«

Abu Al Atahija aber schlug die Einladung aus. Er meinte: »Auch wenn diese Reise mir die Freiheit bringen würde, will ich sie nicht antreten. Ein Kerkerloch in der Stadt, in der ich zuhause bin, ist mir lieber als ein Gemach im Palast des Herrschers der Christen. Deshalb bitte ich dich, laß mich dorthin zurückbringen, wo ich derzeit untergebracht bin!«

Harun Al Rashid erfüllte dem Dichter diesen Wunsch. Er hatte sich nun einmal geschworen, Abu Al Atahija zu zwingen, wieder freudige Lieder zu dichten.

Der Gefangene, zurückgekehrt in sein finsteres Loch, sagte zu einem seiner Bewacher, er möge mir, dem Wesir des Kalifen, mitteilen, er werde von nun an bis zu seiner Freilassung nur noch das Glaubensbekenntnis sprechen: »Es gibt außer Allah keinen Gott, und Mohammed ist sein Prophet!« Es gehörte zu meiner Pflicht, dem Beherrscher der Gläubigen zu sagen, daß keine Hoffnung darauf bestünde, die Meinungsänderung des Dichters zu erzwingen. Er brauste auf: »Ich lasse ihm sechzig Stockschläge aufzählen!« Doch ich brachte ihn zur Einsicht, daß er niemand bestrafen könne, der nichts anderes tue, als das Glaubensbekenntnis zu sprechen. Da wurde der Beherrscher der Gläubigen einsichtig, und er ließ Abu Al Atahija aus dem Kerker holen und in ein Nebengebäude des Palastes bringen.

Dort sollte der Dichter fortan als Gefangener festgehalten werden. Es war ihm freigestellt, Besucher zu empfangen.

An sein Gelübde, nur noch diese Worte zu sprechen: »Es gibt außer Allah keinen Gott, und Mohammed ist sein Prophet«, hielt sich Abu Al Atahija. Niemand konnte ihm nachweisen, andere Worte gesprochen zu haben. Kam ein Besucher zu ihm, so hielt der Dichter den Mund fest verschlossen, um auch nicht aus Versehen sein Versprechen zu brechen. Vor ihm lag stets ein Blatt Papier, ein gespitztes Schreibrohr und Tinte. Er schrieb nieder, was er dem Besucher zu sagen hatte.

Auch ich hatte eines Tages Ursache, den Gefangenen zu besuchen. Mir war hinterbracht worden, Abu Al Atahija habe eigene Ansichten über Allah, die nicht mit dem Wissen übereinstimmten, das uns der Gesandte Allahs – Heil spende ihm Allah und Segen – im Koran hinterlassen habe. Als Wesir des Beherrschers der Gläubigen, zuständig für Ordnung im Islamischen Reich, hatte ich frühzeitig zu erkennen, wo Keime künftiger Unruhe steckten. Abweichende Gedanken über Allah waren solche Keime der Unruhe.

Ehrerbietig, aber stumm empfing mich Abu Al Atahija im Haus, das ihm der Kalif zugewiesen hatte. Obgleich er noch immer Gefangener war, trug der Dichter keine Fesseln. Er war sehr hager. Weiß erschien mir seine Haut. Sein Haar aber war schwarz und gewellt, wie es vor dem Aufenthalt im Kerker gewesen war. Ich sprach zu ihm und verwendete bei der Anrede seinen vollen Namen: »Oh Abu Al Atahija Ibn Qasim Ibn Suwaid Ibn Kaisan! Die Güte des Beherrschers der Gläubigen gestattet es dir, dich frei zu bewegen, solange du das Haus nicht verläßt. Da du nicht zu mir kommen darfst, bin ich zu dir gekommen, um dich zu fragen: Stimmt es, daß du dir ein eigenes Bild von Allah gemacht hast?«

Ohne Umschweife griff Abu Al Atahija zu seinem Schreibzeug und brachte diese Worte zu Papier: »Zur Einzigartigkeit Allahs bekenne ich mich. Allah hat sich selbst erschaffen, durch seinen eigenen, allmächtigen Willen. Als Allah erschaffen war, hat er die Welt erbaut, und zwar aus dem Nichts. In dieser Schöpfung wurden ganz gegensätzliche Elemente miteinander vereinigt. Sie lassen sich nachweisen. Ich nenne nur das Gute und das Schlechte. Beides, Gut und Schlecht, ist Schöpfung Allahs. Nicht zu dieser Schöpfung gehört der Koran. Er enthält das unerschaffene und ewig gültige Wort Allahs, das uns vom Propheten – Allah segne ihn und gebe ihm Heil – nur vermittelt worden ist. Das Wort Allahs aber bestand schon, als die Welt noch gar nicht geschaffen war.«

Ich fragte weiter: »Deine Gedichte handeln vom Tode. Dies mißfällt dem Beherrscher der Gläubigen besonders deshalb, weil er der Meinung ist, du würdest nicht an das Paradies und an das Weiterleben im Paradies glauben. Du dichtest vom Vergehen, vom Ende. Du läßt keine Hoffnung auf das, was nach dem Tode kommt. Der Gesandte Allahs hat das Paradies als sehr schön beschrieben. Siehst du dich selbst nicht einhergehen unter Palmen, neben kühlenden Bächen und Springbrunnen, umgeben von hochbusigen Jungfrauen?«

Da schrieb Abu Al Atahija auf das Papier: »Das Paradies ist eines, das Leben auf dieser Erde ein anderes. Du wirst nicht leugnen, daß diese Erde ein Haus des Schmerzes ist. Nun aber gibt es Mächtige und Wohlhabende, die auf dieser Erde schon das Paradies erleben wollen. Sie greifen nach allen Genüssen, auch nach denen, die dem Paradies vorbehalten sind. Der Beherrscher der Gläubigen gehört zu denen, die nicht warten können. Er wird feststellen müssen, daß ihm die Tore des Paradieses verschlossen bleiben. Deshalb erinnere ich an den Tod. Für viele wird er tatsächlich das Ende bedeuten. Da niemand vom Tod sprach, habe ich es getan.«

Abu Al Atahija hatte nichts niedergeschrieben, was bedenklich gewesen wäre, was Unruhe im Islamischen Reich hätte auslösen können. Ich fragte den Dichter, ob er wirklich wieder sprechen würde wie andere Menschen auch, wenn der Beherrscher der Gläubigen seine Freilassung gestatten würde. Abu Al Atahija erwiderte, er werde dann sogar für den Kalifen ein Liebesgedicht schreiben. Harun Al Rashid war froh, als ich ihm die Nachricht vom Sinneswandel des Gefangenen überbrachte. Er befahl, der Dichter solle in sein eigenes Haus zurückkehren. Bald schon erhielt der Kalif diese Verse:

Von unserer Liebe blieb die Spur im Sand,
Abdruck der Körper, der Finger einer Hand.
Lange war die Spur dort nicht zu sehen,
Der Hauch des Windes ließ den Sand verwehen.
Erinnert sich dein Körper noch an mich?
An den, der damals von dir wich?
Vielleicht bliebst du der Sandspur treu,
Vielleicht denkst jeden Tag aufs neu
Du auch an jene Sternennacht,
Die Freud und Kummer uns gebracht.
Auch ich denk an die Spur im Sand.
Mein Geist schwebt weithin über Land,
Zur Wüste hin von Schadurdjand,
Wo Schönes war geschehen ohne Reu.
Auch ich bleib jener Sandspur treu!

Dem Beherrscher der Gläubigen gefielen diese Verse. Er ließ dem Dichter tausend Dirhem senden, zusammen mit dem Versprechen, ihm auch fortan zu verzeihen, wenn er wieder Todeslieder dichte.

»Erzähle mir von früher, oh Dschafar«

Mitternacht war vorüber, da kam eilends ein Diener zu meinem Haus, der mich aus dem Schlaf schreckte. Weil er vom Beherrscher der Gläubigen geschickt war, dämpfte ich meinen Zorn über die Störung. Auf mein Zeichen sprach der Diener:

»Oh Wesir, wisse, dies ist wieder eine Nacht, die unserem Herrn Pein bereitet. Er ist vom Lager aufgestanden, als er spürte, daß Herzschlag und Atem schneller wurden. Ruhelos ist er durch die Gänge des Palastes gewandert. Keiner von uns Dienern, die in dieser Nacht zu wachen hatten, wagte es, den Herrn anzusprechen. Schließlich weckten wir Masrûr, den Schwertträger, der im Vorraum des Schlafgemachs unseres Kalifen die Nacht verbrachte. Masrûr folgte dem Gebieter und sprach ihn schließlich mit diesen Worten an: ›Oh Beherrscher der Gläubigen! Wenn du dein Gemüt beruhigen willst, dann werde ich dir die Türen zu den Räumen deiner Frauen öffnen. Du hast die Auswahl unter den schönsten Mädchen im Islam. Da warten Jungfrauen darauf, daß du in sie eingehst. Sie werden dir deinen Besuch reich lohnen. Du befiehlst, was geschehen soll, und ich gehorche!‹ Doch Harun Al Rashid empfand in dieser Nacht keine Lust, sich an einer Frau zu erfreuen. Auch den Vorschlag des Masrûr, durch Wein das gereizte Herz zu beruhigen und zu erfreuen, schlug er aus.«

Dies alles berichtete mir der Diener des Kalifen, der mich aufgeregt mitten in der Nacht besuchte. Auch dies wußte er zu erzählen: »Der Beherrscher der Gläubigen verlangte vom Schwertträger, er möge ihm eine Geschichte erzählen. Masrûr antwortete: ›Gebieter, ich höre und gehorche! Doch welche Art von Geschichte soll ich erzählen? Willst du hören, was wahr ist oder was erfunden ist?‹ Da sprach der Kalif: ›Ich will hören, was wahr ist, was früher einmal geschehen ist.‹ Masrûr meinte darauf: ›Oh Beherrscher der Gläubigen! Mit Geschichten von einst kann dich am besten dein Wesir Dschafar bedienen. Er stammt aus einer Familie, die schon lange dem Islam dient. Höre dir an, was Dschafar zu sagen hat!‹ So geschah es«, sagte der Diener des Kalifen, »daß ich geschickt wurde, um dich zu holen!«

»Erzähle mir von früher, oh Dschafar!« Mit diesen Worten empfing mich der Beherrscher der Gläubigen. »Aber erzähle mir eine Geschichte, die mich aufheitert!« Ich antwortete: »Selten zu finden sind die Geschichten, die heiter stimmen. Die Heiterkeit entsteht immer dadurch, daß wir miterleben, wie jemand Schaden erleidet. So ist es auch in meiner Geschichte, die wahr ist. Sie handelt von Naquid Abu Zaid, der in Medina gelebt hat, ein Menschenleben vor deiner Geburt, oh Beherrscher der Gläubigen. Seinen wirklichen Namen Naquid hat niemand benutzt.

Alle riefen ihn Al Dallal, weil er dafür bekannt war, ein ›Verführer‹ zu sein. Mein Großvater, Khalid Ibn Barmak, hatte Al Dallal in Medina kennengelernt, als er sich zur Pilgerfahrt dort aufhielt. Al Dallal soll ein hübsches Gesicht gehabt haben, flinke Augen und zarte Hände. Was er sprach, muß den Frauen gefallen haben. Damals, so war von meinem Großvater zu hören, hat jeder, der in Medina eine Frau suchte, zuerst einmal mit Al Dallal über sein Anliegen gesprochen. Al Dallal kannte tatsächlich alle heiratsfähigen Mädchen der Stadt, und er beschrieb sie der Reihe nach dem Heiratswilligen. Er wußte, wieviel Dirhem als Brautgabe zu bezahlen waren und wieviel Dirhem und wie viele Kamele der Vater der Braut in die Ehe mitgab. Hatte sich ein Freier entschieden, dann ging Al Dallal zur Familie jenes Mädchens, und fast immer gelang es ihm, so wird berichtet, mit ihr allein zu sein. Zu jener Zeit waren die Sitten in Medina nicht so streng. Mehr noch als heute konnte jede Frau von sich sagen, alles erreichen zu können, wenn sie sich nur ernsthaft bemühte. So gelang es den Frauen auch zumeist, ihre Familien zu überzeugen, daß der Heiratswillige, den Al Dallal vorschlug, wohl der Richtige sein würde. Nicht vergessen werden darf in dieser Geschichte, oh Beherrscher der Gläubigen, daß Al Dallal immer Frauen für die Freier aussuchte, die etwas älter waren, aber noch keinerlei Erfahrungen mit Männern erworben hatten. Da waren die übrigen Familienmitglieder auch meist froh, daß sich überhaupt ein Bräutigam fand – und sie übersahen, daß die Begegnungen zwischen der künftigen Braut und dem Vermittler nicht immer nach den Lebensregeln der Sitte abliefen.«

Ich sah, daß der Beherrscher der Gläubigen ruhig auf seinem Kissen saß, ohne das geringste Zeichen innerer Unrast, und daraus schloß ich, daß ihm meine Geschichte gefiel. So fuhr ich fort zu berichten, was einst in Medina geschehen war:

»Am Tag der Vereinigung des Paares, das sich mit Hilfe von Al Dallal gefunden hatte, begab sich der Vermittler noch einmal zu der Frau und sprach: ›Noch heute ist es soweit, daß der Mann die Ehe vollzieht. Sicher hat dir eine erfahrene Frau gesagt, daß der Eingang, den er aufstößt, derart erregt sein wird, daß du Flüssigkeit über den Mann ergießt. Dies wird ihm gar nicht gefallen, und er wird niemals mehr zu dir kommen. Die unglücklichste Frau von der Welt wirst du schließlich sein müssen.‹ Fragte nun die Frau den Al Dallal, was sie dagegen tun solle, dann erhielt sie diese Antwort: ›Du mußt doch wissen, wie du die Lüsternheit deines Schoßes überwinden kannst!‹ Beharrte sie darauf, nichts derartiges zu wissen, dann schlug Al Dallal vor: ›So muß ich wohl selbst deine Lüsternheit lindern.‹ Er prahlte später damit, mit diesem Vorschlag immer Erfolg gehabt zu haben. Hatte er seine Lust verströmt, so sprach er zu der Frau: ›Nun hast du deine Ruhe und kannst deinen Mann so befriedigen, daß dir keine Schande entsteht. Wir aber werden unser Beisammensein verheimlichen!‹ Sicher ist, so sagte mein Großvater, daß Al Dallal mit vielen Frauen sein Vergnügen hatte. Und bestimmt wäre ihm verziehen worden, hätte er nicht auch sein Unwesen mit Männern getrieben.«

Als ich an dieser Stelle in meiner Erzählung innehielt, weil ich nicht sicher war, ob der Beherrscher der Gläubigen auch wissen wollte, was Al Dallal den Männern angetan hatte, da gab er mir das Zeichen weiterzusprechen. Und ich erzählte ihm dies:

»Hatte sich Al Dallal mit der Frau vergnügt, so ging er, kaum war er wieder zu Kräften gekommen, zum Bräutigam. Er sprach den Mann so an: ›Du hast keinerlei Erfahrung in der Ehe, im Umgang mit Frauen. Du hast keine Ahnung, daß die Frauen von Medina es mögen, wenn das Glied lange in ihnen verweilt. Du aber, das weiß ich sicher, wirst gleich fertig sein und aufstehen vom Lager. Die Frau wird erst wütend sein, dann aber wird sie dich hassen. Nie mehr wird sie dir verzeihen!‹ Wollte der Mann dann wissen, was er tun könne, um seine Frau und sich selbst glücklich zu machen, dann sprach Al Dallal diesen Vorschlag aus: ›Ich suche dir eine Negerin, die für ihre Dienste wenig will, und dann treibst du es einmal oder zweimal mit ihr, bis deine Erregung abgeklungen ist. Danach kannst du in Ruhe zu deiner Frau gehen!‹ Hatte der Bräutigam keine Lust, sich mit einer

Negerin einzulassen, meinte Al Dallal schließlich: ›Es bleibt uns nichts anderes übrig, als es miteinander zu treiben!‹ Häufig, so wird berichtet, hätten sich unerfahrene, heiratswillige Männer darauf eingelassen. Und so habe Al Dallal auch daraus ein Vergnügen gezogen. Al Dallal drang in die Frauen ein, ehe sie sich ihren Männern überließen, und er ließ die Männer in sich eindringen, ehe sie ihre Frauen beglückten.«

»Wie ist es dem Mann weiter ergangen, der Al Dallal hieß?« wollte der Beherrscher der Gläubigen wissen. Meine Geschichte hatte ihm gefallen. Zu meinem Glück wußte ich mehr zu berichten. Dies verdankte ich meinem Großvater, der gerne von Menschen erzählt hatte, die ungewöhnlich waren. So konnte ich ohne Zögern sprechen:

»Ein wohlhabender Syrer machte damals mit großem Anhang die Pilgerfahrt. Als er in Medina Aufenthalt einlegte, mietete er ein Haus, das neben dem Anwesen stand, das Al Dallal gehörte. In jenem Haus brachte der Syrer seine Frauen unter, seine Diener und zwei schöne Knaben, die offenbar ebenfalls dem Vergnügen des Syrers dienten. Al Dallal, den Frauen und den Männern gleichermaßen zugetan, wollte einen der Knaben besitzen. Um leichter zu erreichen, was er wollte, lud er den Syrer in sein Haus ein. Die Mahlzeit war eben vorüber, da fragte Al Dallal: ›Kennst du das Lied vom Zeltpflock?‹ Der Gast antwortete, er habe nie ein derartiges Lied gehört. Da begann Al Dallal, der eine angenehme Stimme besaß, zu singen:

›Wem ist fremd die Knabenliebe?
Wer folgt nicht dem süßen Triebe,
Hintere Backen sanft zu streicheln,
Mit den Händen zu umschmeicheln?
Die Sinne reizt des Knaben Jugend,
Seine Keuschheit, seine Tugend.
Ihm den Zeltpflock einzurammen,
Keiner wird dies wohl verdammen.
Nicht den echten, den aus Holz,

Sondern nur des Mannes Stolz,
Ist dann hierfür zu gebrauchen,
Tief hinein läßt du ihn tauchen.
Die hinteren Backen seien gepriesen,
Und auch der Zeltpflock, vergnügt zu genießen.‹

Es wird berichtet, oh Beherrscher der Gläubigen, daß dieses Lied vom Zeltpflock dem Syrer, der ein Genießer war, ganz außerordentlich gefallen hat. Ohne zu überlegen, schenkte der Gast seinem Gastgeber einen der beiden Knaben. Al Dallal durfte selbst auswählen, welchen er haben wollte. Dann aber sprach der Syrer: ›Ich habe auch eine Bitte an dich! Ich möchte gerne unter meinen Frauen und Sklavinnen, die ich alle aus Syrien mitgebracht habe, ein junges Mädchen aus Medina besitzen. Die Frauen aus Syrien sind plump und haben dicke Schenkel. Ich möchte eine vor mir sehen, die feine und lange Gliedmaßen besitzt. Ihr Anblick soll Auge und Seele erfüllen!‹ Hierauf antwortete Al Dallal: ›Oh Gast aus Damaskus! Ich kann deinen Wunsch erfüllen. Du wirst ein derartiges Mädchen zu sehen bekommen!‹ «

Der Beherrscher der Gläubigen unterbrach mich und sprach: »Ich kann den Mann aus Syrien wohl verstehen. Die Frauen in Syrien und im Libanongebirge haben zu kurze Beine, die nicht geeignet sind, sich am Rücken des Mannes zu kreuzen, wenn er auf ihr liegt. Die Frauen von Medina sind dafür bekannt, daß sie es verstehen, den Mann mit den Beinen zu umarmen. Erzähle weiter, oh Dschafar, was dann geschah!« Meine Antwort war: »Ich höre und gehorche, oh Gebieter!« Dann berichtete ich dies:

»In Al Dallals Nachbarschaft wohnte eine Frau mit einer Tochter, die langbeinig war und trotzdem nicht knochig, die feste Brüste besaß und trotzdem schmale Hüften. Die Mutter war darauf aus, die Tochter in den Harem eines wohlhabenden Herrn zu geben, jedoch nicht als Sklavin, sondern als anerkannte Ehefrau. Al Dallal hatte ihr bereits versprochen, bei der Suche nach einem solchen Herrn behilflich zu sein. Er war fest davon überzeugt, daß sie genau die Eigenschaften besaß, die der Syrer erwartete. Also sprach er zu ihr: ›Ich weiß, du willst deine Tochter nicht verkaufen. Trotzdem sollst du sie ihm zeigen. Möglich ist, daß sie ihm gefällt und daß er sie heiratet. Ich habe ihm nicht versprochen, eine Sklavin zu verkaufen. Ich habe ihm nur zugesagt, daß er ein Mädchen zu sehen bekommt, das seiner Vorstellung entspricht. Deshalb: zeige ihm deine Tochter!‹ Da antwortete die Mutter: ›Meinetwegen. Nur erfahren darf es niemand, daß ein Mann den Leib meiner Tochter gesehen hat.‹ Erfreut holte Al Dallal den Syrer in sein Haus. Bald kamen auch Mutter und Tochter. Der Körper des Mädchens war durch ein fließendes Gewand verhüllt, und obgleich von ihren Reizen wenig zu sehen war, fand der Syrer die Tochter sehr schön. Auf einen Wink der Mutter zeigte sie sich von der Seite und drehte sich dann ganz um. Die Mutter fragte: ›Willst du, oh Fremder, daß sie sich ein enges Kleid anzieht?‹ Der Syrer nickte. Das Mädchen verschwand und kam nach kurzer Zeit wieder, von einem dünnen Stoff bekleidet, der eng um den Körper gewickelt war. Als der Syrer nach dem Mädchen greifen wollte, hielt ihn die Mutter ab, sprach aber: ›Möchtest du, daß sie sich ganz entkleidet?‹ Wieder nickte der Syrer. Da befahl die Mutter der Tochter: ›Zeig dich nackt!‹ Das Mädchen wickelte sich aus dem Stoff und zeigte ihre langen Beine, die wohlgeformten Schenkel, die runden Hinterbacken, den flachen Bauch und die festen Brüste. Als der Syrer das Mädchen so vor sich stehen sah, da sprach er: ›Fürwahr, sie füllt mir Aug und Seele!‹ Er fragte: ›Was soll sie kosten?‹ Die Mutter antwortete: ›Der Tag des Betrachtens ist nicht der Tag des Kaufens! Morgen reden wir darüber.‹ «

»Deine Geschichte, oh Dschafar, bringt mich auf den Gedanken, in dieser Nacht doch noch die Gemächer meiner Frauen aufzusuchen. Ich weiß von einer, die lange Beine besitzt, die mich auf ihr festzuhalten vermögen. Doch laß mich erst wissen, wie die Mutter den Syrer am anderen Tag beschied.« Es war meine Pflicht, dem Beherrscher der Gläubigen die Geschichte zu Ende zu erzählen:

»Am folgenden Morgen trat der Syrer wieder in das Haus des Al Dallal. Auch die Mutter kam, allerdings ohne die Tochter. Ohne Umschweife sagte sie zu dem Fremden: ›Du sollst wissen, oh Mann aus Syrien, daß das Mädchen meine Tochter ist. Noch nie hatte vor dir ein Mann ihren nackten Körper gesehen. Ich habe sie dir nur gezeigt, damit du dich, wenn du bei deinen plumpen und derben Frauen aus Syrien bist und dich wieder im Gebirge des Libanon aufhältst, daran erinnerst, wie schön eine Frau aus Medina sein kann. Dir soll bewußt sein, was dir fehlt.‹ Da verließ der Syrer das Haus des Al Dallal. Doch am selben Tag noch kam er wieder, um erneut Vermittlung zu erbitten: da er das Mädchen nicht vergessen konnte, wollte er diese langbeinige Schönheit heiraten. So hatte die Mutter ihr Ziel erreicht.«

»Weiß man, ob dieser Al Dallal glücklich oder im Unglück gestorben ist?« wollte der Beherrscher der Gläubigen wissen. Ich gab zur Antwort: »Mein Großvater hat mir erzählt, was Al Dallal mit den Frauen und Männern in Medina trieb, sei nicht zu verbergen gewesen. Im Laufe der Zeit wuchs Empörung über sein Betragen. Ibn Hazm, der damals Statthalter in Medina war, entschloß sich, Al Dallal entmannen zu lassen. Dies geschah.«

»Allah wird dereinst Rechenschaft fordern«

Es geschah eines Nachts, daß der Beherrscher der Gläubigen mich rufen ließ. Dies geschah häufig und war nichts Ungewöhnliches. Als ich in den Saal des Diwan eintrat, sah ich, daß Harun Al Rashid wieder einmal an der Enge seiner Brust litt. Der Kalif hinderte mich daran, vor ihm niederzuknien. Er sprach: »Oh Dschafar! Es ist zwar schon spät, doch die Menschen in der Stadt des Heiles sind wach bei Tag und in der Nacht. Ich will in die Stadt gehen und die Männer befragen, die auf den Straßen und in den Ladengewölben anzutreffen sind. Ich will wissen, was sie von denen denken, die beauftragt sind, ihr Leben zu leiten. Ich will wissen, was die Bewohner der Stadt von dir halten, Dschafar, mein Wesir! Wenn sie dich loben, will auch ich dich loben. Wenn sie über dich klagen, dann werde ich dich aus deinem Amt jagen. Du, Dschafar, wirst mit mir gehen!« Ich antwortete: »Ich höre und gehorche!«

So kleideten wir uns, wie schon oft zuvor, als einfache Kaufleute, die als Fremde in Baghdad eingetroffen waren. Als wir eben den Palast verlassen wollten, fiel dem Kalifen ein, es sei wohl klug, auch den Schwertträger Masrûr mitzunehmen. So wurde Masrûr geweckt. Er mußte sich ebenfalls verkleiden.

Langsam gingen wir durch die Straßen, auf denen nur wenige Menschen unterwegs waren. Lampen, manche hell und viele trübe, brannten in den Ladengewölben. Einige Händler saßen noch mit Käufern beisammen, andere Kaufleute schliefen auf Kissen bei ihren Waren. In einem engen Raum bei einer Straßenkreuzung befand sich der Laden eines Teebrühers. Wir traten ein, um mit den Menschen, die dort saßen, ins Gespräch zu kommen. Doch sie hörten eben alle einem alten Mann zu, der ein schlichtes Lied sang. Die Worte klangen ungefähr so:

Wer arm ist in der Stadt Baghdad,
Kaum an Brot zum Leben hat.
Wer arm ist in der Stadt Baghdad,
Dem winkt nicht des Kalifen Gnad,
Der schleppt für andre schwere Last.
Drückt die schwere Last ihn nieder,
Wird ihm gleich ein Schlag verpaßt.
Der Arme singt kaum frohe Lieder!
Im Sommer plaget ihn die Hitze,
Ihm ziemt es, daß er heftig schwitze.
Im Winter fehlen ihm die Kohlen,
Da trägt er Schuhe ohne Sohlen.
Wer arm ist in der Stadt Baghdad,
Kein Recht auf würdiges Leben hat!

Als dieses Lied zu Ende war, da murmelten alle, die rings auf dem Boden der Teestube saßen, beifällig. Dies ermutigte den Mann, noch weitere Verse zu singen. Sie lauteten so:

Wer arm wird in der Stadt des Kalifen,
Wird bald von Hundepisse triefen;
Denn nur bei den Hunden läßt man ihn hausen,
Während die Reichen üppig schmausen.
Will einer sich beim Kalifen beklagen,
Wird er vom Wesir geschlagen –
Dschafar heißt er, der uns regiert,
Der täglich Unrecht nur gebiert.
Gleich vor der Stadt mit großer Hast
Baut Dschafar sich einen Prachtpalast.
Das Geld, das nimmt er von den Armen,
Für sie kennt er kein Erbarmen.
Großzügig ist er zu den Schmeichlern,
Zu den Dichtern, zu den Heuchlern.
Was Armut bedeutet, weiß er nicht,
Ihm droht ein schlimmes Strafgericht.
Wer arm ist in der Stadt Baghdad,
Kein Recht auf würdiges Leben hat!

Etwas war anders in dieser Nacht als sonst. In früheren Nächten hatte kaum jemand gewagt, in unserer Gegenwart zu sagen, es gebe Arme in der Stadt des Heiles. Als ich auf Masrûr blickte, da fiel mir ein, was die Ursache war für den Unterschied im Verhalten der Menschen. Sonst hatten sie immer erfahren, daß der Beherrscher der Gläubigen unterwegs war in der Stadt. Dafür hatte immer Masrûr gesorgt, der Schwertträger des Kalifen. Doch diesmal war Masrûr zu spät geweckt worden. Er hatte keine Zeit mehr gehabt, um seine Vertrauten vorauszuschicken. So bekamen wir diesmal die Wahrheit zu hören.

Ohne die Teeschalen zu leeren, verließen wir den Raum, zum Glück, ohne irgendwelche Beachtung zu finden. Harun Al Rashid war verärgert. Mit böser Stimme sprach er zu mir: »Dschafar, wie geschieht es, daß es in der Stadt des Heiles Unzufriedene gibt? Du hast wohl vergessen, mir darüber zu berichten! Jetzt will ich selbst sehen, wie viele Menschen Grund zum Klagen haben!«

Ich selbst war verwundert, daß ein Lied gesungen wurde, das mich beschimpfte. Die Lieder der Dichter sprachen von meiner Großzügigkeit, die Lieder der Armen aber sprachen von Unrecht und Verschwendung. Offenbar schmeichelten die einen, die anderen übertrieben meine Schuld. Froh war ich darüber, daß das Lied jenes Alten keinen Vorwurf gegen den Kalifen enthielt. Der Beherrscher der Gläubigen hätte sich sofort an mir gerächt.

Ohne ein Wort zu sagen, durchstreifte der Kalif die Straßen seiner Stadt. Auch Masrûr und ich schwiegen. Ich überlegte mir, ob sich der Schwertträger wohl frage, wann er endlich das Blutleder für mich ausbreiten müsse.

Da sah Harun Al Rashid beim Eingang der Moschee einen Mann, der jammernd in einer Nische kauerte. »Fragt ihn, warum er weint!« befahl mir der Herrscher. Ich antwortete: »Ich höre und gehorche!« Auf meine Frage erhielt ich diese Antwort: »Oh Herr! Ich bin Fischer. Seit dem frühen Morgen fischte ich im Tigris, doch bis zum Anbruch der Dunkelheit hatte ich nichts gefangen. Weib und Kind warten auf mich daheim. Doch ich kann nicht zu ihnen gehen und sagen: ›Allah hat mir heute keinen Fang zugeteilt. Allah will nicht, daß wir essen.‹ Ich habe genug von diesem Leben. Ich sehne mich nach dem Tode. Dann brauche ich nicht mehr darauf zu warten, daß der Wesir Dschafar seine Steuereintreiber schickt. Ich habe nichts, womit ich sie bestechen kann, daß sie ihre Forderungen vergessen.«

Da sprach der Beherrscher der Gläubigen, der wie ich und Masrûr als Kaufmann verkleidet war: »Geh noch einmal zum Fluß, obgleich es finstere Nacht ist. Ich und meine Genossen, wir gehen mit dir. Vielleicht überträgt sich unser Glück auf dich. Vielleicht wirst du, wenn du in unserer Gegenwart das Netz auswirfst, etwas fangen, das sich zum Verkauf lohnt.«

Der Fischer schüttelte den Kopf über so viel Unverstand, denn niemals hatte er gehört, ein Fischer habe ohne Licht in der Dunkelheit Fische gefangen. Doch da er von dem Unbekannten so energisch angesprochen wurde, handelte er so, wie der Kalif gesagt hatte. Er ging mit uns zurück zum Tigris, warf das Netz aus und wartete. Bald schon waren die Seile straff gespannt. Für den Fischer war dies ein Zeichen, daß sich etwas von Gewicht, eine Menge Fische etwa, im Netz verfangen hatte, und er zog die Seile an. Da er spürte, daß seine Kraft zu schwach war, um die Last aus dem Fluß zu holen, forderte er uns auf, ihm zu helfen. Und so zogen der Beherrscher der Gläubigen, ich, der Wesir des Kalifen, und der Schwertträger Masrûr an den Seilen. Da hob sich das Netz, und schließlich sahen wir, daß es eine Kiste umfangen hielt.

Sobald die Kiste auf dem trockenen Ufer stand, befahl Harun Al Rashid dem Schwertträger, er möge den Deckel aufbrechen. Mit dem Schwert schlug Masrûr ihn auf. Da wurde ein Korb aus Palmblättern sichtbar, den Wollschnüre zusammenhielten. Als die Schnüre durchschnitten waren, erblickten wir einen zusammengerollten Teppich aus Persien. Masrûr und ich hoben die Teppichrolle, die einen schweren Inhalt hatte, aus Kiste und Korb heraus. Beim Auseinanderschlagen der Teppichrolle wurde ein blauer Frauenmantel aus Seide freigelegt. Darunter erkannten wir mit Entsetzen große Leichenteile, die von einer Frau stammen mußten.

Kaum hatte der Fischer gesehen, was die Kiste wirklich enthielt, rannte er davon. Diese Art von Glück, die ihm da zuteil wurde, jagte ihm Todesschrecken ein. Da waren wir drei allein am Tigrisufer mit einer zerstückelten Leiche. Den Beherrscher der Gläubigen packte wilder Zorn. Er schrie mich an:

»Du Hund von einem Wesir! Ist dies die Sicherheit der Menschen in meiner Stadt des Heiles, daß sie ermordet, zerstückelt und in einer Kiste in den Tigris geworfen werden? Soll ich mir sagen lassen, daß zu meiner Zeit die Bewohner von Baghdad bestialisch umgebracht wurden? Allah wird dereinst Rechenschaft fordern! Von mir wird er wissen wollen, wie ich für die Gläubigen gesorgt habe. Am Tage des Jüngsten Gerichts werde ich zur Verantwortung gezogen. Bei Allah, ich muß diese Frau rächen. Ihr Mörder muß gefunden werden, daß ich ihn auf grausame Weise martern und langsam töten lassen kann. So wahr ich zum Geschlecht des Abbas zähle und Kalif bin: Wenn du, Dschafar, du Hund, den nicht vor mich bringen kannst, der diese Frau getötet hat, werde ich dich am Tor meines Palastes hängen lassen. Doch nicht du Hund allein wirst vor aller Augen hängen, sondern auch vierzig andere aus deinem verfluchten Geschlecht.«

Der Beherrscher der Gläubigen beruhigte sich nicht. Er schrie: »In dieser Nacht des Unheils begreife ich, daß du, Dschafar Al Barmaki, diese Stadt Baghdad zugrunde gerichtet hast. Diese Stadt ist krank. Findest du den Mörder nicht, wirst zu hängen. Bringst du die Bewohner von Baghdad nicht dazu, wieder an die Aufrichtigkeit der Regierenden zu glauben, werde ich diese Stadt im Stich lassen. Dann will ich eine neue Hauptstadt bauen – ohne dich und ohne die Menschen, die hier leben!«

Als der Schwall seiner Worte abzuebben schien, wagte ich zu sagen: »Oh Beherrscher der Gläubigen! Ich höre und gehorche. Doch gib mir drei Tage Zeit. In dieser Frist will ich den Mörder der Frau finden und vor dich stellen!« Harun Al Rashid antwortete: »Diese Frist sei dir gewährt.«

Masrûr erhielt den Befehl, die Leichenteile wieder in die Kiste zu legen, damit sie in den Palast getragen werden konnten. Diener des Schwertträgers sorgten dafür, daß dies unauffällig geschah.

Ich aber ging in mein eigenes Haus. Zu mir sprach ich: »Ich weiß nicht, wie ich in Erfahrung bringen soll, wer diese Frau ermordet hat. Leicht wäre es, dem Kalifen irgend jemand als Mörder vorzustellen. Dies würde den Zorn des Beherrschers der Gläubigen schwinden lassen. Derartiges ist häufig genug geschehen. Doch diesmal habe ich das Gefühl, daß ich, wenn der Kalif einen Unschuldigen martern und töten läßt, von Allah gefragt werde beim Gericht, warum ich jemand einer Bluttat bezichtigt hätte, die er gar nicht begangen hat. Welche Antwort werde ich dem Allwissenden dann geben?«

Keinen Entschluß konnte ich fassen. Ich schickte nicht meine bezahlten Vertrauten los, die doch früher so manches hatten in Erfahrung bringen können. Drei Tage lang verbarg ich mich in meinem Hause. Ich aß nicht und trank nur wenig. Am vierten Tag kamen Bewaffnete, die mich in ihre Mitte nahmen und zum Palast des Kalifen führten. Im Saal des Diwan, in dem ich bisher stolz dem Kalifen gegenüber auf Kissen Platz genommen hatte, wurde ich zu Boden geworfen, damit ich dem Beherrscher der Gläubigen die Füße küsse. Harun Al Rashid sprach nur wenige Worte: »Wo ist der Mörder der Frau!«

Ich lag auf dem Bauch vor dem Kalifen und schwieg. Da schrie der Beherrscher der Gläubigen: »Wo ist der Mörder der Frau?« Da antwortete ich: »Oh mein Gebieter! Bin ich der Hüter jeder Frau in dieser Stadt?« Sofort reute es mich, diese Worte gewählt zu haben. Ich hätte um Verzeihung für mein Versagen bitten können – vielleicht hätte diese Selbstdemütigung den Zorn des Herrschers besänftigt. Nur eines hätte ich nicht wagen dürfen, die Verantwortung für die Sicherheit in der Hauptstadt von mir abzuwälzen. Der Kalif befahl, mich vor dem Palast an den Galgen zu hängen, samt vierzig meiner engsten Verwandten.

Masrûr wurde geschickt, das Holzgerüst zu unserer Hinrichtung vorzubereiten. Es war auch der ausdrückliche Wille des Beherrschers der Gläubigen, daß alle Bewohner der Stadt erfahren sollten, daß die Familie Al Barmaki in Ungnade gefallen war. Den Ausrufern wurde aufgetragen, diese Ankündigung zu verbreiten: »Im Namen Allahs, des Allerbarmers und Allwissenden, wer da sehen möchte, wie Dschafar Al Barmaki, der Wesir des Kalifen, mit vierzig anderen Männern aus der Familie Al Barmaki vor dem Tor des Kalifenpalastes gehängt wird, der möge morgen früh kommen und es sich ansehen. Es ist der Wunsch des Beherrschers der Gläubigen, daß viele kommen. Dschafar, der Wesir, samt seiner Sippe, wird gehängt, weil er versäumt hat, dafür zu sorgen, daß die Bewohner der Stadt des Heiles sicher leben können.«

An diesem Abend wurden alle wichtigen männlichen Mitglieder meiner Familie verhaftet. Harun Al Rashid hatte angeordnet, daß jeder Barmakide, der als wohlhabend bekannt war, hängen sollte. Die Wohlhabenden waren deshalb ausgewählt, weil nach altem Brauch im Islamischen Reich ihr Vermögen nach der Hinrichtung dem Herrscher zufiel. Ich konnte mir vorstellen, wie die Höflinge im Namen des Beherrschers der Gläubigen mein Haus in Besitz nahmen, wie sie auf meinen Kissen saßen, wie sie meine Frauen belästigten. An jenem Abend war jeder schutzlos, der den Namen Al Barmak führte.

Ich war von der Palastwache aus dem Saal des Diwan in den Kerker geführt worden. Dort hatten die Schließer mir den wertvoll bestickten Umhang ausgezogen. Ich trug nur noch ein Hemd, wie alle zum Tode Verurteilten. Nach und nach wurden meine Verwandten eingeliefert. Auch sie waren nur noch mit Hemden bekleidet. Zusammengepfercht standen wir in engen Zellen. Da war kein Platz zum Sitzen. Mancher der Verwandten weinte, weil die Verhaftung derart überraschend gekommen war, daß keine Zeit blieb, sich von Frau und Kind zu verabschieden. Viele beteten zum Erhabenen, daß er das Unglück abwende. Ich suchte nach einer Möglichkeit, um dem Oberkadi des Islamischen Reiches in der Stadt des Heiles eine Botschaft zukommen zu lassen. Doch schmerzhaft war für mich die Erfahrung, daß keiner der Schließer meinen Wunsch, Abu Jusuf einen Zettel zu überbringen, beachtete. Nur wenige Stunden zuvor hätten sie alle meine Befehle hündisch befolgt. Doch den Verurteilten, der im Hemd vor ihnen stand, verachteten sie nur.

Ohne Schlaf verbrachten wir einundvierzig Männer die Nacht, die wir für die letzte unseres Lebens hielten. Mehr als hundertmal betete ich die Erste Sure des Koran. Schließlich sprach ich die Worte laut, und die anderen beteten mit mir. Als durch das vergitterte Fenster oben, unter der Decke unserer Zelle, der Schimmer des Morgens drang, da sprach ich:

»Liebe Vettern! Die Familie Barmak hat dem Haus Abbas gedient. Mein Vater Jahja, der zum Glück nicht zu denen gehört, die in dieser Zelle schmachten, ist im Dienst des Hauses Abbas mächtig geworden. In seinem Gefolge kam ich zu Macht. Wer mächtig war, der konnte dafür sorgen, daß die anderen Familienmitglieder wohlhabend wurden. Ihr habt das Glück mit mir geteilt, jetzt teilt ihr mit mir das Unglück. Ich danke euch, liebe Vettern, dafür, daß ihr mir in dieser Nacht keine Vorwürfe gemacht habt. Ihr wißt, ich bin unschuldig. Der Kalif bestraft mich auch nicht deshalb, weil ich versäumt habe, das Leben jener unbekannten Frau zu schützen. Daß ihr ebenfalls verhaftet worden seid, ist der Beweis dafür, daß der Beherrscher der Gläubigen unsere gesamte Familie vernichten will. Er benützt den grausigen Leichenfund nur als Vorwand. Er wird den Tod von einundvierzig Unschuldigen vor Allah verantworten müssen. Wir aber begeben uns in die Hand Allahs.«

Über Nacht waren auf dem weiten Platz vor dem Palast des Kalifen einundvierzig Galgen gezimmert worden. Als wir aus dem Kerker geführt wurden, sahen wir, wie das Volk aus allen Straßen zusammenströmte. Zehntausende waren gekommen, um zu sehen, wie Dschafar, der Wesir des Kalifen, mit vierzig Männern aus seiner Verwandtschaft gehängt wurde. Seit langem war es nicht mehr geschehn, daß ein Mächtiger vor aller Augen hingerichtet wurde. Als ich unter dem Galgen stand, da blickte ich in die Menge, um zu sehen, ob Schadenfreude oder Mitleid die Oberhand hatte. Viele, das war zu erkennen, freuten sich darüber, daß das mächtige Geschlecht Al Barmaki derart gedemütigt wurde. Ein Trost für mich war, daß andere auch weinten.

Eine Stunde lang mußten wir einundvierzig Männer unter dem Galgen warten. Die Stricke waren uns bereits um den Hals gelegt. Das Zeichen zu unserer Hinrichtung mußte der Beherrscher der Gläubigen geben, und der hielt sich noch im Palast auf. Die Sonne schien uns Verurteilten bereits ins Gesicht, da bemerkte ich Unruhe in der Menge der Zuschauer. Ein junger

Mann bahnte sich mit den Armen einen Weg durch die Zuschauer. Weiß wie Schnee war sein Mantel, deshalb fiel er sofort auf. Seine Entschlossenheit ließ auch die Wachen vor ihm zurückweichen. So geschah es, daß er schließlich vor mir stand. Er rief laut: »Du bist gerettet, oh Dschafar. Du Würdigster im Islam! Für dich ist die Qual zu Ende. Ich allein bin es, der jene Frau ermordet, zerteilt und in die Kiste gepackt hat. Ich bin es, und niemand sonst. Der Mörder bin ich!«

Da nahm ich mir selbst den Strick vom Hals und sank auf die Knie, um Allah, dem Allerbarmer und Allwissenden, dafür zu danken, daß er meine Vettern und mich vor dem schimpflichen Tod am Galgen gerettet hatte. Während ich so dankte und betete, bemerkte ich nicht, daß ein alter Mann dem jungen gefolgt war. Auch ihn hatten die Bewaffneten, wohl in der Verwirrung, die durch das Geständnis des Weißgekleideten ausgelöst worden war, bis zu mir durchgelassen. Ich bemerkte ihn erst, als auch er laut rief: »Oh Dschafar, du Zierde aller Wesire. So glaube dem jungen Mann nicht. Was er spricht, ist Lüge. Niemand sonst als allein ich hat die Frau ermordet. Ihr Tod muß durch meinen Tod gesühnt werden. Solltest du, Dschafar, dich weigern, mich hängen zu lassen, werde ich dich vor Allah, dem Erhabenen, anklagen, einen Unschuldigen getötet zu haben.«

Da fiel der Weißgekleidete dem Alten ins Wort: »Oh Wesir, dieser Mann ist so alt, daß er nicht mehr weiß, was er sagt. Ich habe die Frau ermordet und zerstückelt!« Die beiden begannen darum zu streiten, wer den Mord begangen habe. Der Alte verlangte, sofort aufgehängt zu werden, da sein Leben ohnehin bald zu Ende sei. Aber noch immer hatten meine vierzig Vettern die Galgenstricke um den Hals. Ich gab Masrûr, dem Schwertträger, das Zeichen, meine Verwandten zu befreien. Dies geschah.

Nur wenige Augenblicke später trat der Beherrscher der Gläubigen aus dem Palast. Ich sah von ferne, daß er zornig auffuhr, als er mich und die anderen Männer aus dem Geschlecht Al Barmaki nicht vorbereitet zur Hinrichtung vorfand. Er rief nach

Masrûr, der auch sofort zu ihm eilte. Ich aber packte den Alten und den Jungen und zog sie hin vor die Person des Herrschers und sprach: »Hier, oh Herr, bringe ich dir den Mörder!« Erstaunt blickte Harun Al Rashid auf die beiden und sagte dann: »Welcher ist es von den beiden?« Meine Antwort war: »Der junge Mann sagt, er sei der Mörder. Der Alte behauptet von sich dasselbe.« Der Kalif urteilte hierauf rasch: »Oh Dschafar, mein Wesir! Befiehl, daß beide aufgehängt werden!« Da trat der Oberkadi zum Kalifen und bat darum, gehört zu werden.

Abu Jusuf, der Rechtsgelehrte, hatte sich seit meiner Verhaftung beim Kalifen nicht blicken lassen. Kein Wort hatte er gesagt, um den Kalifen zu überzeugen, daß dessen Urteil über mich und die vierzig anderen Barmakiden nicht dem islamischen Recht entspreche. Nun aber, da ich wieder frei war, machte er sich bemerkbar. Er sprach zu Harun Al Rashid: »Oh Beherrscher der Gläubigen! Der Prophet, Allah segne ihn und gebe ihm Heil, hat so entschieden: Werden zwei Angeklagte eines Mordes bezichtigt und wurde der Mord von ihnen nicht gemeinsam begangen, so kann nur einer von beiden der Mörder sein. Einer ist unschuldig. Werden nun beide gehängt, so wird ein Unschuldiger gehängt. Damit geschieht ein Unrecht, das Allah, der Allwissende, rächen wird!«

Harun Al Rashid war unschlüssig, was er befehlen sollte. Ich schlug vor, mit den beiden, die sich selbst bezichtigt hatten, in den Saal des Diwan zu gehen, um dort den Fall zu prüfen und zu entscheiden.

Als der Kalif, der Oberkadi und ich Platz auf den Kissen genommen hatten, da standen der Junge und der Alte vor uns. Beide wollten zu Wort kommen. Ich aber forderte zunächst den Jungen auf zu sprechen. Er sagte:

»Bei dem, der die Himmelsfeste errichtet hat und der unter der Himmelsfeste die Erde ausbreitete wie einen Teppich: Ich bin es, der die Wahrheit spricht. Zum Beweis dafür schildere ich, wie die Kiste beschaffen war, die aus dem Tigris gezogen wurde, und wie die Leiche verpackt war.«

Ich forderte den jungen Mann auf, genau Kiste und Inhalt zu beschreiben. Sein Bericht überzeugte. Ohne Zweifel war er der Mörder. Da war der Kalif erstaunt, daß ein Mann von Anstand und offenbar auch von Bildung eine derartige Tat hatte vollbringen können. Der Beherrscher der Gläubigen sagte: »Warum hast du diese Frau so unmenschlich zu Tode gebracht? Vor allem aber, warum gestehst du diesen Mord, obgleich dich niemand verraten, dich niemand durch die Folter zu einem Geständnis gezwungen hat. Selten gibt jemand einen Mord zu, ohne daß ihm Leib und Fußsohlen blutig geschlagen worden sind. Du bist eine erstaunliche Ausnahme. Du bist selbst gekommen, um dich anzuklagen und um dich aufhängen zu lassen!« Da begann der junge Mann zu erzählen:

»Oh Beherrscher der Gläubigen! Wisse, die Tote war meine Frau und meine Base. Der Alte, der hier vor dir steht, ist ihr Vater, und er ist auch der Bruder meines Vaters. Sie war noch Jungfrau, als wir heirateten. Mit dem Segen Allahs, des Allerbarmers, bekamen wir drei männliche Kinder. In Liebe waren wir verbunden. Da gab es nichts, was ich dieser Frau hätte vorwerfen können. Vor etwa vier Wochen aber wurde sie von einer eigentümlichen Krankheit befallen, die ihr für Tage jeden Lebenswillen nahm. Die Ärzte kamen, fanden aber keine Ursache ihrer Hinfälligkeit. Sobald Anzeichen von Besserung zu erkennen waren, schlug ich ihr vor, sie ins Badhaus der Frauen zu führen, damit sie sich reinige. Doch sie antwortete mir, daß sie ein Verlangen in sich spüre, das nicht zu bändigen sei. Voll Liebe bat ich sie, mir zu sagen, womit ich sie erfreuen könnte. Da hörte ich zu meinem Erstaunen, daß sie Lust habe, an einem Apfel zu riechen. Meiner Meinung nach hätte dieser Wunsch leicht erfüllt werden können, doch um diese Jahreszeit, so mußte ich erfahren, gab es keinen einzigen Apfel auf dem Markt von Baghdad. Die Äpfel, die in diesem Jahr aus dem Bergland des Libanon gekommen waren, hatten alle ihre Käufer gefunden und waren längst aufgebraucht. So war die Enttäuschung groß, als ich mit leeren Händen nach Hause kam und zu meiner Frau sagen mußte: ›Oh Tochter meines Onkels, bei Allah, ich konnte keinen Apfel kaufen, und wenn ich einen goldenen Dirhem für ein Stück geboten hätte.‹ Da sprach meine Frau nicht mehr mit mir und verfiel bald in tiefen Schlaf. Ich ging am nächsten Morgen noch einmal auf den Markt, um einen Früchtehändler aufzusuchen, der mir bekannt war. Von ihm erhielt ich diese Auskunft: ›Nirgends um Euphrat und Tigris wachsen in dieser Jahreszeit Äpfel, nur in einem einzigen Garten kannst du solche Früchte finden. Der befindet sich in Basra, mitten unter den Wäldern von Dattelpalmen. Drei Apfelbäume stehen dort. Doch sie gehören dem Beherrscher der Gläubigen. Ich kenne seinen Gärtner dort. Wenn du ihn von mir grüßt, überläßt er dir wohl einen Apfel.‹ So machte ich mich auf den Weg nach Basra. In siebzehn Tagen ritt ich zu Pferde hin und zurück. Keiner hat je den Weg von Baghdad nach Basra und zurück in derart kurzer Zeit hinter sich gebracht. Tatsächlich trug ich drei Äpfel bei mir, als ich mein Haus wieder betrat. Eigentlich erwartete ich, daß meine Frau Freude zeigte über die Früchte, die ich eigens für sie auf derart weitem Wege geholt hatte, doch ganz im Gegenteil: sie ließ die Äpfel liegen. An keinem roch sie. In keinen biß sie hinein.«

Der Beherrscher der Gläubigen machte Gesten der Ungeduld. Er sprach: »Deine Geschichte dauert mir zu lang! Sage mir ohne Umschweife, warum du deine Frau getötet hast!« Da fuhr der junge Mann in seinem Bericht fort:

»Da mich meine Frau so kalt begrüßt hatte, verließ ich meine Wohnung und öffnete meinen Laden, den ich drei Wochen lang vernachlässigt hatte. Die Käufer hatten sich daran gewöhnt, daß mein Laden geschlossen war, und deshalb kam an diesem Tag kein einziger Kauflustiger. Während ich so dasaß und wartete, sah ich einen schwarzen Sklaven, der hielt einen Apfel in der Hand. Und da ich wußte, daß in ganz Baghdad nirgends Äpfel zu finden waren außer in meiner Wohnung, fragte ich den Schwarzen, woher er den Apfel habe, und seine Antwort war: ›Eine Frau, die ich sehr liebe und die mich erhört, hat mir den Apfel geschenkt!‹ Dann ging er fröhlich lachend weiter. Kaum hatte ich begriffen, was dieser schwarze Sklave gesagt hatte, verlor ich den Verstand. Ich sah die Welt nicht mehr. Schwärze war mir vor den Augen. Ich weiß nicht, wie ich den Weg nach Hause fand. Ich trat in das Zimmer meiner Frau. Da lagen auf dem Tisch unberührt Äpfel – doch es waren nur zwei. Ich fragte sie: ›Wo ist der dritte Apfel?‹ Sie sprach: ›Er ist verschwunden, ich weiß nicht wohin.‹ Da war ich überzeugt, daß sie mit jenem Schwarzen beisammen gewesen war. In rasender Wut faßte ich ein Messer und stach ihr in den Hals. Sie war tot, ehe sie verstanden hatte, was ihr geschah. Ohne meine Sinne wieder zu gewinnen, schnitt ich ihr den Kopf und die Glieder ab. Erst dann sah ich, was ich angerichtet hatte. Es blieb mir nichts anderes übrig, als die zerstückelte Leiche in einen Frauenmantel und in einen Teppich zu wickeln und das Paket in einen Korb aus Palmblätter und schließlich in eine Kiste zu stecken. Mit meinem Maultier schaffte ich die schwere Kiste zum Tigris. Mit eigenen Händen warf ich sie in das Wasser. Ich beschwöre dich bei Allah, dem Allwissenden, laß mich sofort für diese Tat büßen.«

Da sprach der Oberkadi, der zugehört hatte: »Oh Beherrscher der Gläubigen, du darfst den jungen Mann nicht hängen lassen, denn er hat nur in Verteidigung seiner Ehre gehandelt. Andererseits aber hätte er Zeugen gebraucht, wenn er vor Gericht gegen seine Frau hätte klagen wollen. Eine Strafe muß verhängt werden, doch nicht die Todesstrafe!«

Da erregte sich der junge Mann und rief, ohne gegenüber dem Kalifen die Form zu wahren: »Wenn ich nicht hänge, dann wird meine Frau am Tag des Gerichts von mir Rechenschaft verlangen, und Allah, der Allmächtige und Allerbarmer, wird ihr recht geben. Denn mein Bericht ist noch nicht zu Ende. Als ich vom Tigris zurückkam, stand mein ältester Sohn unter der Haustür. Der wußte nichts davon, daß ich seine Mutter umgebracht hatte. Er erzählte mir, er habe einen der Äpfel vom Tisch genommen und sei damit auf die Straße gegangen, um mit Freunden zu spielen. Da sei ein schwarzer Mann um die Ecke gekommen und habe ihm den Apfel aus der Hand gerissen. Trotz aller Bitten habe der Schwarze den Apfel nicht mehr hergegeben und sei lachend damit verschwunden. Als ich, oh Gebieter der Gläubigen, dies von meinem Sohn erfahren hatte, da wußte ich, daß ich eine Unschuldige getötet hatte. Ich fiel auf die Knie und weinte. Nach einiger Zeit trat der alte Mann ein. Er ist der Vater der Toten und zugleich mein Onkel. Er verzieh mir – als er die Umstände gehört hatte –, seine Tochter umgebracht zu haben. Auch wollte er das Verbrechen auf sich nehmen, um die Strafe zu erleiden, die ich verdient hatte. Der Alte wollte mich schonen. Doch ich bitte dich, oh Beherrscher der Gläubigen, gib sofort den Befehl, mich aufhängen zu lassen! So zu handeln, ist deine Pflicht!«

Da brauste der Kalif erneut auf: »Wer bist du, daß du mir sagen darfst, was meine Pflicht ist? Bei Allah, ich will keinen hängen lassen als den verfluchten schwarzen Sklaven!« Zu mir sprach er: »Dschafar, schaffe mir den einzig Schuldigen zur Stelle! Gelingt es dir nicht, dann wirst du doch noch hängen, in drei Tagen, zusammen mit vierzig deiner Verwandten!«

Diesmal stürzten mir Tränen aus den Augen, als ich den Saal des Diwan verließ. Das zweite Mal drohte mir jetzt innerhalb eines Tages der Tod, und so wenig wie das erste Mal konnte ich sicher sein, davonzukommen. Meine einzige Hoffnung bestand darin, daß Allah, der Allerbarmer, mir noch einmal half. Wieder schloß ich mich drei Tage lang in meinem Haus ein. Meine Diener berichteten mir, die Angehörigen der Familie Al Barmaki, die mit mir unter dem Galgen gestanden waren, seien alle wieder ins Gefängnis zurückgeführt worden.

Am vierten Tag kam Masrûr mit der Palastwache des Kalifen, um auch mich wieder zu verhaften. Der Schwertträger sprach: »Unser Herr ist seit gestern derart erzürnt, daß alle mit dem Tode bedroht werden, die ihm nicht aufs Wort gehorchen. Eben noch hat er geschworen, dieser Tag werde nicht zu Ende gehen, ohne daß du und deine Verwandten am Galgen baumeln. Diesmal, so meinte er, werde dir kein Schlupfloch bleiben!«

Ich war bereit, mich von Masrûr abführen zu lassen, da

wollten mich die Frauen meines Haushalts daran hindern, mit der Palastwache das Haus zu verlassen. Jede einzelne bedrängte mich, wollte mich in den Armen halten. Auch meine Kinder, die herzzerreißend weinten, klammerten sich an mich. Ich beugte mich zu ihnen hinunter und drückte sie an die Brust. Eine meiner Töchter hielt mir plötzlich einen Apfel entgegen und sagte: »Nimm ihn! Ich schenk ihn dir. Er wird dir schmecken, wenn du im Gefängnis bist. Raihan hat ihn mir geschenkt!«

Da sah ich erneut die Rettung vor mir. Raihan war ein schwarzer Sklave aus meinem eigenen Haushalt. Sofort ließ ich ihn zu mir holen. So sehr auch Masrûr drängte, endlich zum Palast des Kalifen aufzubrechen, ich wollte Harun Al Rashid nicht unter die Augen treten, ohne den Schuldigen an der Ermordung der Frau ausfindig gemacht zu haben.

Als Raihan zu mir geführt wurde, sprach ich ihn mit böser Stimme an: »Woher, Schurke, hast du den Apfel geholt, den du meiner Tochter geschenkt hast?« Raihan antwortete: »Bei Allah, oh Herr! Manchmal hilft die Lüge, doch zumeist ist die Wahrheit besser. Die Wahrheit ist, daß ich den Apfel einem kleinen Jungen auf der Straße abgenommen habe. Vor drei Tagen brachte ich ihn ins Haus und habe ihn gleich deiner Tochter geschenkt. Mehr weiß ich nicht von diesem Apfel!« Da fragte ich den schwarzen Sklaven: »Hast du einem Kaufmann gesagt, den Apfel habe dir eine Frau geschenkt, die du sehr liebst und die dich erhört hat?« Diese Worte vernahm Raihan mit Erstaunen. Er sagte: »Die Wahrheit zu sagen, hilft auch in diesem Fall! Den Kaufmann habe ich angelogen. Ich habe mich mit einer Sache gebrüstet, die nie geschehen ist!« Da ließ Masrûr den schwarzen Sklaven packen und in den Saal des Diwan schleppen.

Dort stand der Beherrscher der Gläubigen aufrecht und wartete darauf, daß ich gefesselt vor ihn gebracht werde. Verblüfft war er, mich in Freiheit zu sehen. Doch dann berichtete ich ihm alles, was vorgefallen war. Sein Staunen wuchs mit jedem Satz, den ich sprach.

Schließlich, als ich zu Ende war, setzte sich Harun Al Rashid auf seine Kissen. Er winkte den Oberkadi zu sich und fragte ihn, wie der Fall wohl zu beschließen sei. Abu Jusuf wußte rasche Antwort:

»Oh Beherrscher der Gläubigen! Der junge Mann hat zwar getötet, doch er ist durch falsches Zeugnis dazu verleitet worden. Wenn du ihn aufhängst, wozu du trotz der Umstände, die zur Milde verleiten, ein Recht hättest, dann wäre zwar der Tod der jungen Frau gesühnt, doch die Kinder wären unversorgt. Die Sühne kann auch erreicht werden, wenn du, der Schatten Allahs auf Erden, die Blutschuld des jungen Mannes als getilgt erklärst. Dies, oh Herrscher, wage ich dir zu empfehlen. Raihan, der Sklave, aber ist im Gefängnis zu entkleiden und auszupeitschen. Sechzig Hiebe sind ausreichend, um die Verleumdung zu bestrafen. Ist die Strafe vollzogen, muß Dschafar, der Wesir, Raihan an den Haushalt des Kalifen abgeben. Dies hat deshalb zu geschehen, weil er als Besitzer des Sklaven mit zur Verantwortung gezogen werden kann für das, was Raihan getan hat. Schließlich ist Raihan der Abhängige von Dschafar. So muß der Besitzer für die Taten des Abhängigen mitbestraft werden. Deshalb verliert Dschafar den Sklaven.« So lautete der Urteilsspruch des Oberkadi.

Als ich, beschämt durch die Fügung Allahs, den Saal des Diwan verließ, füllten Tränen der Freude meine Augen. Allah, der Allerbarmer und Allwissende, hatte mich ein zweites Mal gerettet. Doch ich mußte damit rechnen, daß der Beherrscher der Gläubigen sich geschworen hatte, das Geschlecht Al Barmaki zu vernichten. Deshalb war nur geringe Hoffnung auf eine gute Zukunft zu spüren, als die vierzig Verwandten, die mit mir den Galgen gesehen hatten, in meinem Haus zur Beratung zusammenkamen. Wir hatten allen Grund, mit Sorge die kommenden Geschehnisse zu erwarten.

»Allahs Engel werden listige Ränke vereiteln«

Das Erlebnis mit der zerstückelten Frau führte dazu, daß der Beherrscher der Gläubigen ernsthaft über die Sicherheit in der Hauptstadt Baghdad nachdachte. Eines Tages, als wir im Saal des Diwan beieinandersaßen, hatte ich einen Gedanken. Ich sprach: »Oh mein Herr. Niemand weiß wohl soviel Bescheid über Verbrechen wie ein Verbrecher. Der Verbrecher kennt andere Verbrecher. Er weiß, wie sie denken, was sie vorhaben, wie sie ein Verbrechen ausführen. Wir haben zwei Meister des Verbrechens in der Stadt. Ahmed Al Danaf heißt der eine und Hasan Schu'maan der andere. Du, oh Beherrscher der Gläubigen, brauchst zwei Polizeihauptleute: einen zur Bewahrung der allgemeinen Sicherheit in der Stadt des Heiles und einen, um die Ehrlichkeit der Händler auf dem Markt zu gewährleisten. Ernenne Ahmed Al Danaf zum Hauptmann der Stadtwachen und Hasan Schu'maan zum Hauptmann der Marktwachen!«

Harun Al Rashid stimmte sofort meinem Vorschlag zu. Er ließ die beiden Verbrecher in den Saal des Diwan holen. Beide waren erstaunt, als ihnen wertvolle Gewänder übergestreift wurden. Aus dem Munde des Kalifen selbst erfuhr Ahmed Al Danaf, daß er die Menschen in der Stadt und auch draußen vor den Toren vor Mördern, Totschlägern und Dieben zu bewahren habe. Damit er diese Aufgabe erfüllen könne, sollten ihm vierzig Männer unterstellt werden. Zu Hasan Schu'maan sagte Harun Al Rashid: »Auch du bist der Befehlshaber von vierzig Männern. Doch wehe dir, wenn du auf dem Markt nicht dafür sorgst, daß die Gewichte stimmen, daß mit rechtem Maß gewogen wird und mit gutem Geld bezahlt!« Da gaben beide, Ahmed Al Danaf und Hasan Schu'maan, zur Antwort: »Oh Beherrscher der Gläubigen! Wir hören und gehorchen!«

Am Nachmittag ritten die zwei Wachhauptmänner durch die Stadt und durch die Vororte. Ihnen voraus sah man den Herold, der auf einem Horn aus Metall ein Signal blies und dann ausrief:

»Im Namen Allahs, des Allerbarmers und Allwissenden, hört, was der erhabene Beherrscher der Gläubigen beschlossen hat: Es gibt in Baghdad keine anderen Wachhauptmänner als Ahmed Al Danaf und Hasan Schu'maan. Ihrem Wort ist zu gehorchen, ihnen gehört alle Achtung der Menschen innerhalb und außerhalb der Stadt des Heiles.«

Noch am selben Abend kam eine ältere Frau zu mir. Ihr Mann war der Vorgänger von Ahmed Al Danaf gewesen. Der vorige Wachhauptmann war aber inzwischen gestorben, und seine Frau lebte nun ohne jede Versorgung. Die monatliche Zahlung von tausend Dirhem war beim Tod des Wachhauptmanns von der Kanzlei des Diwan gestrichen worden.

Die Frau, die Dalila hieß, sprach zu mir: »Oh Wesir des Beherrschers der Gläubigen! Ich habe den Ausrufer heute nachmittag gehört. Ich kenne diesen Ahmed Al Danaf. Aus Kairo ist er gekommen – oder besser gesagt, geflohen –, weil ihn die dortige Polizei wegen eines Überfalls auf einen Geldwechsler suchte. Hier in Baghdad hat er sich nicht gebessert. Und nun ist er Wachhauptmann geworden. Des Morgens kann er sich vor einen gedeckten Tisch setzen und des Abends auch. Dazu erhält er, wie einst mein Mann, tausend Dirhem im Monat. Wir aber sitzen in unserem Haus, und niemand fragt nach mir und meiner Tochter. Wir stammen aus einer ehrenwerten Familie: Mein Vater war der Brieftaubenwärter des Beherrschers der Gläubigen. Mein Vater hat die Tauben so abgerichtet, daß sie Botschaften überbringen konnten. Wenn Gefahr drohte im Islamischen Reich, dann war dem Kalifen manchmal eine Taube wichtiger als einer seiner Söhne. Es wäre aller Ehren wert gewesen, wenn der Kalif einem meiner Schwiegersöhne ein honoriges und einträgliches Amt zugedacht hätte. Doch im Haushalt des Beherrschers der Gläubigen sind wir treuen Diener vergessen worden. Statt dessen werden Halunken zu Wachhauptmännern ernannt!«

Ich konnte der Frau, die Dalila hieß, wenig Tröstliches sagen. Nur in seltenen Fällen versorgte der Beherrscher die Familien seiner Diener über den Tod des Ernährers hinaus. War der Mann gestorben, der ein Amt innegehabt hatte, dann mußte sich dessen Familie nach anderen Einkünften umsehen.

Die Frau sagte mir weiterhin: »Oh Wesir! Wenn Halunken Wachhauptmänner werden, dann müssen ehrliche Leute die Halunken an Schurkerei übertreffen, wollen sie ihr Leben bestreiten! Auch mir bleibt nichts anderes übrig!« Mit dieser Ankündigung verließ mich die Frau.

Ahmed Al Danaf und Hasan Schu'maan erfüllten die Pflicht, die der Beherrscher der Gläubigen ihnen abverlangte. Im Basar stimmten Maß, Gewicht, Ware und Geld. In der Stadt und draußen vor den Toren wurden die Menschen von Schreckensnachrichten verschont. Mehr als einmal meinte Harun Al Raschid, mein Vorschlag zur Besetzung jener Ämter in der Stadt und auf dem Markt habe sich bewährt.

Monatelang war kaum eine Klage vor mein Ohr gebracht worden. Die Stadt lebte in Frieden. Und auch der Beherrscher der Gläubigen schien sich versöhnt zu haben mit dem Geschlecht Al Barmaki. Lange hatte ich das böse Wort: »Du Hund von einem Wesir!« nicht mehr gehört. Doch die Ruhe war trügerisch gewesen. Unruhe kündigte sich an: Eines Tages jammerte der Türhüter des Kalifen, sein Name war Hasan Scharr Al Tarik, über das, was ihm zugestoßen war. Er sprach:

»Höre, oh Wesir des Beherrschers der Gläubigen. Ich bin mit einer schönen Frau verheiratet. Ich liebe sie und habe ihr, gleich in der ersten Nacht, als ich in sie einging, versprochen, nie in eine andere Frau einzudringen. Dieses Versprechen habe ich gehalten. Doch als ich vor kurzem wieder einmal in den Saal des Diwan eintrat, sah ich die anderen Emire, die du, oh Wesir, zur Ratsversammlung gerufen hattest. Mir fiel auf, was ich auch zuvor nicht bemerkt hatte, nämlich, daß andere Emire Söhne hatten. Manche hatten sogar zwei ihrer Nachkommen mitgebracht. Mein Amt als Türhüter des Beherrschers der Gläubigen verlangte, daß ich länger im Saal des Diwan blieb als die anderen. Nachdem der Kalif alle Emire der Ratsversammlung in

Gnaden entlassen hatte, begab auch ich mich nach Hause. Als ich an einem silbernen Spiegel vorüberging, sah ich, was ich auch zuvor schon gesehen hatte: In meinem Barte waren die weißen Haare in der Überzahl. Und besorgt fragte ich mich, warum Allah, der Erhabene und Erbarmer, meine Ehe mit der wunderschönen Frau noch immer nicht mit einem Sohn gesegnet habe. Wisse, oh Wesir, daß mein Vater nur wenige Wochen zuvor gestorben war. Ihm hätte ich gerne noch bewiesen gehabt, daß unsere Familie Fortbestand hat. Die Gelegenheit dazu war aber vorüber. Da ich dies bedachte, packte mich der Zorn. Gerade in diesem Augenblick trat mir meine Frau entgegen. Sie schrie ich an: ›Geh mir aus den Augen! In jener ersten Nacht, als ich in dich eindrang, mußte ich schwören, allein mit dir zu leben, in keine andere Frau einzudringen. Doch damals, als ich den Schwur leistete, konnte ich nicht voraussehen, daß dein Leib meinen Samen nicht annimmt. Voll Neid habe ich heute die Emire gesehen mit ihren Söhnen. Da mußte ich an den Tod denken. Wer bei seinem Tod keine männlichen Nachkommen hinterläßt, dessen Name vergeht wie die Spur eines Schrittes im verwehenden Sand. Du aber bist unfruchtbar! Ich werde jetzt für einige Tage nach Kufa reisen. Wenn ich zurückkomme, nehme ich mir eine zweite Frau, trotz jenes Eides, den ich geleistet habe!‹ So begann das Unheil, oh Wesir! Dir brauche ich nicht zu sagen, daß mein Name Scharr Al Tarik auch mit ›Unheil des Weges‹ gedeutet werden kann.«

Ich hörte dem Türhüter zu und mußte eingestehen, daß er wenig vom Glück gesegnet war. Ich fragte ihn: »Wie, oh Hasan Scharr Al Tarik, geht deine Geschichte weiter? Und wodurch kann ich, der Wesir des Kalifen, dir helfen?« Er antwortete:

»Hilfe kann mir nur der Allerbarmer zuteil werden lassen. Mit meiner Frau Streit begonnen zu haben, bereute ich bald. Sie sprach nämlich: ›Ich habe mich mit anderen Frauen in der Nachbarschaft beraten. Ich kenne nun den Unterschied zwischen deinem Samen und dem Samen anderer Männer. Deiner sieht aus wie magere Milch, deshalb kann er mich nicht schwängern. Ich habe auch viele Mittel versucht, von denen die anderen Frauen sagen, sie seien unfehlbar, auch wenn der Mann einen schwachen Samen habe. Ich habe einen Rubin fein zermahlen und das Pulver eingeführt in meine Laube der Liebe. Das Feuer des Rubin sollte dein Liebesfeuer anfachen. Doch in deinem Fall nützten sogar diese Mittel nicht.‹ «

Der Türhüter des Kalifen erzählte mir weiter, er sei wirklich für einige Tage nach Kufa gereist. Bei der Rückkehr in der vorigen Nacht habe er es erleben müssen, daß seine Frau, nur sparsam mit einem dünnen Hemd bekleidet, mitten unter Sklavinnen, Dienern, Männern und Frauen des Haushalts gestanden sei. Große Aufregung habe im Hause geherrscht, denn die Herrin – so wurde mir gesagt – sei ohne Schmuck und ohne das wertvollste Kleid nach Hause gekommen. Er, der Türhüter, habe jetzt seinen eigenen Haushalt verlassen, weil er nicht die Kraft besitze zu untersuchen, was vorgefallen sei. Er bitte mich, ihm aus Freundschaft zu helfen. Er sei von der Reise nach Kufa vorzeitig zurückgekommen, um zu vergessen, was zuvor geschehen sei. Er habe auch die Absicht gehabt, den Eid der ersten zusammen verbrachten Nacht zu halten. Aber nun sei geschehen, was wohl nicht mehr zu verzeihen sei. Hasan Scharr Al Tarik gab mir die Vollmacht, mich mit seiner Frau über die Scheidung zu einigen.

Am anderen Tag kam die Frau des Türstehers zu mir. Ihr Name war Chatun. Sie war nicht mehr jung, aber strahlte eine eigenartige Schönheit aus. Ich bat sie, mir offen zu berichten, was im Hause ihres Mannes nach seiner Abreise vorgefallen sei. Chatun sprach: »Als ich aus dem Fenster sah, um ihm nachzublicken, oh Wesir des Beherrschers der Gläubigen, da bemerkte ich eine alte Frau, die Hosen trug, die bis zu den Knöcheln reichten, ein Obergewand aus Wolle und einen armseligen breiten Gürtel aus Stoff. Ein Schleier bedeckte die Hälfte ihres Gesichts. Sie sah aus wie ein Derwisch, dem nichts auf Erden gehört und der durch die Straßen wandert, um Allah zu preisen. Auch vor meinem Fenster stimmte die Frau ihren Gesang an:

›Allah! Allah! Allah!‹ Immer wieder rief sie aus: ›Kommt herbei, ihr Heiligen des Erhabenen, des Allerbarmers!‹ Um die Frau herum standen viele Bewohnerinnen unserer Straße. Eine, die meine Schwierigkeiten kannte, rief zu mir herauf: ›Oh Chatun! Hilfe Allahs ist nahe. Diese Frau strahlt die Gabe aus, dir zu helfen in deiner Not!‹ Da schickte ich eine Dienerin hinunter zu Abu Ali, unserem Pförtner. Sie sollte ihm sagen: ›Du hast zwar Befehl meines Mannes, niemand einzulassen, während er seinem Haus fern ist. Doch siehe, Abu Ali, sie ist eine Frau, eine fromme Alte. Ich möchte Segen durch sie empfangen!‹ Da ließ Abu Ali die Fremde eintreten.«

Als Chatun eben diese Worte sprach, zeigte sich der Beherrscher der Gläubigen in der Tür zum Saal des Diwan. Er sagte: »Oh Dschafar, mein Wesir! Was beschäftigt die Bewohner meiner Stadt des Heiles? Was hat diese Frau hier zu berichten? Sie möge weitersprechen.« Ich antwortete: »Ich höre und gehorche! Erzähle was du weißt, Chatun!«

Die Frau setzte ihren Bericht fort, doch erst, nachdem sie sich vor dem Kalifen zu Boden geworfen hatte. »Oh Erhabener, ich erzählte, wie eine alte Frau in mein Zimmer kam, von der man glauben mußte, sie sei eine Heilige. Sie sprach mich so an: ›Meine Tochter, auf überirdische Anweisung betrete ich deine Wohnung.‹ Meine Einladung, etwas zu essen, schlug sie aus: ›Allein die Brote des Himmels sind meine Nahrung. Von ihnen lebe ich das ganze Jahr über. Nur an fünf Tagen esse ich irdische Kost. Heute ist die Zeit noch nicht gekommen, das Fasten zu brechen. Ich sehe, daß dich ein Unglück betrübt. Vielleicht hat der Erhabene mich gesandt, dir gerade bei der Behebung dieses Unglücks zu helfen. Sprich, was bedrückt dich?‹ «

Da stockte Chatun in ihrer Rede: »Oh Beherrscher der Gläubigen! Oh Wesir des Kalifen! Nicht alles, was ich jetzt sage, ist für die Ohren fremder Männer bestimmt. Erlaubt mir, daß ich in Andeutungen erzähle, was jene Frau und ich besprochen haben.« Unwirsch erwiderte der Beherrscher der Gläubigen, er müsse alles wissen, was in der Stadt des Heiles vorgehe und gesagt werde. Ich sagte zu dieser Frau, die sich Chatun nannte und die sich benahm, als verstünde sie nicht, was Harun Al Rashid gesagt hatte: »Berichte uns alles!« Und sie setzte ihre Erzählung so fort:

»Oh Beherrscher der Gläubigen! Oh Wesir Dschafar! Ich habe zu der Frau, von der man glauben mußte, sie sei eine Heilige, gesagt: ›In meiner Hochzeitsnacht erzwang ich von meinem Mann den Schwur, niemals in eine andere Frau einzugehen. Nun hat er bemerkt, daß andere Männer Söhne haben. Ich aber blieb bisher ohne Kind. Er ist jetzt unterwegs nach Kufa. Bei seiner Rückkehr will er seinen Eid brechen und eine andere Frau nehmen. Schenkt sie ihm wirklich Kinder, werden diese eines Tages all sein Eigentum erben. Er hat Häuser in Baghdad, in Kufa und in Basra, und er besitzt Ländereien. Nichts davon wird mir gehören. Arm und verlassen werde ich sein!‹ Da antwortete die fromme Frau: ›Hast du denn nichts von einem Heiligen gehört, der Abu Al Hamalat heißt, dessen Name aber vieldeutig ist – er kann als ›Vater der Laster‹ gedeutet werden, aber auch als ›Vater der Schwangerschaft‹. Ihn hat noch keine unfruchtbare Frau besucht, ohne daß sie bald darauf schwanger gewesen wäre!‹ Ich sagte zu der Fremden: ›Bei Allah, seit ich mit meinem Mann zusammen bin, habe ich niemand besucht, weder aus traurigem, noch aus freudigem Anlaß. Ich habe auch nie von einem Heiligen mit Namen Abu Al Hamalat gehört!‹ Da ergriff mich die fromme Frau bei der Hand und bedrängte mich: ›So folge mir. Wir gehen sofort zu ihm. Ich kenne ihn sehr gut. Ich werde ihn herzlich bitten, all seine Frömmigkeit zu nutzen, damit dein Wunsch nach einem Kind in Erfüllung gehe. Wenn du dann einen Sohn oder vielleicht eine Tochter gebierst, mußt du das Kind ganz im Sinne Allahs erziehen, das mußt du mir versprechen!‹ Ich versprach, so zu handeln, wie sie gesagt hatte. Dann befahl sie meiner Dienerin, mir mein schönstes Kleid und meinen reichsten Schmuck anzulegen, und alsbald verließen wir das Haus. Wir gingen durch die Straßen des Marktes. Nach einer Weile sagte die fromme Frau zu mir: ›Setze dich dort auf die Bank vor jenem Laden und warte, bis ich zurückkehre!‹ Ich tat, was sie gewünscht hatte. Nach gar nicht langer Zeit kam die Frau, die mich zu Abu Al Hamalat bringen wollte, wieder zurück, und wir gingen zwei Straßen weiter zu einem Haus, das leer zu sein schien. Dort traten wir ein. Als wir in einem halbdunklen Zimmer standen, dessen Fenster durch dichte Tücher verhüllt waren, sprach meine Begleiterin: ›Wisse, so wie du jetzt gekleidet bist, kannst du Scheihk Abu Al Hamalat nicht besuchen. Du darfst dich dem Heiligen nur entschleiert und nackt nähern. Er würde dir sonst durch mich nur deine schönen Kleider und den eitlen Schmuck vom Leibe reißen lassen. Nur wenn du allen Tand dieser Erde abgelegt hast, wird dir Abu Al Hamalat seinen Segen geben!‹ Ich glaubte dieser Frau und legte sofort Schmuck, Gürtel und Oberkleid ab. Aus Scheu aber behielt ich mein dünnes Unterkleid an. Alles, was ich ausgezogen hatte, wurde sofort von der Frau, die mir so fromm zu sein schien, ergriffen und zusammengepackt. So stand ich da in meinem Unterkleid und wartete.«

Da sprach der Beherrscher der Gläubigen: »Oh mein Volk! Mit Verblendung bist du geschlagen! Das Urteil ist bei Allah bereits gesprochen. Geoffenbart sind die Worte: ›Ketten haben wir ihnen um den Hals gelegt, welche bis an das Kinn reichen, so daß sie ihre Köpfe im Höllenfeuer in die Höhe gereckt halten müssen. Vor und hinter sie haben wir Riegel geschoben und sie mit Finsternis so bedeckt, daß sie nicht sehen können.‹ Auch ist geoffenbart: ›Die, welche Böses begehen, sollen zum Lohn Böses erhalten, gerade so viel, wie sie verdient haben. Sie werden mit Schmach bedeckt werden, und ihr Angesicht wird sein, als wäre es mit der tiefen Finsternis der Nacht geschlagen und mit nachtschwarzen Fetzen verhüllt, und ewig sollen sie damit verhüllt bleiben.‹ Wer, oh Dschafar, mein Wesir, hat diese Frau dazu verführt, sich in einem fremden Haus zu entkleiden, um auf den Heiligen Abu Al Hamalat zu warten, von dem niemand jemals etwas gehört hat? Sprich, Dschafar!«

Ich antwortete dem Beherrscher der Gläubigen: »Zu hören,

heißt gehorchen! Auch ist geoffenbart: ›Das Verborgene kennt nur Allah allein. Geduldet euch, und Geduld wird belohnt sein, denn Allah wird mit euch auch geduldig sein!‹« Der Kalif aber wollte sich nicht durch mich belehren lassen in der heiligen Offenbarung des Propheten – Allah segne ihn und spende ihm Heil. Er antwortete: »Geoffenbart ist aber auch: ›Wahrlich, Allah ist schneller in seinen Anschlägen! Allahs Engel werden listige Ränke vereiteln!‹ Deshalb will ich wissen, Frau, wie dein Erlebnis zu Ende ging!«

Da sprach die Frau Chatun:

»Nach einer Weile, als ich immer noch im Hemd dastand, verlor ich die Geduld. Es war Abend geworden, und so konnte ich mich vor das Haus wagen. Eine barmherzige Frau, die dort um die Ecke wohnte, gab mir einen Umhang. Da sie ihn jedoch rasch wiederhaben wollte, begleitete sie mich zum Hause meines Mannes. Es war inzwischen schon Nacht, und der Pförtner Abu Ali stand besorgt vor der Türe. Als er mich sah, rief er laut aus: ›Allah leitet auf den rechten Weg, wen er will!‹ Dieser Ruf ließ Sklavinnen und Diener zusammenströmen, Abu Ali schob mich ins Haus hinein. Auf einmal hatte die Frau, die mich ins eigene Haus zurückbegleitet hatte, ihren Umhang in der Hand, und ich stand vor der ganzen Dienerschaft im Hemd. Gerade in diesem Augenblick trat mein Mann ein, der seine Reise nach Kufa abgebrochen hatte, um sich mit mir auszusöhnen. Er ist davongegangen und seither nicht wiedergekehrt. Das ist alles, was ich zu berichten habe. Schmuck und Kleid sind verschwunden.«

Nach einer Weile sagte der Beherrscher der Gläubigen: »Habe ich nicht die beiden größten Halunken der Stadt des Heiles zu Wachhauptmännern gemacht? Ist da jemand, der Ahmed Al Danaf und Hasan Schu'maan an Schurkerei übertrifft? Diesen einen will ich sehen, und wenn dieser eine sich als Frau herausstellen sollte, werde ich keine Gnade walten lassen. An ihren Haaren wird sie hängen, draußen am Tigris! Du, Dschafar, hast die Pflicht aufzuklären, was geschehen ist. Du und Ahmed Al Danaf, der über vierzig Wächter verfügt!«

Ich hatte eine Ahnung, wer die Schurkerei angerichtet haben könnte, doch ich behielt sie für mich. Da war vor nicht allzu langer Zeit jene Frau bei mir gewesen, die Dalila hieß – die Frau des vorigen Wachhauptmanns, der verstorben war. Diese Dalila hatte sich über die Ernennung der beiden Schurken durch den Kalifen geärgert. Sie war von mir gegangen mit diesen Worten: »Wenn Halunken Wachhauptmänner werden, dann müssen ehrliche Leute die Halunken an Schurkerei übertreffen, wollen sie ihr Leben bestreiten! Auch mir bleibt nichts anderes!« Jetzt nahm ich diese Worte ernst.

Am nächsten Tag, als ich im Diwan wieder über diesen Fall nachdachte, wurde ein junger Mann zu mir gebracht, der mit lauten Worten Gerechtigkeit forderte und Bestrafung des Übeltäters, der ihn genarrt und bestohlen habe. Ich schrie ihn an: »Weißt du nicht, daß Strafe allein bei Allah liegt? Weißt du nicht, daß Allah die Himmel, aber auch die Erde beherrscht? Berichtet wird, der Prophet – Allah segne ihn und gebe ihm Heil – hat gesagt: ›Allah straft, wen er will, und Allah verzeiht, wenn er will!‹ Wen beschuldigst du? Vor allem sage mir, wie dein Name lautet!«

Da erzählte der junge Mann:

»Du sollst wissen, oh Wesir des Beherrschers der Gläubigen, mein Name ist Abdallah, ich bin Kaufmann am Markt von Baghdad. Mein Vater, er hieß Mohsen, ist gestorben, ebenso meine Mutter. Beide haben mich verlassen, ohne mir eine Frau zu suchen. Seit Monaten blicke ich mich nun schon nach einem Mädchen um. Viele haben mir gefallen, doch es fand sich nie Gelegenheit, mein Anliegen vorzubringen. Da sah ich gestern eine Schöne an meinem Laden vorübergehen. Meine Sinne entzündeten sich für sie. Obgleich sie verschleiert war, spürte ich, daß mir ihr Gesicht gefallen würde. Ich nahm kaum wahr, daß sie in Begleitung war: Eine fromme Frau ging neben ihr, die Hosen trug, die bis zu den Knöcheln reichten, ihr Obergewand war aus einfacher Wolle, der Gürtel bestand aus einem armseligen Fetzen Stoff. Diese Einzelheiten sah ich jedoch erst, als die fromme Frau, sie war längst mit der Schönen vorübergegangen, zurückkam und in meinen Laden trat. Unter dem Arm trug sie ein Bündel Kleider, die anders aussahen als die Lumpen, die sie selbst anhatte. Sie fragte mich: ›Bist du der Kaufmann Abdallah, der Sohn Mohsens?‹ Ich antwortete: ›Der bin ich! Doch was willst du von mir?‹ Ich wollte ihr ein wenig Geld geben, doch sie wehrte ab: ›Seit langem schon habe ich geschworen, kein Geldstück in die Hand zu nehmen, auch wenn das Bild des Schattens Allahs auf Erden hineingeprägt ist. Unter dem Himmel reizt mich nichts mehr. Auf die Einkehr ins Paradies warte ich. Was kann auf Erden das Paradies ersetzen? Und so komme ich nicht zu dir, um zu betteln. Höre! Mir hat sich eine junge Frau anvertraut, die einen Mann zur Ehe sucht. Sie ist schön, und ihr Vater, der auch Kaufmann war, hat ihr ein Vermögen hinterlassen. Sie weiß gar nicht, welchen Wert das alles hat, was sie besitzt. Sie kennt den Preis ihrer Kleider nicht‹ – dabei wies die Frau auf das Kleiderbündel, das sie unter dem Arm trug –, ›und sie hat keine Ahnung, daß sie allein für diese Schmuckstücke zehntausend Dirhem erzielen könnte!‹ Sie zeigte mir Schmuckstücke, die das Licht in hundert Farben spiegeln. Die Frau sprach weiter: ›Ich glaube, du, Abdallah, bist für diese Frau der richtige Mann! Wenn es dir recht ist, so treffen wir uns am Abend wieder. Ich werde das Mädchen mitbringen, auch wenn dies nicht so ganz der Sitte entspricht. Lege deine schönsten Kleider an und auch Schmuck, so du welchen besitzt. Sicher wirst du ihr aber noch mehr gefallen, wenn du ihr zeigen kannst, daß du über bares Geld verfügst!‹ «

Der Kaufmann Abdallah war mit seinem Bericht eben an dieser Stelle angekommen, da trat der Beherrscher der Gläubigen in den Saal des Diwan ein. Er sprach: »Dschafar! Was für ein Unglück betrifft heute meine Stadt des Heiles? Vor allem will ich wissen, ob der Lump Ahmed Al Danaf, den du mir zum Wachhauptmann empfohlen hast, die Verbrecherin von gestern bereits an den Haaren draußen am Tigris aufgehängt hat?«

Auf diese zweite Frage gab ich keine Antwort. Doch zur ersten

Frage sagte ich: »Oh Beherrscher der Gläubigen! Was das Unglück von heute betrifft, so hat es mit dem von gestern zu tun – so glaube ich wenigstens. Der Kaufmann Abdallah, der heute Klage erhebt, erzählte eben von einer frommen Frau, die ihm den Wunsch erfüllen wollte, endlich eine Gemahlin zu finden. Wenn du gestattest, oh Beherrscher der Gläubigen, so wird er uns weiter berichten.«

Da setzte Abdallah, der Kaufmann, seine Erzählung ohne Scheu vor dem Kalifen fort:

»Ich sagte zu jener Frau, die mir fremd war: ›Ich werde Kleider, Schmuck und Geld zeigen. Doch auch ich möchte etwas sehen dürfen! Ich habe oft gehört, daß einer blind eine Frau genommen hat und später bitter enttäuscht war.‹ Sie nickte, ohne zu antworten.

Am Abend kam sie in meinen Laden, aber allein. Sie sagte: ›Jene Frau wird nachkommen, sie wartet noch ab, bis Dunkelheit in den Gassen herrscht. Sie ist damit einverstanden, sich zu entschleiern, aber nur, wenn auch du ihr darin entgegenkommst. Sie hat gehört, viele Männer seien vom nässenden Ausschlag geplagt, oft gerade an ihrer Männlichkeit. Sie bittet dich deshalb, dich in einem verschwiegenen Raum dieses Hauses auszuziehen, wo sie dich unter Bewahrung der Schamhaftigkeit durch einen Vorhang sehen kann. Laß mich schauen, wo sich in deinem Haus ein solcher Raum finden läßt.‹ Es gab ein Zimmer, das der frommen Frau gefiel. Ein Vorhang wurde vorbereitet, dann bat sie mich, die Kleider abzulegen, da meine Braut gleich eintreffen werde. Sie nahm mir jedes Stück meiner Kleidung ab, das ich auszog – auch den Umhang, in dessen Tasche sich die Dirhem befanden, die ich zeigen sollte. Dann verschwand die Frau, indem sie sagte: ›Allah möge eure Begegnung segnen! Vielleicht bleibt ihr gleich die Nacht über beisammen. Ihr seid allein und braucht auf niemand Rücksicht zu nehmen!‹«

»Da standst du ohne Kleider und hast gewartet?« Dies fragte der Beherrscher der Gläubigen. Abdallah, der junge Kaufmann, warf sich jetzt erst vor dem Kalifen nieder, um den Boden zu küssen. Dann sprach er: »Herr, wie du es sagst, so war es. Nach einiger Zeit verlor ich die Geduld. In anderen Räumen meines Hauses fand ich Kleidung. Ich klage nur über den Verlust von Schmuck und Geld. Deshalb habe ich deinen Wesir, Dschafar, aufgesucht, denn ihm, so habe ich gehört, steht es zu, in deinem Auftrag, oh Herr, sich der Klagen Bedrängter anzunehmen.« Da brach Harun Al Rashid in Zorn aus: »Wozu habe ich Oberkadis, Kadis, Wachhauptmänner und einen Wesir, der über allem stehen soll, wenn nun jeden Tag anständige Bewohner der Stadt des Heiles ausgeraubt und unschicklich behandelt werden? Bald wird eine kommen und auch mir die Kleider ausziehen und mich bestehlen. Ich hatte die Absicht, die Guten zu ermutigen und die Schlechten zu entmutigen. Erreicht habe ich das Gegenteil! Die Schlechten sind ermutigt, und die Guten entmutigt! Aber warum sind die Bewohner meiner Stadt derart dumm, daß sie sich von einer Betrügerin dem Gespött preisgeben lassen?«

Meine Antwort war: »Oh Beherrscher der Gläubigen! Niemand soll sie tadeln. Wir selbst haben dafür gesorgt, daß Männer und Frauen des Glaubens besonders geachtet werden. Bestimmt ist, daß jemand, aus dem Allah, der Erhabene, spricht, Ansehen verdient und Beachtung seiner Rede und seines Tuns. Wer wird also wagen, sich einem Heiligen oder einer Heiligen in den Weg zu stellen? Wer will als einfacher Mensch prüfen, ob jemand wirklich heilig ist?«

Da verflog der Zorn des Kalifen. Er meinte: »Du hast recht, mein Wesir. Wir müssen die Frage mit dem Oberkadi Abu Jusuf besprechen. Zunächst aber frage den jungen Kaufmann Abdallah, wie viele Dirhem er durch die Schurkerei verloren hat, und ersetze ihm den Betrag aus der Kasse des Diwan! Entlasse ihn in Gnaden. Er wird hören, wenn der oder die Schuldige gefaßt ist.« Dann wandte sich der Kalif seinen Frauengemächern zu.

Ich ließ, kaum waren der Kalif und der Kaufmann gegangen, den Oberkadi rufen, obgleich die Stunde des nachmittäglichen Schlafs angebrochen war. Er kam eilends auf seinem Maulesel zum Palast des Herrschers geritten. Als er in den Saal des Diwan eintrat, sprach er: »Oh Dschafar! Wenn du mich rufen läßt zur Stunde der Ruhe, ist bestimmt eine Säule des Islam in Gefahr einzustürzen. Sage mir, welche bricht zusammen?« Ich bat Abu Jusuf neben mir Platz zu nehmen. Dann sagte ich: »Du hast recht, oh Gelehrtester unter den Gelehrten des Koran. Allah, der Erhabene, hat denen, die glauben und die Gutes tun, Versöhnung und großen Lohn versprochen. Unser Bündnis mit Allah lautet: ›Wir haben deinen Willen gehört und wollen gehorchen!‹ Wie ist es aber bestellt, durch den Willen Allahs, wenn einer oder eine kommt und von sich behauptet, auf Allahs Anweisung zu handeln? Wir sagen den Menschen: Glaubt an Allah, den Allwissenden, den Allerbarmer. Dürfen wir sagen: Glaubt nicht an diejenigen, die sagen, Allah habe sie erleuchtet?«

Nach einem Augenblick des Überlegens sprach der Oberkadi so: »Oh Wesir! Geoffenbart ist dies: ›Es ist nicht Art der von Allah Beauftragten, daß sie betrügen. Wer betrügt, der muß am Auferstehungstag mit dem Gegenstand des Betruges erscheinen.‹ Diese Stunde fürchten die Rechtgläubigen. Das Erkennungszeichen, daß die von Allah Geheiligten sich des Betruges enthalten, nützt wenig im Fall, auf den du wohl anspielst und der die Gemüter der Menschen in der Stadt des Heiles bewegt. Die Frau, die, so glaube ich, sowohl die Gemahlin des Türhüters im Palast des Kalifen, als auch den Kaufmann Abdallah ausgeplündert und ausgezogen hat, umgab sich mit dem Namen Allahs, behauptete sogar, auf seine Anweisung zu handeln. Das ist unser Anknüpfungspunkt für die gerechte Betrachtung des Falles. Der Kalif Omar Ibn Abdel Aziz, der allerdings zu den Herrschern aus dem verfluchten Haus Umaija zählt und damit zu den Ungläubigen und Verdammten, hat dennoch ein wahres Wort gesagt: ›Nach unserem Propheten, dem Allah Segen und Heil spende, gibt es keinen Propheten mehr. Er ist der letzte der Propheten.‹ Das heißt: Es gibt keine weitere Offenbarung mehr! Allah, der Erhabene und Allwissende, hat gesagt, was zu sagen war. Wenn einer oder eine von sich behauptet, Allahs Anweisungen zu befolgen, so ist derjenige oder diejenige als Betrüger zu betrachten. Selbst der Schatten Allahs – er werde mir, wenn er meine Meinung hört, verzeihen – darf sich nicht auf Eingebung Allahs berufen, denn derselbe Kalif Omar Ibn Abdel Aziz, der zur Bande der ungläubigen Hunde zählt, hat den gültigen Grundsatz aufgestellt: Keiner hat das Recht auf persönliche Meinung in Fragen, die im Koran entschieden sind. Auch dem Beherrscher der Gläubigen ist darin keine neue Erkenntnis gestattet. Der Kalif entscheidet in Fragen, die nicht bereits durch eine Offenbarung entschieden sind. Der Kalif beruft sich dabei nicht auf eigene Erleuchtung, wenn er Entscheidungen trifft, sondern auf Hinweise, die der Prophet, Allah spende ihm Heil und Segen, hinterlassen hat. Diese Rechtsgrundsätze aus der Zeit der für immer verfluchten Kalifen aus dem Haus Umaija sind bestätigt worden durch den Rechtsgelehrten Ibn Al Mukaffa, der zur Zeit des Kalifen Abu Dschafar Mansur am Diwan des Kalifen tätig war. Abu Dschafar Mansur gehört zu den rechtmäßigen Herrschern aus dem Hause Al Abbas.«

Da sagte ich zum Oberkadi: »Jener Ibn Al Mukaffa ist aber schließlich hingerichtet worden! Trotzdem gilt sein Wort?« Abu Jusuf antwortete so: »Hingerichtet worden ist er vom Kalifen Al Mahdi, dem Vater unseres Herrschers Harun Al Rashid. Der Grund lag darin, daß Ibn Al Mukaffa ein sehr enger Vertrauter des Kalifen Abu Dschafar Mansur gewesen war, der vor Al Mahdi regiert hatte. Ibn Al Mukaffa hatte das Vertrauen des Kalifen mißbraucht, um schnell reich zu werden. Er war aber trotzdem ein bedeutender Kenner des Rechts. Gegen das, was der Rechtsgelehrte an Grundsätzen erarbeitet hatte, war nichts einzuwenden. Ibn Al Mukaffa hatte richtig erkannt, daß zwischen den Provinzen des Islamischen Reiches starke Unterschiede zu bemerken waren in der Auslegung der Korangesetze. Er schrieb dem Kalifen die Aufgabe zu, diese Unterschiede zu überbrücken durch bindende Gesetze. Dies, oh Wesir des Kalifen, ist bisher noch nicht geschehen, obgleich fünfzig Jahre seit dem Tod des Ibn Al Mukaffa vergangen sind. Was den Fall angeht, der dich beschäftigt, so hat der Beherrscher der Gläubigen recht mit dem Spruch, die Betrügerin sei an den Haaren aufzuhängen. Sie hat Betrug im Namen Allahs begangen. Geoffenbart ist dies: ›Die Gerechtigkeit besteht nicht darin, daß ihr Allahs Namen ausspricht und daß ihr das Antlitz beim Gebet nach Ost oder West richtet. Allein jener ist gerecht, der an Allah im Herzen glaubt und nichts tut, was Allahs Namen beleidigt.‹ «

Mit diesen Worten verließ mich der Oberkadi. Mir blieb die Aufgabe, jene Frau fangen zu lassen. Ich war nun völlig überzeugt, daß es sich um Dalila handeln mußte, um die Frau des verstorbenen Wachhauptmanns. Doch ehe ich Ahmed Al Danaf mit den Bewaffneten zu ihrem Haus schicken konnte, wurde ich durch neue Ereignisse überrascht. Ein Färber wollte Klage führen.

In demütiger Haltung betrat er den Saal des Diwan. Er verharrte vor mir auf den Knien, wartete aber mein Zeichen, das ihm erlauben sollte zu sprechen, nicht erst ab. Er sagte: »Oh Wesir! Verhilf mir zu Gerechtigkeit!« Ich antwortete: »Sprich, was bedrückt dich?«

Da berichtete er mir vom Besuch einer frommen Frau, die Allahs Segen auf sein Haupt herabgefleht habe. Sie sei, so sagte die Frau, Teil einer Gemeinde von Frauen, die sich verpflichtet hätten, nur anderen zu helfen, ohne eigenen Gewinn. Für Arme würden diese Frauen sorgen, für Gestrauchelte, für Männer oder Frauen, die aus dem Gefängnis des Beherrschers der Gläubigen entlassen werden. Der Ort, um Gutes zu tun, sei bisher immer ihre eigene Wohnung gewesen, die zwar ärmlich, aber doch geräumig sei. Diese Wohnung könne derzeit nicht benützt werden, da das Dach einzubrechen drohe. Das Dach abzustützen und zu flicken, sei notwendig. Wenn die Gemeinde der frommen Frauen helfen wolle wie bisher, müsse sie eine andere Wohnung finden. Die Frau sagte mir, sie habe gehört, daß ich ein Haus besitze, das leer stehe. Ihre Frage war, ob die Frauengemeinde jenes Haus für einige Wochen zum guten Zweck benützen dürfe.

Als der Färber mir eben vom Wunsch der Frau erzählt hatte,

da war wieder der Augenblick gekommen, daß der Beherrscher der Gläubigen den Saal des Diwan betrat. Er erkannte sofort, daß erneut eine Schurkerei in der Stadt des Heiles geschehen war, und er fürchtete immer mehr, zum Gespött der Bewohner zu werden. So verstand ich wohl, warum er mich mit diesen Worten anschrie: »Du, der räudigste aller Hunde unter den Wesiren, kannst mir immer noch nicht berichten, dein Wachhauptmann Ahmed Al Danaf habe das Gespenst gefunden, das in Baghdad Unheil anrichtet! Warum habe ich dich selbst nicht aufhängen lassen, als ich die Möglichkeit dazu besaß? Begib dich in die entfernteste Ecke dieses Saales und sieh zu, wie ich der Gerechtigkeit zum Sieg verhelfe. In der Offenbarung steht: ›Und es sprach der Herr zu den Engeln: Ich will auf Erden einen Statthalter setzen!‹ Und er meinte damit meine Familie. Deshalb treibt mich die Verpflichtung, dem Halunken das Handwerk zu legen!«

Ich erhob mich von den weichen Kissen an der Stirnwand des Saals und begab mich in die entfernteste Ecke, dorthin, wo sonst die niedersten der Bittsteller sitzen. Dort hörte ich, wie der Färber seinen Bericht so fortsetzte:

»Wisse, oh Schatten Allahs auf Erden, daß eine fromme Frau von mir ein leerstehendes Haus mieten wollte, um dort gute Werke zu verrichten. Da während der vergangenen Wochen mich niemand angesprochen hatte, der in das Haus einziehen wollte, ließ ich mich erweichen. Die Frau, so sagte ich, dürfe mit ihrer Gemeinde von Frauen, die Allah gefällig sein wollten, für einige Wochen das Haus benützen. Da bat sie mich noch, ich möchte ihr doch zwei Kleiderpakete, die sie vor meinem Färberladen abgestellt hatte, in ihr eigenes Haus, das einige Straßen abseits liegt, tragen. Obgleich ich diese Bitte als Zumutung empfand, erfüllte ich sie. Groß war allerdings mein Erstaunen, als ich nach einer halben Stunde zu meinem Laden zurückkehrte. Da waren alle gefärbten Stoffe, die von Wert waren, verschwunden. Ich fand nur noch einen Jungen, der eben Töpfe, die mit Farbe gefüllt waren, zerschlug. Ich packte ihn am Hemd und schrie ihn an: ›Bei Allah, bei dem, der alles weiß, was tust du hier? Warum zerschlägst du mein Eigentum? Wo sind meine wertvollen Stoffe?‹ Unter Schluchzen sagte der Junge: ›Deine Mutter hat mich hergeschickt. Sie ließ mich alle Stoffe wegbringen und befahl mir ausdrücklich, alles zu zerschlagen, was ich nicht wegbringen konnte. Sie meinte, die Waren müßten vor dem Kadi gerettet werden, der sie im Namen des Kalifen beschlagnahmt hätte.‹ Oh Beherrscher der Gläubigen, vor zwei Stunden noch war ich ein wohlhabender Mann, aber jetzt bin ich bettelarm! Zugrunde gerichtet von einer Frau, die sich fast als Heilige ausgab. Sag mir, der du regierst, wo herrscht Ordnung im Reich? Sag mir: Wo? Und ich ziehe dorthin, wenn ich es mir jemals leisten kann, überhaupt noch irgendwo hinzuziehen!«

Da fragte der Kalif: »Wo ist der Junge, von dem du gesprochen hast?« Die Antwort des Färbers war: »Er ist mir entwischt!« Der Kalif sagte darauf: »Deine gefärbten Tücher können ja nicht spurlos verschwinden. Sie müssen gefunden werden.« Und der Beherrscher der Gläubigen schickte nach Hasan Schu'maan, dem Hauptmann der Marktwachen, der sollte nach den Tüchern und nach der Frau suchen, die so viel Aufsehen erregt hatte. Dann verließ der Kalif den Saal des Diwan, ohne mich anzublicken. Bald ging auch ich aus dem Palast.

Ich saß nachdenklich in meinem Haus und dachte über die Ereignisse nach, da erzählten mir meine Diener, Unruhe herrsche in der ganzen Stadt. Der Wachhauptmann Ahmed Al Danaf habe seine Bewaffneten in vier Gruppen eingeteilt, die durch die Straßen und Gassen des Markts zögen, um Dalila oder wenigstens die gefärbten Tücher als einen ersten Hinweis auf ihren Verbleib zu suchen. Die Stadt des Heils, so wurde mir gesagt, befinde sich im Belagerungszustand.

Während dieser Stunden der Aufregung fand ich Ruhe bei den Worten des Koran. Die Sure »Der helle Tag« gab mir Trost: ›Im Namen Allahs, des Allbarmherzigen. Bei dem hellen Tag und bei der finsteren Nacht! Dein Herr hat dich nicht verlassen, auch haßt er dich nicht. Wahrlich, das zukünftige Leben wird besser sein für dich als das gegenwärtige, und dein Herr wird dir eine Belohnung geben, womit du vollkommen zufrieden sein wirst. Hat er nicht stets Sorge für dich getragen? Hat er dich nicht in Irrtum gefunden und recht geleitet? Hat er dich nicht reich gemacht? Darum verscheuche nicht diejenigen, die dich brauchen. Verkündige die gnädige Wohltat deines Herrn!‹

Die Gedanken an den Sinn der Worte Allahs ließen mich allerdings nicht lange vergessen, daß ich mich erneut im Stand der Ungnade befand. Ich konnte nicht mehr mit der schützenden Hand des Beherrschers der Gläubigen rechnen. Harun Al Rashid gab mir die Schuld an den Umtrieben der Gesetzlosen. Er brauchte einen Sündenbock. Traten nun die Stadtwachen des Wachhauptmanns Ahmed Al Danaf ein, um mich abzuführen, so durfte ich mich nicht wehren. Befand ich mich im Gefängnis, dann würden Hofbeamte kommen, die mir bis heute hündisch ergeben waren, doch die nun voll Schadenfreude dem Befehl des Kalifen folgen würden, mein Eigentum zu beschlagnahmen. So wartete ich voll innerer Spannung darauf, was mir die nächsten Stunden bringen würden.

In dieser Nacht schien Baghdad gar nicht zur Ruhe zu kommen. Von meinen Fenstern aus konnte ich sehen, daß die Lichter nicht erloschen. Selbst um Mitternacht brannten noch Lampen und Fackeln. Zu anderen Zeiten hätte in einer solchen Nacht längst der Beherrscher der Gläubigen nach mir geschickt, damit er von mir, seinem Wesir, erfahre, was die Menschen umtreibe in seiner Stadt des Heiles. Heute aber klopfte kein Bote des Kalifen ans Tor meines Hauses.

Als Neugierde und Sorge übermächtig wurden, schickte ich einige meiner Diener los; sie sollten erkunden, was die Menschen von Baghdad wachhielt. Bald schon erfuhr ich, was geschehen war. Einer der Diener, zurückgekehrt vom Markt, erzählte mir:

»Ich traf hellerleuchtete Straßen an, auf denen in Gruppen heitere, ja ausgelassene Menschen standen. Sie sprachen miteinander über ein Ereignis, das am Abend geschehen war. Immer wieder wurden neue Einzelheiten bekannt, die neue Heiterkeit auslösten. In diesem Durcheinander war es schwierig für mich zu erfahren, was überhaupt geschehen war, denn jeder, den ich ansprach, lachte über eine andere Einzelheit. Da war Anfang und Ende eines verworrenen Vorgangs nicht zu erkennen. Ich will versuchen, in einen Zusammenhang zu bringen, was ich erfahren habe.«

Dies war dann der Bericht meines Dieners: »Schon am Abend war zu erfahren gewesen, daß Ahmed Al Danaf seine Bewaffneten in vier Gruppen aufgeteilt hat, um alle Winkel der Stadt durchsuchen zu können. Die erste dieser Gruppen ist nach einigen Stunden des erfolglosen Suchens in einer dunklen Gasse von einer jungen Frau in recht loser Kleidung aufgehalten worden. Sie hat zum Anführer der Bewaffneten gesagt: ›Bist du Ahmed Al Danaf?‹ Die Antwort war: ›Nein, aber er ist mein Vorgesetzter! Wenn du ihm etwas mitzuteilen hast, so kannst du's mir auftragen. Ich richte es ihm gerne aus!‹ Da soll die Frau gesagt haben: ›Ich suche den Schutz des Wachhauptmanns. Meine Mutter und ich haben hier in dieser Gasse eine Herberge zur Unterhaltung liebeslustiger Männer aufgemacht. Wir möchten, daß der Wachhauptmann uns besucht und so feststellen kann, daß ein Mann bei uns redlich auf seine Kosten kommt.‹ Der Unterführer hat daraufhin gemeint, es wäre sicher gut, wenn er und seine Männer schon einmal das Angebot der Herberge prüfen könnten. In diesem Fall wäre er dann bereits in der Lage, dem Wachhauptmann den Schutz der Herberge und der Frauen zu empfehlen. Die junge Frau hat daraufhin den Unterführer und die Bewaffneten ins Haus eingelassen.«

Eine Stunde später, so berichtete mir mein Diener, sei die zweite Gruppe des Wachhauptmanns Ahmed Al Danaf in jene Gasse gekommen. Wieder habe die junge Frau das Wort an den Anführer gerichtet. Diesmal habe sie gefragt: ›Bist du Ahmed Al Danaf, von dem ich gehört habe, er sei nach dem Beherrscher der Gläubigen der wichtigste Mann in der Stadt?‹ Das Gespräch auf der Straße schloß damit ab, daß auch diese Gruppe der Stadtwächter ins Haus trat.

Noch zweimal sei dasselbe geschehen. Eine Stunde vor Mitternacht waren schließlich alle vierzig Bewaffneten der Wache des Wachhauptmanns Ahmed Al Danaf Gäste der Herberge zur Unterhaltung liebeslustiger Männer. Die Anwohner der dunklen Gasse waren allerdings erstaunt, daß keinerlei Geräusche aus jenem Haus zu hören waren. Als es sich herumgesprochen hatte, daß sich die gesamte Stadtwache in einem einzigen Haus befand, da rotteten sich erst Dutzende, dann Hunderte von Frauen und Männern zusammen, gespannt darauf wartend, ob jemand wieder zur Tür herauskäme. Die Wartenden rätselten, was wohl mit den Wachen geschehen sei. Einer meinte, sie seien allesamt umgebracht worden. Andere aber waren überzeugt, sie seien in ein unterirdisches Gewölbe gezerrt und entführt worden. Dies aber könne nur als Zeichen für einen Aufstand in der Stadt gedeutet werden. Sicher sei der Palast des Kalifen von den Aufständischen bereits besetzt und der Kalif erdolcht worden. Vielleicht brenne der Palast schon. Auch darüber, wer die Rebellion gegen den Kalifen Harun Al Rashid anführe, gab es schon Gerüchte in der erregten Masse. Einer schrie: »Es lebe Kalif Dschafar Al Barmaki!« Viele nahmen den Schrei auf. Andere aber riefen: »Nieder mit dem Haus Al Barmaki!«

Da wollte ich von meinem Diener wissen: »Wer schrie lauter, unsere Freunde oder unsere Feinde?« Seine Antwort war: »In der Minderzahl waren diejenigen, die ›Es lebe Kalif Dschafar!‹ riefen. Doch ehe unsere Freunde und unsere Feinde handgreiflich wurden, geschah etwas: Ein mutiger Mann stieß endlich die Pforte zu jenem Haus auf. Sofort endete der Streit. Alles drängte sich um die Pforte und versuchte, einen Blick ins Haus zu werfen. Fackeln steckten an den Wänden, sie beleuchteten ein seltsames Bild: Da lagen im Vorraum sorgfältig aufgeschichtet vierzig Schwerter, dahinter waren vierzig Rüstungen gestapelt. Diejenigen, die ins Haus drangen, fanden im nächsten Raum vierzig Kettenhemden. Die Körper der Bewaffneten aber wurden in vier großen Gemächern entdeckt: Bekleidet waren sie nur noch mit ihren Hosen. Im ersten Augenblick dachte jeder, der die Körper starr nebeneinander liegen sah, die Männer seien vergiftet worden. Doch der Mutige, der die Pforte aufgestoßen hatte, legte einem der Körper sein Ohr auf die Brust und bemerkte sofort, daß das Herz schlug und daß ruhiger Atem die Rippen dehnte und zusammenzog. Die vierzig Bewaffneten des Wachhauptmanns Ahmed Al Danaf schliefen.«

Mein Diener berichtete, daß alle, die sich im Haus befanden, und bald auch alle, die auf der Straße standen, in Gelächter ausgebrochen seien. Dieses Lachen sei schließlich von allen Bewohnern Baghdads aufgenommen worden. Eine Welle von Heiterkeit durchziehe die Stadt. Angeschürt werde der Spaß durch wohlerfundene Geschichten über die Erlebnisse der Männer in der Herberge, ehe der Schlaftrunk gewirkt habe. Die Bewaffneten hätten Schleiertänze zu sehen bekommen und wollüstige Umarmungen von Frauen. Auch darüber, wer getanzt habe, wollten einige Bescheid wissen: die Tochter jener immer noch unbekannten, geheimnisvollen Frau, die den Färber, den Händler Abdallah und die Gemahlin des Türhüters genarrt hatte. Legenden begannen diese Frau offenbar bereits zu umgeben. Daß sie tatsächlich eine Heilige sei, diese Überzeugung wurde immer stärker – eine Frau, die den Reichen ihren Überfluß nehme, um den Armen zu helfen. Viele andere jedoch wendeten dagegen ein, niemand habe die Unbekannte jemals bei der Spende von Almosen gesehen.

Vielerlei wußte mein Diener zu erzählen. Er sagte, er habe auch gehört, die Frau stamme aus dem Haushalt des Kalifen, und nach jedem Streich verschwinde sie wieder hinter die Mauern des Palasts. Nur so sei zu erklären, daß sie nicht aufzufinden sei. Der Diener meinte, er habe auch schon fragen hören, ob sich nicht gar die Herrin Zubaida selbst aus Langeweile Scherze erlaube. Zu bemerken sei allerdings, daß in der Stadt keine Feindseligkeit gegen die Geheimnisvolle zu spüren sei. Niemand nehme ihr übel, daß sie die Frau des Türhüters, den Färber und den Händler Abdallah hintergangen habe. Auch finde der Streich gegen die Bewaffneten des Ahmed Al Danaf Verständnis. Vielleicht würde die Unbekannte sogar auf Händen getragen werden, wenn sie sich zu erkennen gäbe.

Ich entließ meinen Diener, der mir Wichtiges mitgeteilt hatte. Lange blickte ich hinüber, in die Stadt hinein. Erst als sich schwacher rötlicher Schimmer am Himmel des Ostens zeigte, erloschen die Lampen in den Straßen. Baghdad hatte endlich Ruhe gefunden. Ich aber überlegte, was zu tun sei.

Noch ehe sich die Sonne voll aus dem Dunst des Horizonts gelöst hatte, begab ich mich wie gewöhnlich zum Saal des Diwan. Meine erste Handlung war es, Männer der Palastwache zum Haus der Frau des früheren Wachhauptmanns zu senden. Ohne Aufsehen zu erregen, sollte die Frau, die Dalila hieß, zu mir gebracht werden, und zwar bald. Ohne dazu die unbedingt nötige Zustimmung des Beherrschers der Gläubigen zu besitzen, schickte ich Dalila ein Gnadentuch, das ihr anzeigte, daß sie nicht mit Bestrafung rechnen müsse.

Da diese Aufzeichnungen für Leser späterer Zeit bestimmt sind, die mit der höfischen Welt des Kalifen Harun Al Rashid wohl nicht mehr vertraut sind, ist es angebracht zu erwähnen, daß solche Gnadentücher aus dünnem Damaszener Stoff bestehen, die grün eingefärbt sind und ein verstecktes Zeichen tragen, das nur für den Beherrscher der Gläubigen und für mich erkennbar ist. Wer ein solches Tuch besitzt, kann – selbst wenn er unter Bezichtigung schlimmer Verbrechen verhaftet wurde – mit freiem Geleit und mit der Unversehrtheit von Leib und Leben rechnen.

Bald schon wurde Dalila als freie Frau in den Saal des Diwan gebracht. Als ich ihr die Erlaubnis gab zu sprechen, sagte sie:

»Du, oh Wesir, hast gewußt, daß ich es bin, die die Streiche ausgeheckt und ausgeführt hat. Ich war's tatsächlich, weil ich beweisen wollte, daß auch die beiden Halunken Ahmed Al Danaf und Hasan Schu'maan an Schurkerei noch zu übertreffen sind. Dieser Beweis ist mir gelungen, und die Idee, Verbrechen durch die Ernennung von Verbrechern zu Wachhauptleuten zu verhindern, wird sicher jetzt auch von dir, oh Wesir, als sinnlos befunden. Ich und meine Töchter Zainab und Zulaima haben uns darüber geärgert, daß wir ohne Versorgung geblieben sind. Dieser Ärger ist verflogen. Wenn wir Schaden angerichtet haben, werden wir versuchen, ihn wieder gutzumachen. Die Kleider der Frau Chatun und des Kaufmanns Abdallah werden wir, nebst Schmuck und Geld, zurückgeben. Auch kann der Färber seine Tücher bei uns abholen. Nicht ersetzen kann ich seine zerschlagenen Farbtöpfe. Es war nicht meine Absicht, daß es Scherben geben sollte!«

Wieder war die Stunde gekommen, da der Beherrscher der Gläubigen den Saal des Diwan betrat. Dalila, durch ihren Vater, der Aufseher gewesen war über die Brieftauben des Palasts, und durch ihren Mann, den früheren Wachhauptmann, an die Sitte des Hofes gewöhnt, fiel auf die Knie nieder und küßte den Boden vor dem Kalifen. Als ich ihm sagte, wer die Frau war, da sprach er mit gefährlich leiser Stimme: »Warum, oh Dschafar, folgst du meinen Befehlen nicht? Warum hängt diese Frau noch nicht an ihren Haaren vor aller Augen am Tigris?«

Ich ließ mir ein wenig Zeit mit der Antwort und sprach dann: »Oh Beherrscher der Gläubigen, klüger, als diese Frau zu hängen, würde es sein, mich zum Galgen zu führen. Dafür würdest du die Zustimmung vieler finden. Nicht aber für ihre Hinrichtung. Diese Frau Dalila hat den Bewohnern von Baghdad zu lachen gegeben. Anlaß zu Lachen hat ihnen seit langer Zeit gefehlt. Heute nacht hat ein Volksfest in der Stadt des Heils stattgefunden. Niemand würde verstehen, daß die Urheberin des Volksfestes aufgehängt wird.«

Da stand Dalila auf und sprach, ohne dazu aufgefordert worden zu sein: »Du, oh Beherrscher der Gläubigen, wolltest und willst, daß ich gehängt werde. Ich sehe, daß du, oh Wesir, eigenmächtig gehandelt hast , als du mir das grüne Gnadentuch geschickt hast. Ich will dich, oh Dschafar, nicht in Verlegenheit bringen. Deshalb höre: Der Beherrscher der Gläubigen soll sagen können, daß in seiner Hauptstadt sein Wille geschehe. Ich gebe dir, Dschafar, das Gnadentuch zurück. So mag der Fürst aller Rechtgläubigen sein Urteil unbehindert sprechen!« Während der letzten Worte ließ sich Dalila wieder auf die Knie sinken.

Verblüfft schaute der Kalif auf die kniende Frau, die sich aus eigenem Willen in seine Macht gab. Er winkte ihr schließlich zu, sich zu erheben. Dann sprach er: »Überliefert ist das Wort des Propheten – Allah segne ihn und gebe ihm Heil in Fülle –, das da besagt: ›Verständig handeln soll, wer den Verstand dazu besitzt. Verständig handelt, wer den Willen Allahs begreift. Derjenige begreift den Willen Allahs, der Ereignisse nach ihrem inneren Wert beurteilt.‹ Ich sehe das Geschehen der letzten Tage so: Allah wollte, daß die Menschen heiterer werden. So ließ er es zu, daß Streiche gespielt wurden. Künftig dürfen, so ist es mein Wille, einmal im Jahr Streiche gespielt werden, nämlich an meinem Geburtstag. Der beste dieser Streiche aber soll einen Preis erhalten. Dafür, daß dabei der Schritt zum Verbrechen unterbleibt, bitte ich Allah zu sorgen. Es ist sein Wort, das da heißt: ›Allahs Engel werden listige Ränke vereiteln.‹ «

»Kein Haus darf mir verschlossen sein«, sagt Harun

Vorüber waren die Tage und Stunden der Aufregung in Baghdad. Streiche waren nur noch an einem bestimmten Tag des Jahres vorgesehen. Dalila, die sich als Meisterin unter den Halunken erwiesen hatte, erhielt in Erinnerung an die guten Dienste ihres Mannes, der einst Wachhauptmann gewesen war, vom Beherrscher der Gläubigen eine jährliche Zahlung ausgesetzt, von der sie und ihre Töchter Zainab und Zulaima gut leben konnten. Die beiden Wachhauptleute Ahmed Al Danaf und

Hasan Schu'maan blieben im Amt. So war die Stadt des Heiles wieder zu einer ruhigen Residenz geworden.

Ob der Kalif jemals erfahren hat, daß in jener Nacht, als die überlistete Wache den Dienst verschlief, Rufe ertönt waren ›Es lebe Kalif Dschafar Al Barmaki!‹, konnte ich nie in Erfahrung bringen. Ich mußte jedoch davon ausgehen, daß er davon wußte und daß er sich darüber ärgerte. Aus Erfahrung sagte ich mir: ›Das wird dir und deinen Verwandten nie verziehen werden!‹ Die Unsicherheit machte mich unruhig. Hätte der Kalif mich darauf angesprochen, dann hätte ich gewußt, woran ich war. So aber suchte ich in seinen Handlungen und in seinen Worten nach Anzeichen von Gnade oder Ungnade. Das Verhalten des Harun Al Rashid ließ aber darauf schließen, daß er meiner bedurfte.

Mein Vater Jahja hatte nach und nach seine enge Bindung an den Kalifenpalast gelöst. Selten ließ er sich noch im Saal des Diwan blicken. Seine Freude daran, die ihm verbliebene Kraft im Dienste des Beherrschers der Gläubigen zu verbrauchen, war gering geworden. Vergnügen machte ihm noch die Erfüllung eigener Wünsche. Er hatte begonnen, für das Geschlecht Al Barmaki ein neues Gebäude zu errichten, das der Würde der Familie angemessen sein sollte. Er hielt das Haus am Rande der Stadt für zu klein und zu unbedeutend. Die kleinen Paläste am Tigris, die manchmal wir und manchmal unsere Freunde bewohnten, genügten dem Anspruch meines Vaters auf würdiges Wohnen nicht. In Sichtweite des Kalifenpalastes hatte Jahja ausgedehntes Gelände gekauft, zum vollen Preis, zu Bedingungen also, wie sie für jeden anderen Bewohner von Baghdad auch galten. Es war sein Ehrgeiz, ein Haus zu bauen, das durchaus als Palast bezeichnet werden konnte, mit weiten Gärten, die sich am Tigris hinzogen. Ich hielt es für gefährlich, derart augenfällig dem Beherrscher der Gläubigen ebenbürtig, wenn nicht sogar überlegen sein zu wollen. Ich konnte nicht vergessen, daß der Besitz der Familie Al Barmaki nur wenige Monate zuvor schon einmal beschlagnahmt worden war, damals, als wir alle aufgehängt werden sollten. Ein Prachtbau mußte zu erneuter Beschlagnahme reizen. Doch noch erregte keine Veränderung auf dem Bauplatz Anstoß beim Kalifen. Noch war kein Stein auf den anderen geschichtet, nirgends stand ein Holzgerüst. Der Palast des Kalifen war ohnegleichen in Baghdad. Dies stärkte sein Gefühl des eigenen Wertes und hielt die Familie Al Barmaki in der Gnade des Herrschers.

Ich hatte inzwischen gelernt, rechtzeitig aus dem Verhalten des Beherrschers der Gläubigen abzulesen, ob eine Nacht für ihn unruhig werde oder nicht. Wurde sein Atem gegen Sonnenuntergang kürzer und flacher, zeigte sich auf der Stirn ein leichter Glanz von Schweißperlen, dann mußte ich damit rechnen, in der Nacht gerufen zu werden.

So war es keine Überraschung für mich, als eines Nachts ein Diener des Kalifen an der Tür des Barmakidenhauses klopfte, um meinem Pförtner zu sagen, der Beherrscher der Gläubigen erwarte mich sofort. Schon bei den ersten Worten des Gespräches zwischen Diener und Pförtner hatte ich mich erhoben und den Umhang übergeworfen. So war die Geduld des Kalifen nicht gefordert, bis er mich eintreten sah. Ich war verblüfft, in dieser Nacht nicht Masrûr, den Schwertträger, bei ihm zu sehen, sondern Ahmed Al Danaf, den Wachhauptmann, der für die Sicherheit der Stadt zuständig war.

Harun Al Rashid begrüßte mich mit diesen Worten: »Ich habe den Schlaf herbeizuzwingen versucht, doch er ist mir immer wieder entflohen. Zusammengeschnürt ist mir die Brust. Wenn ich liege, dann glaube ich, nicht mehr atmen zu können. Wenn ich sitze, sticht mich mein Herz. Die Beklemmung wird schwinden, wenn ich durch die Stadt gehe, unerkannt wie immer. Vielleicht erleben wir Unterhaltsames. Ihr, Dschafar Al Barmaki und Ahmed Al Danaf, sollt mit mir gehen!«

Wir beide antworteten gleichzeitig: »Ich höre und gehorche!« Der Kalif aber sprach, was er bei solcher Gelegenheit noch nie getan hatte: »Im Namen Allahs, des Allerbarmers und Allwissenden. Der Segen des Propheten, den Allah über jedes andere Wesen erhöhe, möge auch in dieser Nacht mit uns sein!«

Weit fortgeschritten war die Nacht. Da nur noch wenige Lampen schienen, waren blitzend die Sterne am Himmel zu sehen. Vom Tigris her war das Gequake der Frösche zu hören. Leicht wehte der Wüstenwind durch die Straßen. Kaum jemand war unterwegs.

Geräusche waren von einer Ecke beim Eingang der Moschee zu hören. Wir näherten uns und sahen einen Mann dort sitzen, der laut vor sich hinmurmelte. Es war keineswegs einer der Blinden und Greise, die sich tagsüber dort aufzuhalten pflegten. Der Mann war ungefähr vierzig Jahre alt. Auch als wir ihm ganz nahe gekommen waren, unterbrach er sein Gemurmel nicht. Schließlich konnten wir seine Worte verstehen. Er sagte: »Berichtet niemand dem Beherrscher der Gläubigen, was in seinem Reich vorgeht? Will der Beherrscher der Gläubigen nicht erfahren, daß Ungerechte ungerecht handeln? Was unternimmt der Beherrscher der Gläubigen, um das Unrecht zu beenden?«

Als wir vor dem Mann standen, erkannte er den Kalifen nicht, denn wir drei, der Herrscher, ich und der Wachhauptmann, waren wieder als fremde Kaufleute gekleidet, die unterwegs waren, um zur kühlen Nachtzeit die Stadt zu erkunden. Harun Al Rashid sprach: »Fürchte nichts. Wir sind nicht gekommen, dich zu überfallen, dich auszuplündern!« Die Antwort des Mannes war: »Du, Fremder, sagst ›Fürchte nichts!‹, doch du entbietest mir nicht einmal den Gruß, den jeder Moslem einem anderen Moslem zu entbieten hat. Unterbleibt der Gruß, besteht wohl Grund, sich zu fürchten!« Da erwies der Beherrscher der Gläubigen dem Mann die Ehre, die unter Moslems üblich ist. Er sprach: »Friede sei mit dir!« Und dem Kalifen wurde entgegnet: »Friede sei mit dir!«

Nun wollte Harun Al Rashid den Grund für die Klage des Mannes wissen. Er erfuhr von ihm dies: »Ich war nicht bereit, mein Herz vor Männern auszuschütten, die mir nicht helfen können. Du aber gibst mir Vertrauen ein, als könntest du mich aus meinem Elend führen. Deshalb will ich dir, Fremder, sagen, was mich bedrückt. Wisse, meine Familie ist wohlhabend, so daß ich nicht darauf angewiesen bin zu arbeiten. Durch meinen Reichtum war mir auch eine schöne Frau zugefallen, weil Schönheit sich gern mit Geld vermählt. Doch es zeigte sich, daß wir uns im Verlauf der Jahre wirklich mochten. Wahrscheinlich aber war es mir bei aller Zuneigung nicht gelungen, den Leib meiner Frau wirklich glücklich zu machen. Wer sie mir letztendlich aus dem Haus locken konnte, weiß ich nicht. Doch eines Tages wurde mir gesagt, sie käme nicht mehr zu mir zurück. Ich weiß den Ort, wo sie sich befindet. Dort, wo sich auch andere Frauen aus Baghdad treffen. Manche verlassen den Ort wieder, andere wollen ihn nicht mehr verlassen. Ich weiß nicht, wofür sich meine Frau entscheiden wird. Ich höre nichts von ihr. Man muß, was da vorgeht, dem Beherrscher der Gläubigen sagen, denn er soll wissen, was alles in seinem Namen geschieht!«

Da fragte der Kalif den Wachhauptmann Ahmed Al Danaf, ob er wisse, wovon die Rede sei. Doch der antwortete: »Nichts weiß ich, oh Herr! Vergib mir und ziehe in Betracht, daß ich noch neu in diesem Dienst bin!« Ich hatte eine schwache Ahnung von dem, was vorging, doch ich behielt meine Gedanken für mich, als der Beherrscher der Gläubigen auch von mir erfahren wollte, was ihm, dem Kalifen, denn so unbedingt mitgeteilt werden müsse. Als seine Frage ohne Antwort blieb, sprach Harun Al Rashid wieder den Mann an, dessen Frau verschwunden war: »Kannst du uns das Haus zeigen, in dem sich deine und andere Frauen aus Baghdad aufhalten?« Da fragte der Mann zurück: »Was willst du tun, wenn du es kennst? Du wirst nicht eindringen können, denn die Mauern sind hoch und sie werden von scharfen Hunden bewacht. Man sagt auch, der Herr jenes Hauses habe genügend Kraft, um einem anderen Mann mit den Armen den Brustkorb zu zerquetschen.« Harun Al Rashid, den der von seiner Frau Verlassene noch immer nicht als den Beherrscher der Gläubigen erkannt hatte, sprach: »Ich will das Haus sehen!« Und da er die Worte mit Selbstbewußtsein ausgesprochen hatte, war es nicht zu verwundern, daß der Mann ihm mit diesen Worten antwortete: »Ich höre und gehorche!«

Und so folgten wir dem Unglücklichen durch die nächtlichen Straßen, bis wir vor einem Haus standen, dessen Mauern tatsächlich unüberwindbar hoch schienen. Der Kalif meinte, als er das Hindernis betrachtete: »Kein Haus darf mir verschlossen sein! Wenn es Allah so will, werde ich hinter diese Mauer kommen!« Ich sprach: »Oh Beherrscher der Gläubigen! Auch wenn Allah es will, brauche ich zwei Tage Zeit, um die Erfüllung seines Willens vorbereiten zu können!«

Der Kalif aber machte bereits Anstalten, die Mauer zu übersteigen. Zum Wachhauptmann Ahmed Al Danaf sagte er: »Du bist kräftig, du stellst dich so hin, daß Dschafar auf deinen Rücken steigen kann, und dann werde ich auf Dschafars Rücken klettern. So werde ich wenigstens über den Kranz der Mauer blicken können!« In diesem Augenblick aber schlugen drinnen Hunde an. Ihr Gebell ließ es uns klug erscheinen, die Gegend um das geheimnisvolle Haus zu verlassen. Beim Abbiegen in eine Nebenstraße sagte der Kalif wie beiläufig: »Sage mir, oh Dschafar, mein Wesir! Gehört das Land hier nicht der Familie Al Barmaki?« Ich antwortete: »Du hast recht, mein Gebieter!« Er sagte: »Du hast von zwei Tagen Zeit gesprochen, um die Mauern jenes Hauses für mich durchlässig zu machen. Die zwei Tage seien dir gewährt!«

Zu Hause angelangt, dachte ich nach über das, was ich mit dem Kalifen in jener Nacht erlebt hatte. Land und Gebäude gehörten tatsächlich meinem Vater Jahja Al Barmaki. Zur Verwaltung hatte Jahja einen Schwarzen eingesetzt, von dem ich nur den Namen wußte. Der Schwarze wurde Mimun gerufen. Ohne sein Wissen konnte in jenem Haus nichts geschehen. Mimun mußte alle Geheimnisse kennen.

Da die Angelegenheit durch die Frist, die der Kalif gesetzt hatte, keinen Aufschub duldete, begab ich mich am nächsten Morgen zu meinem Vater Jahja und schilderte ihm den Sachverhalt. Er sagte: »Offenbar geschieht Unrecht hinter meinem Rükken. Mimun soll die Wahrheit sprechen. Weigert er sich, werde ich ihn verstümmeln lassen. Schon lange ist es mein Wunsch, daß dieser Mimun zu den Verstümmelten gehört.« Entschlossen, alles zu erfahren, was in einem seiner Häuser vor sich ging, ließ mein Vater den Schwarzen holen, der Mimun hieß.

Als Mimun durch die Tür trat, war ich überrascht, einen hochgewachsenen, schlanken, geschmeidigen Mann zu sehen. Mein Vater sprach:

»Lange schon bin ich der Meinung, daß es besser wäre, dich zu verstümmeln. Solange du deine Männlichkeit besitzt, kannst du meinem Hause Unglück bringen. Ich hoffe, dies ist nicht schon geschehen. Deinem Schicksal, Eunuch zu werden, kannst du heute nur dadurch entgehen, daß du mir nichts verheimlichst. Damit du siehst, wie ernst es mir ist, fordere ich dich auf, dich nackt auszuziehen und auf den Tisch dort zu legen, damit die Verstümmelung sofort beginnen kann, wenn deine Sprache stockt.«

Und es geschah, wie mein Vater Jahja befohlen hatte. Diener fesselten den entkleideten Mimun derart, daß er hilflos auf dem Rücken lag. Bald war auch der Hausarzt eingetroffen, der, wie man aus Erfahrung wußte, mit dem Messer geschickt umgehen konnte. Die Vorbereitungen waren getroffen, und mein Vater gab Mimun das Zeichen zum Beginn seines Berichtes. Mimun sprach:

»Bei Allah, was ich sage, ist die Wahrheit! Du, Herr, hast mich zum Verwalter bestellt über jenes Haus, das du unbenützt gelassen hast, weil es später abgerissen werden soll, um Platz zu schaffen für deinen neuen Palast. Da die Räume schön waren, zog ich dort ein. Dort konnte ich die Frauen empfangen, die mir schon lange nachstellten. Du, Herr, läßt mich im Garten arbeiten, nur mit einem Tuch bekleidet, das eben mein Glied bedeckt. So sehen mich die Frauen deines Haushalts, und ihnen gefällt, was sie da sehen. Es geschah manchmal, daß die Frauen meinetwegen in den Garten kamen, daß sie mich reizten und mich aufforderten, auch das letzte Tuch abzulegen. Dieselben Frauen, die mich im Garten gesehen hatten, kamen auch zu mir in das Haus.«

Da unterbrach mein Vater Jahja die Erzählung des Schwarzen, und er sprach: »Wer waren die Frauen?« Als Mimun schwieg, packte der Hausarzt mit der Linken das Glied des Mannes und mit der Rechten das Messer. Um nichts falsch zu machen, fragte der Arzt noch, wie es Brauch war, wenn eine Verstümmelung befohlen wurde: »Oh Herr, soll ihm wenigstens die Rute bleiben?« Mein Vater aber hatte die Antwort schon bereit: »Nichts soll ihm bleiben!«

Diese Worte veranlaßten Mimun, sofort weiterzureden: »Du hast nach Namen gefragt, oh Herr! Sie fallen mir eben ein. Die Herrin Laila ist eine davon. Sie hat wiederum die Herrin Zubaida zu mir geführt!«

Der erste Name traf mich, der beim Verhör des Schwarzen dabeistand, wie ein Schlag. Laila! Da konnte nur eine meiner eigenen Frauen gemeint sein. Niemand sonst hieß Laila im Haushalt der Barmakiden. Zubaida aber war, wenigstens zeitweise, die Lieblingsfrau des Kalifen. Mehr wollte ich nicht wissen. Ich bat meinen Vater, den Schwarzen unverstümmelt losbinden zu lassen.

Zu Jahja sagte ich: »Mimun wird noch in vollständigem Zustand gebraucht, zu einer Vorführung, die dem Kalifen gefallen soll. In zwei Tagen!«

Ich ließ mich durch Mimun zum Haus mit den hohen Mauern führen. Hinter der Pforte an der Straße befand sich nur ein kleiner Garten, daran schloß sich gleich das Haus an, das wie ein größerer Pavillon angelegt war. Mit Zeltstoff waren die Wände verhängt. In den Fensterhöhlen wehten Schleier. Der Fußboden war aus Marmor gefügt, in unterschiedlichen Farbschattierungen zwischen Schwarz und Grün. Auf den Marmorplatten waren Teppiche aus Wolle und aus Seide. Überall lagen Kissen in verschiedenen Größen. Von der Eingangshalle aus führten Gänge zu den Zimmern. Einige Türen waren offen, andere verschlossen. Da es noch Vormittag war, nahm ich an, daß hinter den geschlossenen Türen Frauen schliefen.

Ich fragte Mimun, wer derzeit Gast im Hause sei, und erfuhr

dies: »Oh Herr, zwei Frauen des Oberkadis Abu Jusuf leben derzeit hier, die Frau des Wachhauptmanns Hasan Abu Schu'maan, die Frau des Schatzmeisters beim Diwan des Kalifen, die Frau des Emirs der Sauberkeit, der für die Straßenreinigung zuständig ist, und die Frau eines Mannes ohne Titel und Berufsstand.« Ich fragte Mimun: »Und sie sind alle hier, um von dir beglückt zu werden?« Er antwortete: »Mir, oh Herr, steht Bescheidenheit zu. Doch bin ich verpflichtet, wenn ich nicht Eunuch werden will, die Wahrheit zu sprechen. Und die Wahrheit ist: Ich allein beglücke alle diese Frauen. Daß sie hier sind, ist der Beweis für meine Fähigkeit! Mein Glied schläft nur, wenn ich selbst schlafe.«

Ich mußte die Frage stellen, von was sich Mimun ernähre, um diese Leistung erbringen zu können. Seine Antwort: »Ich lasse mir zu jeder Mahlzeit zehn Eigelb in Fett backen. Sie werden dann in flüssigen Honig gelegt, der zuvor mit dem Schnee von Eiweiß vermischt worden ist. Dazu esse ich Weißbrot und trinke einen milden Rotwein. So bleibe ich bei Kraft.«

Mir kam der Gedanke, daß irgend jemand für die besonderen Mahlzeiten und für die Lebensweise des verwöhnten Mimun bezahlen müsse. Auch war der Pavillon, der den Frauen der Oberschicht aus Baghdad und dem Schwarzen mit den gewaltigen Kräften die Gelegenheit gab, die Sinnenlust auszuleben, geschmackvoll und teuer eingerichtet. Ich fragte also Mimun: »Wer bezahlt dies alles?« Die Antwort war kurz: »Die Herrinnen Zubaida und Laila gemeinsam. Auch die anderen tragen zum Unterhalt bei, aber nur wenig!«

Wäre ich meinem aufwallenden Zorn gefolgt, so hätte ich die beiden Frauen zur Rede gestellt. Aber die Kluft zwischen mir und der Lieblingsfrau des Kalifen wäre nur vergrößert worden. Unklug wäre es auch gewesen, meine Frau Laila anzusprechen, um sie zu fragen, was sie veranlaßte, sich einen Schwarzen zur Befriedigung der Sinne zu halten. Eine wahre Antwort hätte ich nicht erhalten, und letztlich wäre sie nur zur Herrin Zubaida gegangen, um sich auszuweinen. Zubaida hätte sich entlarvt gefühlt und wäre gezwungen gewesen, gegen mich ein Netz der List zu spinnen, dem ich schließlich ausgeliefert gewesen wäre.

Es gab nur einen Weg, um mich zu retten: Die Herrin Zubaida und Laila durften nicht erfahren, daß mich der Zufall auf ihre Spur gesetzt hatte. So ließ ich Mimun bei seiner Männlichkeit, die ich ihm gerettet hatte, schwören, daß er den beiden Frauen nichts über meine Entdeckung des Liebesnests enthülle. Auch das mußte mir Mimun versprechen: Am Tag, an dem der Beherrscher der Gläubigen Zutritt zum Pavillon erhalten würde, dürften die Herrinnen Zubaida und Laila auf keinen Fall anwesend sein. Es galt nur, für Harun Al Rashid ein Schauspiel der Sinnlichkeit vorzubereiten.

Am zweiten Tag nach dem nächtlichen Gespräch mit dem Mann, den seine Frau zugunsten des Schwarzen verlassen hatte, fragte mich der Kalif sofort, als er nach dem Morgengebet den Saal des Diwan betrat: »Oh Dschafar, mein Wesir! Wird Allah heute wollen, daß ich die Mauer überwinde?« Ich antwortete: »Der Prophet – Allah segne ihn und spende ihm Heil – hat uns dieses Wort von Allah überliefert: ›Versuchst du dir selbst zu helfen, so helfe ich dir!‹ Die Vorbereitungen sind getroffen, damit du, oh Beherrscher der Gläubigen, dir selbst helfen kannst. Sollte dich heute abend Unruhe packen, solltest du unter Enge der Brust leiden, so laß es mich wissen. Die Nacht wird dich alle Schmerzen vergessen lassen. Sie wird dir vergnüglich werden!«

Nachdem ich die Neugierde des Kalifen derart geweckt hatte, wunderte es mich nicht, daß schon bald nach Sonnenuntergang an meiner Haustüre das Klopfen des Dieners aus dem Kalifenpalast zu hören war. Ich sagte zu mir selbst: »Hören heißt gehorchen!«

Harun Al Rashid erwartete mich voll Ungeduld in der Eingangshalle des Palastes. Wie immer verkleideten wir uns als fremde Kaufleute. Doch im Unterschied zu anderen Malen waren wir diesmal allein: Weder der Schwertträger noch einer der Wachhauptleute war dabei, als wir uns in die Stadt begaben.

Und noch etwas war anders als sonst: Wir wußten diesmal genau, wohin wir unsere Schritte zu lenken hatten. Bald schon standen wir vor dem Haus mit den hohen Mauern. Nur einmal brauchte ich ans Tor zu klopfen, und es öffnete sich. Dienerinnen von graziler Figur, aber züchtig bekleidet, empfingen uns und geleiteten uns ins Haus. In einen Alkoven, in dem kein Licht stand, wurden wir, der Beherrscher der Gläubigen und ich, geführt. Der Zugang zum Alkoven war so durch Schleier verhüllt, daß niemand von der hellen Halle ins Dunkel unserer Nische sehen konnte. Wir waren sicher vor allen Blicken.

Bald öffnete sich die Tür eines der Zimmer des Pavillons. Heraus trat eine Frau, deren Körper durch nichts verhüllt war. Einen türkisfarbenen Schleier zog sie hinter sich her. Erst als ich mit den Augen ihren Körper genossen hatte, bemerkte ich, daß ihr Gesicht durch eine Maske in rosa Farbton verdeckt war. Sie schritt langsam und würdig in die Halle hinein. Aus dem Verborgenen war eine Stimme zu hören, die sang:

»Es ist der Körper des Mannes, den sie begehrt,
Nach seiner Kraft die Lust sie verzehrt.
Sie ist bereit, ihn zu empfangen,
Mit ihm will sie ins Paradies gelangen.«

Die Frau legte sich nieder auf eines der Kissen. Kaum einen Augenblick brauchte sie zu warten, da trat der Schwarze ein, bereit zur Liebe, wie deutlich zu sehen war. Ohne Vorspiel empfing ihn die Frau und überließ sich ihm völlig. Die Bewegungen der beiden verliefen in anmutiger Harmonie. Dieser Mann verstand die Kunst, unter Verzicht auf eigene Gier die Frau glücklich zu machen. Als eine rötliche Färbung über ihre Haut lief, stieß er rascher zu. Sie dankte es ihm durch zärtliche Schreie, die schließlich immer kurzatmiger wurden. Bald darauf sanken sie beide in ihrer Umarmung auf dem Lager zusammen. Doch noch lange behielten sie die Vereinigung bei. Da war wieder die Stimme einer Frau zu hören. Dies waren die Verse, die sie sang:

»Sein Körper mich zum Leben erweckt;
Durch seine Hände hab ich entdeckt,
Wie meine Sehnsucht heiß erwacht.
Grob ist er nicht, nein, er ist sacht!
Durch Sanftheit hat er Gewalt und Macht!
So ist er Herrscher in der Nacht.«

Als diese Verse verklungen waren, da stand das nackte Paar auf und umschlang sich noch einmal. Ein schimmernder Glanz von Schweißperlen gab ihren Körpern zusätzliche Schönheit. Ein letzter Kuß, und sie trennten sich. Durch unterschiedliche Türen entschwanden sie unseren Blicken.

Da sprach der Beherrscher der Gläubigen: »Berichtet wurde mir, oh Dschafar, daß mein erhabener Vorfahr, der Prophet – Allah segne ihn und spende ihm Heil – gesagt habe, als seine Gefährten dabei waren, ein Liebespaar in einer Sanddüne zu beobachten: ›Schämt euch, ein Paar zu schauen, das sich aufgedeckt hat, um zu genießen, was Allah in seiner Gnade an Genuß spendet. Die Liebenden befinden sich in der besonderen Gnade Allahs. Sünde ist, durch Blicke an dieser Gnade teilhaben zu wollen!‹ Dieses Wort meines Vorfahren achte ich. Was in diesem Haus geschieht, ist Ausdruck der Liebe, wenn auch auf eigentümliche Art. Dschafar, mein Wesir, wir gehen, ohne uns zu verabschieden!«

Und so geschah es. Der Pavillon blieb fortan unbehelligt. Niemand stellte Fragen. Der Beherrscher der Gläubigen und ich wußten, daß der Pavillon zum Glück der Frauen in Baghdad beitrug. Doch nur ich wußte, daß auch die Herrinnen Zubaida und Laila dort ihr Glück fanden.

Doch da nach Allahs Willen nichts ewig währt, so fand auch das Glück der Frauen schließlich ein Ende. Überdruß mag die Ursache gewesen sein, vielleicht auch die Suche nach Neuem. Eines Tages kam mein Verwalter zu mir, um zu berichten, daß eines der Häuser der Familie Al Barmaki leerstehe. Er habe den Eindruck, es sei ausgeplündert worden. Reste einer schönen

Einrichtung seien noch zu entdecken. Der Verwalter meinte, er könne sich nicht erklären, was geschehen sei.

Meinen Vater Jahja fragte ich Wochen später, was wohl aus dem Schwarzen geworden sei, der Mimun hieß und den er habe verstümmeln lassen wollen. Ich hatte nämlich damals den Verdacht, daß die Verstümmelung doch noch vorgenommen worden sei. Mein Vater aber gab mir diese Antwort: »Die Herrin Zubaida hat ihn mir abgekauft!« Weiteres war nie zu erfahren über den Verbleib des Schwarzen.

Der Mensch ist stets in Eile

Der Koran, er sei gepriesen, spricht die Wahrheit, wenn er uns Erdenbewohnern sagt, daß wir durch das Leben eilen, ohne so recht zu wissen, wohin unser Weg führt. Wissen wir, wohin der Todesengel uns trägt, und wissen wir, wann er zu uns kommt? Uns ist gesagt, daß er eines Tages in erschreckender Gestalt vor uns stehen wird. Auch vor mir. Ich bin sicher, er wird dann so sprechen: »Der Engel des Todes bin ich. Aus dieser Welt werde ich dich fortbringen. Jetzt wird dein Sohn zur Waise, dein Weib zur Witwe. Was bisher dir gehört hat, das wird zum Erbe für deine Erben. Und auch diejenigen, die du nicht geachtet hast, das mußt du wissen, sind unter denen zu finden, die dein Eigentum in Besitz nehmen werden. Das Gute hast du weder für dich, noch für andere gefördert. Ich bin gekommen, um dir die Seele aus dem Leib zu nehmen!« So wird der Todesengel zu mir sprechen, und es wird mir nichts nützen, daß ich mein Gesicht auf meinem Lager zur Wand wende. Wohin ich auch blicke, ich werde den Todesengel vor mir stehen sehen.

Der Beherrscher der Gläubigen wird wohl den Todesengel für mich rufen, wenn er Masrûr, den Schwertträger, damit beauftragen wird, mir den Kopf abzuschlagen oder mich am Galgen aufzuhängen. Das wird der Tag sein, an dem weder Reichtum, noch Ansehen der Familie etwas nützen werden. Entscheidend wird nur die Frage sein, ob ich mit reinem Herzen vor Allah treten kann.

Seit jenen Stunden, als der Todesengel schon mit mir unter dem Galgen gestanden war, hatte ich mich mit dem Tode beschäftigt, hatte gelesen, was uns der Prophet – Allah segne ihn und spende ihm Heil – über den Tod gelehrt hat. Geschrieben ist, was Aisha, die Erhabenste der Frauen des Propheten, von ihm, dessen Seele von Allah bevorzugt wird, erfahren hat. Aisha habe gesagt:

»Einmal saß ich mit übergeschlagenen Beinen im Hause, da betrat der Gesandte Allahs, dem der Friede Allahs beiwohne, den Raum. Er grüßte, und ich wollte aufstehen, wie ich das immer tat. Er aber sagte: ›Bleibe sitzen, oh Mutter der Gläubigen!‹ Der Gesandte Allahs legte seinen Kopf in meinen Schoß und schlief bald darauf ein. Ich hatte es mir angewöhnt, wenn sein Kopf so vor mir lag, die weißen Haare in seinem Bart zu zählen. An diesem Tag fand ich neunzehn weiße Haare. Da wurde mir bewußt, daß er die Erde vor mir verlassen würde. Ich fragte mich: ›Was werden die Menschen tun ohne die Führung durch den Gesandten Allahs?‹ Und Tränen flossen mir über die Wangen. Einige meiner Tränen fielen auf sein Gesicht, da wachte er auf und sprach: ›Warum weinst du?‹ Ich antwortete ihm durch die Erzählung dessen, was ich eben gedacht hatte. Als er mich angehört hatte, fragte er: ›Welchen Zustand hat ein Toter am meisten zu fürchten?‹ Ich wußte es nicht und entgegnete ihm: ›Die Antwort liegt bei dir, oh Gesandter Allahs!‹ Da sprach er: ›Oh Aisha, der schrecklichste Augenblick für einen Toten beginnt dann, wenn der Leichenwäscher das Haus des Toten betritt, um ihn zu waschen. Dann wird ihm das Hemd vom Leibe gezogen, und die Kopfbedeckung, die seine Würde anzeigt, wird ihm abgenommen. Die Seele, die noch neben dem Körper steht, wird dann mit einer Stimme sagen, die von den Menschen nicht gehört werden kann, also auch nicht vom Leichenwäscher: ›Bei Allah, dieser Körper ruht sich eben davon aus, daß der Todesengel an ihm gezerrt hat! Schont diesen Körper!‹ Wird der Tote dann gewaschen, sagt die Seele: ›Bei Allah, verwende nicht heißes noch kaltes Wasser! Denn der Körper leidet darunter, daß die Seele aus ihm gewichen ist! Berühre ihn auch nicht mit Gewalt!‹ Wird der Tote aus dem Haus getragen, dann hören alle Geister diese Worte der Seele: ›Bei Allah! Ihr, die ihr euch versammelt habt, um mich zu meinem Grab zu geleiten, eilet nicht, damit ich mich von meinem Haus und von der Familie verabschieden kann!‹ Doch keiner, der lebt, kann diese Worte der Seele hören. Auch was sie dann sagt, wird nur von den Geistern vernommen: ›Bei Allah! Meine Frau bleibt als Witwe zurück. Behandelt sie gut und tut ihr kein Unrecht an! Auch meinen Söhnen nicht, die ich als Waisen zurücklasse. Heute gehe ich aus diesem Haus, ohne jemals wieder zurückzukehren. Heute scheide ich bis zum Jüngsten Tag!‹ Die Seele des Toten schaut noch zu, wie der Leib ins Grab gelegt wird, dann macht sie sich auf den Weg zu Allah. Dann ist die Zeit überstanden, die der Tote am meisten zu fürchten hat – wenn er sich nicht den Zorn des Allwissenden und Allerbarmers zugezogen hat!«

So hat der Prophet selbst, Allah segne ihn und spende ihm Heil, die Ereignisse geschildert, die ein Gläubiger nach dem Tode durchlebt. Meine Gedanken aber machten mir deutlich, daß mein Tod nicht der Tod des normalen Gläubigen sein wird. Mein Leib wird im Augenblick des Todes nicht unversehrt sein, dafür wird Masrûr, der Schwertträger, sorgen. Was wird dann mit meiner Seele geschehen? Der Prophet, der Friede Allahs sei mit ihm, sagte: »Die Seele fließt aus dem Körper heraus, wie Wasser aus einem brüchigen Wassersack fließt. Engel mit weißen Gesichtern steigen herab. Sie führen das Leichenhemd des Paradieses mit sich und Tropfen des Balsamöls aus dem Paradies. Die Engel sprechen zur Seele: ›Komme mit uns ins Reich der Freude Allahs!‹ Erreichen sie die Grenze des Himmels, dann bitten die Engel, daß die Pforten des Himmels geöffnet werden.

Engel aus allen Himmeln versammeln sich, wenn die Tore aufgehen. Doch noch betritt die Seele den Himmel nicht. Erst wird sie gefragt: ›Was sagst du über den Gesandten Allahs?‹ Und die Seele hat zu antworten: ›Allah hat durch ihn den Koran auf die Erde gesandt. Ich habe ihm vertraut!‹ Dann ist ein Ruf aus dem Himmel zu hören: ›Mein Knecht hat die Wahrheit gesprochen. Er soll Platz finden im Garten des Paradieses. Kleidet ihn in die Gewänder des Paradieses, öffnet ihm ein Tor in den Garten!‹«

Zweifel packten mich, ob ich dann, wie vom Propheten, den Allah mehr als andere segnen möge, für alle Gläubigen verkündet, die Stimme eines wunderschönen Mannes hören würde, der solche Worte zu sagen hat: »Erfreue dich! Sei froh gestimmt! Ich stelle deine Taten dar, die als gut bezeichnet werden können!« Oder ob mir bestimmt ist, daß Engel mit Strafgewändern zu meiner Seele herabsteigen werden und daß meine Seele vor verschlossenen Toren des Himmels stehen wird? Ich fürchte, eine Stimme wird aus dem Himmel zu hören sein, die sagt: »Bringt ihn zurück in sein Grab!« Und sie werden mich zurückbringen. Feuer wird aufflammen im Grab und wird meinen Körper verzehren. Die Flammen werden sich meiner Knochen bemächtigen. Dies wird so bleiben bis zum Tag des Jüngsten Gerichts.

Wenig Tröstliches ist in der Überlieferung zu finden für den, der Allahs Gnade nicht besitzt. In jenen Tagen, als das Unglück die Familie Al Barmaki noch einmal verschont hatte und die Gnade des Beherrschers der Gläubigen uns wieder zu leuchten schien, machte ich mir Gedanken darüber, daß ich die vorgeschriebenen fünf Gebete am Tag kaum eingehalten hatte. Solchen aber, die Gebete unterlassen, hat der Prophet, Allah segne ihn und spende ihm Heil, diese Strafe verkündet: »Sie werden Schuhe aus Feuer tragen, die derart heiß sind, daß sie das Gehirn zum Kochen bringen, so wie Wasser im Kessel kocht. Zähne und Rippen werden wie glühende Kohle brennen. Aus Füßen und Eingeweiden werden Flammen schlagen. Der Gestrafte glaubt sich der härtesten aller Strafen ausgesetzt, doch er täuscht sich.

Dies ist die leichteste aller Strafen, die im Feuer zu erdulden sind.«

Ich dachte nach über die Strafe, die den Trinker von Wein trifft. Über das Leiden dieser Sünder sagt der Prophet, den Allah segne: »Am Tag des Gerichtes wird dem Weintrinker der Krug um den Hals gehängt. Seinem Mund entsteigt der Geruch des Weines, und allen anderen wird der Atem des Weintrinkers derart lästig sein, daß sie vor ihm fliehen. Hat man den Weintrinker in das Feuer geworfen, dann ruft er eintausend Jahre lang aus: ›Wehe mir für meinen Durst auf Wein!‹ Doch keine Gnade wird dem Trinker zuteil werden. Schlangen und Skorpione, groß wie Kamele, wird es in seinem Feuergefängnis geben. Der Weintrinker wird sich nicht wehren können gegen die Bisse der Schlangen und Skorpione. Alsdann wird man eine Feuerkrone auf das Haupt eines jeden Weintrinkers setzen. Ruft der Trinker nun aus: ›Oh Mohammed!‹, dann wird Fürsprache für ihn eingelegt, und er braucht nicht für alle Zeit im Feuer zu bleiben.«

Wird mir, dem Diener des Beherrschers der Gläubigen, zu meinen Gunsten angerechnet werden, daß der Kalif mich zwingt, Wein zu trinken?

»Oh Dschafar, wer nimmt mir Baghdad weg?«

Allah, der Allmächtige und Allwissende, der für jedes Ereignis im Menschenleben Ursache und Wirkung bestimmt hat, der nichts Zufälliges duldet, wollte es eines Abends, daß der Beherrscher der Gläubigen an ein offenes Fenster seines Palastes trat, um den klaren Mondschein und dessen Wasserspiegelungen auf sich wirken zu lassen. Heiß war der Tag gewesen, doch der Nachtwind über dem Tigris brachte Kühlung. Plötzlich fühlte Harun Al Rashid sich veranlaßt, nach mir rufen zu lassen.

Ich befand mich noch im Saal des Diwan, als der Ruf des

Herrschers mich erreichte. Ich eilte zum Fenster, trat auf den Kalifen zu und sagte: »Oh Herr, plagt dich die Enge der Brust? Dröhnen in dir die Schläge des Herzens?« Doch er unterbrach mich und schrie: »Du freust dich wohl, wenn mein Herz beengt ist, weil du glaubst, bald mit meinem Tod rechnen zu können! Du nimmst meine Herrschaft nicht ernst! Du Hund von einem Wesir, der nichts anderes verdient hat als Fußtritte. Warum sagst du mir nicht, daß die Stadt des Heiles in fremde Hände gefallen ist, daß die Stadt mir nicht mehr gehört? Wer nimmt mir Baghdad weg? Herrscht vielleicht deine verfluchte Sippe, von der man zuvor schon gesagt hat, sie sei weit mächtiger als ich, der Schatten Allahs auf Erden? Gib mir Antwort, sofort!«

Ich antwortete: »Erlaube mir, daß ich dich frage, oh Beherrscher der Gläubigen, aus welchem Grunde du der Meinung bist, die Stadt des Heiles gehöre nicht mehr dir?«

Harun sprach jetzt mit leiser Stimme: »Wenn ich hier aus dem Fenster blicke, du Hund, der sich unwissend stellt – wenn ich über den Tigris hinüberblicke und sehe, daß der Bilderpalast durch Fackeln, Kerzen und Öllampen hell erleuchtet ist wie nie zuvor, dann weiß ich, daß dort gefeiert wird. Ein Sieg wohl? Ein Sieg über mich? Ich habe nicht den Befehl zu dieser Feier erteilt. Wenn der Befehl, Fackeln, Kerzen und Lampen anzuzünden, nicht von mir stammt, dann eben von jemand, der jetzt glaubt, mächtig zu sein. Wer könnte ohne mich im Bilderpalast zu feiern wagen, wenn mir nicht das Kalifenamt bereits entrissen wäre?«

Während Harun Al Rashid so sprach, blickte ich aus dem Fenster und sah den hellen Schein drüben, am anderen Ufer des Tigris. Tatsächlich erschien mir der Palast, als wäre er in Feuersglut gehüllt. Der Anblick war deshalb so ungewöhnlich, weil der Bilderpalast seit Monaten Nacht für Nacht im Dunkeln lag. Niemand hatte darin gewohnt. Für keinen Gast waren die goldenen Kronleuchter angezündet worden, die in den Wölbungen der achtzig Fenster hingen.

Den Bilderpalast hatte Harun Al Rashid zu einer Zeit bauen lassen, als ihm die Reize der Herrin Zubaida weniger verlockend erschienen und er ihr aus dem Wege ging. Wechselhaft war seine Beziehung zu seiner Lieblingsfrau, die jedoch letztlich immer wieder sein Herz besiegen konnte. Sie war auch klug genug, ihm keine Vorwürfe zu machen, wenn er Lustschlösser bauen ließ, die ganz offen nur einem Zweck dienten. Und so benahm sie sich auch, als der Bilderpalast entstand und genutzt wurde, als wisse sie nichts. Im Bilderpalast verbrachte der Kalif die Nächte mit den Sklavinnen, die seine Sinne anzuregen verstanden.

Bilderpalast heißt das luftige Gebäude am Tigris deshalb, weil, verdeckt durch dichte Schleiervorhänge, an den Wänden lebensgroße Bilder der Lieblingssklavinnen angebracht sind. Gesehen hat sie, außer dem Maler, der allerdings bald darauf geblendet wurde, niemand. Auch den Sklaven, die für die Reinigung der Räume zuständig sind, ist bei Todesstrafe verboten, hinter die Schleiervorhänge zu blicken. Ich selbst bin manchmal im Zweifel, ob die Bilder tatsächlich an den Wänden hängen oder ob der Beherrscher der Gläubigen nur eine Legende geschaffen hat, um die Phantasie der Menschen zu reizen. Die Vorstellung fällt mir schwer, der Kalif gehe nachts manchmal von Bild zu Bild, weil er die gemalte Schönheit von Frauen sehen will, deren Leib er genossen hat.

Seine Unruhe über die ungewöhnliche nächtliche Beleuchtung des Bilderpalastes gab mir allerdings zu denken. Ich fragte mich, ob die Bildersammlung nicht doch Wirklichkeit sei. Der Kalif fürchtete wohl in dieser Nacht, unberufene Augen würden sich am Anblick der Schönheitensammlung erfreuen. Am meisten hatte er offenbar Sorge, daß meine Sippe, die Familie Al Barmaki – vielleicht geführt durch einen meiner Brüder – ihre Feste durch Zurschaustellung der Bilder anziehend für viele mache, denen der Blick auf die Frauen des Kalifen verboten war.

Ich spürte, daß ich den Argwohn im Gemüt des Kalifen sofort auflösen mußte, wenn ich mir nicht Gefahr für mein Leben auf mich ziehen wollte. Ohne lange Überlegung sprach ich: »Oh Fürst der Gläubigen! Der Verwalter des Bilderpalastes, Sheikh Ibrahim, ein Mann, den du wegen seiner Beharrlichkeit im

Glauben sehr schätzt, kam in der vergangenen Woche zu mir, um mich zu fragen, ob – mit allen guten Wünschen für ein langes Leben des Beherrschers der Gläubigen – der erhabene Kalif, der Schatten Allahs auf Erden, ihm gestatte, seine Freunde und Bekannten zur Beschneidungsfeier in den Bilderpalast einzuladen, der vom erhabenen Herrscher seit langem nicht mehr gebraucht worden ist. Sheikh Ibrahim hatte versprochen, seine Freunde würden nichts berühren. Es gehe nur darum, einen Raum zu finden, der einer Feier würdig sei, auf die der Prophet – Allah segne ihn und gebe ihm Heil – so großen Wert legt. Ich, oh Beherrscher der Gläubigen, habe dem Sheikh Ibrahim in deinem Namen die Erlaubnis gegeben, das Beschneidungsfest in diesem Palast zu feiern. Ich vergaß, dir davon Mitteilung zu machen. Aber ich glaubte nicht, daß Sheikh Ibrahim ein derart großes Fest zu veranstalten dachte. Die festliche Beleuchtung wundert auch mich. Gleich morgen früh werde ich mit dem Sheikh reden und von ihm Rechenschaft fordern!«

Da antwortete Harun Al Rashid: »Dschafar! Du hast zwei Fehler begangen, die ich dir übelnehme. Du hast mir nicht gesagt, daß Sheikh Ibrahim ein Fest begehen will. Dein zweiter Fehler aber ist, daß du mir nicht vorgeschlagen hast, ihm ein Gnadengeschenk als Beisteuer zu den Kosten dieses Fests auszuhändigen. Wahrscheinlich hat Sheikh Ibrahim ein solches Geschenk von mir erwartet und ist nun enttäuscht und glaubt, ich hätte ihm meine Gunst entzogen. Wir müssen den Fehler wieder gutmachen. Nimm tausend Dirhem aus der Kasse des Diwan, dann gehen wir gemeinsam zum Fest des Sheikh Ibrahim. Veranlasse, daß Ruderer bereitstehen, uns zum Bilderpalast hinüberzubringen!«

Ich versuchte, den Kalifen von dieser nächtlichen Fahrt über den Tigris abzuhalten. Ich sprach: »Oh Beherrscher der Gläubigen! Es ist spät in der Nacht. Ehe wir das andere Ufer erreichen, wird die Festgesellschaft auseinandergegangen sein, und wir haben den Weg vergebens gemacht. Morgen werde ich dem Sheikh in deinem Namen die tausend Dirhem überreichen, und er wird dir dafür die Hände küssen!« Doch Harun Al Rashid entgegnete schroff: »Bei meiner edlen Abstammung aus der Familie des Propheten – den Allah segne, dem Allah Heil in reichem Maße spende – schwöre ich, daß ich diese Nacht noch im Bilderpalast meinem Verwalter meine Gunst und Gnade bezeugen werde! Dir aber, Dschafar, rate ich, meinem Willen zu gehorchen! Versuche nicht, mir deinen Willen aufzuzwingen. Du bist nichts als ein Hund zu meinen Füßen! Du willst nicht, daß mir Heil zuteil werde. Sicher hat Sheikh Ibrahim in dieser Nacht gelehrte Männer zu Gast, die Bescheid wissen in allen Dingen des Glaubens. Ich kann diese Männer bitten, mich in ihre Gebete einzuschließen, mir den Willen des Erhabenen zu erläutern. Deshalb werde ich mich über den Tigris rudern lassen, und du wirst mit mir kommen. Es bleibt dabei. Ich will es so haben!«

Also geschah es, daß wir über den Fluß gerudert wurden, und bald schon standen wir vor dem verschlossenen Tor der Mauer, die den Bilderpalast umgibt. Wir lauschten einen Augenblick lang, dann sagte der Kalif: »Oh Dschafar, eine große Gesellschaft von Menschen macht Lärm, doch ich höre nichts. Da müßten Männer des Glaubens zu hören sein, die Gott preisen. Doch auch sie sind nicht zu vernehmen! Ich glaube nicht mehr an das, was du mir vom Beschneidungsfest des Sheikhs Ibrahim erzählt hast!«

Als ich diese Worte des Beherrschers der Gläubigen vernommen hatte, da schwieg ich vor Scham und Verlegenheit. Nach einer Weile waren Klänge einer Laute zu hören, die ganz offenbar Vorspiel sein sollten für den Gesang einer Frau. Da sprach der Kalif leise zu mir: »Ist der Gesang schlecht, so lasse ich die Sängerin aufhängen, und du wirst neben ihr baumeln. Ist ihr Gesang aber ansprechend und schön, so sollst allein du hängen!« In meinem Schrecken hatte ich den Mut, den Herrscher so anzusprechen: »Oh Fürst, so bleibt mir nichts anderes, als Allah, den Allerbarmer und Allwissenden, zu bitten, daß der Gesang dein Mißfallen errege!« Der Kalif wollte wissen, warum ich diese Bitte an Allah richte. Meine Antwort war: »Je mehr wir sind, die aufgehängt werden, desto leichter werden wir uns gegenseitig im Angesicht des Galgens trösten können. In Gesellschaft einer Frau zu sterben, die vielleicht sogar noch schön ist, fällt mir leichter, als allein dem Tod zu begegnen.« Der Kalif lachte über meine Worte, und ich konnte annehmen, daß er mir verziehen hatte.

Inzwischen waren die Töne der Einleitung verklungen, und aus dem Bilderpalast war eine Stimme zu vernehmen, die solche Verse sang:

»Wir bitten, daß ihr Beistand uns gewährt,
Wir sind von Kummer ganz verzehrt.
Wir haben uns in euren Schutz begeben,
Darum behütet unser Leben!«

Der Kalif schien berührt zu sein vom Inhalt des Gesanges, denn er sagte zu mir: »Dschafar, die Frau muß ich am Leben lassen, dich aber werde ich wohl Masrûr übergeben müssen – irgendwann einmal! Sorge aber jetzt dafür, daß wir Zutritt bekommen zu Garten und Haus. Du kannst dich vor dem Erhängtwerden nur retten, wenn dir eine gute List einfällt!«

Da es ohne Sinn war, ein Wunder erhoffend, vor dem verschlossenen Tor zu warten, begab ich mich wieder zum Fluß, um zu sehen, ob dort, unmittelbar am Ufer, die Gartenmauer des Bilderpalastes umgangen werden konnte. Da sah ich, gar nicht weit draußen auf dem Wasser, ein Boot. Darauf stand ein Fischer, der eben das Netz auswarf. Hinter ihm saß ein Ruderer. Nun hatte der Kalif schon seit langem verboten, in der Nähe des Bilderpalastes zu fischen. Auf diese Weise hatte Harun Al Rashid zu einer Zeit, als er noch häufig mit seinen Lieblingssklavinnen die Nächte in diesem Lustschloß verbrachte, verhindern wollen, daß er durch die klatschenden Geräusche der Ruder und vor allem der Netze, die beim Auswerfen in der Stille der Nacht laut zu hören waren, gestört wurde. Bisher war kein Fischer durch die Nichtachtung des Verbotes des Kalifen schuldig geworden. Heute aber, da der Palast hell erleuchtet war, glaubte wohl jemand, er werde auf dem dunklen Wasser nicht gesehen.

Es war also verständlich, daß der Fischer erschrak, als ich ihm zurief, er solle sich ans Ufer rudern lassen, um sich zu rechtfertigen. Der Schreck saß so tief, daß der Mann nicht auf den Gedanken kam, einfach im Dunkel des nächtlichen Flußes zu verschwinden.

Als der Fischer und der Ruderer vor mir standen, erkannten sie mich, und der Fischer sprach mit flehender Stimme: »Oh mächtiger Wesir des erhabenen und übermächtigen Kalifen! Ich bin der Fischer Kerim, dem niemand nachsagen kann, er halte Verbote nicht ein. Nicht aus Geringschätzung der Befehle unseres Herrschers habe ich hier gefischt, sondern aus Not. Meine Kinder haben Hunger. Die bitterste Armut hat mich veranlaßt, vor dem Bilderpalast mein Glück zu versuchen. Im Schatten des Palasts schwimmen die Fische ungestört. Sie fühlen sich hier sicher, sind ohne Argwohn und lassen sich deshalb leicht fangen. Da habe ich es heute zum ersten Mal gewagt, das Verbot des Kalifen zu übertreten. Ich weiß, oh Wesir, der alle Macht hat über die Menschen in Baghdad und im gesamten Islamischen Reich, du kannst mich auspeitschen und sogar köpfen lassen. Doch bitte ich dich um meiner Kinder willen, strafe mich nicht!«

In diesem Augenblick fiel mir ein, wie ich dem Kalifen und mir Zutritt verschaffen könnte zum Bilderpalast. Ich sagte zum Fischer und seinem Ruderer: »Legt eure Kleider ab und wartet, bis ich zurückkomme!« Dann ging ich zum Kalifen, der noch immer am verschlossenen Gartentor den Versen lauschte, die die Frauenstimme vortrug.

Leise sprach ich zum Kalifen: »Oh Beherrscher der Gläubigen. Ich weiß Rat. Gib mir deine Überkleider. Ich werde dir andere dafür bringen!«

Eingefangen von der Stimme, den Versen und der Melodie legte Harun Al Rashid seinen Mantel ab, der in Alexandria gefertigt, und das lange Hemd, das in Baalbek gewoben worden war. Doch noch immer verhüllten Unterhemden seinen Körper. Als ich aber zum Fischer Kerim und seinem Ruderer zurückkam, da standen sie beide nackt da, denn sie besaßen keine Unterkleider. Groß war ihre Furcht, sie würden in diesem Zustand getötet und in den Tigris geworfen werden. Riesig aber war ihr Erstaunen, als ich dem einen den Mantel und dem anderen das Hemd des Kalifen gab. Nie hatten derartige Gewänder ihre Blöße verhüllt. Ich nahm ihre eigenen Kleider, die eher als Lumpen zu bezeichnen waren, und brachte sie dem Kalifen. Der streifte sich eines der beiden Hemden über, das noch am reinlichsten aussah, setzte sich die Wollmütze des Fischers auf, die sein Gesicht fast bedeckte, und ging dann mit mir zum Tigris, zum wartenden Fischer und dessen Ruderer. Beide wußten sofort, wer jetzt des Fischers Kleider trug, und sie verbeugten sich tief vor dem Kalifen im Lumpengewand. Schon nach wenigen Augenblicken begann sich Harun Al Rashid am Rücken und dann an einer Seite zu kratzen. Der Fischer, der diese Bewegungen bemerkte, hatte die Kühnheit zu sagen: »Oh Herr, du fühlst das Ungeziefer nur zu Anfang. Wenn du mein Hemd eine Woche lang Tag und Nacht auf dem Leib behältst, wirst du die Stiche der Läuse nicht mehr spüren!« Ich sagte zu Kerim: »Wirf dich nieder und schweige! Du befindest dich im Angesicht des Beherrschers der Gläubigen!« Der Kalif aber gebot Einhalt und sprach: »Ich werde wohl schwerlich dein Hemd eine Woche lang anbehalten!« Ich fragte den Fischer, ob er etwas gefangen habe, und er gab mir einen Korb, der mit Fischen gefüllt war. Ich sprach: »Kerim, überlaß mir die Beute und nimm dafür die Kleider. Fahre zurück zu deiner Hütte.« Dann zog ich das zerlumpte Hemd des Ruderers an und spürte schon bald, wie mich die Läuse bissen. Auch ich zog mir die Wollmütze, die zur Kleidung der Fischer gehörte, tief ins Gesicht.

Harun Al Rashid begriff, was ich vorhatte. Er nahm selbst den Korb und trug ihn zur Pforte der Gartenmauer. Dort klopfte er so laut an, daß Sheikh Ibrahim drinnen im Bilderpalast aufmerksam wurde.

Der Verwalter beugte sich aus einem der hell erleuchteten Fenster, um zu sehen, wer unten im Dunkel Einlaß begehre. Da rief ich hinauf: »Hier unten steht der Fischer Kerim, der eben zur Nachtzeit die schönsten Fische gefangen hat. Er hat bemerkt, daß du Gäste bewirtest, und möchte dir diese Fische anbieten.« Als Antwort war von oben zu hören: »Du Dieb und Gauner, bringst du mir wieder, wie schon einmal, verfaulte Fische? Ich schlage dir deine Ware um die Ohren, wenn sie nicht frisch ist!« Derartige Worte hatte ich nie aus dem Munde des Verwalters Sheikh Ibrahim gehört, den ich für einen Mann von vornehmem und frommem Sinn gehalten hatte.

Es dauerte nicht lange, und der Verwalter zog die Riegel des Gartentores zurück. Ohne zu prüfen, wer tatsächlich vor ihm stand, sagte Sheikh Ibrahim zum verkleideten Beherrscher der Gläubigen: »Willst du, elender Schurke, daß wir rohe Fische fressen? Du weißt doch, daß du uns nur fertig gebratene Fische bringen darfst! Es ist nicht das erste Mal, daß du während der Nacht bei mir anklopfst! Du und der Halunke, der mit dir gekommen ist, geht zur Hütte des Gartenaufsehers. Dort findet ihr Herd, Öl und Gewürze. Es ist dort alles vorhanden, was nötig ist, um den Tigrisfisch schmackhaft zuzubereiten.«

Zu meinem Erstaunen wandte sich Harun Al Rashid tatsächlich der Hütte zu, in der ein schwaches Licht brannte. Mit Bescheidenheit in der Stimme bat der Beherrscher der Gläubigen den Gartenaufseher, er möge in einem Herd ein Feuer von Holzkohle entzünden. Als die erste Glut verglommen war, legte Harun Al Rashid drei Fische auf die heißen Kohlen, goß Öl über die Speise und sah dann zu, wie die Hitze in die Fische einzog, bis die Haut aufsprang. In das Fischfleisch hinein schüttete der Kalif kleine Prisen von Salz, Pfeffer und Safran. Sobald feine Düfte vom Herd aufstiegen, nahm mein Herr die Fische von der Glut und legte sie auf Bananenblätter. Auf dem Weg hinüber zum Bilderpalast pflückte er Limonen von einem Baum und rief dann aus: »Sheikh Ibrahim! Du, der im Respekt des Beherrschers der Gläubigen stehst, öffne die Tür des Palastes, damit ich dir und deinen Gästen die Speise bringen kann, die mir vortrefflich gelungen ist!«

Der Verwalter, der uns noch immer für den Fischer und den Ruderer hielt, gab uns den Eingang in den Bilderpalast frei. Zum ersten Mal betrat ich die Gänge und Säle, die mir nicht eben groß und weitläufig erschienen, doch von edler Abstimmung der Verhältnisse von Länge und Breite. Von feinem Geschmack war auch die Tönung der Farben zum Schmuck der Wände. Wichtiger als die Gestaltung des Bilderpalasts aber war mir zu erfahren, wen Sheikh Ibrahim bewirtete. Da saß im größten der Säle ein Mann, etwa fünfundvierzig Jahre alt, von eindrucksvoller Gestalt. Das Besondere an diesem Mann war, daß er einen schwarzen Turban auf dem Kopf trug.

Als ich diese Kopfbedeckung sah, stieg Schrecken in mir auf. Ich sah, daß dem Beherrscher der Gläubigen die Hände zitterten, die das Fischgericht trugen. Nur einen Augenblick später fiel er auf seine Knie nieder und sprach diese Worte: »Oh Licht Allahs! Nimm diese Speise von deinem Diener an. Ich weiß, dir folgen Karawanen von Herzen auf deinem Weg. Hohe und Niedere preisen deine Abstammung. Von deiner Sippe wird gesagt, sie sei ein Geschenk Allahs an alle Menschen, sie sei die lebendige Verkörperung der Verheißung des Koran. Gesagt wird auch, Allah werde jemand aus deiner Familie senden, der alle Feinde des Glaubens zerschmettern wird und der die Widerspenstigen zurückbringt auf den rechten Pfad. Sage mir, oh Herr, ist die Zeit gekommen, da du deine Werke unter uns Elenden vollbringen willst?«

Während Harun Al Rashid diese erstaunlichen Worte sprach, sah ich mir den Fremden näher an. Die untere Gesichtshälfte des Mannes, der den schwarzen Turban trug, war von einem dunklen Bart geschmückt. Aus schwarzem Stoff war sein Umhang gefertigt. Würdevoll war die Erscheinung des Fremden. Neben ihm saß – wie er auf Kissen – ein junges Mädchen, die wohl seine Sklavin war. Züchtig verhüllt war ihr Leib, und auch ihre Haare waren unter einem Tuch verborgen. Ihre Augen hielt sie gesenkt.

Sie unterschied sich völlig von den Frauen, die im Haushalt des Beherrschers der Gläubigen lebten. Es war wohl ihre Stimme gewesen, die aus dem Bilderpalast nach draußen gedrungen war.

Der als Fischer verkleidete Kalif erhielt von dem fremden Mann keine Antwort. Statt dessen nahm der Träger des schwarzen Turbans die Fische, brach sie mit den Händen auseinander, gab einen Teil der jungen Frau, einen anderen Sheikh Ibrahim und aß dann selbst in aller Ruhe seinen Teil auf. Die drei speisten mit großer Lust.

Als die Fische in Stille verzehrt worden waren, reinigten sich die Gesättigten Finger und Handflächen durch Spritzer des Saftes, den sie aus den Limonen preßten, die der Beherrscher der Gläubigen im Garten gepflückt hatte. Der fremde Mann schwieg. Nur seine Lippen bewegten sich langsam, wohl weil er Allah für die köstliche Fischmahlzeit pries. Dann sprach er laut zum Kalifen: »Im Namen des Allmächtigen und Allerbarmers. Du nennst dich Kerim und du sagst, du seiest ein Fischer. Allah möge dir diese Unwahrheit verzeihen. Ich verzeihe dir! Du hast nicht die Hände eines Fischers, der schwere Netze, die mit Fischen gefüllt sind, aus dem Wasser zu ziehen hat. Auch das Gesicht, das ich nur zum Teil sehen kann, weil deine Mütze die Stirn verdeckt, ist in seiner Haut nicht so beschaffen wie das Gesicht eines Mannes, der Tage und Nächte auf dem Tigris zubringt, bei sengender Sonne und bei kühlem Wind. Ich frage dich nicht, wer du in Wirklichkeit bist, denn du hast mir mit deinen Fischen heute nacht eine überraschende Wohltat erwiesen, und so sollst du, wenn du willst, dein Geheimnis bewahren können. Ich will dich deshalb ›Vater der schmackhaften Fische‹ nennen. Der Mann neben dir aber flößt mir die Furcht ein, er werde mir zu schaden versuchen. Auch er ist nicht auf dem Wasser zu Hause. Sollte er dein Ruderer sein, so hast du dir dafür einen zu schwachen Mann ausgesucht. Er ist sowenig ein Ruderer, wie du, Vater der schmackhaften Fische, ein Fischer bist. Erstaunt hat mich aber, daß du weißt, wer ich bin, wie ich aus deinen Worten entnommen habe. Wahr ist, daß ich noch nicht derjenige bin, der erwartet wird, um die Widerspenstigen auf den rechten Weg zu bringen. Doch du gehörst zu den Wissenden. Sprich deutlich aus, was deine Meinung von mir ist!«

Der Kalif benahm sich so, als seien nur er und jener Fremde im Raum. Wir anderen, Sheikh Ibrahim, die junge Frau und ich, traten langsam zurück in den Raum. Wir hörten, wie der Kalif diese Worte sprach: »Über einen deiner Nachfahren hat der Prophet, Allah spende ihm Segen und Heil in Fülle, gesagt: ›Sein Name wird meinem Namen gleichen: Er wird auch Mohammed heißen. Mit diesen Titeln aber wird er angesprochen werden: der Geleitete, der Langersehnte, der Herr und Meister aller Zeiten.‹ Dein Nachkomme, oh Herr, wird dieser angekündigte Mohammed sein, der letzte der Imame, der Auserwählte Allahs. Einem Mann aus deinem Blut, so wird gesagt, soll der Allwissende und Allerbarmer den Islam anvertrauen!«

Wie einen Traum empfand ich, was da im Saal des Bilderpalastes geschah. Schwächer geworden war im Verlauf des Essens und des Gespräches der Schein der Kerzen. Viele waren erloschen. Sheikh Ibrahim und ich, aber auch das Mädchen, drückten uns in verschiedene Ecken des Saales. Inmitten des Raums saßen sich der junge Mann und der Kalif Harun Al Rashid gegenüber. Nie war es bisher vorgekommen, daß einer der Beherrscher der Gläubigen aus dem Geschlecht Al Abbas und einer der Imame, ein direkter Nachkomme des Gesandten Allahs, sich von Antlitz zu Antlitz begegnet waren.

Nach einer Zeit des Schweigens sagte Harun Al Rashid: »Wenn Trug nicht meine Sinne verwirrt, dann bist du der siebte der Imame. Du gehörst zur siebten Generation der Nachkommen des Gesandten Allahs. Ist es richtig, daß dein Vater, der sechste Imam, auf Befehl des Kalifen Mansur durch vergiftetes Taubenfleisch getötet worden ist? Davon ist die Rede in meiner Familie.«

Der Fremde antwortete: »Damit hast du auch offengelegt, wer du bist. Du nennst dich Schatten Allahs, Beherrscher der Gläubigen, Fürst des Islam. Du bist der Kalif Harun Al Rashid!

Und derjenige, der mit dir gekommen ist, nennt sich Dschafar Al Barmaki und ist dein Wesir. Durch unsere Herkunft sind wir Feinde. Deine Familie, oh Harun, hat meinen Vater umgebracht. Ihr beide, du und Dschafar, seid entschlossen, auch mich töten zu lassen, denn ich bin eine Gefahr für eure Macht. Allah, der alles weiß und alles lenkt, hat mich hierher geführt und in eure Gewalt gegeben. Er handelte wohl so, um dich, Harun, erneut wissen zu lassen, daß der Gesandte Allahs auch dies gesagt hat zur ewigen Erinnerung für die Menschen: ›Oh du Volk! Ich bin der Prophet. Aus meinem Stamm wird der Geleitete Allahs, der letzte der Imame, kommen. Er wird alle anderen Religionen besiegen und wird Rache nehmen an den Bösen. Er wird die Festungen des Unglaubens einnehmen, und er wird sie bis auf den Erdboden zerstören. Er wird die Stämme der Anbeter falscher Götter auslöschen. Er wird Wasser fließen lassen aus dem Brunnen der göttlichen Weisheit.‹ Der Gesandte Allahs hat vorausgesagt, was geschehen wird. Du wirst nicht versuchen wollen, dem Allmächtigen in den Arm zu fallen!«

Beherzt sprach da Harun Al Rashid: »Der Gesandte Allahs ist auch der Fels, auf dem die Macht meiner Familie steht. Und dieser Fels ist stark. Der Prophet, den Allah segne und mit Heil beglücke, liebte seinen Onkel Abbas Abdel Muttalib, und dieser ist unser Stammvater.«

Rasch wurde dem Kalifen diese Antwort zuteil: »Wohlbekannt ist auch dir, daß dein Geschlecht nicht als blutsverwandt mit dem Propheten, den Allah durch Segen und Heil stärke, gelten kann. Du hast deshalb nicht das Recht, deinen Kopf durch den schwarzen Turban zu schmücken, und du vermeidest das ja auch. Ich aber besitze dieses Recht, und deshalb trage ich den schwarzen Turban, der mich als Mitglied der Sippe des Gesandten Allahs kennzeichnet!«

Ich konnte nicht glauben, was ich sah: Der Kalif sank, nachdem er diese Worte gehört hatte, nach vorn nieder. Sein Gesicht berührte den Boden. Demütig war seine Haltung, als er sprach: »Dein Anspruch auf die Blutsverwandtschaft löscht unseren

Anspruch aus, sich Schatten Allahs nennen zu dürfen. Der Schatten Allahs verschwindet, wenn das Licht Allahs aufleuchtet. Deine Familie trägt das Licht Allahs!«

Lange schwiegen beide. Dann wagte es Harun Al Rashid, diese Frage zu stellen: »Als dein Vater, der sechste der Imame, ermordet wurde durch das vergiftete Taubenfleisch des Kalifen Mansur, da warst du nicht der älteste seiner Söhne. Ist es nicht so, daß gesagt wird, das Licht Allahs gehe nur auf den ältesten Sohn des vorigen Imams über?« Die Antwort des Fremden war: »Mein Vater, der zum Märtyrer wurde durch deine Familie, hat gewußt, wer ihm nach dem Leben trachtete. Er hatte ein Testament verfaßt, das den Nachfolger im Amt des Imams bestimmte. In Medina lebte mein Vater. Als er tot war, kam der Gouverneur des Kalifen Mansur in unser Haus mit einem Dutzend Männer, die bewaffnet waren. Der Gouverneur hatte den Auftrag, dem Mann, der im Testament als neuer Imam bestimmt war, den Kopf abschlagen zu lassen. Als er jedoch den Wortlaut des Testamentes las, da mußte er feststellen, daß der verstorbene Imam ihn überlistet hatte. Im Testament waren vier Männer mit dem Amt des Imam betraut worden. Alle vier Söhne sollten sich mit gleichem Recht Imam nennen dürfen. Da wußte der Gouverneur nicht, welchem der Söhne des Toten er den Kopf abschlagen lassen sollte, und er sprach: ›Ich habe Befehl, einen zu töten, und nicht vier. Stirbt einer durch meine Schuld und ist es der Falsche, wird Allah mich dereinst zur Rechenschaft ziehen. Töte ich den Ältesten, der wohl das Amt geerbt hat, dann wird – so ist es Brauch – der Zweitälteste zum Imam. Ich handle klug, wenn ich alle vier am Leben lasse!‹ Und so geschah es auch. Der Plan des Kalifen Mansur, durch Tötung des Imam der Kette der Nachkommen des Gesandten Allahs ein Ende zu bereiten, war gescheitert.«

Da stellte Harun Al Rashid noch diese Frage: »Wie aber bist du, der jüngste der Söhne des verstorbenen sechsten Imam, zu deiner Würde gekommen?« Der Fremde sprach darauf: »Ich wußte, daß mein Vater auf Befehl Allahs allein mich zum Imam geweiht hatte. Für die Wahrheit meiner Berufung wollte ich einen Beweis geben. Ich trug deshalb, als der Gouverneur mit seinen Bewaffneten wieder davongeritten war, einen Stapel Brennholz auf den Hof unseres Hauses. Sobald der Holzstoß entflammt war, stellte ich mich in das Feuer und forderte meine Brüder auf, ebenfalls in den Flammenkreis zu treten. Keiner wagte es. Da das Feuer mich nicht brannte, waren auch die Brüder überzeugt, daß Allah mich dazu bestimmt hatte, die Nachfolge des Gesandten Allahs als Imam anzutreten.«

Wenige der Kerzen im Saal des Bilderpalasts brannten noch. Ihre zuckenden Flammen warfen unruhige Schatten auf die Wände. Wenn weder Harun noch der Fremde sprach, dann war das Zirpen der Insekten im Garten zu hören. Ich hatte die Ecke des Raumes verlassen und saß hinter dem Kalifen.

Aus dem Dunkel heraus stellte ich eine Frage: »Erlaube mir, oh Imam, daß ich das Wort an dich richte. Du bist über vierzig Jahre alt. Hast du geheiratet? Hast du Kinder?« Der Fremde schaute auf mich und sprach: »Du, Dschafar, willst nur wissen, ob mein Nachfolger als Imam schon geboren ist. Ich kann dir sagen, er lebt durch die Gnade des Allerbarmers und Allwissenden auf dieser Welt. Doch ich bin nicht verheiratet. Sklavinnen haben mir Söhne und Töchter geboren. Genau kann ich dir sagen wie viele: Achtzehn Söhne und dreiundzwanzig Töchter sind von mir gezeugt worden. Du wirst mich fragen, ob Allah billigt, daß der Imam von einer unfreien Frau geboren wird. Ich sage dir, der künftige Imam ist mit der Billigung des Allwissenden gezeugt und geboren worden. Denn allein die Vaterschaft zählt. Der Vater allein gibt das Licht Allahs an die kommende Generation weiter.«

Ich fragte: »Wo lebt diese große Familie, die durch den Allwissenden geheiligt ist?« Er sprach: »Du wirst den Ort nicht finden, so winzig ist er. Keiner deiner Geographen kann dir sagen, wo er sich befindet. Ich gebe dir einen Anhaltspunkt: Der Ort liegt im Osten des Islamischen Reiches. Dort trafen einst arabische Kämpfer und persische Verteidiger aufeinander. Auf arabischer Seite war Abu Ubaida Befehlshaber und auf persischer Seite eine schöne Tochter des letzten Großkönigs der Sassaniden-Dynastie. Für seine Kämpfer stellte Abu Ubaida damals riesige Krüge auf, die aus Ton gefertigt waren. Der eine Krug war gefüllt mit dem Saft süßer und saurer Granatäpfel, wie sie dort in der Wüste wachsen. Der andere Krug aber enthielt ein Gebräu aus Wasser und vergorenem Getreide, dem der Bitterstoff einer wildwachsenden Pflanze beigemischt war. Die zwei riesigen Krüge gaben dem Ort den Namen. Da vereinigte sich das persische Wort Khom, das Krug bedeutet, mit der arabischen Wortendung ›ein‹, die anzeigt, daß eine Sache zweifach vorhanden ist. Der Name des Ortes, dies sei dir verraten, lautet ›Khomein‹ und bedeutet ›zwei Krüge‹. Das Dorf ist so staubig wie die ganze Umgebung. Die Perser, deren Sprache ich dort gelernt habe, bezeichnen Khomein als ›achare chat‹, als ›das Hinterletzte‹. Doch es ist ein sicherer Ort der Zuflucht, weil heute noch die Erfahrung abschreckt, die Abu Ubaida bei der Verfolgung der Sassanidenherrin gemacht hat: Wer nicht dort zu Hause ist, der verhungert. Nur wer Vertrauen hat in den kargen Boden und wer Geduld mit ihm hat, der kann in Khomein Nahrung finden. Weit aber ist der Weg durch Wüstenland dorthin. Wer Bewaffnete auf Reittieren in Richtung Khomein schickt, der muß wissen, daß Männer und Tiere nie mehr zurückkehren, daß ihre Kadaver in der Wüste vertrocknen!«

»Warum«, so frage ich den Fremden, »hast du den für dich so sicheren Ort verlassen? Wie hast du die todbringenden Gebiete durchquert? Und, gestatte mir auch die Frage, wie bist du nach Baghdad gekommen, hierher, in die Stadt des Kalifen?« Diese Antworten erhielt ich: »Wir waren zu viele Esser in unserem Haushalt. Da waren Sklavinnen, mehr als ich brauchen konnte – und vor allem Töchter von Sklavinnen. Es ist in Not bei uns üblich zu verkaufen, was nicht unbedingt gebraucht wird. Wir verkaufen Sklavinnen, gerade wenn es eigene Töchter sind. Wir gönnen ihnen, daß sie in einen Haushalt kommen, in dem sie gut behandelt werden, in dem sie vor allem nicht Not zu leiden haben. Diesem Mädchen, das bei mir ist, wollte ich in Baghdad ein Zuhause verschaffen, hier in der Hauptstadt des Reiches. Sie ist gut erzogen worden, sie hat mit reiner Stimme zu singen gelernt, sie kann Verse und Melodien erfinden. So machte ich mich mit ihr, der Name des Mädchens ist Enis Adjelis, auf den Weg nach Baghdad. Du, Dschafar, wirst verstehen, daß ich dir nicht sagen kann, auf welche Weise wir Männer der Wüste die todbringende Sandöde überwinden. Wer mit dem Sand lebt, der kann aus ihm auch Feuchtigkeit, die zum Leben nötig ist, gewinnen. So gelang es uns, in diese Stadt zu kommen. Als Händler traf ich hier ein, der eine außerordentliche Ware zu verkaufen hat. Den schwarzen Turban trug ich versteckt bei mir, denn ihn auf dem Kopf zu tragen, hätte mir den Tod gebracht. So war ich sicher, daß mich niemand erkennen würde und ich ungestört das Mädchen verkaufen könne. Doch Allahs, des Allwissenden Wille fügte das Geschehen nicht nach meiner Vorstellung. Als sich viele Käufer auf dem Sklavenmarkt um Enis Adjelis drängten, als sie auch schon ihre Stimme hatte erklingen lassen, da fragte ein Mann, der offenbar bereit war, den Preis von fünftausend Dirhem zu bezahlen, aus welcher Familie eine derart begabte Frau denn komme. Enis Adjelis sprach, ohne zu überlegen, aber mit Stolz in der Stimme: ›Ich bin im Haushalt des Imam aufgewachsen, des von Allah Geleiteten!‹ Da gab es einen Augenblick der Stille. Wie versteinert standen die Männer, die vernommen hatten, was Enis Adjelis gesagt hatte. Das Erstaunen, die Verwirrung nützte ich auch. Ich packte das Mädchen am Arm und floh mit ihr durch die Menge der Marktbesucher.«

Was der Fremde erzählte, überraschte mich. Meine Späher hatten Auftrag, selbst über geringe Ereignisse, die auf dem Markt geschehen, zu berichten. Niemand hatte mich von dem Vorfall in Kenntnis gesetzt. Es war anzunehmen, daß keiner, der die Worte des Mädchens gehört hatte, einen Menschen aus dem Haushalt der Nachkommen des Gesandten Allahs in Schwierigkeiten bringen wollte. So schwiegen diejenigen, die begriffen hatten, was da wirklich geschehen war. Der Glaube an die

Bevorzugung der Familie des Gesandten Allahs war also tief verwurzelt. Ich, der Verantwortung trug in der Stadt des Heils, mußte mich darauf einstellen.

Mit einem Schlag überfiel mich der Gedanke, wie der Fremde mit dem Mädchen wohl in den Bilderpalast hineingekommen sei – und ich fragte den Mann, der sich Imam nannte, danach. Er sprach: »Wenn du versprichst, dem Mann, der mir geholfen hat, nicht zu schaden, dann sollst du es erfahren!« Ich gab das Versprechen. Da forderte der Mann mit dem schwarzen Turban Sheikh Ibrahim, den Verwalter des Bilderpalastes, auf zu erzählen, was vorgefallen war. Dies erfuhren wir: »Als ich bei anbrechender Dunkelheit in der Nähe des Palasts um eine Straßenecke bog, sah ich einen Mann, der sich eben den schwarzen Turban aufsetzte. Ich spürte einen starken Zwang in mir, mich vor diesem Mann auf den Boden zu werfen. In meiner Familie, oh Wesir, ist die Ehrfurcht zu Hause vor den Männern des Glaubens. Der Mann mit dem schwarzen Turban sprach zu mir: ›Das Reich Allahs bricht dereinst an, und du wirst zu denen gehören, die an der Tafel Allahs obenan sitzen. Du brauchst nur mich und das Mädchen bei dir aufzunehmen!‹ Keinen Augenblick zögerte ich, ihm die Tür des Bilderpalastes aufzuschließen. Der Prophet, Allah spende ihm Heil und segne ihn, hat geboten, den Männern seiner Familie Achtung und Ehre zu erweisen. Wie kann ich ein Gebot des Gesandten Allahs nicht beachten? Achtung und Ehre zu erweisen heißt jedoch auch, den Männern der Familie, die über andere erhaben ist, Aufmerksamkeit jeder Art und Bewirtung zukommen zu lassen. So erleuchtete ich den Bilderpalast mit Kerzen und Fackeln und war froh, als der Fischer Kerim kam, um Fische zu braten.«

Da fiel dem Sheikh Ibrahim wohl ein, daß er den Kalifen und mich, des Kalifen Wesir, als Dieb, Gauner und als elenden Schurken beschimpft hatte. Er warf sich vor Harun Al Rashid zu Boden und flehte um sein Leben. Der Kalif sprach: »Niemand, der diese Nacht mit mir verbracht hat, soll für das bestraft werden, was er getan hat!«

Noch immer hatte der Kalif die Kleider des Fischers an – ich auch. Jetzt erst streifte er die Mütze ab, und ich folgte seinem Beispiel. Sheikh Ibrahim erhielt den Befehl, in den Gemächern des Bilderpalastes nach Kleidern zu suchen, die der Kalif und ich anziehen konnten. So verwandelte sich Harun wieder in den Beherrscher der Gläubigen.

Der Verwalter steckte neue Kerzen in die Leuchter, die in der Mitte des Raumes standen. Die Fenster aber blieben dunkel. Verlegenheit machte sich breit im Raum. Der Beherrscher der Gläubigen wurde sich wohl seiner Unterwerfung bewußt. Unauslöschlich blieb mir im Bewußtsein, daß der Kalif während einer gewissen Zeit des Gesprächs den hohen Rang des Fremden anerkannt hatte.

Der Bann der Verlegenheit löste sich erst, als Harun Al Rashid sprach: »Und wohin willst du jetzt gehen, oh Fremder aus dem fernen Dorf Khomein?« Diese Antwort erhielt er: »Allahs Welt ist breit und weit!« Darauf meinte der Kalif: »Wenn du es willst, gebe ich dir einen Geleitbrief mit, der dich den Befehlshabern und dem Statthalter der persischen Provinzen empfehlen soll.« Doch der Mann, der den schwarzen Turban trug, lehnte den Schutz des Kalifen ab. »Wenn Allah will, daß ich sterbe, wird er sich um deinen Geleitbrief nicht kümmern. Will Allah, daß ich lebe, brauche ich deinen Geleitbrief nicht!«

Wieder erzeugte die Stille im Raum Pein. Der Beherrscher der Gläubigen fragte schließlich: »Willst du mir das Mädchen anvertrauen, das du Enis Adjelis nennst? Du suchst ein Zuhause für sie. Ich kann es ihr bieten!« Dies war die Antwort des Fremden: »Die Zeit meiner Familie ist noch nicht angebrochen. Wir haben Verfolgung zu erleiden, auch durch dich, der du dich Kalif nennst. Einem aus unserem Stamm wird Allah den Islam anvertrauen. Dieser eine werde nicht ich sein. Bis dahin aber regierst du, regieren deine Nachkommen. Ich habe dich kennengelernt. Ich werde dir keine Schwierigkeiten bereiten. Meine Spur wird verwehen in der persischen Wüste. Enis Adjelis kann bei dir bleiben. Dir verkaufe ich sie nicht. Ich schenke sie dir!«

Mit diesen Worten stand der Mann mit dem schwarzen Turban auf. Er drückte Enis Adjelis, die leise weinte, fest an sich. Dann verließ er den Raum und den Bilderpalast.

Am anderen Morgen schickte ich reitende Boten los, die auf allen Straßen, die in Richtung Persien führten, nach einem Mann von fünfundvierzig Jahren suchen sollten, der alleine unterwegs war. Mein Steckbrief war so genau, daß die Häscher, die von den reitenden Boten aufgeschreckt wurden, tatsächlich den Richtigen fanden. Eine Woche später lag der Leichnam des Mannes im Saal des Diwan.

Ich verlangte von den berühmtesten Ärzten und den bestechlichsten Richtern von Baghdad, daß sie den Zustand der Leiche prüften. Die Richter und die Ärzte befanden, der Tote weise keine Verletzung auf, es sei keine Spur von Gewaltanwendung zu sehen und keine Verfärbung des Körpers, die auf Vergiftung schließen lasse. Dann hatten die Ausrufer auf dem Markt von Baghdad dies zu verkünden: »Im Namen Allahs, des Allerbarmers und Allwissenden! Durch den Willen Allahs ist der Verbrecher Musa Qazim gestorben, der sich der siebte Imam nannte. Allah hat ihn so der Bestrafung zugeführt, die er verdient hatte!«

An jenem Tage fragte mich der Beherrscher der Gläubigen: »Oh Dschafar, was geschieht dir, wenn du den wahren Imam hast töten lassen?« Ich antwortete: »Ich bin sicher, daß er nicht der wahre Imam war, denn er war der jüngste von vier Brüdern. Ich habe mir von den Männern des Glaubens deiner Stadt des Heils sagen lassen, daß das Licht Allahs tatsächlich nur in den Erstgeborenen eingeht. Der Mann war ein Betrüger, der die Brüder durch die vermeintliche Feuerprobe getäuscht hat. Schon allein dafür hat er den Tod verdient!« Der Kalif schien mit meiner Antwort zufrieden zu sein. Doch er war fortan nicht mehr derselbe, der er vor jener Nacht gewesen war. Er machte Andeutungen, daß ihm Baghdad tatsächlich weggenommen worden sei bei der Begegnung mit dem siebten Imam.

Wenige Wochen später machte sich Harun Al Rashid ohne mich auf, um im Buschland im Westen von Baghdad zu jagen.

Masrûr, der bei ihm war, erzählte mir, was dort geschah: »Plötzlich ist das Pferd des Beherrschers der Gläubigen stehengeblieben. Es ging keinen Schritt mehr voran, so sehr der Kalif die Peitsche schwang. Zu sehen war nichts am Boden. Die Leute von dort aber, die das störrische Pferd beobachteten, sagten: ›Hier liegt Ali begraben, der Mann von Fatima, der Schwiegersohn des Gesandten Allahs, der Vater aller Imame! Dies ist ein Zeichen des Wunders!‹ Der Kalif ließ an jener Stelle graben, und da fand sich eine wohlerhaltene Leiche. Alle waren überzeugt, dies sei der Körper Alis. Zu erkennen war die Wunde, die Ali über zwei Jahrhunderte zuvor den Tod gebracht hatte. Der Beherrscher der Gläubigen gab Befehl, ein Grabmal über dem Leichnam zu errichten. Dies geschah!«

Zu mir sagte der Kalif nichts davon, daß er dem ersten der Imame ein Heiligtum gebaut hatte. Ich lebte fortan in dem Gefühl, der Beherrscher der Gläubigen könne nicht vergessen, daß ich Zeuge gewesen war seiner Augenblicke der Schwäche im Bilderpalast. Bald steigerte ein schlimmes Ereignis meine Angst: Irgendwann wurde Sheikh Ibrahim ermordet aufgefunden, in der Nacht heimtückisch erstochen vor der Tür des Palastes.

»Was der Hund angefressen hat, soll er auffressen«

Die Begegnung mit dem Träger des schwarzen Turbans veränderte das Leben des Beherrschers der Gläubigen. Stunden der Heiterkeit gab es fortan selten für ihn. Seine abendlichen Beschwerden nahmen zu. Die Enge der Brust führte zu Atemnot. Sie wiederum löste völliges Verzagen aus, Mutlosigkeit. Der Kalif konnte jedoch auch ohne Grund in Wut ausbrechen. Hatte er früher Linderung der Herzbeschwerden in ausgedehnten nächtlichen Gängen durch die Stadt gesucht, so ging er jetzt kaum noch zu Fuß. Wenn Harun Al Rashid den Palast verließ, dann wurde er dazu in eine Kamelsänfte gehoben. Schleier und Vorhänge verbargen ihn vor dem Volk. So sah er nicht mehr, was die Bewohner seiner Stadt traurig stimmte oder was sie erfreute.

Besucher, die zu mir in den Saal des Diwan kamen, sagten häufig: »Bei Allah! Der üble Duft der Fäulnis zieht durch Baghdad und vergiftet unsere Seelen. Wir gehorchen in allem, was der Beherrscher der Gläubigen befiehlt, doch wir wissen nicht, ob er noch die Gnade des Allwissenden besitzt. Die Unsicherheit treibt viele fort. Wer wohlhabend ist und nicht unbedingt an Baghdad gebunden, der bringt seine Habe nach Basra, um dort abzuwarten, was geschieht!«

Das Leben des Kalifen hatte kaum noch einen Inhalt. Besucher im Saal des Diwan zu empfangen, überließ er mir. Er wollte aber auch nicht, daß ich ihm Bericht erstatte über den Zustand des Staates.

Das meiste Vergnügen fand er immer wieder bei den Sklavinnen seines Harems. Doch sie waren ihm gegenüber weniger fügsam als früher. Das lag daran, daß die stattliche Erscheinung des Kalifen dicker geworden war. Darunter litt er selbst. Er wußte, daß er an Kraft der Männlichkeit verloren hatte. Überdies war ihm der Genuß von Rotwein schon in der Frühe des Tages zur Gewohnheit geworden. Und die Frauen spürten, daß er dem Wein mehr Beachtung schenkte als ihnen. Nie mehr, so wurde mir zugetragen, dachte Harun Al Rashid daran, derjenigen, die gerade das Lager mit ihm teilte, auch Befriedigung zu verschaffen.

In jenen Tagen, da Unzufriedenheit zum beherrschenden Gefühl in der Stadt geworden war, machte ich dem Kalifen ein wertvolles Geschenk: eine junge Chinesin, die mir ein Sklavenhändler, der fast ausschließlich mit Frauen aus den Ländern des Ostens handelte, zum Preis von zehntausend Dirhem verkauft hatte. Fremdartig war ihr Reiz. Das Wichtigste in ihrem Gesicht waren die Augen, die der Form der Mandel glichen. Zierlich war ihr Leib, den ein kleiner Busen schmückte. Die Farbe ihrer Haut erinnerte an Porzellan, dessen Oberfläche wie Perlmutt schimmert. Gerne hätte ich diese Chinesin für mich behalten, doch schien es mir an der Zeit zu sein, dem Beherrscher der Gläubigen durch ein derartiges Geschenk zu beweisen, daß ich auch weiterhin Außergewöhnliches ihm vorbehielt.

Das Mädchen wurde ihm also gebracht. Sie war in zarte Gewänder gehüllt, die ihre Zierlichkeit nicht verbargen. Es war Abend, als sie das Gemach betrat, in dem sie künftig leben sollte. Sobald der Kalif erfahren hatte, daß sich die Chinesin in seinem Palast befand, ging er zu ihr. Sofort wollte er sie besitzen, noch ehe er auch nur ein Wort an sie gerichtet hatte. Da widersetzte sie sich ihm und wehrte seine Umarmungen ab. Sie war klein, aber kräftig, und so konnte Harun Al Rashid sie nicht besiegen.

Da ich anwesend war, als die Chinesin den Palast und das Gemach betrat, war ich auch Zeuge der ersten Begegnung zwischen dem Beherrscher der Gläubigen und dem Mädchen. Ich sah wohl, daß der Kalif betrunken war. Oh, hätte Allah nicht gewollt, daß ich mich in jenem Raum aufhielt! So aber mußte ich den Befehl des Kalifen ausführen, einen besonders häßlichen schwarzen Sklaven zu holen. Im Zorn hatte der Herrscher diesen Befehl gegeben.

Als ich ausgeführt hatte, was mir aufgetragen war, und ich mit einem Schwarzen in das Gemach zurückkam, dessen Oberlippe gespalten und dessen Nase aufgequollen war, da schob der Kalif das chinesische Mädchen diesem Mann zu mit den Worten: »Sie gehört dir!« Dann verließ Harun Al Rashid den Raum, und ich folgte ihm.

In dieser Nacht wollte ich den Kalifen nicht allein lassen. Trunkenheit und Zorn machten ihn unberechenbar. In solchen nächtlichen Stunden, in denen Harun Al Rashid seine Macht über Menschenleben nützen wollte, lauerte Masrûr, der Schwertträger, darauf, töten zu dürfen. Unruhig lag ich auf Polstern in einem Nebenraum des Diwansaals. Der Schein einer Kerze sollte verhindern, daß ich einschlief. Da hörte ich, wie

Masrûr zum Beherrscher der Gläubigen gerufen wurde. Diener sprachen in den Gängen laut seinen Namen aus. Ich verließ meinen Raum und machte mich auf die Suche nach dem Kalifen, der die Diener aufgescheucht haben mußte. Ich fand den Beherrscher der Gläubigen schließlich in dem Gemach, das für die junge Chinesin bestimmt worden war. Offenbar hatte er sich, als die Trunkenheit verflogen war, selbst aufgemacht, um zu diesem Mädchen zurückzukehren. Vergessen hatte er wohl, daß er das Mädchen dem Schwarzen geschenkt hatte. Gewaltig flammte daher sein Zorn auf, als er die beiden in enger Umarmung und ohne jede Bedeckung ihrer Leiber auf dem Lager fand.

An Masrûr gerichtet, der mit mir das Gemach betreten hatte, sagte der Kalif mit einer Stimme, die zu erkennen gab, daß er sich nur mühsam beherrschte: »Binde die beiden, so wie sie sind, als Bündel zusammen und wirf sie in den Tigris.« Masrûr antwortete: »Ich höre und gehorche!«

Einige Augenblicke sah ich zu, wie Masrûr mit seinem Schwert Vorhänge zerschnitt, um lange Fetzen aus Stoff zu bekommen, mit denen er die Chinesin und den Schwarzen zusammenbinden konnte, dann sprach ich: »Oh Beherrscher der Gläubigen, gestatte mir ein Wort! Du hast das Mädchen diesem Mann geschenkt. Dies kann deiner Erinnerung nicht entfallen sein. Wir alle, die deine Diener sind, wissen deine Gaben immer zu schätzen. Wir sind in der Furcht erzogen, eines deiner Geschenke zu mißachten. Dieser Mann wollte einer solchen Mißachtung nicht schuldig werden, und so genoß er dein Geschenk. Angebracht ist nur der Vorwurf, daß er eine Nacht lang hätte warten können, ehe er sich der Frau näherte. Doch bedenke, er weiß nichts von der Klugheit, die unser Handeln bestimmt. Lange hat er Lust entbehren müssen. Und ihm erging es wie dem Verdurstenden in der Wüste, der an einem heißen Tag des Fastenmonats Ramadan endlich zu einer Oase kommt und zu einer kühlen Quelle. Ist er noch so gläubig, der Verdurstende wird nicht bis zum Abend warten, bis zum Ende der Fastenstunden, um zu trinken. Deshalb, oh Beherrscher der Gläubigen, vergib ihm. Gedenke des Verses, den der Dichter Al Rakashi einmal gesprochen hat:

> Vergeblich ist doch der Verweis!
> Den Schwarzen waschet ihr nicht weiß!«

Da sprach der Kalif, dem meine Worte die Wut wieder genommen hatten: »Dschafar, ich schenke dir den Schwarzen! Doch was soll mit dem Mädchen geschehen?« Meine Antwort war: »Oh Kalif, entscheide in deiner Weisheit, daß die Chinesin dem Schwarzen geschenkt wird. Schon zur Zeit des Propheten, dem Allah Segen und Heil zuteil werden lasse, galt der Grundsatz: ›Was der Hund angefressen hat, soll er auffressen.‹« Der Beherrscher der Gläubigen meinte darauf: »Ein guter Grundsatz. Zur rechten Zeit werde ich dich an ihn erinnern!«

Die Tage der Sommerhitze waren vorüber. Kalte Feuchtigkeit herrschte in Baghdad und lähmte das Leben. Die Wolken hatten sich ausgebreitet. Regen fiel aus ihnen wie aus Öffnungen vieler Wasserschläuche. Die Menschen der Stadt des Heils gingen an jenen Tagen nur noch selten auf die Straße. So waren die Gewölbe der Kaufleute meist leer. Nicht nur der Regen hielt die Menschen in ihren Behausungen, sondern vor allem der Schlamm, der die Straßen und Gassen bedeckte. Wer mit dem Schlamm in Berührung kam, weil er auf dem glitschigen Weg ausgeglitten und gestürzt war, der bekam zu spüren, daß der nasse Dreck aus ätzender Masse bestand, aus Kot von Kamelen, Pferden und Hunden. So benutzte auch ich die Kamelsänfte, wenn ich mich zum Saal des Diwan bringen ließ. Bei der Ankunft am Tor des Palastes klebten dicke Schlammklumpen an den Hufen des Kamels. Der Kamelführer, der zu Fuß nebenher gegangen war, besah sich sein Hemd, das über und über mit Dreckspritzern bedeckt war.

Die Tage des Winters verliefen ruhig im Saal des Diwan. Die Wege, die aus den persischen Provinzen, aus den Städten Rey und Shiraz nach Baghdad führten, verlaufen über Gebirgspässe, die durch Schneelawinen und Erdrutsche gesperrt waren. Die Boten aus jenen Gegenden blieben aus, die Verbindung zu den Statthaltern war unterbrochen. So hatte ich in diesen Wochen des Regens und der Kälte nur Einfluß auf die Staatsgeschäfte in den syrischen Provinzen, in Oman und Jemen. Aus dem Westen des Reichs erfuhr ich vom Aufstieg einer neuen Handelsstadt in der Gegend, wo die Reiche der Griechen und der Franken zusammenstoßen. Nördlich von Ravenna, mitten im Sumpfland der Küste, mußte dieser Ort liegen. Die Kaufleute unserer Städte am syrischen Ufer des Mittelmeers waren bereits überzeugt, daß der Salzhandel künftig völlig in die Hände der Händler jener Stadt im Sumpf übergehen würde.

Der Beherrscher der Gläubigen blieb dem Saal des Diwan fern in jenen Wochen des Regens. Nichts veranlaßte ihn, sich von seinem Harem zu trennen. Es war, als ob Harun Al Rashid mich mied. Da blieben viele Stunden des Müßiggangs. Froh war ich, wenn jemand kam, um mir zu berichten, was er erlebt hatte.

Eines Tages erhielt ich im Saal des Diwan Besuch von einem jungen Mann, der sprach, nachdem er mich höflich begrüßt hatte, diese Worte:

»Wisse, oh Wesir, daß ich ein Kaufmann bin, der das Meer befährt. Aus der Stadt Oman komme ich. Sie ist meine Heimat. Den Handel habe ich von meinem Vater geerbt, der überaus wohlhabend war. Dreißig Schiffe gehörten ihm, die ständig zwischen Indien und Oman unterwegs waren. Von meinem Vater habe ich die Fähigkeiten erworben, die nötig sind, um Geschäfte so zu führen, daß sie Gewinn bringen. Als ich alles gelernt hatte, was mein Vater wußte und konnte, da starb er. Allah, der Erhabene und Allwissende, ließ meinen Vater eintreten in seine Barmherzigkeit. Noch während ich in Trauer um den Verstorbenen lebte, kam ein Mann zu mir, der mir Früchte brachte, die bei uns in Oman unbekannt waren. Er nannte diese Früchte Äpfel und schenkte sie mir. Als ich sie gekostet hatte, beschrieb mir der Mann die Schönheiten der Stadt Basra, und er sagte mir auch, daß dort die besten Datteln der ganzen Welt auf den Palmen wüchsen. Da begann sich meine Seele nach der Stadt Basra zu sehnen. Meine Freunde sagten mir zwar, daß der Prophet, Allah segne ihn und spende ihm Heil, diese Weisheit ausgesprochen habe: ›Wer sich auf Reisen begibt, dem naht der Tod früher, weil er Wurzeln verliert, die ihm Lebenskraft geben. Wer in der Heimat bleibt, dem geben die Lebenswurzeln Kraft.‹ Doch ich wollte diese Weisheit nicht beachten. So verkaufte ich, was ich von meinem Vater geerbt hatte: Hunderttausend Dirhem brachten mir die Schiffe ein, für Sklaven und Sklavinnen bekam ich fünfzigtausend. Als Eigentum behielt ich nur die Edelsteine aus dem Erbe meines Vaters. Ich mietete ein Schiff und fuhr Tag und Nacht.«

Da unterbrach ich den jungen Kaufmann und sprach: »Du bist einer, der das Herz verloren hat an die Fremde. Doch du weißt nicht, ob nicht das Ziel, wohin du deine Blicke gerichtet hast, ein Ort der Gefahr ist und ein Abgrund des Verderbens. Du weißt nicht, ob die Bissen, die du glaubst, daß sie deinen Gaumen erfreuen, nicht getränkt sind mit Gift für deine Seele. Du hast eine Heimat verlassen, die deine Familie ernährt und sogar wohlhabend gemacht hat. Deshalb sprich mir zunächst von Oman.«

Dies war die Beschreibung, die mein Gast mir gab: »Braun sind die Felsen an der Küste meiner Heimat, braun wie Kaffee, in den Milch gemischt worden ist. Nichts wächst auf diesen Felsen, die Allah kaum aus Liebe zu den Menschen geschaffen haben kann. Wer in Oman die Erde fruchtbar machen will, der darf nicht mit Allahs Hilfe rechnen. Die Menschen leben davon, daß Schiffe ankommen aus der Fremde. Die Schiffe bringen Waren, auch lebendige – Sklaven nämlich, Wesen, die im Osten des fernen Landes Ifriqia zu Hause sind. Sie bringen ihre eigenen Geister mit, die in unser Land eindringen, die unsere Luft beherrschen. Jeder Sklave, der am Ende der langen Reise von Ifriqia in Oman stirbt, bringt einen Geist mit, der bei uns lebt, der nicht mehr fortzieht. Viele Menschen bei uns stammen von Sklaven ab. Sie sind von schwarzer Hautfarbe. Die Schwarzen aus Ifriqia sind unsere Diener. Zur Nachtzeit singen sie fremdartige Lieder, deren Verse wir nicht verstehen. Durch diese Lieder rufen sie die Geister, die sich dann um die Lebenden drängen. Die Schwarzen sagen, daß die Geister an Zahl stärker sind als die Lebenden. Gesagt wird, daß auch die Geister sich unterscheiden in Mächtige und Untertane und daß die Mächtigen die Untertanen quälen. Gewalt herrscht auch bei ihnen. Manchmal, in den Nächten, hören auch wir die Geister singen. Traurig sind ihre Gesänge, voll Sehnsucht nach Erlösung. Schreitet die Nacht voran, dann sind laute Schreie zu vernehmen. Der Gesang endet im Gebrüll. Schwarze, die verstehen können, was von den Geisterwesen gesagt wird, meinen dann, Streit sei ausgebrochen zwischen denen, die vom Teufel verlangen, er solle sie zurückbringen nach Ifriqia, und denen, die Rache an den Menschen nehmen wollen, die sie nach Oman verschleppt haben. Wir halten dann Türen und Läden verschlossen, lassen hell die Lichter brennen und beten zu Allah, dem Allerbarmer. Oft liegt am Morgen nach einer solchen Nacht ein Schwarzer erwürgt auf einem Müllhaufen der Stadt. Die Geister, so sagt man, haben ihn umgebracht. Die Schwarzen kennen die Gebete zu Allah nicht und wissen sich deshalb nicht vor den Geistern zu schützen. Selten noch ist ein Mann heller Hautfarbe von den Geistern getötet worden. Doch die Angst ist groß bei uns, daß eines Tages die Geister allein auf den kaffeebraunen Felsen von Oman herrschen werden. Das ist der wahre Grund, warum ich alles verkauft habe und warum ich abgereist bin. Wer kann leben in einer Stadt, in der die Geister bestimmen, was geschieht? Es wäre besser gewesen, wir hätten die Schwarzen samt ihren Geistern in Ifriqia gelassen.«

Ich sprach: »Seltsames erzählst du mir aus deiner Stadt. Verantwortlich bin ich für alles, was im Reich des Kalifen geschieht, doch nichts wußte ich davon, daß Geister herrschen in einem Teil des Islamischen Reichs. Aber, nach deiner Reise zu Schiff durch Tage und Nächte, was geschah in Basra?«

Der Kaufmann aus Oman antwortete: »In Basra fand ich

endlich Luft, die ich frei atmen konnte. Erstaunlich aber war, daß die Menschen in dieser Stadt mir nur von einem berichten konnten, nämlich wie schön Baghdad sei. Und so reiste ich schon bald stromaufwärts weiter. Bei der Ankunft in Baghdad fragte ich, wo die Kaufleute wohnen und welches Viertel der Stadt überhaupt angenehm zum Leben sei. Der Vorort Al Karch wurde mir empfohlen, und dort in der Safranstraße mietete ich mir ein sehr schönes Haus. Von dort machte ich mich daran, Baghdad zu entdecken, und ich muß sagen, mir war in der Tat die Wahrheit berichtet worden: Die Stadt ist weit schöner als Basra. Ganz besonders gefallen mir die vielen Bäume, die ihren Schatten über die Straßen ausbreiten. An einem Freitag bin ich durch eine solche schattige Straße zur Moschee gegangen, die Mansurs Moschee heißt. Als das Gebet vorüber war, trat ich wieder hinaus ins Licht. Das Wetter war noch sonnig damals. Kaum war ich einige Schritte weitergegangen in Richtung auf den Fluß zu, da sah ich ein Haus mit vielen schönen Balkonen. Vor dem Haus saß ein gutgekleideter Mann, der freundlich lächelte. Fünf Dienerinnen und fünf Diener standen bei ihm. Ich wurde neugierig, was es mit Haus und Mann auf sich hatte, und ich fragte einen Vorübergehenden danach. Er antwortete mir: ›Der Mann heißt Tahir Ibn Al Ala. Er geht einer außergewöhnlichen Tätigkeit nach. Er ist ein Mädchenwirt. Wer sein Haus betritt, der bekommt dort zu essen und zu trinken, der kann sich hübsche Mädchen anschauen und sich mit ihnen vergnügen. Allerdings verlangt der Mann Geld für das, was er zu bieten hat.‹ Ich sprach: ›Bei Allah! Dies finde ich eine gute und segensreiche Einrichtung, die dem Glück und der Zufriedenheit der Männer dient. Seit Wochen bin ich fort von der Heimat. Alle Sklavinnen habe ich verkauft. Niemand ist da, der für meine Befriedigung sorgt. Hier aber bietet sich Gelegenheit, Freude zu erleben.‹ So ging ich also zu dem Mann, der Tahir Ibn Al Ala heißt, und sagte: ›Dein Gast will ich sein für diese Nacht!‹ Der gutgekleidete Mann entgegnete: ›Dies kann herzlich gern geschehen. Doch ich habe viele Mädchen, und die haben ganz unterschiedliche Preise. Für manche Mädchen sind nur zehn Dirhem pro Nacht zu entrichten, andere kosten fünfzig Dirhem. Dann gibt es noch Mädchen, deren Dienste viel mehr wert sind. Jetzt liegt die Entscheidung bei dir. Wieviel willst du bezahlen?‹ Meine Antwort war: ›Ich will ein Mädchen haben, das zehn Dirhem kostet.‹ Sofort mußte ich das Geld im voraus entrichten.«

Da mir die Erzählung des jungen Mannes langwierig vorkam, unterbrach ich ihn und fragte: »Was ist der Zweck deines Berichtes? Willst du dich beklagen? Bist du nicht gut bedient worden für dein Geld? Sollen dir aus der Kasse des Kalifen die zehn Dirhem ersetzt werden, die du an den Mädchenwirt bezahlt hast?«

»Keineswegs!« Energisch widersprach der junge Mann. »Zunächst wurde ich von einem Knaben ins Bad geführt. Auf vollkommene Weise diente er mir. Dann brachte er mich in ein Gemach, in dem eine Frau auf mich wartete. Der Knabe sprach zu jener Frau: ›Hier bringe ich dir deinen Gast!‹ Er verbeugte sich und verließ den Raum. Ich blickte mich um und sah, daß er mit Geschmack ausgestattet war. Verzierungen waren aus dünnen Goldblättchen gearbeitet. Die Farben der Kissen waren aufeinander abgestimmt. Auch die Teppiche gefielen mir. Dann schaute ich mir das Mädchen an. Es besaß ein reizvolles Gesicht, aus dem dunkle Augen blickten. Bald klatschte die junge Frau in die Hände, und gleich darauf brachten Dienerinnen einen Tisch herein, voll mit Schüsseln, die duftende Fleischgerichte enthielten. Wir griffen zu und aßen Hühner, Wachteln, Tauben und knusprige Stücke von Gänsen. Dann wurden Süßigkeiten geboten und Früchte. Auch standen Krüge voll Rotwein bereit. Wir waren schließlich satt und legten uns auf das Lager. Die Dienste des Mädchens waren so vollkommen wie die Bewirtung.«

Der junge Mann berichtete mir Vertrautes. Ich wußte, daß in jenem Haus für Sauberkeit, Schönheit und für Glück des Mannes gesorgt wurde.

Der Mädchenwirt stand im Dienste meines Bruders Fadl Ibn Jahja, der in der Familie Al Barmaki den ausgeprägtesten Sinn für Geschäfte besitzt. Fadl Ibn Jahja war der Eigentümer des Mädchenhauses, doch er hatte für dessen Erwerb das Geld der gesamten Familie Al Barmaki eingesetzt. Geldgeber waren auch die beiden Wachhauptleute, die der Beherrscher der Gläubigen ernannt hatte. Nicht vergessen worden war der Oberkadi von Baghdad, auch er hatte Geld zugeschossen zum Kauf des Hauses und der Mädchen. Alle, die gezahlt hatten, verdienten jetzt, denn der Betrieb des Mädchenhauses lohnte sich.

Harun Al Rashid war allerdings am Geschäft mit den Mädchen nicht beteiligt. Wir hatten ihm nie die Beteiligung angeboten. Den Kalifen zu übersehen, war jedoch gefährlich. Er wollte Teilhaber sein an jedem Geschäft, das Gewinn abwarf. Ich fürchtete den Tag, an dem Harun Al Rashid feststellte, daß er hintergangen worden war. Für einen solchen Fall hatte ich mir die folgende Entschuldigung vorbereitet: Ich hätte nie geglaubt, es wagen zu dürfen, den Fürsten des Islam an einem Geschäft zu beteiligen, das der Prophet, Allah segne ihn und spende ihm Heil, nie geduldet hätte. Zweifelhaft war mir, ob Harun Al Rashid diese Entschuldigung annehmen würde. Daß niemand dem Beherrscher der Gläubigen seine Ahnungslosigkeit in dieser Sache rauben würde, das war meine Hoffnung. Um uns abzusichern, waren die Wachhauptleute und der Kadi zu Vertrauten gemacht worden. Sie hatten keinen Grund, neidisch zu sein. Verrieten sie das Geschäft, so endete auch ihr Verdienst.

Ich hatte noch immer nicht verstanden, warum der junge Mann mir seine Erlebnisse im Mädchenhaus von Baghdad schilderte. Wußte er etwas von der Beteiligung der Familie Al Barmaki? Wollte er mit Verrat drohen? Ich wurde auch nicht klüger, als er in seiner Erzählung so fortfuhr:

»Am folgenden Abend ging ich wieder zu dem Mädchenwirt. Diesmal wählte ich mir eine Frau, die fünfzig Dirhem kostete. Der Unterschied in der Bewirtung war keineswegs groß. Das Mädchen unterschied sich von meiner Gastgeberin der vorherigen Nacht nur durch die Gabe, Laute spielen und singen zu können.« Da fragte ich: »Willst du Klage darüber führen, daß der Preisunterschied zu groß ist?« Er antwortete: »Keineswegs! Der Gesang des Mädchens war das Geld wert!« Da hörte meine Geduld auf, mit der mich Allah, der Allwissende, eigentlich reichlich gesegnet hat, und ich rief: »Oh Fremder, dessen Namen ich nicht einmal kenne! Sage mir im Namen Allahs, was du von mir, dem Wesir des Beherrschers der Gläubigen, verlangst?« Da erhielt ich diese Antwort:

»Verzeih, oh Wesir, deinem Diener, einem Unwissenden aus dem fernen Oman. Mein Name ist Ibrahim Ibn Al Kasim. Mir, oh Herr, wurde gesagt, du seist für alles zuständig, was in Baghdad geschieht. Ich muß dir sagen, daß ich Ärger bekam in jenem Haus. Als ich den Mädchenwirt fragte, ob ich Schaden davontrage an Leib und Seele, wenn ich die käuflichen Frauen besuchte, da wurde ich beschimpft. Tahir Ibn Al Ala, der sonst überaus freundlich war, wenn er mein Geld entgegennahm, schrie mich nun an, das Haus werde von würdigen Männern aufgesucht und bisher habe keiner Klage geführt, er habe Schaden genommen. Er hielt meine Frage für ungeheuerlich. Als ich dann noch wissen wollte, woher denn seine Mädchen kämen, denn an Allah glaubten sie wohl alle nicht, da wies Tahir Ibn Al Ala mir die Tür. Dieses Erlebnis liegt nun schon einige Monate zurück, und dennoch beunruhigt mich, daß ich keine Antwort erhalten habe. Von dir, oh Wesir, hoffe ich zu erfahren, ob ich, ein Mann, der sich zum Islam bekennt, Schaden nehme an Leib und Seele. Der Prophet, Allah segne ihn und lasse ihm Heil in reichem Maße zuteil werden, hat gesagt: ›Hütet euch vor Frauen, die sich nicht für Allah entschieden haben!‹ Ich bin gewohnt, ehe ich in eine Frau eingehe, zu sagen: ›Im Namen Allahs!‹ Doch keine der Frauen antwortete mir mit diesen Worten. So begriff ich, daß sie keine Moslems sind. Hier im Saal des Diwan wird mir sicher Antwort zuteil.«

Nach einer Pause der Überlegung sagte ich: »Oh Ibrahim Ibn Al Kasim, du sagst zu Recht, daß ich zuständig bin für alles, was in Baghdad geschieht. Doch um das Haus des Mädchenwirts Tahir Ibn Al Ala habe ich mich nicht gekümmert. Ich wollte nicht, daß das Vergnügen der Männer unter Aufsicht steht. Komm morgen noch einmal zu mir, und ich werde alles wissen, worüber du Auskunft begehrst.« Da erhob sich der junge Mann von den Kissen, auf denen er mir gegenüber gesessen hatte, und verabschiedete sich mit höflichen Worten.

Nachdenklich blieb ich allein im Saal des Diwan sitzen. Unruhig hatte mich das Gespräch über das Mädchenhaus gemacht. Klar wurde mir dabei, daß es keinen Gegenstand der Unterhaltung mit Fremden, nicht einmal mit vertrauten Menschen gab, den ich nicht voll Sorge überprüfte, ob er geeignet sei, meine Beziehung zum Beherrscher der Gläubigen noch stärker zu trüben. Was nicht geschehen durfte, war Aufregung unter den Männern von Baghdad über die Frage, ob Besucher des Mädchenhauses Schaden an Leib und Seele davontrügen. Das Gerede in der Stadt könnte dem Kalifen zu Ohren dringen und seine Aufmerksamkeit auf jenes Haus lenken, das ihm besser verborgen blieb. Übertriebene Vorsicht aber, auch das hatte mich die Erfahrung gelehrt, führte leicht zu auffälligen Fehlern. Die wiederum mußten durch Demut gegenüber dem Herrscher ausgeglichen werden. Wieder einmal dachte ich daran, es wäre besser gewesen, die Familie Al Barmaki hätte sich ferngehalten vom Dienst im Haushalt des Beherrschers der Gläubigen. Da fiel mir die arabische Spruchweisheit ein:

> Besser ist's, Allah um Brot anzuflehen,
> Als voll Demut im Dienste des Sultans zu stehen.

Von meinem Vater Jahja Al Barmaki hatte ich diesen Vers gehört. Ein anderes Mal hatte er mir die Fabel von den zwei Brüdern erzählt. Sie berichtet dies: »Der eine Bruder lebte im Dienste eines Königs und brauchte sich nicht um seinen Lebensunterhalt zu kümmern. Der andere arbeitete als Handwerker und lebte mehr schlecht als recht. Da sagte der Wohlhabende zum Handwerker: ›Wenn du willst, werde ich dich im Palast des Königs unterbringen!‹ Doch der ärmere Bruder antwortete:

›Warum arbeitest du nicht, dann brauchst du dich nicht vor einem fremden Herrn zu beugen!‹«

Kluge Worte hatte mein Vater Jahja gesprochen, als er selbst den Dienst des Kalifen verließ. Zu arbeiten brauchte er allerdings nicht, denn er war wohl der reichste Mann in Baghdad – vom Beherrscher der Gläubigen abgesehen.

Selbstverständlich hätte ich dem jungen Mann, der sich Ibrahim Ibn Al Kasim nannte, sagen können, daß die Frauen im Mädchenhaus tatsächlich keine Moslems waren, sondern Christinnen und Jüdinnen. Der Prophet, Allah segne ihn und spende ihm Heil, hat wohl gesagt: »Hütet euch vor Frauen, die sich nicht für Allah entschieden haben!«, doch berichtet wird auch, daß er gesagt habe: »Niemand lege sich zu einer Frau, die an den Gesandten Allahs glaubt, ohne sich mit ihr zu vermählen und ohne sie in seinen Haushalt aufzunehmen.« Diese Vorschrift war eindeutiger als diejenige, sich vor andersgläubigen Frauen zu hüten. Wer die Frau, zu der er sich legte, nicht heiraten wollte, der war gezwungen, eine Christin oder eine Jüdin zu wählen.

Dies alles sagte ich dem jungen Mann erst, als er am kommenden Tag in den Saal des Diwan trat. Inzwischen hatte ich durch den Wachhauptmann, der für die Stadt Baghdad zuständig war, Erkundigungen über sein männliches Betragen im Mädchenhaus eingezogen. Die Mädchen, die ihn bewirtet hatten, sprachen Gutes von seiner Ausdauer. Dies war mir wichtig gewesen zu erfahren, ehe Ibrahim Ibn Al Kasim mir wieder auf den Kissen des Diwansaales gegenübersaß.

Sobald er die Worte des Gesandten Allahs gehört hatte über Gläubige und ungläubige Frauen, war er zufrieden, daß seiner Seele kein Schaden zugefügt werden konnte. Daß die Mädchen auch von Ärzten besucht wurden, gab ihm Sicherheit für seine Gesundheit. Sobald er erfahren hatte, was er hören wollte, sprach ich zu ihm:

»Oh Ibrahim Ibn Al Kasim, ich habe dich dazu auserwählt, Bedeutendes zu leisten für unseren Herrn, den Beherrscher der Gläubigen. Höre, was ich zu sagen habe. Salah Al Misri, der zuvor dem Kalifen Dienste in Kairo geleistet hat, ist heute Statthalter in Basra. Er hat mir diesen Brief geschrieben:

›Im Namen Allahs, des Allerbarmers und Allwissenden! Du sollst erfahren, daß ich eine Tochter habe, die Nadschma heißt. Sie gleicht der Gazelle an Zartheit der Erscheinung. Gesagt wird von den Bewohnern der Stadt Basra, es lebe auf dem Angesicht der Erde keine Frau, die schöner ist als Nadschma. Aber sie ist den Männern abgeneigt. Sie wird wütend, wenn das Wort ›Mann‹ in ihrer Nähe auch nur ausgesprochen wird. Mancher schon wollte sie heimführen in seinen Haushalt, doch sie hat jeden hohnlachend abgewiesen. Sie lebt nun in einem Haus, das mitten in einem abgeschlossenen Garten steht. Dort verbringt sie die Tage keineswegs allein, sondern in Gemeinschaft vieler Frauen, die inzwischen alle die Gesellschaft der Männer ablehnen. Wenn du, oh Wesir des Beherrschers der Gläubigen, ein Mittel weißt, um meine Tochter Nadschma und diejenigen, die bei ihr sind, auf den rechten Weg zurückzuführen, so hilf mir und habe den Segen Allahs dafür.‹«

Nachdem ich den Brief von Salah Al Misri, dem Statthalter in Basra, vorgelesen hatte, wartete ich eine kurze Weile, damit die Worte des Schreibens überdacht werden und zur Wirkung kommen konnten, dann sagte ich langsam:

»Salah Al Misri und ich waren in der Zeit unserer Jugend verbunden wie zwei Mandelkerne in der Schale, so umgab uns die Hülle der Freundschaft. Ist er in Unruhe, bin auch ich in Unruhe. Und die Unruhe, die uns beide plagt, wird auch bald den Beherrscher der Gläubigen in Unruhe stürzen, denn wenn die Frauen von Basra nicht mehr bereit sind, sich dem Manne hinzugeben, dann wird bald der Satz des Gesandten Allahs ›Die Frauen sind euer Acker‹ auch in Baghdad nicht mehr gelten. Und eines Tages wird der Kalif nicht mehr Herr seines Harems sein. Verantwortlich machen wird er mich dafür. Du, Ibrahim Ibn Al Kasim, kannst Abhilfe schaffen. Ich weiß vieles über dich, das mich glauben macht, daß du geeignet bist, für Nadschma die Gesellschaft eines Mannes wieder angenehm werden zu lassen.

Du besitzt auch keine Familie. Du hast keinerlei Anhang. Du bist somit völlig frei, sogar so frei, ein ganz anderer Mensch zu werden, mit einem anderen Namen. Wenn du bereit bist, ein Abenteuer mitzumachen, wirst du künftig nicht mehr Ibrahim Al Kasim heißen, sondern Habib Al Farsi, und du wirst ein jüngerer Halbbruder von mir sein. Tatsächlich hat mein Vater Jahja Al Barmaki Kinder von einer persischen Sklavin. Diese Kinder sind bisher kaum jemand vorgestellt worden, fast niemand kennt sie. Daher besteht keine Gefahr, daß man deine Herkunft als Habib Al Farsi nachprüft. Auch wird die Verwunderung in meinem Haushalt und beim Kalifen gering sein, wenn ich sage, daß du erst dieser Tage von einer Reise zu den östlichen Rändern der persischen Provinzen zurückgekehrt bist. Du warst bei den Eltern deiner Mutter, die ihre Tochter einst in Ehren als Sklavin an den Hof des allmächtigen Herrschers Harun Al Rashid geschickt hatten.«

Als diese Worte gesprochen waren, wartete ich ab, was mir der junge Mann nun mitzuteilen habe. Da er zögerte, etwas zu sagen, setzte ich meine Rede fort:

»Seit Jahren habe ich Salah Al Misri nicht mehr gesehen. Als ich ihm vor einigen Monaten in einem Brief mein Bedauern darüber aussprach, da erhielt ich diese Antwort: ›Wenn wir beide erst in Ungnade gefallen sind, wenn uns der Beherrscher der Gläubigen abgesetzt hat, dann werden wir noch übergenug Zeit besitzen, uns zu sehen!‹ Ich sehe den Sachverhalt anders. Wenn wir warten, werden wir tatsächlich abgesetzt; wenn wir uns jetzt treffen, könnten wir Unglück verhindern. Deshalb, oh Ibrahim Ibn Al Kasim, habe ich mich entschlossen, mit dir nach Basra zu reisen, um Salah Al Misri zu besuchen. Du wirst in meiner Begleitung sein, Habib Al Farsi!«

Noch immer schwieg der junge Mann. Da holte ich aus einem Umschlag ein Bild, so groß wie ein Handspiegel, das dem Brief aus Basra beigefügt gewesen war. Zu sehen war das Gesicht einer Frau. Obgleich es nicht farbig ausgestattet war, strahlte es doch in außergewöhnlicher Schönheit. Fein geschwungen und dennoch mit vollen Lippen gesegnet war der Mund. Die Augen besaßen dadurch eigenen Reiz, daß jedes in eine andere Richtung blickte. Und es war wohl diese Besonderheit des Blickes, die meinen Besucher verzauberte. Er starrte das Bild an. Vielleicht täuschte ich mich, doch glaubte ich, Tränen in seinen Augenwinkeln gesehen zu haben. Schließlich sprach er: »Wenn dies das Mädchen Nadschma ist, folge ich dir nach Basra! Sage mir aber zuvor, ob der Maler ein Lügner ist oder ob er sich an die Wahrheit gehalten hat! Sieht nur das Bild so aus, dann will ich von dem Gedanken ablassen, dich nach Basra zu begleiten. Gleicht das Bild dem Urbild, so werde ich mein Leben einsetzen, sie zu gewinnen!«

Ich antwortete: »Ihr Vater ist wohl der Meinung, das Bild stelle die Wirklichkeit dar. Doch du weißt auch, daß jedes Auge anderes als schön betrachtet. Nicht zwei Augen sehen das gleiche. Ein Kalif früherer Zeit wunderte sich darüber, daß sein Wesir so zerstreut war. Er erfuhr, daß jener von Liebe geplagt war. Da wollte der Kalif selbst sehen, wie die Schönheit beschaffen war, die dem bisher so ernsten und pflichtbewußten Wesir die Sinne verwirrte. Er ließ sich im geheimen jene Frau zeigen, die der Wesir liebte, und er sah ein Mädchen von schwachem Reiz, dessen Formen nur wenig entwickelt waren. Als er sein Erstaunen gegenüber seinem Ratgeber aussprach, erhielt der Kalif die Antwort: ›Würdest du, oh Beherrscher der Gläubigen, diese Frau aus dem Fenster der Augen deines Wesirs anblicken, dann würdest du das Geheimnis ihrer Schönheit empfinden!‹«

Ich war nicht sicher, daß der junge Mann mir überhaupt zuhörte. So sprach ich weiter: »Richte dich darauf ein, daß wir in zwei Tagen zu Schiff nach Basra fahren. Je weniger du von deinem Eigentum mitnimmst, desto besser. Du wirst mein Halbbruder Habib Al Farsi sein aus der Familie Al Barmaki. Du wirst aus derselben Tasche leben, aus der auch ich lebe! Rede in deinem Haus in der Safranstraße zu niemand über das, was wir vorhaben. Bezahle deine Rechnungen, gib den Dienern, was ihnen zusteht, und sage allen, die es hören wollen, daß du dich auf Pilgerfahrt nach Mekka begibst. Wundert sich jemand darüber, weil der Pilgermonat noch fern von uns ist, so sage, du habest versprochen in einem Gelübde, die heilige Pflicht auch außerhalb der dafür vorgesehenen Wochen zu leisten.«

Ich hatte Hoffnung, den Kalifen, der sich dem Saal des Diwan seit dem Beginn der Regenzeit ferngehalten hatte, am folgenden Tag sehen zu können. Er ließ mich tatsächlich in seine Gemächer rufen. Noch ehe ich mich verbeugte, sah ich, daß Masrûr, der Schwertträger, hinter dem Beherrscher der Gläubigen stand. Harun Al Rashid begann sofort zu sprechen:

»Oh Wesir, ich habe mir eine Geschichte überlegt, die ich dir erzählen will: Einem Weisen wurde einmal diese Frage gestellt: Ein Mann sitzt bei einer Frau, die ein Gesicht besitzt, das so schön ist wie der sich entfaltende Mond. Der Mann ist allein mit ihr hinter verschlossener Tür. Jeder im Haus scheint zu schlafen. Der Mann spürt, daß der Trieb, die Frau zu besitzen, in ihm übermächtig erwacht. An das alte Sprichwort erinnert sich da der Mann:

Reif hängt die Dattel da, zum Greifen nah,
Keine, die mehr Süße verspricht, ich jemals sah.
Zu entdecken ist niemand, der sie bewacht –
Die Dattel an der Palme zu lassen, hat keiner vollbracht.

So antwortet der Weise auf die Frage, ob der Mann wohl der Versuchung durch die schöne Frau widerstehen könne, mit diesen Worten: ›Selbst wenn er sich hüten würde, das wunderschöne Gesicht zu küssen, so würde ihm die Enthaltsamkeit niemand glauben. Der üblen Nachrede könnte er keineswegs entkommen. So ist er gut beraten, dem Triebe nachzugeben!‹ Dies ist die Geschichte, die ich dir erzählen wollte, mein Wesir. Glaubst du, daß der Weise recht hat?«

Meine Antwort war:

»Oh Beherrscher der Gläubigen, von einem klugen Mann, der Lebenserfahrung besitzt, habe ich Ähnliches sagen hören:

Hält einer die eigne Gier im Zaum,
So glauben andere ihm dies kaum.

Doch, oh Herrscher, ich wage zu sagen, daß die Erfahrung anderer nicht immer zu gelten braucht. Du hast sicher einen Grund, warum du mir diese Geschichte erzählt hast. Bin ich, oh Beherrscher der Gläubigen, würdig genug, diesen Grund zu erfahren?«

Da antwortete mir Harun Al Rashid: »Mancher gibt, wenn er ein wertvolles Gut ganz für sich bewahren will, dieses Gut für einige Zeit in eine Hand, der er vertraut. Für den, der die Verwahrung übernimmt, bleibt dann die Verpflichtung, treuer zu sein als jeder andere und nur daran zu denken, des Vertrauens völlig würdig zu sein. Dich, oh Wesir, mit einem kostbaren Gut zu betrauen, das habe ich mir vorgenommen. Daß ich es dir anvertraue, heißt aber nicht, daß es dir für einige Zeit gehören wird. Du mußt wissen, was du tun wirst, und du mußt wissen, wie du der üblen Nachrede entkommst, denn auch sie wäre Ursache, dich durch Masrûr töten zu lassen.«

Als der Kalif diesen Worten offenbar keine mehr hinzufügen wollte, sprach ich: »Ich lebe, um zu gehorchen!« Dann schwieg auch ich. Masrûr aber, der dabeistand und zugehört hatte, lächelte gefährlich. Ohne vom Beherrscher der Gläubigen aufgefordert worden zu sein, sagte der Schwertträger: »Oh Wesir, du bist gut beraten, die Worte des Beherrschers der Gläubigen nicht aus dem Gedächtnis zu verlieren!« Es war ganz gegen die Gewohnheit des Schwertträgers, überhaupt etwas in Gegenwart des Herrschers zu sagen. Daß Masrûr diese Gewohnheit brach, beunruhigte mich. Ich wandte mich von Masrûr, dem ich zugehört hatte, ab, um noch einmal zum Beherrscher der Gläubigen zu sagen: »Ich lebe, um zu gehorchen!« Doch er würdigte mich keines Blickes mehr. Er sagte noch: »Diesmal wird das Wort nicht gelten: Was ein Hund angefressen hat, das soll er auffressen!« Mit diesen Worten ging Harun Al Rashid aus dem Raum. Masrûr folgte ihm.

Ich hatte keine Zeit gefunden, dem Herrscher des Islamischen Reiches zu sagen, daß keine Berichte über Unruhen aus den Provinzen im Saal des Diwan eingetroffen waren. Es hatte auch keine Möglichkeit bestanden, Harun Al Rashid zu fragen, ob er in dieser ruhigen Zeit meiner Reise mit meinem Halbbruder Habib Al Farsi nach Basra zustimme. So verließ ich seine Gemächer mit dem bitteren Gefühl, unter einer Drohung zu stehen, deren Ursache ich nicht begriff. Ich begab mich in den Saal des Diwan, um dem Kalifen einen Brief zu schreiben. Diese Worte gebrauchte ich dabei:

»Im Namen Allahs, des Allerbarmers und Allwissenden. An dich wende ich mich, oh Beherrscher der Gläubigen, um dir zu sagen, daß ich zu den Getreuen gehöre. Mißverständnisse sind nie zu vermeiden, insbesondere nicht während einer derart langen Zeit, wie sie mich jetzt schon an den Haushalt des erhabenen Monarchen bindet. Es war jedoch immer mein Bestreben, dem Geschlecht Al Abbas zu dienen. Mehrmals, dies sei offen gesagt, hätte ich auch den Tod hingenommen, wenn es dem Haus, das nach Allahs Willen allein das Recht hat zu regieren, gedient hätte. Die Bedrohung, die jetzt deinem Diener Dschafar Angst einflößt, scheint ohne einen höheren Sinn zu sein. Ich weiß nicht, was mir bestimmt ist. Zu meinem Guten ist es wohl nicht gedacht.«

Als ich überlas, was ich bisher geschrieben hatte, überfiel mich die Sorge, die Worte seien zu kühn und zu wenig vom Stil der höfischen Unterwerfung geprägt. Das Schreiben dem Kalifen zuzusenden, war sicher unklug. Ich ließ mir einen brennenden Span bringen, zündete das Schriftstück an und wartete, bis das Papier zu Asche verbrannt war. Am nächsten Tag reiste ich mit Habib Al Farsi zu Schiff den Tigris hinunter nach Basra. Mehr als zwei Wochen lang waren wir dorthin unterwegs. Ich hatte das Gefühl, auf der Flucht zu sein vor dem Beherrscher der Gläubigen.

Die Begegnung mit der Prophetin Nadschma

Eines Morgens, als sich schon fast die Mittagszeit ankündigte, sagte unser Schiffsführer, der die Segelbarke steuerte: »Oh mächtige Herren, die von der Gnade Allahs geleitet werden, dort ist Basra zu erkennen!« Im Dunst der feuchten Luft über dem Gewässer – noch immer waren die Wochen des Regens nicht ganz vorüber – konnten wir die ausgedehnten Haine der Dattelpalmen bemerken, die auf beiden Ufern wuchsen. Von der Stadt selbst waren zunächst nur die Minarette zu sehen. Wenig später aber tauchten Häuser aus dem Dunst auf, die von Wohlstand zeugten. Mehrmals schon war ich in Basra gewesen und hatte erstaunt festgestellt, daß in Basra überaus reiche Leute wohnten.

Bei unserer Ankunft hatte die Stunde des Mittagsgebets begonnen. Die Rufe des Muezzin »Allahu akbar« übertönten alle anderen Geräusche. Ich hatte den Schiffsführer zu entlohnen. Habib Al Farsi sorgte für die Ausladung des Gepäcks. Dann fragte ich Leute, die mir vertraut vorkamen mit der Stadt: »Wo wohnen in Basra die Kaufleute?« Aus mehreren Mündern war dieselbe Antwort zu hören: »Sucht das Stadtviertel auf, das da heißt Khan Hamdan!« Einer, der uns Auskunft gegeben hatte, war bereit, uns zum Khan Hamdan zu führen. Dort mieteten wir eine schlichte Wohnung und benahmen uns wie Kaufleute aus Baghdad, die auf einen Glücksfall warteten, um sich mit Gewinn am Geschehen auf dem Markt von Basra zu beteiligen. Wir wollten den Eindruck erwecken, als wüßten wir noch nicht, welche Art von Geschäften wir betreiben sollten, als wollten wir uns erst kundig machen.

Wenige Tage nach der Ankunft in der Hafenstadt besuchte ich, wie sich das für einen ehrgeizigen Kaufmann geziemt, das Oberhaupt der ganzen Region, den Statthalter Salah Al Misri. Er ließ mich fast drei Stunden in seinem Vorsaal warten, denn ich hatte mich seinem Torhüter und seinen Dienern nicht als Wesir des Beherrschers der Gläubigen zu erkennen gegeben.

Als ich endlich vor dem Statthalter stand und er mich erkannte, begrüßte er mich herzlich. Lange umarmten wir einander. Auf den Kissen seines Empfangssaales sitzend, besprachen wir unsere Sorgen. Salah Al Misri hatte, da er fern vom Kalifenhof lebte, nicht an jedem Tag und zu jeder Stunde zu fürchten, daß ihn der Kalif für Handlungen und Unterlassungen zur Verantwortung rief, und doch mußte er damit rechnen, daß Harun Al Rashid ihm seine Gnade entzog, wenn es ihm nicht gelang, Ruhe in der Stadt Basra zu bewahren. Der Kalif fürchtete sich vor Nachrichten über Unruhen in den Provinzstädten. Die Statthalter hatten ihm dafür zu haften, daß nichts in ihren Städten geschah, das den Verdacht aufkommen ließ, Aufruhr sei möglich. Wer einem Statthalter schaden wollte, der flüsterte dem Kalifen ein, im Gebiet jenes Statthalters seien Anzeichen für Unruhe zu spüren.

Als wir über unsere Ängste gesprochen hatten, meinte Salah Al Misri: »Wir sollten die alte Lebensweisheit beachten, die da heißt: Zwei Dinge sind unmöglich. Zum einen, daß man an einer Tafel mehr ißt, als vom Gastgeber aufgetischt wird. Zum anderen, daß man eher stirbt, als von Allah vorausbestimmt ist. Die Zeit unseres Lebens haben wir von ihm, dem Erhabenen und Allwissenden, geborgt. Wahr und tröstlich ist auch dieses Wort: Wer vom Verhängnis gesucht wird, der soll dem Verhängnis nicht zu entfliehen versuchen, denn dies wird nicht gelingen. Das Leben, so habe ich festgestellt, steht unter dem Schutz eines winzigen, unerklärbaren Hauchs, und es ist nichts anderes als ein kurzes Sein zwischen zwei Dunkelheiten. Du siehst, oh Dschafar, ich glaube zwar an Allah, jedoch nicht mehr an das Paradies und an seine Freuden. Ich glaube nur noch an das kurze Sein, das wir hier auf Erden erleben. Deshalb scheue ich Gefahren. Oh Wesir, mein Freund, ich bin dir dankbar dafür, daß du dich um die Gefahr kümmern willst, die meine Tochter Nadschma heraufbeschworen hat.«

Ich antwortete dem Statthalter von Basra: »Ich habe einen jungen Mann gefunden, der geeignet ist, deine Tochter wieder auf den von Allah für Frauen gewiesenen Weg zurückzuführen. Er ist mein Halbbruder Habib Al Farsi. Die Frage ist, wie nähert er sich jenem Haus und jenem Garten, von dem du mir geschrieben hast?« Salah Al Misri gab mir diese Auskunft: »Der junge Mann soll morgen früh bei Aufgang der Sonne am Ufer beim Stadtviertel Khan Hamdan auf einen Fährmann warten, der sein Boot den Fluß hinunterlenkt. Er wird nach dem Ziel der Fahrt fragen. Die Antwort des jungen Mannes soll sein: ›Fahre mich bis unterhalb der Stadt Basra!‹ Dies wird geschehen.« Ehe ich mich verabschiedete, sagte ich: »Ich werde meinen Halbbruder begleiten. Nach dem Frühgebet werden wir gemeinsam aufbrechen!« Salah Al Misri wünschte uns den Segen Allahs.

Am anderen Morgen begaben wir uns zunächst in die Moschee des Viertels Khan Hamdan, um von Allah Schutz zu erflehen. Als wir zum Ufer des mächtigen Gewässers kamen, das durch den Zusammenfluß von Euphrat und Tigris entsteht, da sahen wir an der vereinbarten Stelle einen schlafenden Fährmann. Habib Al Farsi weckte ihn auf und sagte zu ihm: »Fahre uns bis unterhalb der Stadt Basra!« Die Antwort des Fährmannes war: »Was Allah will, das geschieht. Es gibt keine Macht und es gibt keine wahre Majestät außer bei Allah.« Dann forderte er uns auf, mit ihm das Boot zu besteigen. Bald glitten die letzten Häuser von Basra vorüber.

Nach einer halben Stunde Fahrt sagte der Fährmann: »Wenn du den Garten der Nadschma suchst, so warne ich dich! Es ist gefährlich, in der Nähe des Gartens an Land zu gehen. Die Frauen, die dort leben, sind starke Kämpferinnen. Wen sie erwischen, dem brechen sie die Knochen! Manch einer war schon so kühn, über die Mauer des Gartens zu steigen. Doch jeder der Kühnen hat später bereut, was er getan hat. Dir wird es nicht anders ergehen!« Ich fragte den Fährmann: »Wie weit ist der Garten der Nadschma noch entfernt?« Aus der Antwort erfuhr ich, daß er bereits zu sehen war. Der Fährmann war froh, als ich ihn jetzt aufforderte, uns ans Ufer zu rudern, weil wir aussteigen wollten. So schnell er konnte, ruderte er zur Stadt Basra zurück.

Habib Al Farsi – ich gebrauchte an diesem Tag nur jenen Namen für den jungen Mann, und ich empfand bereits verwandtschaftliche Gefühle für ihn – machte mich auf ein niederes Haus aufmerksam, das unter Palmen stand. Wir näherten uns der Hütte. Ein buckliger Mann saß davor. Er fragte mit ruhiger Stimme: »Wer seid ihr? Wer hat euch hierher geführt?« Meine Antwort war: »Wir sind Fremde. Ein Fährmann, der uns nicht wohlgesinnt war, hat uns gegen unseren Willen am Ufer abgesetzt. Ohne dich werden wir den Weg nicht finden.«

Da fragte der Bucklige: »Schade, ihr Fremden, daß euch nicht ein anderer Wunsch zu mir getrieben hat. Sagt mir, welchen Weg wollt ihr einschlagen?« Ehe ich ein Wort erwidern konnte, sprach mein junger Begleiter: »Wer du auch seist, der an diesem abgelegenen Ort Wache hält, du sollst erfahren, daß wir nicht gekommen sind, um dir Lügen zu erzählen. Wir wollen nicht von dir erfahren, wie wir den Weg zurück nach Basra finden können. Mein Wunsch ist es, die Herrin Nadschma in ihrem Garten sehen zu dürfen. Seit ich ein Bild von ihr sah, ist mein Herz für sie entbrannt. Ich will sie nicht nur sehen, ich will sie für mich gewinnen, gleichgültig wie sie über Männer denkt.«

Meine Sorge war, der bucklige Mann sei im Dienste der ungebändigten Tochter des Statthalters in Basra und er werde noch diesen Augenblick dafür sorgen, daß der Garten uns verschlossen blieb. Doch meine Angst erwies sich als unbegründet. Der Bucklige freute sich über unser Kommen. Er sprach: »Die Gnade Allahs hat mich und meine Einsamkeit nicht vergessen. Ihr seid mir willkommen. Er, der alles ordnet, sorgt für mein Vergnügen. Wenn ich auch sicher bin, daß ihr den Garten nicht betreten werdet, weil euch die Gefahren schon vor seinem Zaun derart erschrecken werden, daß ihr das Heil in der Flucht sucht, so freue ich mich doch über den Wunsch, zur Herrin Nadschma vorzudringen.«

Der Bucklige meinte dann, er wolle nicht wissen, warum ich hierhergekommen sei. Meine Gründe seien ihm gleichgültig. Er wandte sich eindringlich Habib Al Farsi zu, als er sagte: »Nur du bist wirklich entschlossen, den Zaun zu überwinden. Dich, junger Mann, wie dein Name auch sei, treibt die Lust, diese Frau zu besitzen. Diese Lust aber verabscheut sie. Vor dir sind andere gekommen, mehr als ich Finger an der Hand vorweisen kann. Ich habe ihnen den Pfad zum Garten gewiesen. Keiner ist mit heilen Knochen hierher zurückgekehrt. Meine Freude, das sollst du wissen, besteht darin, zu beobachten, wie auch du scheitern wirst. Meine Lebenserfahrung sagt mir, daß für jeden Menschen das größte Vergnügen darin besteht, den Untergang eines anderen mitzuerleben, aus der sicheren Entfernung!«

Da sah ich den Zeitpunkt für gekommen, um dies zu fragen: »Dein Vergnügen sei dir gegönnt, oh Vater der Schadenfreude! Aber könnte es nicht sein, daß du Geld brauchst, um für das Alter vorzusorgen? Es sei dir nicht zuviel verraten, wenn ich dir sage, daß ich nicht arm bin. Um meinem Halbbruder zu helfen, der Habib Al Farsi heißt, bin ich bereit, eine Summe zu zahlen, die es dir ermöglicht, den Dienst, zu dem du jetzt verpflichtet bist, aufzukündigen. Was ich dafür will, ist ganz einfach: Du sagst uns, wie Habib Al Farsi den Garten betreten kann.«

Der Bucklige lachte. Seine Antwort war: »Glaubst du nicht, jeder andere hätte versucht, mich durch Geld dazu zu bringen, ihm zu helfen? Jeder hat bezahlt, und deshalb sei dir nicht zuviel verraten, wenn ich dir sage, daß auch ich nicht arm bin. Und trotzdem verlasse ich diese Hütte nicht, denn anderswo finde ich nicht so viel Vergnügen wie hier. Hätte ich meinen Dienst verlassen, wäre ich euch nicht begegnet, könnte ich nicht erleben, wie Habib Al Farsi – der, so glaube ich zu erkennen, zu Unrecht Al Farsi heißt, weil er nie die persischen Provinzen gesehen hat – wie dieser junge Mann versuchen wird, in den Garten der Herrin Nadschma einzudringen. Doch da ich heute gut gelaunt bin, weil die Tage des Regens vorüber sind, will ich euch einiges erzählen, auch ohne Bezahlung!«

Der Bucklige forderte uns auf, sich zu ihm in den Schatten der Hütte zu setzen, denn die Sonne sandte bereits sengende Strahlen aus. Sobald wir saßen, sprach er: »Bei Allah, bei ihm, der alles weiß, es gibt keinen Garten auf Erden, der dem der Herrin Nadschma gleichzusetzen ist. Regelmäßigkeit der Beete und Wege ist keineswegs seine Zier. Es ist ein wilder Garten, der von keinem Gärtner gepflegt wird. Die Herrin Nadschma ist der Meinung, jede Pflanze müsse wachsen dürfen, wie es Allah und nicht wie es der Mensch bestimmt hat. So kostet es Mühe, den Garten zu durchqueren, um zum Haus zu gelangen, das in seiner Mitte steht.«

Ich unterbrach die Erzählung, weil ich wissen wollte, ob er, der Bucklige, selbst durch den Garten gegangen sei. Er wehrte ab: »Bei Allah, keinem Mann ist es vergönnt, diesen Garten, der ›Garten der Perle‹ heißt, mit eigenen Augen zu sehen. Von Frauen, die mit der Herrin Nadschma leben und die manchmal für Stunden nach Basra zurückkehren, habe ich erfahren, wie es hinter dem Zaun aussieht. Unter Bäumen und Gebüschen verborgen – auch dies wurde mir erzählt – befindet sich ein Teich, dessen Wasser von einer Quelle gespeist wird. Vergleichbares soll es nirgends geben. Wäre ich nicht ein alter Mann, sondern jung wie du, Habib Al Farsi, dann wollte ich wohl versuchen zu sehen, was dort an jenem Teich vor sich geht.«

Habib Al Farsi bat darum, ob der Bucklige nicht etwas über die Herrin Nadschma erzählen könne. Darauf hatte der Alte offenbar nur gewartet, denn sofort sprudelten die Worte: »Oh ihr Fremden, wisset, die Tochter des Statthalters in Basra ist eine Prophetin. Sie hat den Auftrag von Allah, dem Allwissenden und Allerbarmer, bekommen, den Menschen Offenbarungen zu bringen, die sogar dem Gesandten Allahs verborgen geblieben sind. Auch dies weiß ich von Frauen, die mit der Prophetin zusammenleben. Niemandem habe ich bisher erzählt, was ich darüber weiß. Unbegreiflich ist mir selbst, warum ich gerade euch mein Wissen weitergebe. Vielleicht deshalb, weil ich das Geheimnis nicht länger bei mir behalten kann, so ungeheuerlich ist es. Mir ist berichtet worden, die Offenbarungen der Prophetin Nadschma verkünden den Menschen vor allem das eine: ›Allah ist eine Frau!‹«

Im Schreck wiederholte ich diese Worte: »Allah ist eine Frau!« Dann schwiegen wir alle. Der Bucklige, so dachte ich bei mir, hatte recht: Ungeheuerlich und undenkbar war, was diese vier Worte aussagten. Nie war derartiges gehört worden. Auszusprechen, Allah sei eine Frau, war Lästerung, mußte in Allahs Ohren als Frevelwort klingen. Allah konnte darauf nur mit der Zerstörung der ganzen Welt und der Menschen, unter denen derartiges gesagt wurde, antworten.

Jetzt sprach der Bucklige wieder. Er sagte: »Beim Allmächtigen, der alles weiß und alles lenkt, es wäre besser gewesen, ich hätte geschwiegen. Was Vergnügen für mich alten Mann war, wird nun zum Unheil. Geht weg von hier, rasch, und vergeßt, was ich gesagt habe! Nur dann kann alles bleiben, wie es ist, ohne daß Schaden entsteht für uns, für die Stadt Basra und für alle Moslems!«

Ich wollte eben dem Alten recht geben und sagte: »Bei Allah!« Da erschrak ich über diese zwei Worte. Wer ist Allah? War auch ich schon angesteckt vom Frevel? Zweifelte ich schon am Charakter des Allmächtigen? Da sprach ich: »Er ist und bleibt der Erhabene! Darüber zu urteilen, welcher Art er ist, steht uns nicht zu! Deshalb weise uns, oh Mann, der uns Schreckliches erzählt hat, den Weg zurück nach Basra. Daß du gesprochen hast, ist gut, denn du hast uns davor bewahrt, uns dieser Frau zu nähern. Ein wahres Wort hat mir mein Vater für's Leben mitgegeben:

> Den Weisen edelt beharrliches Schweigen,
> Doch in der Not muß er sich beredsam zeigen.
> Wer schweigt, wo Reden angebracht,
> Verfällt auch der Verdammnis' Nacht.«

Dann sprach ich zu meinem Begleiter: »Gerettet bist du. Nadschma ist für dich, oh Habib Al Farsi, verloren und für sich selbst auch. Sie wird in der untersten Hölle durch Feuer ohne Gnade gepeinigt sein!« Habib Al Farsi aber entgegnete mit Festigkeit: »Noch geht die Sonne im Osten auf! Der Prophet, den Allah segne und dem Allah Heil spende, hat gesagt: ›Solange die Sonne im Osten aufgeht, so lange ist über keinen Frevler das Urteil Allahs gesprochen.‹ Wir haben heute alle den Sonnenaufgang erlebt. Er ist an derselben Stelle geschehen wie gestern und vorgestern. Nadschma aber hat ihre Lästerung des Erhabenen zuvor ausgesprochen. Die Sonne sagt uns, daß Allah sie noch nicht verstoßen hat, daß wir ihr helfen können! Ich muß ihr helfen! Geoffenbart worden ist das Wort: ›Allah steht dem bei, der sich selber hilft. Er wird mir beistehen. Vielleicht will er, daß ich Nadschma helfe. Vielleicht ist alles, was wir heute erleben, nur eine Prüfung für mich! Du, Alter, mußt mir nun sagen, wie ich in den Garten hineinkomme. Sage es mir sofort!«

Der Bucklige überlegte und sagte dann: »Ungehindert hineingekommen in den Garten sind bisher nur Frauen. Du mußt dich als Frau dem Tor nähern, dann wird es dir aufgetan. Sagen mußt du, wenn du gefragt wirst, was dich herführt, du seist gekommen, um zu hören, was die Herrin Nadschma den Frauen zu sagen hat.«

Ich schlug vor, nicht übereilt zu handeln. Habib Al Farsi sah ein, daß es schwierig war, in der einsamen Gegend im Schilf des Flusses die passenden Frauenkleider zu finden. Wir ließen uns also den Weg weisen nach Basra und kamen am Abend zurück in das Viertel Khan Hamdan.

Auf dem langen Weg, den wir zu Fuß gingen, überlegte ich mir, ob wir zu zweit das Abenteuer wagen sollten, als Frauen ins Innere des Gartens zu kommen. Die Schwierigkeit war, daß zwar Habib Al Farsi ein junges Gesicht hatte, das noch nicht geprägt war von den Schatten des Bartwuchses, ich aber trug zu dieser Zeit einen Bart über Backen und Kinn. Mir fiel es schwer, mich als Frau auszugeben. Doch Habib Al Farsi war der Meinung, es sei wohl besser für ihn, nicht allein in den Garten der Nadschma einzudringen. So mußten wir beide in Frauen verwandelt werden. Als ich darüber nachdachte, wie und wo dieses geschehen könnte, fiel mir fast eine Stunde lang keine Lösung ein, bis ich auf den Gedanken kam, daß wohl am besten der

Statthalter Salah Al Misri helfen konnte, und so schickte ich ihm eilends durch einen Lohndiener einen Brief mit der Bitte um ein Gespräch. Am späten Abend saß ich bei ihm auf den Kissen seines Empfangsraumes.

Ich erzählte dem Statthalter alles, was vorgefallen war, was ich gehört hatte, und seine Besorgnis wuchs ins Unerträgliche. Er versprach mir jede Hilfe, wenn es mir gelänge, seine Tochter Nadschma von ihrem unheilvollen Weg abzubringen. Ich benötigte jedoch nur eine Hilfe: Habib Al Farsi und ich mußten in Frauen verwandelt werden. Salah Al Misri glaubte, für diese Aufgabe sei der oberste seiner Eunuchen geeignet. Wer die Frauen im Harem zu betreuen hatte, der – so sagte der Statthalter – weiß, worauf es ankommt.

Während der Nacht noch lagen wir beide, die in den Garten der Nadschma eindringen wollten, mit nacktem Oberkörper auf Ruhebänken in einem Raum des Harems. Der oberste der Eunuchen rasierte uns die Haare aus den Achselhöhlen und von den Armen. Auch das Kopfhaar wurde uns entfernt. Dann bearbeitete der Eunuch unsere Haut mit Essenzen, die ihr ein weiches, weibliches Aussehen gaben. Das Gesicht aber erhielt eine besondere Behandlung durch färbende Mittel, die bewirkten, daß unsere Haut um Hals, Kinn und Stirn wie die eines Pfirsichs wirkte. Sorgfältig wurden unsere Augenbrauen bis auf eine dünne Linie ausgezupft. Drei Stunden lang mühte sich der oberste der Eunuchen des Statthalters, dann zogen wir Frauenkleider an, bekamen Perücken aufgesetzt und waren von wirklichen Frauen nicht mehr zu unterscheiden. Der Statthalter entschied, daß wir Mutter und Tochter seien. Er nannte mich Sabiha, meine Tochter sollte Sanina heißen.

Nur wenig Zeit fand sich noch, um die Müdigkeit durch Schlaf zu vertreiben, dann brachte uns der Fährmann, der uns am Vortag schon flußabwärts gefahren hatte, wieder zum Uferplatz nahe bei dem Garten der Nadschma. Dort trafen wir den Buckligen wieder, der uns nicht erkannte und der nicht glauben wollte, daß wir ihn einen Tag zuvor besucht hatten. Unseren

Stimmen, die wir bis dahin nur ungenügend zu verstellen wußten, glaubte er schließlich. Dann sprach er: »Bei Allah, der alles lenkt, der über alles Bescheid weiß, was auf Erden geschieht, nutzt die Stunde des Morgens, da das Gemüt vom Schlaf erquickt ist, und nähert euch der Pforte des Gartens. Möglich ist, daß man euch freundlich begegnet. Der Segen Allahs ist mit euch! Zugeben muß ich aber auch, daß ich nie mit derartigem Vergnügen und mit derartiger Erwartung zugesehen habe, wie Männer sich dem Garten der Nadschma nähern.«

Tausend Schritte hatten wir zu gehen, dann standen wir, der Wesir des Beherrschers der Gläubigen und der Kaufmann aus Oman, als die Frauen Sabiha und Sanina verkleidet, vor einer Mauer, hinter der hohe Büsche und Bäume zu erkennen waren. Ein eisernes Tor versperrte den Eingang. Sanina, die jüngere von uns beiden, klopfte an. Lauter als das Klopfen erschien uns das Pochen unserer Herzen. Sanina ergriff einen Stein und schlug fest gegen die Eisenplatten des Tores. Lange dauerte es, bis eine Stimme zu hören war, die rief: »Wer verlangt Einlaß?« In diesem Augenblick war es wichtig, daß unsere Stimmen uns nicht als Männer verrieten. Schrien wir laut, dann waren wir am kräftigen Ton erkannt. Wir mußten so lange schweigen, bis das Tor geöffnet wurde und wir zu der Öffnenden auf kleinem Abstand sprechen konnten. Wir taten so, als hätten wir die Frage nicht gehört und pochten weiter gegen das Tor. Da tat sich plötzlich ein Torflügel knarrend auf, und wir standen einer Frau gegenüber. Sie unterschied sich auffällig in der Kleidung von uns. Sie hatte ein schlichtes Hemd an aus grob gewobenem Stoff. Die Frau sah aus, als gehöre sie in eine Bauernhütte, wäre da nicht das feingeschnittene Gesicht gewesen. Das Hemd hatte offenbar nur den Zweck, den Leib vor Sonnenstrahlen zu schützen, zur Zierde diente es nicht. Wir aber, Sabiha und Sanina, waren gekleidet wie die Frauen im Harem des Statthalters von Basra: Pluderhosen bedeckten Unterleib und Beine, aus Seide waren unsere Hemden geschneidert.

Die Frau, die uns den Torflügel geöffnet hatte, war keineswegs erstaunt, uns in prächtiger Kleidung zu sehen. Ohne ein Wort zu sagen, ließ sie uns in den Garten der Nadschma eintreten. Kaum hatten wir das Tor mit zögerndem Fuß durchschritten, da trat uns eine andere Frau entgegen, die ähnlich gekleidet war wie die erste, die uns geöffnet hatte. Sie sprach: »Ich bin Scharaf Al Banat. Wer seid ihr?« »Mein Name ist Sanina. Meine Mutter Sabiha ist mit mir gekommen.« Da wurde Sanina unterbrochen: »Seit wann ist es üblich, daß die Jüngere spricht und die Ältere schweigt?« Da sprach Sanina erneut: »Wäre hier das Übliche üblich, dann hätten wir nicht an das Tor zum Garten der Nadschma gepocht! Wir haben gehört, daß bei euch andere Gesetze gelten, so sind wir gekommen, um diese anderen Gesetze kennenzulernen. Führe uns zu Nadschma, der Herrin, der dieser Garten gehört.« Doch die Frau, die uns immer noch hinter dem Tor aufhielt, fragte: »Seid ihr euren Männern davongelaufen?« Da wagte ich es, mein Glück mit verstellter Stimme zu versuchen, und sagte: »Mein Mann, oh Gebieterin, ist verstorben, meine Tochter Sanina aber hat noch keinem Manne gehört.« Da erhielt ich dies zur Antwort: »Wir sind hier nicht der Meinung, daß Frauen dem Manne gehören! Ihr seid gut beraten, Belehrung zu suchen. Tretet ein!«

Durch einen wilden Garten gingen wir. Dieser war so, wie ihn der Bucklige beschrieben hatte. Die Wege waren nicht gerade oder in geregelten Bögen angelegt. Sie verliefen so, wie sie nach Zufall, Notwendigkeit oder Nützlichkeit entstanden waren. Die Büsche und Sträucher waren völlig unbeschnitten. Von menschlicher Hand gepflegt waren nur einzelne Beete, auf denen Gemüse und Kräuter wuchsen. Vereinzelt weideten Tiere auf grasbestandenen Flächen zwischen Gärten und Gebüsch.

Die Frau, die sich Scharaf Al Banat nannte, führte uns über die sich ständig verzweigenden Wege, bis wir das Haus erreichten, von dem wir wußten, daß es mitten im Garten der Nadschma stand. Erst dort sahen wir andere Frauen. Auf dem Weg zum Haus war uns niemand begegnet. Keine von denen, die wir jetzt trafen, fiel durch Üppigkeit der Kleidung auf. Niemand trug

Schmuck oder auch nur bunte Bänder. Sie hatten Hemden derselben Art an, die sich jedoch durch Farben und Zuschnitt unterschieden. Sie grüßten durch Kopfnicken, und wir erwiderten den Gruß.

Einfach gehalten war die Ausstattung des Hauses, das wir nun betraten. An den Fenstern, die ohne Läden waren, wehten luftige Vorhänge im Wind. In den Räumen standen niedere Tische aus Holz. Die Kissen am Boden sahen aus wie die Kissen bei einfachen Kaufleuten in Baghdad und Basra. Als wir darauf saßen, stellten wir fest, daß sie nur dünn waren.

Allein gelassen, hatten wir in einem der Räume zu warten. Wir wagten nicht, miteinander zu reden. Reden aber hätte uns abgelenkt, hätte über die augenblickliche Not hinweggeholfen. Beide hatten wir Schwierigkeiten mit den Beinen. Zeit hatten wir nicht gehabt, das Verhalten als Frau zu üben. Ich und wohl auch Habib Al Farsi, der sich bemühte, Sanina zu sein, wußten nicht, was eine Frau mit ihren Beinen macht, wenn sie auf niederen Kissen sitzt. Ich bemerkte, daß meiner Tochter Sanina Schweißperlen auf die Stirn traten. In diesem Augenblick kam die Frau in das Zimmer, deren Bild wir gesehen hatten. Sie war wahrhaftig schön. Nadschma, die Tochter des Statthalters Salah Al Misri, stand vor uns.

Als wir uns erheben wollten, drückte sie uns wieder auf die Kissen nieder. Herrisch war ihre Berührung, aber sanft war ihre Stimme. Sie sprach: »Ihr habt von mir gehört, und ihr seid gekommen! Daß ich die Prophetin Nadschma bin, brauche ich euch nicht zu sagen. Ich bin die Gesandtin Allahs! Meine Offenbarung ist einfach. Sie lautet: Es gibt keinen Gott außer Allah! Und Allah ist eine Frau! Wollt ihr an mich, an die Gesandtin Allahs, glauben?«

Sanina antwortete: »Wir haben von dir und von deiner Offenbarung gehört. Als Frauen wollen wir glauben, als Gläubige aber zweifeln wir. Zweifel aber läßt sich beseitigen. Wir wollen bei dir bleiben, um zu sehen, ob der Zweifel schwindet.«

Nadschma fragte darauf: »Wie habt ihr von mir erfahren?«

Ich gab diese Auskunft: »Die Frauen in Basra sprechen von dir. Wir sind geschickt worden, um festzustellen, ob das, was gesprochen wird, auch wahr ist. Gesagt wird, daß du die Männer ablehnst und daß du auch von den anderen Frauen die Ablehnung der Männer verlangst. Hat dies damit zu tun, daß du Abneigung gegen die Begierden der Männer zeigst?« Nadschma wartete, ob meiner Frage noch eine weitere folgte. Als ich aber schwieg, sagte sie: »Als Gesandtin Allahs darf ich mich nicht von meinen Neigungen und Abneigungen leiten lassen. Jungfrau, wie ihr vielleicht glaubt, bin ich nicht mehr, und ich fühle mich auch nicht zu Frauen hingezogen. Die Wahrheit hört sich so an: Allah, die Allwissende und die Allerbarmerin, hat mich beauftragt, den Frauen zu befehlen, sich der Männer zu enthalten. Allah hat lange gewartet, doch jetzt ist ihr Zorn unermeßlich. Sie hat so geurteilt: Das Maß der Sünden der Menschen ist voll. Mit der jetzt heranwachsenden Generation soll die Menschheit aussterben. Wenn die Frauen sich der Männer enthalten, werden keine Menschen mehr geboren und nachwachsen. Ich werde dafür kämpfen, daß Allahs Wille erfüllt wird. Ihr sollt wissen, wie wir uns hier auf diesen Kampf vorbereiten.« Dann forderte uns Nadschma auf, mit ihr zu gehen, damit wir sehen sollten, was im Garten geschah.

Wieder begegneten wir Frauen in einfachen Hemden, die aber keineswegs einheitlich wirkten. Was wir schon zuvor bemerkt hatten, fiel uns auch jetzt auf: Jede der Frauen gab sich durch die Wahl der Farbe und der Form des Hemdes ein eigenes Aussehen. Ich fragte Nadschma: »Wie viele seid ihr, die gewillt sind, das Ende der Menschheit herbeizuführen?« Da erfuhr ich, daß zweihundert Frauen aus Basra sich bisher entschlossen hätten, im Garten der Nadschma zu leben.

Wir gingen weiter auf den verschlungenen Wegen und sahen Frauen, die Gemüse und Früchte ernteten, die Tiere hüteten und Wasserkrüge trugen. An Hütten schritten wir vorüber, an Zelten. Einige der Behausungen standen alleine, andere in Gruppen. Der Unterschied zum gewohnten Leben in den Dörfern unseres

Landes war nur, daß keine Kinder zu sehen und zu hören waren, und keine Männer. Trotz dieser Ungewöhnlichkeit war ich rasch in einer Stimmung der Ruhe. Mein Eindruck war, das Leben im Garten sei friedlich.

Die Neugier packte mich, und ich fragte: »Es wurde uns gesagt, oh Prophetin, daß jedem Mann, der sich dem Garten näherte, die Knochen gebrochen werden. Wir haben auch gehört, dies sei schon mehrfach geschehen. Wir sehen nur Frauen, die sich benehmen, als ob sie keinem Mann ein Leid zufügen könnten. Du, Nadschma, sagst uns, daß hier der Kampf für die Erfüllung des Willen Allahs vorbereitet wird. Wir sehen niemand, der sich darin übt, die Fähigkeit zu erwerben, einen Feind zu besiegen.«

Nadschma empfahl uns, nur einen Augenblick zu warten. Tatsächlich, als wir aus dem Gebüsch heraustraten auf eine Wiese, die im hellen Sonnenlicht lag, sahen wir nackte Frauen, junge und ältere, die engumschlungen im Kampf verwickelt waren. Jede dieser Frauen versuchte, ihre Gegnerin zu Boden zu drücken. Andere, die Hemden trugen, schwangen Holzstöcke, die sie wie Schwerter handhabten und gegeneinander schlugen, ohne sich jedoch treffen zu wollen. Wieder andere, die nichts am Körper trugen, rannten so schnell in der Morgenhitze im Kreise, daß ihre Leiber vor Schweiß glänzten. Alle, die hier übten, folgten dem Befehl der Frau, die uns das Tor zum Garten der Nadschma geöffnet hatte und die sich Scharaf Al Banat nannte.

Nadschma bemerkte unser Erstaunen, und sie sagte: »Die Fähigkeiten des Leibes durch Übungen zu steigern, war bisher dem Mann vorbehalten. Wir sind der Meinung, daß die Frau frei sein müsse, für ihren Leib dieselben Fähigkeiten erreichen zu können. Die Frauen, die sich hier Kräfte aneignen, werden die Kämpferinnen sein, die dafür sorgen werden, daß Allahs Wille erfüllt wird. Ihre Zahl wird sich steigern, bis sie ausreicht, um den Männern von Basra Furcht einzujagen. Dann wird sich die Herrschaft der Frauen weiter ausdehnen, bis nach Baghdad. Kein Mann wird sich der Frau mehr zu nähern wagen. Dort, in der Hauptstadt, jagen wir den Kalifen Harun Al Rashid und seinen Wesir Dschafar aus Palästen und Häusern. Dann wird die Herrschaft der Frauen anbrechen. Nach Allahs Willen ist ihre Zeit begrenzt, dann erlischt sie, und mit ihr die Menschheit. Dies ist ein wunderbarer Gedanke, der in mir tiefe Befriedigung entstehen läßt. Allahs Schöpfung übersteht eine Gefahr, die durch des Menschen Maßlosigkeit entstanden ist. Die Frauen widerstehen der Vermehrung und verweigern, was bisher ihre ureigenste Aufgabe war. So will Allah die Erde vor den Menschen retten. Nur eine Frau – und Allah ist eine Frau! – kann den Entschluß fassen, die fruchtbaren Frauen zum Werkzeug des Unterganges der Menschheit und der Rettung der Erde zu machen. Ich habe ihre Stimme gehört, als sie mir ihren Willen kundtun wollte. Eine Stimme von erhabener Gewalt, die mich auf die Knie niedergezwungen hat!«

Nadschma, das war zu spüren, glaubte wirklich, diese Stimme gehört zu haben. Sie war besessen von der Idee, Prophetin Allahs zu sein. Die Überzeugung hatte sie gepackt, Allah wolle tatsächlich die Menschheit vernichten. Da die Vernichtung beschlossene Sache sei, werde sie auch so stattfinden, wie von der vermeintlichen Offenbarung vorausgesagt. Mein Begleiter, der als Sanina verkleidete Habib Al Farsi, das war ihm anzusehen, war schon ganz in den Bann der Prophetin gezogen. Die Begegnung mit dieser Besessenen hatte ihm keineswegs die Liebe, die vom Anblick des Bildes ausgelöst worden war, genommen. Nadschmas Nähe hatte seine Empfindungen sogar noch gesteigert.

Wir vernahmen, wie Scharaf Al Banat einen Befehl gab. In diesem Augenblick unterbrachen alle Frauen ihre Übungen. Wer noch ein Hemd anhatte, streifte es ab. Dann rannten alle Frauen los in eine Richtung. Nadschma veranlaßte uns, ihnen zu folgen. Wir hatten nicht weit zu gehen, da standen wir vor einem Teich, der künstlich angelegt worden war. Dieser Teich war das Ziel der Frauen. Einige befanden sich bereits im Wasser, andere sprangen gerade hinein. Alle konnten sich darin bewegen, ohne den Boden zu berühren, ohne sich festhalten zu müssen.

Der Anblick der Körper im Wasser nahm derart meine Sinne gefangen, daß ich vergaß, eine Frau darzustellen. Mit unverstellter Stimme sprach ich mein Erstaunen aus: »Ich kann nicht glauben, daß der Beherrscher der Gläubigen in seinem Harem je etwas derartiges gesehen hat.« Ich erschrak über mich selbst, als ich die eigene Stimme vernahm. Doch Nadschma benahm sich so, als hätte sie nichts bemerkt. Alsbald stieg sie ganz unbekümmert aus ihrem Hemd, warf es auf die Erde und sprang selbst ins Wasser. Auch sie brauchte weder Boden noch Halt. Ich sagte zu Sanina: »Gleich wird sie vorschlagen, daß auch wir ins Wasser gehen. Wir antworten ihr dann einfach, daß wir beide ungewohnt sind, uns darin zu bewegen.«

Kaum hatte ich diese Worte ausgesprochen, da hörten wir die Aufforderung, die Kleider abzulegen und Kühlung im Wasser zu suchen. Wir antworteten wie verabredet. Doch Nadschma war entschlossen, auch diesmal ihren Willen durchzusetzen. Sie antwortete: »Hier am Rande ist das Wasser seicht. Da könnt ihr ohne Gefahr auf dem Boden stehen!« Unsere erneute Weigerung erregte ihren Zorn. Sie verließ das Wasser, streifte sich das Hemd über den nassen Körper und rief ihre Befehlshaberin Scharaf Al Banat zu sich. In scharfem Ton gab sie diese Anweisung: »Sorge dafür, daß diese beiden nackt vor mir stehen! Ein furchtbarer Verdacht steigt in mir auf. Habe ich recht, dann werden beide für ihr Vergehen, für ihren Vertrauensbruch, mit dem Tod büßen!« Mit Schreck vernahm ich die Antwort der Scharaf Al Banat: »Ich höre und gehorche!«

Wir wehrten uns nicht, als uns die Kleider vom Leib gezerrt wurden, und so war es bald allen offenbar, daß die Frauen Sabiha und Sanina Männer waren. Wutgeheul war die Folge. Keine der Frauen hielt sich mehr im Wasser auf. Sie standen rings um uns und starrten uns feindselig an. Da wagten wir es nicht mehr, sie anzublicken. Unsere Augen waren zu Boden gerichtet. Wir warteten darauf, daß Nadschma den Befehl gab, uns im Wasser des Teiches zu ertränken. Doch plötzlich sprach sie: »Bedeckt euch mit den Händen!« Und wir gehorchten.

Der Befehl hatte auch das Wutgeheul verstummen lassen. Die Stille steigerte meine Angst. Doch schließlich dachte ich, die Aufforderung, uns zu bedecken, könnte eigentlich nur bedeuten, daß Nadschma uns nicht töten lassen wollte. Unsere Todesangst verminderte sich jedoch erst, als Scharaf Al Banat die Weisung bekam, die Frauen in ihre Hütten und Zelte zurückgehen zu lassen.

Vier kräftige Mädchen brachten uns, unter Führung von Nadschma ins Haus zurück. Wir wurden in einem Raum eingesperrt, der nur eine kleine Fensteröffnung besaß, die uns keine Möglichkeit zur Flucht bot. Ehe die Riegel vorgeschoben wurden, sprach Nadschma noch zu uns: »Kleider können wir euch keine geben. Da ihr Männer seid, ist es für euch unschicklich, Frauenkleider anzuziehen. Männerkleider aber sind hier bei uns nicht zu finden!«

Wir saßen in dem engen Raum auf dem Boden. So klein das Fenster auch war, von draußen strömten heiße Winde herein. Die Luft wurde stickig. Schweiß floß über unsere Körper. Nicht einen einzigen Schluck Wasser ließ uns Nadschma in die Zelle bringen. Nach Stunden sagte Habib Al Farsi: »Sie hat uns nicht im Teich ertränkt, doch sie läßt uns durch Durst umkommen!« Als es dunkel zu werden begann, sprach er wieder: »Ich liebe diese Frau dennoch! Sogar stärker als zuvor. Wenn hier der Schatten des Todes über mich fällt, wird mein letzter Gedanke ihr gehören!«

In der Nacht schliefen wir beide unruhig, von Durst geplagt. Bei Anbruch der Morgendämmerung fanden bissige Insekten den Weg durch das Fenster. Sie hatten wohl unseren Schweiß gerochen. Das Schlimme war, daß wir unsere Ausscheidungen nicht länger bei uns behalten konnten. So wurde der Gestank in dem engen Raum bald unerträglich. Noch waren wir kräftig genug, um gegen die hölzerne Tür zu hämmern, doch niemand hörte uns. Draußen herrschte völlige Stille. Mir war es, als seien Haus und Garten verlassen, als seien wir Halbtoten die einzigen Lebewesen außer den Insekten.

Die trockenen Lippen des Habib Al Farsi sprachen leise den Namen »Nadschma« aus. Ich dachte darüber nach, daß der Beherrscher der Gläubigen mich längst in seinem Reich suchen ließ. Der einzige, der Auskunft über meinen Verbleib geben konnte, war Salah Al Misri, der Statthalter des Kalifen in Basra. Aber er würde wohl aus gutem Grund schweigen. Meine ganze Hoffnung klammerte sich also daran, daß Salah Al Misri mich im Garten der Nadschma suchen lassen würde.

Mein Begleiter in dieser Not begann gegen Abend des zweiten Tages, den wir eingesperrt zubrachten, zu wimmern. Als er sich beruhigte, merkte ich, daß ihn die Ohnmacht bewußtlos gemacht hatte. In der Nacht zogen mir wüste Bilder durch den Kopf: Überall um mich herum, ganz nahe, standen die Frauen, die im Garten ihre Leiber geübt hatten. Sie griffen nach mir, und sie brachten mich zum Samenerguß. Da verlor auch ich das Bewußtsein.

Am Morgen wurde ich durch einen Fuß geweckt, der mich anstieß. Meine Augen konnte ich kaum öffnen, denn die Lider waren durch schleimigen Ausfluß verklebt. Die Insektenbisse hatten mein Gesicht wohl schlimm zugerichtet. Schließlich sah ich, daß Scharaf Al Banat vor mir stand. Sie sagte: »Ich soll euch zum Teich bringen, damit ihr euch reinigen und erfrischen könnt!« Doch die zwei Tage Durst hatten uns derart geschwächt, daß wir nicht auf den Beinen stehen konnten. So brachte sie uns Wasser und Reinigungstücher in unser Gefängnis. In kleinen Schlucken nahmen wir die Flüssigkeit zu uns. Als die Kräfte langsam wieder zu erwachen begannen, pflegten wir unsere Körper. Am Nachmittag fühlten wir uns stark genug, die Zelle zu verlassen. Dies war möglich, denn die Tür war nicht mehr verschlossen.

Wir gingen nun zum Teich, um uns dort zu baden. Auf dem Weg begegneten wir niemand. Der Garten der Nadschma schien verlassen zu sein. Da wir Hunger verspürten, aßen wir Tomaten, die wir von den Stauden brachen. Dann verbrachten wir eine Stunde im kühlen Wasser.

Bei der Rückkehr zum Haus erwartete uns Scharaf al Banat. Sie gab uns Hemden, damit wir uns bedecken konnten. Dann sprach sie: »Die Prophetin, die Gesandtin Allahs, hat die Stimme vernommen, die ihr befohlen hat, das Land um Euphrat und Tigris zu verlassen, samt ihren Genossinnen. Diese Offenbarung ist am Nachmittag nach eurer Entdeckung geschehen. Die Frauen sind bereits weg, unterwegs zu Schiff nach Indien. Auch die Gesandtin Allahs und ich werden abreisen. Doch dies wird erst geschehen, wenn der Gesandtin Allahs die Gnade einer weiteren Offenbarung zuteil geworden ist. Auf diese Gnade wartet die Prophetin. Sie will sich jetzt um euer Schicksal kümmern. Sie ist bereit, euch zu empfangen.«

Kurze Zeit später saßen wir der Herrin Nadschma gegenüber, der Frau, die aus Überzeugung verkündete, Allahs Wesen sei weiblich. Sie empfing uns dort, wo auch das erste Gespräch stattgefunden hatte. Der Unterschied war, daß wir nun wieder Männer sein durften, daß wir beide, ich und Habib Al Farsi, uns nicht mehr zu verstellen brauchten.

Nadschma begann das Gespräch so: »Bei Allah, ich hätte euch verdursten, verhungern und verfaulen lassen können!« Zu mir gewandt meinte sie mit böser Stimme: »Wenn es allein um dich gegangen wäre, so hätte ich dich in dem verriegelten Raum gelassen. Nach meiner Abreise hätte es lange gedauert, bis jemand in Haus und Garten eingedrungen wäre, bis jemand dich gefunden hätte. Du aber, der jüngere von euch beiden« – dabei drehte sie sich Habib Al Farsi zu – »du besitzt eine Ausstrahlung, die von Anfang an mein Inneres berührt hat. Dich wollte ich am Leben lassen. So werdet ihr jetzt beide verschont. Wissen will ich jedoch, warum seid ihr in meinen Garten gekommen? Gib du mir eine Antwort, von dir habe ich keine Lügen zu erwarten!«

Habib Al Farsi war aufgefordert, zu reden. Er sprach: »Oh Herrin, bei Allah will ich dir eine ehrliche Antwort geben. Dein Bild habe ich gesehen, in Baghdad war es, und da ist mein Herz in Liebe zu dir entflammt. Um dir nahe sein zu können, habe ich Frauenkleider angezogen. Um dich für mich zu gewinnen, habe ich deinen Garten betreten. Blind habe ich gehandelt, ohne Plan, wie ich dich gewinnen könnte.« Da unterbrach Nadschma die Worte des Habib Al Farsi: »Wo hast du in Baghdad mein Bild gesehen? Sage mir die volle Wahrheit!« Mein Begleiter antwortete: »Beim Wesir des Kalifen Harun Al Rashid!« Da zog der Ausdruck des Erstaunens über ihr Gesicht.

Ehe Nadschma etwas sagen konnte, sprach ich: »Dieser Wesir des Beherrschers der Gläubigen bin ich! Auch zwischen dir und mir soll kein Wort der Lüge stehen. Dein Vater, oh Herrin Nadschma, hat mir einen Brief geschrieben, in dem er mir seine Unruhe und Sorge mitteilte über das Leben, das du führst. Diesem Brief war dein Bild beigefügt. Es war ein Bild, das die Schönheit deines Gesichtes erkennbar macht. Dein Vater, den ich sehr schätze, bat mich um Hilfe. Es war meine Pflicht, zu handeln. Als Wesir des Islamischen Reiches gerate ich in Sorge, wenn die Beziehung zwischen den Menschen gestört wird. Und dies geschieht, wenn sich Frauen den Männern entziehen. Ich wollte mit eigenen Augen sehen, was hier geschieht. Der junge Mann, den ich mitgebracht habe, das gebe ich zu, ist Teil meines Planes gewesen. Ich habe gehofft, er möge dir gefallen. Mein Plan war vielleicht zu einfach. Ich habe die Wirklichkeit nicht bedacht. Es war mir nicht bewußt, daß du einer Stimme gehorchst, die dir befiehlt, den Frauen insgesamt Enthaltung vom Manne zu verordnen. Den Männern zu entfliehen, ist keine Laune von dir. Ich könnte dir nun sagen, daß meine Sorge und meine Unruhe erlischt, denn du verläßt das Islamische Reich. Doch deine Abreise befriedigt mich keineswegs, denn du hinterläßt einen Liebenden in Trauer. Ich hatte, als du uns gefangengehalten hast, Gelegenheit, diesen jungen Mann, sein Name ist Habib Al Farsi, zu beobachten: Er ist dir mit Seele und Leib verfallen. Er wird ohne dich zugrunde gehen!«

Da beendete Habib Al Farsi meine Rede mit diesen Worten: »Oh Herrin, der Wesir des Kalifen hat recht. Meine Liebe zu dir wird mich zerstören. Doch selbst wenn die Stimme, die du hörst, das Verbot der Vereinigung von Mann und Frau aufheben würde, ich könnte mich nie zu ihr bekennen. Mein Glaubensbekenntnis kann nie lauten: ›Allah ist eine Frau!‹ «

Die heißen Winde des frühen Nachmittags wehten durch den Raum. Wir schwiegen. Mit Nadschma ging eine Veränderung vor: Ihr Körper geriet langsam in Zuckungen. Die Glieder spannten sich an und entspannten sich wieder. Auch die Muskeln des Gesichts vollzogen diese Bewegungen. Als sich die Zuckungen beschleunigten, da legte sich Nadschma zurück auf ihren Rücken. Sie bedeckte ihr Gesicht mit einem Tuch. Ich wollte nicht, daß wir ihr noch länger zuschauten. Auf meinen Wink erhob sich Habib Al Farsi mit mir von den Kissen. Wir verließen den Raum. Vor dem Haus setzten wir uns in einen schattigen Winkel. Noch müde von den Anstrengungen der Gefangenschaft, schliefen wir ein.

Geweckt wurden wir von Scharaf Al Banat. Sie sprach: »Der Gesandtin Allahs ist die Gnade einer Offenbarung zuteil geworden. Die Stimme hat ihr befohlen, die Nacht mit Habib Al Farsi im selben Raum zu verbringen. Gelingt es dir, oh Habib, Nadschma durch die Kraft deiner Liebe zu überzeugen, so daß sie dir erlaubt, in sie einzugehen, verliert sie den Auftrag, Gesandtin Allahs zu sein. Sie wird dann wieder zur Frau, die sich dem Manne ergibt, und wird mit dir, Habib, zusammenleben. Ich werde in diesem Fall an ihrer Stelle mit den Frauen, die ihr im Garten gesehen habt, nach Indien reisen. Verfällt die Gesandtin Allahs jedoch nicht der Kraft deiner Liebe und läßt sie es nicht zu, daß du in sie eingehst, dann wird die Stimme auch weiterhin zu ihr sprechen. Du aber, Habib, wirst sie verlieren, denn sie wird nie einem Mann gehören. Sie wird in Indien die Zeit der Frauenherrschaft vorbereiten. Ruhe dich jetzt aus, Habib! Die Nacht wird lang sein. Ist die Dunkelheit hereingebrochen, hole ich dich ab!«

In Unruhe wartete ich die Nacht hindurch. Ich wußte nicht, wo sich Nadschma und Habib Al Farsi im Haus aufhielten. Auch von Scharaf Al Banat hörte und sah ich nichts. Um mich herum war völlige Stille. Obgleich ich müde war, schlief ich kaum. Die Gedanken der Sorge vor dem Morgen vertrieb ich mir durch Erinnerung an glückliche Zeiten. Ein Ereignis hatte Ähnlichkeit mit dem, das ich eben erlebte.

Es hatte sich eines Abends ergeben, daß der Beherrscher der Gläubigen Dichter und Höflinge um sich versammelt hatte. Wein aus Syrien wurde gereicht, der dem Kalifen besonders schmeckte, und die schönsten der Sklavinnen tanzten. Eines der Mädchen erregte die Aufmerksamkeit des Herrschers mehr als die anderen. Der Dichter Abu Nuwas, vom Kalifen dazu aufgefordert, beschrieb ihre Schönheit mit diesen Versen:

Sie ist bedacht mit unzähligen Reizen:
Die Haut erglänzt wie goldener Weizen,
Mit den Händen zu umfassen ihren Leib,
Ist dem Manne ein lieblicher Zeitvertreib –
So schmal ist ihres Leibes Mitte.
Und zierlich setzt sie ihre Schritte,
Wenn sie den Leib im Tanz uns zeigt.
Vor so viel Schönheit sich verneigt
Selbst der Kalif, der von Frauen verwöhnt.
Er liebt ihre Augen, die dunkel getönt,
Es sind die Augen der Gazelle.

Da Abu Nuwas einen Augenblick zögerte, um einen Reim auf das Wort Gazelle zu finden, sprach der Beherrscher der Gläubigen: »Oh Abu Nuwas, ich pflege deine Gedichte mit hohen Summen zu bezahlen, doch dieses Mal genügen deine Verse nicht, um die Schönheit dieses Mädchens zu beschreiben. Arm ist das Gedicht an Bildern und schwach im Versmaß. So gehst du leer aus!« Da entgegnete Abu Nuwas, der wieder einmal Geld benötigte: »Oh Beherrscher der Gläubigen, ich glaube, daß ich heute doch noch zu Geld komme. Ich möchte dir eine Wette vorschlagen. Ich wette, daß dieses Mädchen, das dir so sehr gefällt und das so zart wirkt, stärker ist als ein Mann!« Da meinte Harun Al Rashid: »Oh Abu Nuwas, diese Wette wirst du verlieren!« Doch Abu Nuwas blieb hartnäckig: »Tausend Dirhem will ich aufs Spiel setzen, oh mein Herr! Tausend Dirhem zahle ich dir, wenn jenes Mädchen zu schwach ist, um einen starken Mann zu besiegen.« Der Kalif gab nach: »Wenn du Geld zu verlieren hast, so will ich kein Spielverderber sein. Aber wie soll die Wette entschieden werden?«

Nur einen Augenblick brauchte der Dichter nachzudenken, dann schlug er vor: »Sucht unter euren Dienern einen starken und unverstümmelten Mann aus. Sagt ihm, er werde von Masrûr, dem Schwertträger, geköpft, wenn er den Reizen dieses Mädchens verfällt, wenn er in sie eindringt. Dem Mädchen aber muß gesagt werden, daß es zur freien Frau wird und außerdem tausend Dirhem und eine Perlenkette erhält, wenn es den Mann dazu bringen kann, in sie einzudringen. Ich stelle mir das so vor: Der Mann und das Mädchen werden für den Rest dieser Nacht in ein Zimmer eingesperrt, in dem weiche Kissen liegen, in dem stärkende Süßspeisen und leichter Wein aufgetischt sind. Der Raum soll von feinen Düften erfüllt sein. Du aber, oh Beherrscher der Gläubigen, und ich, wir werden durch ein Loch in der Decke auf die beiden hinunterblicken.«

Der Kalif war erfreut über diesen Vorschlag: »Für diese Nacht ist unser Zeitvertreib gesichert. Aber wird es nicht besser sein, wenn wir dem Mann noch sagen, daß wir zuschauen werden? Er wird sich dann nicht so leicht über seine Todesfurcht hinwegsetzen können. Er wird standhafter sein.«

Alsbald bekam Masrûr den Befehl, unter den Dienern einen kräftigen und unverstümmelten Mann auszusuchen. Nach wenigen Minuten brachte er einen Mann in den Saal des Diwan, der den Ansprüchen des Beherrschers der Gläubigen genügte. Auch die Kraft seiner Männlichkeit, die der Kalif eingehend betrachtete, wurde von ihm für die Anforderungen der Wette als angemessen beurteilt. Abu Nuwas blieb bei seiner Meinung: »Stärker und standhafter als dieser Mann wird das Mädchen sein! Um dem Spiel um Tod und Geld noch zusätzlichen Reiz zu verleihen, werden wir dem Mann Mädchenkleider anziehen.

Die Sklavin aber erhält Hosen und Hemd, wie die Männer sie tragen.« So mußte das Mädchen, das vom Tanz noch nackt war, Beinkleider anlegen aus derbem Stoff und ein langes Hemd, das bis zu den Knien reichte. Der Mann aber streifte Pluderhosen aus leichtem Gewebe über und schlüpfte in ein Oberteil, das aus Schleiern bestand. Dann wurden beide, das Mädchen und der junge Mann, in eine Kammer geführt, die mit weichen Pfühlen ausgestattet war. Dort sprach Harun Al Rashid: »Ihr habt eine Prüfung zu bestehen. Bleibt der Mann standhaft, hat er sein Leben gewonnen. Verfällt er dem Mädchen, so verfällt er dem Tod durch das Schwert von Masrûr. Wenn du, Mädchen, den Mann dazu bringst, daß er in dich eindringt, wirst du reich belohnt.« Abu Nuwas nahm den Mann beiseite und sagte zu ihm: »Wisse, daß du beobachtet wirst. Der Beherrscher der Gläubigen und ich werden dir zuschauen, wie deine Standhaftigkeit siegt oder zerbricht.«

Ich war bisher am Ablauf der Wette nicht beteiligt, doch nun meinte Abu Nuwas, ich solle mir das Schauspiel nicht entgehen lassen, wie ein Mann durch eine Frau den Kopf verliert. Und so ging ich mit dem Kalifen und dem Dichter ins obere Stockwerk, um von dort, durch ein Loch im Boden, auf die beiden jungen Menschen hinunterzublicken.

Wir sahen den Mann, entfernt von dem Mädchen in einer Ecke auf Kissen sitzen. Er blickte sie nicht an. Offenbar wollte er sich von der Versuchung ablenken, denn er beschäftigte sich damit, Weintrauben zu essen – eine Beere nach der anderen. Da hörten wir das Mädchen sprechen: »Du gefällst mir. Ich möchte dich ganz nahe bei mir haben. In die Arme will ich dich nehmen.« Obgleich das Mädchen verführerisch zu sprechen wußte, erhielt es keine Antwort. Mit einer ärgerlichen Bewegung stand die Sklavin endlich auf und ging zu dem Mann hinüber. Sie sprach: »Gib mir einen Kuß. Nur einen einzigen Kuß. Der Kuß gleicht der Perle und kann nichts Böses anrichten. Er ist mit einer Seifenblase zu vergleichen, die zerspringt und nicht mehr besteht.«

Die Ohren hielt sich der Mann zu und hütete sich davor, das Mädchen anzublicken. Da sagte der Kalif ganz leise zu Abu Nuwas: »Diese Sache geht günstig für mich aus! Deine tausend Dirhem wirst du bezahlen müssen!« Abu Nuwas aber antwortete nicht.

Wir sahen, wie die Sklavin nun nach den Trauben griff. Sie sprach: »So werde ich eben wie du Trauben essen, wenn du zu nichts anderem fähig bist!« Sie steckte aber keine Beere in den Mund, sondern zerdrückte sie zwischen Daumen und Zeigefinger. Plötzlich schrie die Sklavin auf und rieb sich heftig ein Auge. Als sie sah, daß der junge Mann ihr den Blick zuwandte, sprach sie laut: »Mir ist etwas ins Auge geflogen, vielleicht ein Stück eines Traubenkerns. Du mußt mir helfen. Du darfst mich nicht leiden lassen. Der Prophet – Allah spende ihm Heil und Segen – hat gesagt, daß auch die Frau im Augenblick der Not ein Recht auf Verständnis und Hilfe habe.« Die Berufung auf den Gesandten Allahs verfehlte ihre Wirkung nicht: Der Mann näherte sich mit einem Tuch, um dem Mädchen den Augenwinkel auszuwischen. Sie aber wehrte ihn plötzlich ab und sprach. »Du bist schuld, daß ich nun Schmerzen leide. Hättest du mir auch nur einen ganz kleinen Kuß gegeben, hätte ich keine Trauben gegessen, und nichts wäre mir ins Auge geflogen!« Da gab ihr der Mann recht, und er küßte das Mädchen.

Abu Nuwas, der sich schon als Gewinner der Wette sah, redete jetzt mit einer Stimme, die voll Genugtuung war: »Wenn dieser Kuß zu den kleinen Küssen gerechnet wird, dann wird ein ganzer Tag nicht für einen langen Kuß reichen!« Harun Al Rashid schaute bedenklich drein. Ungern verlor der Beherrscher der Gläubigen eine Wette.

Von unten hörten wir nun diese Worte des Mädchens: »Der Schmerz im Auge ist verschwunden. Vielleicht hat mich doch nur Saft der Traube getroffen und nicht ein Teil des Kerns!« Der Mann sprach darauf: »Ich weiß, daß der Beherrscher der Gläubigen uns zusieht. Von irgendwoher blickt uns sein Auge an. Wenn ich mein Leben nicht verlieren will, muß ich mich zurückhalten.« Er stand auf, um wieder in die Ecke zu gehen, in der er sich vorher befunden hatte. Dabei spürte er, wie seine Pluderhose zu rutschen begann. Ungewohnt war ihm das Kleidungsstück, und er griff zunächst mit beiden Händen nach dem Hosenbund. Die Sklavin bemerkte seine Unbeholfenheit, und sie wollte ihm helfen. Sie meinte: »Die Pluderhosen von uns Frauen werden mit einer Schnur festgehalten, die um den Bauch geschnürt ist. Du hast offenbar deine Schnur nicht festgezogen. Ich will das für dich tun!« Sie suchte nach der Schnur und griff dem Mann in die Hose. Da zuckte der Mann zusammen und rief: »Sei vorsichtig mit deinen Fingern! Der Kalif sieht uns zu! Ich kann mich nicht mehr beherrschen!«

Der Beherrscher der Gläubigen spürte, daß er dabei war, die Wette tatsächlich zu verlieren. Er sprach: »Abu Nuwas, ich bin besorgt, daß du meine Gnade verlierst, wenn du der Sieger bist in dieser Nacht!« Da sahen wir, wie der junge Mann das Lager hochhob, das eigentlich die beiden Liebenden hätte tragen sollen. Mit Erstaunen bemerkten wir, daß er unter dem großen und flachen Kissen zu suchen begann. Das Mädchen blickte ihn fragend an, bis er zu erklären begann: »Die Schnur ist nicht in der Pluderhose. Sie muß herausgerutscht sein. Wenn sie nicht auf dem Lager liegt, dann wird sie darunter liegen. Wir werden sie gemeinsam suchen. Du mußt mir helfen. Ich kann höchstens mit einer Hand nach der Schnur tasten, denn ich brauche die andere Hand, um meine Hose festzuhalten!«

Unser Erstaunen wuchs, als wir zusehen mußten, wie der Mann und die Sklavin unter dem weichen Lager verschwanden. Abu Nuwas sprach als erster: »Sie jagen im Dunkeln nach einer Hosenschnur.« Und der Beherrscher der Gläubigen erwiderte: »Die beiden sind das Verschlagenste, was mir je begegnet ist!«

Wir warteten, doch wir sahen nur, daß das deckende Kissen in Bewegung geriet. Lange hielt diese Bewegung an. Da wurde schließlich dem Kalifen das Warten zu lang. Er rief durch das Loch in das Zimmer hinunter: »Die Sache muß ein Ende finden. Ich spreche jetzt das Urteil. Sieger ist, wer von euch beiden die

Hosenschnur gefunden hat.« Es dauerte nicht lange, und beide krochen unter dem Lager hervor. Sowohl das Mädchen als auch der Mann hatten je ein Ende der Schnur in der Hand.

Verblüfft blickten der Kalif und Abu Nuwas auf das Bild, das sich ihnen bot. Da sprach Harun Al Rashid: »Mein Wort gilt, denn nie darf ein Herrscher sein Wort brechen. Ich habe gesagt, Sieger ist, wer die Hosenschnur in der Hand hält. Die Schnur hat zwei Enden, so haben wir zwei Sieger. Das Leben wird der junge Mann nicht verlieren. Die Sklavin bekommt die Freiheit und die versprochene Belohnung. Eine Perlenkette soll ihr zusätzlich gegeben werden. Die Frage ist nur, wer ist der Gewinner der Wette? Ich entscheide so: Abu Nuwas soll die Hosenschnur erhalten!«

Das Vergnügen der Erinnerung an jene weit zurückliegende Nacht stimmte mein Gemüt nun heiterer und gelassener. Doch ich mußte lange warten, bis sich das Rätsel der eben vergehenden Nacht löste. Der Tag brach an. Im Garten waren die Vögel zu hören. Im Haus aber blieb alles still.

Die Sonne stand schon hoch am Himmel, als Nadschma und Habib Al Farsi endlich den Raum betraten, in dem ich mich aufhielt. Ich sah auf den ersten Blick, daß ich mir über diese Frau zukünftig keine sorgenvollen Gedanken mehr zu machen brauchte: Der Kaufmann aus Oman, der nun als mein Halbbruder galt, und die Tochter des Statthalters in Basra hatten sich gefunden. Nadschma redete mich so an: »Oh Wesir des Beherrschers der Gläubigen! In dieser Nacht hat die Stimme noch einmal zu mir gesprochen. Es war wohl das letzte Mal. Die Stimme verkündete mir, die Zeit sei noch nicht gekommen, um der Welt die Wahrheit zu verkünden, daß Allah eine Frau ist. Jahrhunderte werden vergehen, ehe das kurze Zeitalter der Frau anbricht. Damit aber ist der Menschheit Zeit gewonnen. Das Ende der menschlichen Herrschaft über die Erde bricht noch nicht an.«

Ihr selbst, so sagte Nadschma, sei erlaubt worden, sich einem Manne hinzugeben. Habib Al Farsi sei ihr Auserwählter. Entschlossen sei sie, mit ihm ins Haus ihres Vaters einzuziehen. Und Nadschma bat mich, sie dorthin zu begleiten.

Auf meine Frage, was mit Scharaf Al Banat geschehen sei, erhielt ich diese Antwort: »Sie blieb bei ihrem Entschluß, nach Indien zu fahren. Sie warf mir Verrat vor an der Überzeugung, die wir gemeinsam gehabt haben. Sie will nun allein mit den Frauen, die sich schon auf den Weg gemacht haben, dafür kämpfen, daß die Frauen nicht mehr den Männern unterworfen sind.«

Beim Verlassen des Gartens der Nadschma merkte ich, daß der Bucklige nicht vor seiner Hütte saß. Ich unterließ es jedoch, nach dem »Vater der Schadenfreude« zu suchen.

»Im Zeichen der Bohne«

Um die Mittagszeit befanden wir uns – ich, Nadschma und Habib Al Farsi, der bei diesem Namen blieb – im Palast des Statthalters in Basra. Das erste, was ich erfuhr, war, daß der Beherrscher der Gläubigen mein Verschwinden entdeckt hatte und mich suchen ließ. Die Postmeister im gesamten Islamischen Reich waren aufgefordert, eiligst berittene Boten nach Basra zu schicken, wenn sie eine Spur von mir entdeckt hätten. Nie hätte ich mir vorstellen können, über das Netz der Postmeister, das mein Vater Jahja Al Barmaki geschaffen hatte, gesucht zu werden. Nach persischem Vorbild war das Postwesen eingerichtet worden: Die Postmeister waren zugleich die Spitzel des Herrschers. Diese Spitzel waren nun hinter mir her.

Salah Al Misri, der Statthalter, hatte sich dadurch, daß er meine Anwesenheit in seiner Stadt Basra nicht dem Beherrscher der Gläubigen mitgeteilt hatte, selbst in Gefahr gebracht. Erfuhr Harun Al Rashid von dieser Pflichtverletzung, war Salah Al Misri verloren, dann würde ihm Masrûr den Kopf abschlagen.

Der Statthalter sprach kein Wort von der Sorge, die ihn bedrückte. Er redete nur über seine Angst um mich. So drückte er sich aus: »Oh Wesir des Beherrschers der Gläubigen! Oh Freund! Ich habe vor zwei Nächten geträumt, dein Grab werde geöffnet und ich blickte hinein. Da sah ich, daß dein Körper ohne Kopf war. Erst als der ganze Leichnam aufgedeckt war, erkannte ich, daß dein Kopf zwischen den Beinen lag. Der Leib und auch das Fleisch des Schädels waren vermodert. Doch deine Augen, oh Dschafar, waren lebendig. Sie sahen mich an und waren nicht starr. Sie bewegten sich in den Höhlen des Schädels, als wollten sie mir in der Sprache der Augen Wichtiges mitteilen. Grausam war dieser Traum und doch nicht abstoßend. Er hat meine Sinne eigentümlich gereizt.« Da fragte ich den Statthalter: »Einziger Freund, den ich wohl noch habe, verstehst du dich auf die Deutung von Träumen?« Seine Antwort war: »Ich glaube schon! Der Traum ist so zu deuten: Dein Tod ist beschlossene Sache. Doch dies wird dich nicht bekümmern, denn wir alle wissen, daß der Tod uns zu jeder Stunde belauert, daß er viele Mittel hat und Schliche kennt, um uns zu packen. Einer der Schliche ist, uns den Kopf abschlagen zu lassen. Du wirst also sterben, aber bleiben werden deine Erfahrungen, die du gemacht hast, solange du der Wesir des Beherrschers der Gläubigen warst. Die Augen, die ich gesehen habe, zeigen das Überleben deines Geistes an. Dein Geist bleibt und gibt den Nachkommen für viele Generationen zu denken – so wie mir diese Augen zu denken gegeben haben. Du selbst mußt jedoch dafür sorgen, daß diejenigen, die nach uns leben werden, deinen Augen, das heißt, deinem Geist begegnen können. Mein Rat, oh Freund, ist einfach: Schreibe auf, was du erlebt hast, und verstecke das Geschriebene gut. Brauchst du dabei Hilfe, so kannst du mit mir rechnen, denn du hast mir geholfen. Das, was du an Erinnerungen hinterläßt, ist besser in Basra aufgehoben als in der Stadt des Heils!« Ich erwiderte: »Deine Hilfe, oh Salah Al Misri, werde ich brauchen. Doch bei dir sollen die Papiere, die meine Erinnerungen bergen, nicht versteckt sein, denn auch du mußt um dein

Leben bangen. Nenne mir jemand, dem ich vertrauen kann!« Lange überlegte der Statthalter, wen er mir als vertrauenswürdig empfehlen könnte. Dann meinte er bedächtig: »Du hast recht, oh Freund. Meine Hilfe kann nicht darin bestehen, daß ich die Papiere bei mir aufbewahre. Doch selbst nach gründlicher Überlegung fällt mir niemand ein, der deine Erinnerungen, hat er sie erst in der Hand, nicht zu deinem und meinem Unglück verwenden würde. Du mußt hier in der Stadt Basra einen Mann finden, den du, mit welchem Mittel auch immer, zum Schweigen und zur Treue verpflichten kannst.« Dann verhielt der Statthalter wieder seine Worte, bis er in seinem Nachdenken fündig geworden war. Er gab mir diesen Rat: »Ein Kaufmann, der unverschuldet in Not geraten ist, wird der Richtige für dich sein. Ich werde dir noch heute einen Namen nennen!«

So geschah es, daß ich am frühen Abend über den Markt von Basra ging. Ich tat so, als interessierten mich die Waren, die zum Verkauf angeboten waren, in Wahrheit suchte ich jedoch das Ladengewölbe des Kaufmanns Abdallah. Sein Name war mir vom Statthalter genannt worden. Seltsames sah ich, als ich vor sein Ladengewölbe trat: Es war ausgeräumt. Selbst die Kissen fehlten, die zu einem Laden gehören, auf die die Käufer sich setzen können. Auf dem Boden, der aus gestampfter Erde bestand, saß der Kaufmann Abdallah und rührte sich nicht. Ich blieb vor dem Eingang stehen, spielte den Erstaunten und fragte: »Bei Allah, dem Erhabenen, der alles lenkt! Verwundert bin ich, auf dem Markt dieser blühenden Stadt der Kaufleute einen Laden zu finden, der leersteht. Vielleicht ist dies ein Glücksfall für mich. Ich möchte dieses Gewölbe gern mieten, wenn es dir recht ist.«

Der Kaufmann Abdallah antwortete: »Oh Fremder! Bei Allah, den Laden geleert haben mir diejenigen, denen ich Geld schuldete. Sie werden mich noch völlig aus diesem Gewölbe vertreiben, denn ich habe das Geld nicht, um die Miete zu bezahlen. Du kannst dich an den Besitzer wenden. Von ihm hängt es ab, ob du den Laden mieten kannst!« Ich sagte darauf:

»Um nicht in diesem Gewölbe ins selbe Unglück zu geraten wie du, ist es sicher nützlich zu erfahren, was an deiner Armut schuld ist. Du machst nicht den Eindruck eines unerfahrenen Lehrlings im Kaufmannsstand.« Abdallah nickte und sprach: »Du sollst erfahren, Fremder, was geschehen ist, denn es ist nichts, was meine Ehre beschädigt. So höre! Der Kapitän eines Schiffes, der aus dem Jemen gekommen war, hatte mir einige braune Körner gegeben, die er Coffea nannte. Er hatte diese Körner geröstet. Als ich ihn fragte, was damit zu machen sei, zeigte er mir, was das Besondere an Coffea war. Mit einem Stein zerschlug er die Körner zu einem groben Mehl, das er dann mit heißem Wasser aufbrühte. Ein eigenartig belebendes Getränk entstand so. Es hielt über längere Zeit die Sinne wach. Ich sagte zu mir: ›Bei Allah! Dieses Getränk ist geeignet, die Gläubigen in der Moschee wachzuhalten, und sollte das Gebet am Freitag auch über Mittag dauern.‹ So fragte ich den Kapitän, ob er mir viele Säcke der Coffeakörner aus dem Jemen mitbringen könnte. Und als seine Antwort war, er könne mir jede gewünschte Menge liefern, da gab ich ihm Geld und den Auftrag, Coffea nach Basra zu holen. Ich versprach ihm reichen Lohn. Ein halbes Jahr später standen tatsächlich Säcke voll Coffea hier in diesem Gewölbe. Ich begann den Nachbarn von der neuen Ware und von ihrer Wirkung zu erzählen. Erst zweifelten sie an meinen Worten, dann versuchten sie das Coffeagetränk, und schließlich waren sie auf den Geschmack gekommen. Bald drängten sich die Käufer in meinem Laden, um die braunen Körner zu erwerben. Doch eines Tages kamen die Wachen des Statthalters und trugen die Coffeasäcke fort zum Ufer des Flusses. Eilig schütteten sie alle Körner in das Wasser. Verzweifelt rannte ich in den Palast des Statthalters. Salah Al Misri empfing mich mit diesen Worten: ›Meine Schuld, oh Kaufmann, ist es nicht. Die Männer des Glaubens haben mir nachgewiesen, daß deine Ware das Blut des Menschen vergiftet, daß das Getränk aus jenen Körnern die Sinne berauscht. Der Prophet – Allah segne ihn und spende ihm Heil – habe, so wurde mir berichtet, auch das Coffeagetränk zu den berauschenden Genüssen gezählt, die Allah verdammt habe. Coffea, so sagten mir diejenigen, die in der Moschee zu bestimmen haben, sei den Gläubigen verboten, die Körner müßten deshalb vernichtet werden. Um den Frieden in der Stadt Basra zu wahren, mußte ich tun, was die Männer des Glaubens von mir verlangten!‹ Erst als ich den Palast des Statthalters verließ, begriff ich, daß mein Geld verloren war, daß ich in Schulden steckte. Ich hatte, um immer mehr Coffea kaufen zu können, bei anderen Kaufleuten Geld geliehen. Als ich zu meinem Ladengewölbe zurückkam, da sah ich voll Entsetzen, daß meine Gläubiger alle Waren fortgetragen hatten. Geblieben waren mir in einem Faß eingesalzene Bohnenkerne, die zu minderwertig waren, um sie überhaupt einem Käufer anzubieten. Kein Mensch konnte diese Bohnen noch essen, und für das Vieh waren sie zu salzig. Zum Hohn hatten die Gläubiger mir dieses Bohnenfaß gelassen.«

Dies war die Erzählung des unglücklichen Kaufmanns Abdallah. Sein Schicksal war mir nicht gleichgültig, doch ich mußte jetzt zunächst an mich selbst denken, und deshalb sprach ich: »Wisse, ich bin der Wesir des Beherrschers der Gläubigen! Ich habe die Macht, dir zu helfen! Doch ich verlange auch etwas von dir! Du wirst in wenigen Wochen ein Paket erhalten, in dem sich Papiere befinden. Dieses Paket bewahrst du auf, ohne es zu öffnen. Zu keinem Menschen wirst du darüber reden. Schweige oder mein Fluch wird dich treffen, bei Allah! Meine Hilfe ist dein Lohn: Heute nacht noch kommen Diener zu dir, die alle Bohnen, die dir noch geblieben sind, mit Goldstücken aufwiegen!«

Da warf sich der Kaufmann Abdallah zu Boden und küßte mir die Füße. Fast weinte er, als er sagte: »Herr, ich habe deine Worte gehört. Ich gehorche, und koste es mein Leben!« Beim Verlassen des Ladens wandte ich mich noch einmal um und sprach langsam: »Was das Paket betrifft, so darfst du es nur einem solchen Mann anvertrauen, der zu dir sagen wird: ›Beim Zeichen der Bohne!‹ Merke dir diese Worte. Es kann Monate dauern, doch dann wird einer kommen, der sagen wird: ›Beim Zeichen der Bohne!‹ Ihm gib die Papiere!«

In dieser Nacht noch wurde Abdallah wieder zum geachteten Kaufmann am Markt von Basra. Wie er den anderen Kaufleuten seinen erneuten Wohlstand erklärte, das weiß ich nicht.

Am nächsten Tag machte ich mich zu Schiff auf den Heimweg nach Baghdad. Ich war länger als einen Monat dem Saal des Diwan ferngeblieben. Ich wußte, daß der Beherrscher der Gläubigen mir das nicht verzeihen würde. Als ich vor ihm zu Boden stürzte, um meine Ergebenheit zu zeigen, da schrie er: »Du Hund von einem Wesir! Ich habe dich suchen lassen, doch du warst wohl schlauer als alle Spitzel. Ich nehme an, du hast deine Dienste denen angeboten, die der Meinung sind, ich sei nicht der rechtmäßige Beherrscher der Gläubigen, die predigen, nur einer jener Imame dürfe regieren, der blutsverwandt sei mit dem Gesandten Allahs. Und jetzt bist du Hund wieder zurückgekehrt, weil du begriffen hast, daß die wahre Macht doch bei mir liegt. Ich weiß es längst, du bist süchtig nach Macht. Diese Sucht kannst du nur bei mir befriedigen!«

Da hörte ich auf, seine Worte zu beachten. Ich dachte daran, daß ich dem Kalifen in Basra einen Dienst erwiesen hatte. Doch er würde mir nicht zuhören, wenn ich ihm jetzt davon zu berichten versuchte. Ich fragte mich, ob ich noch genügend Lebenszeit haben würde, um die Niederschrift der Erinnerungen zu Ende bringen zu können. Als ich diesem Gedanken nachhing, hörten meine Ohren, daß Harun Al Rashid nach und nach den Ton seiner Worte änderte. Da wurde ich wieder aufmerksam, und ich vernahm, daß er so zu mir sprach: »In diesem Monat habe ich gespürt, daß ich dich brauche! Oh Dschafar! Du hast mir gefehlt, nicht nur als Wesir im Saal des Diwan, sondern auch am Abend, wenn die Weinkrüge gefüllt sind. Ehe du deinen Urlaub genommen hast, habe ich dir angedeutet, ich werde dir Wertvolles anvertrauen, um es selbst behalten zu können. Der Zeitpunkt dafür ist nun gekommen! Um dir und aller Welt zu zeigen, daß ich deine Abwesenheit gebilligt habe, daß du nicht in Ungnade gefallen bist, vermähle ich dich mit meiner Schwester Abbasah, die ich überaus lieb gewonnen habe.«

»Frisst ein Hund, was er gestohlen, so wird er getötet«

Nur langsam begriff ich, daß mir der Beherrscher der Gläubigen tatsächlich seine Schwester zur Frau geben wollte. Ich wußte an jenem Tag meiner Rückkehr aus Basra nichts von den Veränderungen, die sich im Palast während des Monats meiner Abwesenheit ereignet hatten. Erst nach der Begegnung mit dem Beherrscher der Gläubigen erfuhr ich von der Gegenwart der Herrin Abbasah bei den abendlichen Trinkgelagen des Kalifen. Die Anwesenheit dieser Frau, die nicht verheiratet war, galt nach allen Regeln der Sitte als anstößig. Abbasah war offenbar oft im Gemach bei ihrem Bruder geblieben, wenn sich die Trinkgenossen verabschiedet hatten. Was danach jeweils geschehen war, darüber herrschte Schweigen.

In Unkenntnis dieser Vorgänge schwieg ich aus Verblüffung, als der Kalif mir gesagt hatte, seine Schwester Abbasah werde er mit mir vermählen. Da begann Harun Al Rashid wieder laut zu reden: »Du Hund! Du freust dich nicht über die Ehre, die ich dir erweise. Du und dein ganzes Geschlecht – begreifst du das nicht? Ihr alle könnt künftig sagen, daß ihr mit mir verwandt seid und damit auch zur Familie des Gesandten Allahs gehört!« Da faßte ich meine Sinne zusammen und sprach: »Oh Beherrscher der Gläubigen! Deine Gnade beweist wieder einmal, daß du zu Recht der Schatten Allahs auf Erden bist. Allah leitet dich und Allah gibt deiner Zunge die Worte ein, die Güte und Gerechtigkeit aussprechen. Nicht gerechnet habe ich damit, daß ich derart erhöht werde. Glaube mir, ich bin dir, dem Beherrscher der Gläubigen, nie untreu gewesen – auch nicht während des Monats meiner Abwesenheit!«

Da unterbrach mich der Kalif: »Von morgen an gilt meine Schwester Abbasah als deine Frau. Bedenke jedoch, was ich gesagt habe: Mancher gibt, wenn er ein wertvolles Gut für sich bewahren will, dieses Gut für einige Zeit in eine Hand, der er vertraut. Für den, der die Verwahrung übernimmt, bleibt dann die Verpflichtung, treuer zu sein als jeder andere und nur daran zu denken, des Vertrauens völlig würdig zu sein. Laß das, was ich vor einem Monat und jetzt gesagt habe, in deinen Gedanken wirken!«

Am nächsten Tag erklärte der Beherrscher vor dem obersten der Richter Abbasah und mich zum verheirateten Paar. Bei dieser Zeremonie sah ich die Schwester des Kalifen zum ersten Mal, und sie gefiel mir ganz außerordentlich. Am Abend versammelte der Herrscher seine Trinkgesellschaft um sich. Die Dichter waren da und einige Höflinge. Ich war ausdrücklich aufgefordert, anwesend zu sein. Seit der Zeremonie vor dem Kadi hatte ich Abbasah den ganzen Tag über nicht mehr gesehen. Ich begegnete ihr erst wieder, als sich die Gesellschaft um Harun Al Rashid versammelte. Abbasah wurde aufgefordert, neben dem Kalifen Platz zu nehmen. Mein Kissen befand sich etwas abseits.

Daß der Kalif zärtliche Gefühle für Abbasah empfand, verbarg er keineswegs. Jetzt wurde mir deutlich, warum der Beherrscher der Gläubigen Abbasah mit mir vermählt hatte. Als verheiratete Frau durfte sie mit ihrem Mann in der Gesellschaft der Vertrauten des Kalifen anwesend sein. Durch unsere Heirat galt ihre Gegenwart nicht mehr als anstößig. Harun Al Rashid brauchte nicht mehr zu fürchten, daß das Gerede über seine Beziehung zu Abbasah Nahrung bekam.

Abu Nuwas, der zu den Gästen dieses Abends gehörte, sträubte sich nicht, als ihn der Kalif aufforderte, Verse auf den Liebreiz der Abbasah zu dichten. Diese Worte flossen bald aus dem Mund des Dichters:

»Die Liebe fordert heut ihr Recht,
Ihr wird selbst der Kalif zum Knecht.
Abbasahs Schönheit ihn entzückt,
Ein Blick von ihr sein Herz erquickt,
Ein Wort von ihr die Lebensgeister nährt,

Doch schweigt sie, Kummer ihn verzehrt.
Tulpe und Rose haben sich gefunden,
Zu einer Einheit sich verbunden,
Gemeinsam bilden sie Abbasahs Gesicht.
Den Mund ihr zu küssen ist des Liebenden Pflicht.«

Ich war verstimmt über die Anspielungen des Dichters. Offenbar wußten alle, die mit dem Kalifen Wein tranken, von seiner Beziehung zu Abbasah. Mehr noch aber ärgerte ich mich darüber, daß ich in der Gesellschaft des Beherrschers der Gläubigen an jenem Abend völlig bedeutungslos war. Kaum jemand richtete das Wort an mich. Abbasah blickte mich nicht einmal an. Ganz offensichtlich betrachtete sie mich nicht als ihren Mann. Sie liebte ihren Bruder, den Kalifen, und der Bruder liebte die Schwester. Sie blickten einander an und schwiegen. Abu Nuwas bemühte sich, die Stille aufzufüllen – mit diesen Versen:

»Glücklich ist einer, der jeden Morgen
Sich Küsse kann von ihren Lippen borgen,
Der, vom Weine trunken, sie wird umfangen,
Um zärtlich zu stillen sein Verlangen.
Wie Elfenbein, von Ebenholz umgeben,
Erfüllt vom Feuer des Saftes der Reben,
So ist ihr Antlitz ganz ohne Vergleich.
Wem sie sich gibt, der ist überreich.«

Mitternacht war vorüber. Das letzte Getränk wurde gereicht. Schneewasser aus den Gebirgen der persischen Provinzen, mit wenig Arrak und Zucker gemischt, gewürzt durch einige Tropfen Rosenwasser. Dieses kalte Getränk war geeignet, den Durst, der durch zu viel süßen Wein entstanden war, zu löschen. Sobald die Becher geleert waren, standen der Beherrscher der Gläubigen und Abbasah auf, um den Raum zu verlassen. Auch jetzt traf mich kein Blick der Schwester des Kalifen. Ich verbrachte die Nacht allein in meinem Hause.

So unglücklich hatte ich mich noch nie gefühlt wie in jenen Tagen. Mir wurde berichtet, Abu Nuwas habe dieses Spottgedicht auf mich verfaßt:

> Abbasah kennt für Dschafar kein Erbarmen;
> Sie liegt bei Nacht in des Kalifen Armen.
> Zum Schein nur ist Dschafar ihr Mann,
> Er will, doch sie läßt ihn nicht dran.

Ich sah Abbasah immer nur abends in der Gesellschaft des Beherrschers der Gläubigen.

Nach und nach dauerten die Trinkgelage immer länger. Einmal saßen wir noch beieinander, als rings um den Palast die Hähne Baghdads krähten. Je länger die Gelage dauerten, desto weniger ließ sich der Beherrscher der Gläubigen anderntags im Saal des Diwan blicken. Harun Al Rashid herrschte nicht mehr. Dabei wäre der Herrscher gerade jetzt gebraucht worden, denn Streit in der Familie des Kalifen hatte Zwist im Islamischen Reich ausgelöst. Ursache des Streites waren die drei Söhne des Herrschers, die für eine Nachfolge im Amt des Fürsten der Gläubigen in Frage kamen. Abdallah, der Älteste, war von einer persischen Sklavin geboren worden. Dies schadete keineswegs seinem Ansehen und seiner Würde, denn der Oberste der Richter hatte ausdrücklich festgestellt, daß nach den Rechtsvorschriften des Koran nicht die Stellung der Mutter, sondern allein die des Vaters für die rechtliche Lage eines Sohns bestimmend ist. Das Kind der Sklavin ist also folglich dem einer rechtmäßig vermählten Frau gleichzustellen. Diese Gleichstellung aber mißfiel der Herrin Zubaida. Sie wollte, daß ihr eigener Sohn Mohammed mehr Aussicht haben sollte, im Palast von Baghdad zu regieren, als der Sohn der Sklavin. Es war der Herrin Zubaida tatsächlich während der Wochen, als Harun ihr wieder einmal verfallen war, gelungen, den Sohn Mohammed durch den Kalifen zum Nachfolger im höchsten Amt des Islamischen Staates auszurufen. Mohammed erhielt dabei den Ehrennamen Al

Emin. Durch diesen Namen wurde ihm Zuverlässigkeit zugeschrieben. Mohammeds älterer Bruder sollte fortan Al Ma'amun heißen, womit seine Vertrauenswürdigkeit betont wurde. Kasim, der jüngste der drei erbberechtigten Prinzen, wurde nun Al Mu'taman genannt. So wurde ihm Glaubwürdigkeit zugesprochen. Die Herrin Zubaida hatte diese Namensgebung erdacht.

Gerade in jenen Monaten, als der Beherrscher der Gläubigen seiner Schwester zugetan war, hatte die Herrin Zubaida einen Plan gefaßt. Sie wollte ihrem Sohn Mohammed den Griff nach dem Kalifenamt im Falle des Todes von Harun erleichtern. Sie sorgte dafür, daß er Statthalter des Zweistromlandes und von Syrien wurde. Seine Residenz befand sich in Baghdad in der Hauptstadt des Islamischen Reiches. War Harun Al Rashid tot, brauchte sich der Sohn der Herrin Zubaida nur rasch im Kalifenpalast zum Beherrscher der Gläubigen ausrufen zu lassen.

Um die Übernahme der Macht dem Sohn Mohammed noch leichter zu machen, arbeitete die Herrin Zubaida darauf hin, Abdallah, den Sohn der persischen Sklavin, zum Statthalter der persischen Provinz zu machen. Seine Residenz wäre dann in Rey gewesen, also weitab von Baghdad, vom Mittelpunkt der Macht.

Ich war gegen die Absicht, die zwei wichtigsten Statthalterposten im Islamischen Reich an Söhne des Kalifen zu vergeben, die sich dann letztlich im Kampf um die Macht als Feinde gegenüberstehen würden. Die Folge dieser Ämtervergabe mußte sein, daß sich auch die Provinzen, die von den beiden Söhnen regiert werden, zu Rivalen entwickelten. Damit aber wäre die unselige Trennung zwischen Arabern und Persern erneut vollzogen. Es war die Politik des Geschlechtes Al Barmaki gewesen, die Spaltung des Reiches zu verhindern und die Gemeinsamkeiten der Völker im Kalifenreich zu betonen. Ich sah voraus, daß sich Persien vom Mittelpunkt der Macht, vom Kalifen in Baghdad, abspalten würde.

Während der kurzen Zeit, die der Kalif jeweils noch im Saal

des Diwan verbrachte, versuchte ich den Plan der Herrin Zubaida zu verhindern, doch Harun Al Rashid hörte nicht auf mich. Ich bat meinen Vater Jahja um Hilfe, doch auch er wußte keinen Rat. Zu allem Unglück war der Diener, dem Harun Al Rashid am meisten vertraute, er hieß Fadl Ibn Rabi, von Zubaida bestochen worden. Fadl Ibn Rabi sollte dem Beherrscher der Gläubigen bei jeder Gelegenheit einflüstern, keiner sei so wie der älteste Sohn Abdallah geeignet, die unruhige persische Provinz zu regieren. Auf diese Weise wollte die Herrin Zubaida die Ernennung Abdallahs zum Statthalter in der fernen Stadt Rey beschleunigen.

Mein Widerstand erwies sich als nutzlos: Die Ämter wurden letztendlich nach dem Willen der Herrin Zubaida vergeben. Mein Vater Jahja war auf den Gedanken gekommen, Mohammed, den der Kalif zum Thronfolger bestimmt hatte, und dessen älteren Bruder Abdallah schriftlich schwören zu lassen, im Falle des Todes des Beherrschers der Gläubigen die bestehenden Erbbestimmungen zu achten und Streit um die Nachfolge zu meiden.

Als diese Eide zu Papier gebracht waren, da erklärte sich der Kalif zu meiner Überraschung bereit, die Schriftstücke selbst nach Mekka zu bringen, um sie dort, bei der Ka'aba, zu heiligen. Eide, die solche Heiligungen erfahren hatten, galten als unauflösbar. Daß jemand einen geheiligten Eid brechen würde, war nicht vorstellbar. Ich aber hegte Zweifel. Die Aufteilung des Reiches war meiner Ansicht nach nicht zu vermeiden, weil die feindlichen Brüder eben doch beim Tod des Harun mit Gewalt um die Macht streiten würden.

Der Beherrscher der Gläubigen rüstete sich tatsächlich zur Pilgerreise nach Mekka. Den Grund für diesen Entschluß nannte er mir nicht. Die Heiligung der Statthalterverträge trieb ihn wohl nicht zur Ka'aba, eher waren es wohl Schuldgefühle wegen der Liebe zu Abbasah, die ihn dazu brachten, die Heiligen Stätten aufzusuchen. Er wollte, daß ihn während der ganzen Zeit der Reise nach Mekka nur Gedanken an Allah beschäftigten. Ich war deshalb angewiesen, ihm während der zwei Monate seiner Abwesenheit keine Berichte zu schicken.

Die Abwesenheit des Kalifen wirkte sich für mich zunächst segensreich aus. Ich vergaß langsam die Belastungen der vergangenen Monate. Die Angst verblaßte. Und so begann ich schon bald darüber nachzudenken, wie die Stellung des Geschlechtes Al Barmaki so zu festigen sei, daß sein Einfluß noch in der nächsten Kalifengeneration wirksam bleibe. So wie mein Vater Jahja die Herrschaft des Harun Al Rashid eingeleitet hatte, mit dem Hintergedanken, den Barmakiden mehr Macht zu geben, so wollte ich jetzt daran gehen, die Zukunft vorzubereiten. Nach meinem Willen sollte Kasim, der jüngere Sohn des Harun, im Reich regieren. Fein gesponnen mußte das Netz sein, das den älteren Brüdern zum Verhängnis werden sollte. Bruderkrieg war ohnehin nicht zu vermeiden. Ich wollte bewirken, daß sich die feindlichen Brüder ausbluteten, damit Kasim mächtig werde.

Zwei Wochen waren vergangen seit der Abreise des Beherrschers der Gläubigen. In meinen Überlegungen war ich noch nicht weit vorangekommen, da trat ein Ereignis ein, das Folgen hatte, die bisher noch nicht abzusehen sind. Am Ende eines Tages, den ich im Saal des Diwan mit Gesprächen und Beratungen verbracht hatte, stand plötzlich, als Höflinge und Bittsteller des Kalifen schon gegangen waren, Abbasah vor mir. Ich hatte die Schwester des Kalifen, obgleich sie meine Frau war, seit dem letzten Abend in der Gesellschaft des Harun nicht mehr gesehen. Ich wußte nicht einmal, wo sie sich aufhielt. Jetzt ließ sie sich auf den Kissen neben mir nieder.

Abu Nuwas hatte ihre Schönheit gepriesen. Ich war während der Abende der Trinkgelage der Meinung gewesen, der Dichter habe aus reiner Schmeichelei übertrieben. Nun aber mußte ich mir sagen, daß er seine Verse zu recht gedichtet hatte.

Abbasah war gekommen, weil sie sich einsam fühlte. Sie wollte die Nacht bei mir verbringen. Neben mir saß nicht mehr die stolze Schwester des Beherrschers der Gläubigen, da saß eine Frau, die Liebe suchte. Ich sprach ihr die Worte vor, die der Kalif so eindringlich zu mir gesagt hatte: »Mancher gibt, wenn er ein wertvolles Gut für sich bewahren will, dieses Gut für einige Zeit in eine Hand, der er vertraut.« Abbasah aber sprach: »Der Prophet – Allah segne ihn und spende ihm Heil – hat gesagt, kein Mann darf eine der Frauen vernachlässigen, mit der er verheiratet ist. Das Wort des Propheten bricht selbst das Wort des Kalifen. Du hast die Pflicht, mich zu lieben!« In dieser Nacht vereinigte ich mich mit Abbasah.

Als der Beherrscher der Gläubigen nach zwei Monaten von der Pilgerfahrt zurückkehrte, war seine Schwester schwanger von mir. Abbasah hatte nicht die Absicht zu verheimlichen, daß ein Kind in ihrem Leibe wuchs. Sie war stolz darauf, und sie nutzte die erste Gelegenheit, die sich bot, ihrem Bruder die Wahrheit zu sagen. Harun hoffte wohl, alles werde sein wie zuvor. Als der Beherrscher der Gläubigen sie bat, gleich am ersten Abend nach seiner Heimkehr wieder an den Weingelagen teilzunehmen, da weigerte sie sich.

Vom Kalifen selbst erfuhr ich, was vorgefallen war. Harun Al Rashid erzählte mir: »Dschafar, du allein kannst mir helfen. Es ist deine Pflicht, alles zu wissen. Meine Schwester sagt, sie wolle die Gelage meiden, weil der Wein ihr Übelkeit erzeuge. Als ich ihr sagte, sie hätte doch vor zwei Monaten unbekümmert Wein getrunken, da war dies ihre Antwort: ›Vor zwei Monaten war ich noch nicht schwanger!‹ Vielleicht weiß Abbasah nicht, was sie redet. Wenn sie heute schwanger ist, muß sie auch vor zwei Monaten schwanger gewesen sein, vor meiner Abreise. Niemand, so hoffe ich, hat sie seither berührt!«

Dann schwieg der Beherrscher der Gläubigen. Ich sah, daß ein Verdacht in ihm aufstieg, den er jedoch niederzukämpfen versuchte. Schließlich sprach er ihn aus. So leise, daß ich die Worte kaum verstand: »Ich kann nicht glauben, daß du mich nicht verstanden hast, als ich sagte: ›Mancher gibt, wenn er ein wertvolles Gut für sich bewahren will, dieses Gut für einige Zeit in eine Hand, der er vertraut.‹«

Da Abbasah ihr Geheimnis preisgegeben hatte, leugnete ich

nicht, sondern sprach: «Oh Beherrscher der Gläubigen, meine Frau trägt mein Kind!« Die Antwort des Beherrschers der Gläubigen war kurz: »Frißt ein Hund, was er gestohlen, so wird er getötet!«

So leise der Kalif auch gesprochen hatte, diese Worte gellten mir im Ohr. Ich wartete darauf, daß Masrûr, der Schwertträger, gerufen wurde, doch es blieb still. Harun Al Rashid verließ den Saal des Diwan. Von diesem Augenblick an ging mir jeder, der zum Haushalt des Kalifen gehörte, aus dem Weg. Selbst der Türhüter wendete sich ab, als ich den Palast verließ.

In meinem Haus lachte an diesem Abend niemand. Abbasah, so wurde mir gesagt, halte sich in ihrem Raum auf. Als ich anklopfte, gab sie mir keine Antwort. Niemand kam, um mich zum Trinkgelage beim Kalifen einzuladen. Ich spürte, daß mich jetzt der Tod einzuholen begann. Mir blieb wohl noch die Zeit, meine Niederschrift des Erlebten fortzuführen. In jener Nacht schrieb ich, bis die Sonnenstrahlen im Osten den Himmel erfüllten.

Als der Morgenruf »Allahu akbar« von den Türmen der Moscheen verklungen war, da klopfte ein Höfling an die Tür. Er war gekommen, um mir mitzuteilen, der Beherrscher der Gläubigen sei krank. Er habe sich noch in der Nacht in einer Kamelsänfte auf den Weg gemacht zum Schloß Ambar, das am Euphrat liegt. Harun Al Rashid blieb in Ambar und ließ nichts von sich hören.

Sein syrischer Arzt, der Christ Gabriel, schrieb mir bald diesen Brief: »Beim Allmächtigen! Ratlos bin ich über die Krankheit des Herrschers. Er nimmt nichts zu sich, keinen Bissen und keinen Schluck. Ich kann nichts an ihm finden, was eine wirkliche Krankheit anzeigt. Vielleicht leidet nur sein Gemüt. Doch wisse, Boten sind abgegangen zu den Wachhauptleuten in der Stadt des Heils. Ich weiß nicht, welche Botschaft sie bei sich tragen, doch sieh dich vor, oh Dschafar!«

Der Arzt Gabriel, seinen christlichen Glauben nannte er nestorianisch, stammte zwar aus Syrien, hatte seine Kenntnisse jedoch an persischen Schulen erworben. Er glaubte nicht an die Lehren anderer christlicher Ärzte, die vorgeben, Heilige seien jeweils für Krankheit oder Gesundheit bestimmter Körperteile zuständig. Gabriel hatte nur Spott für solche Ärzte übrig, die vom Heiligen Blasius die Heilung von Halskrankheiten, vom Heiligen Erasmus Linderung bei Bauchschmerzen und vom Heiligen Veit Beruhigung bei krampfhaften Zuckungen erwarten. Was Gabriel wußte, hatte einst Claudius Galenus gelehrt. So untersuchte dieser Arzt bei jedem Krankheitsfall zunächst den Pulsschlag und dann den Harn des Erkrankten. Er versuchte nicht durch Gebete, sondern durch Medizin zu heilen, die aus Kräutern meist fremder Länder destilliert sind.

Den Arzt Gabriel hatte ich dem Beherrscher der Gläubigen zugeführt. Es konnte nützlich sein, jemand an der Hand zu haben, der Einfluß besaß auf die Gesundheit des Kalifen. Es war mir gelungen, diesen Arzt auf eine ganz besondere Weise mir zu verpflichten.

Als Christ sah er nichts Ungewöhnliches darin, die Körper Verstorbener zu öffnen, um nach der Ursache des Todes zu forschen. Der allein gültige Glaube, den Allah selbst die Menschen gelehrt hat, verbietet die Öffnung von Leichen, sie müssen unversehrt bestattet werden. Um seine ärztliche Neugier zu befriedigen, hatte Gabriel, bald nachdem er im Kalifenhaushalt Arzt geworden war, den Körper einer verstorbenen Sklavin aufgeschnitten. Nachdem er gesehen hatte, was wohl die Todesursache gewesen war, kleidete er die Tote in das Totenhemd und übergab sie den Totengräbern. Diese Männer sahen jedoch auf dem Hemd seltsame Blutflecke, und sie entdeckten, daß die Leiche verstümmelt worden war. Durch meine Spitzel im Palast hatte ich bald von der Untat des Arztes Gabriel erfahren. Rasch handelte ich. Verhindern konnte ich, daß dem Gericht die Verstümmelung der Leiche angezeigt wurde. Nach geltendem Recht wäre Gabriel gesteinigt worden. Seine Rettung vor schmerzhaftem und schmachvollem Tod hatte er mir zu verdanken. Seitdem war der Arzt Gabriel ein Werkzeug in meiner Hand. Ausgemacht war mit ihm, daß er den Beherrscher der Gläubigen vergifte, wenn er eines Tages diese Verse in meiner Handschrift erhält:

> Ein Amulett kann nicht den Tod vertreiben.
> Der Arzt kann Medizin verschreiben,
> Doch wo erloschen ist des Lebens Licht
> Hilft nicht Arznei und auch der gute Wille nicht.
> Ein Mittel bringt der kluge Arzt noch an,
> Dann ist zu End die Lebensbahn.

Die Nachricht von der seltsamen Krankheit des Beherrschers der Gläubigen löste in mir Gedanken aus, ob es nicht klug sei, gerade jetzt dem Arzt Gabriel diese Verse zu schreiben. Er versuchte wohl ohnehin, dem Kalifen mit Arznei zu helfen. So konnte ganz unauffällig dem Kranken Gift gereicht werden. Wer krank ist, muß mit dem Tode rechnen, und kaum jemand gibt dem Arzt die Schuld, wenn der Kranke stirbt.

Starb der Kalif jetzt, dann war wohl die unmittelbar drohende Gefahr für mich und für das gesamte Geschlecht Al Barmaki vorüber. Für meine Pläne käme dieser Tod allerdings zu früh, denn noch war mir nicht eingefallen, wie die Nachfolgefrage am besten in meinem Sinne zu regeln war. Je mehr ich überlegte, desto mehr wuchs der Entschluß, jetzt zu handeln. So schrieb ich dem Arzt Gabriel die Verse, auf die er wahrscheinlich schon gewartet hatte. Ich dachte mir, daß die Nachricht vom Tode des Beherrschers der Gläubigen zwei Tage später in Baghdad eintreffen müßte.

Zu jenen Stunden, als die Todesnachricht fällig war, hielt ich mich im Saal des Diwan auf. Jeden Augenblick erwartete ich das Klagegeheul aus den Gemächern der Frauen. Böse und gute Nachrichten waren stets zuerst im Frauenteil des Palastes bekanntgeworden. Doch an diesem Tag blieb alles ruhig. Gegen Abend aber erfuhr ich durch einen meiner Spitzel, der Arzt Gabriel sei tot. Was nie bisher geschehen war, diesmal war es eingetreten: Harun Al Rashid hatte verlangt, daß sein Arzt die Arznei zuvor selbst einnehme.

Weitere zwei Tage später war der Beherrscher der Gläubigen – noch immer krank – wieder in Baghdad. Gnädig, so schien es mir zunächst, nahm er im Saal des Diwan meine huldigenden Grüße entgegen. Als er sich dann zu seinen Frauen begab, umarmte er mich sogar und drückte mich fest an sein Herz.

Dies ist vor einer Stunde geschehen. Jetzt sitze ich in meinem Haus und schreibe die letzten Zeilen meiner Erinnerungen. Die Zeit eilt. Daß mich der Beherrscher der Gläubigen so herzlich umarmt hat, beruhigt meine Angst keineswegs. Im Gegenteil: Ich weiß, dies ist die Umarmung des Abschieds gewesen. Nie mehr wird Harun Al Rashid mich sehen wollen. Mein Tod ist beschlossene Sache. Diesmal gibt es keine Hoffnung mehr. Mein Blut wird vergossen werden durch Masrûr, den Schwertträger. Die Blutschuld aber wird am Jüngsten Tag durch Allah dem Kalifen Harun Al Rashid zugerechnet werden.

Auf Erden bleibt mir kein Mittel, um mich noch zu wehren. Meine Gedanken kreisen in diesen Stunden um vier schlichte Verse:

An wen soll ich in Not
Den Schrei nach Hilfe senden?
Mir bleibt allein der Tod,
Nichts kann ihn von mir wenden.

Worte der ersten Sure des Koran geben mir Antwort auf die Frage, die in den vier Versen gestellt wird. Diese Worte lauten: »Im Namen Allahs, des Erbarmers, des Allbarmherzigen! Lob sei Allah, dem Herrn der Welt, dem gnädigen Herrscher am Tage des Gerichts. Wir dienen dir und rufen dich um Hilfe an. Leite uns den rechten Pfad! Den Pfad derer, denen du Gnade erweist, die nicht deinen Zorn erregen und in die Irre gehen.«

Dies sind die letzten Zeilen, die ich niederschreibe, damit mein Leben zur Lehre für die Späteren werde, gemäß dem Willen

Allahs, der die Erlebnisse der Früheren zum Unterricht für Spätere bestimmt hat. Das Paket der Blätter wird nun geschnürt und »im Zeichen der Bohne« an den Kaufmann Abdallah in Basra geschickt. Im Namen Allahs, des Erbarmers, des Allbarmherzigen!

Allah allein weiss um die Wahrheit

Erzählt wird, der Beduine, der bei Gelehrten gelernt hatte, habe Tränen in den Augen gehabt, als er die letzten Worte las, die Dschafar Al Barmaki, der Wesir des Kalifen Harun Al Rashid, zu Papier gebracht hat.

Die Chronik seines Lebens hat Dschafar selbst fast bis zum Ende verfaßt. Die Traumstimme, die bei der Tigrisbrücke in Baghdad, unter dem abgeschlagenen Kopf des Wesirs, dem Beduinen Auftrag gegeben hatte, die Chronik zu schreiben, konnte nur gemeint haben, daß die Beschreibung des Todes von Dschafar angefügt werden mußte. Dies hatte der Beduine über das ruhmlose Ende des Wesirs in Erfahrung bringen können:

Dschafar Al Barmaki hatte sich zum Abendessen niedergesetzt. Bei ihm war der blinde, alte Sänger Abu Sakkar, der die Verse singen mußte, die der Wesir am Ende seiner Chronik erwähnt hatte:

An wen soll ich in Not
Den Schrei nach Hilfe senden?

Als die Speisen abgetragen waren, da brach plötzlich die Türe auf, und Masrûr, der Schwertträger, trat mit festem Schritt in den Raum. Bewaffnete waren mit ihm. »Steh auf, du Hund! Du Schurke!« Dies war der Gruß des Masrûr an Dschafar. Dann wurde der Wesir aus seinem Hause geschleppt.

Eine Stunde später konnte sich Harun Al Rashid den Kopf des Dschafar, der vor ihm in einer Schüssel lag, anschauen. Befriedigung war in seinem Gesicht abzulesen. Nachdem er lange auf den blutigen Kopf geblickt hatte, wandte sich der Beherrscher der Gläubigen an die Höflinge und sagte: »Wer sich gefragt hat, warum ich krank war, warum ich nicht mehr essen und trinken konnte, dem sei gesagt, daß Dschafar die Ursache war. Jetzt erst fühle ich, daß meine Gesundheit zurückkehrt. Jetzt habe ich Lust, zu essen und zu trinken!«

Auch dies war dem Beduinen, dem aufgetragen war, den Lebensbericht des Dschafar Al Barmaki zu vollenden, von vertrauenswürdigen Männern berichtet worden, die erlebt oder gehört hatten, was in jenen Tagen geschehen war:

Der Zorn des Kalifen traf die gesamte Familie Al Barmaki. Noch während Harun Al Rashid seine Mahlzeit einnahm, trieben die Häscher des Schwertträgers Masrûr alle Verwandten des Dschafar in den Kerker des Kalifenpalastes. Da befanden sich nicht nur die Männer hinter Gittern, sondern auch die Frauen. Allein die Kinder waren nicht von zu Hause weggebracht worden. Auch Abbasah, die Schwester des Kalifen, die von ihrem Mann Dschafar schwanger war, wurde nicht unter den Gefangenen gesehen.

Alle Frauen, die in den Kerker getrieben worden waren, wurden von den Bewaffneten des Masrûr vergewaltigt. Die gefangenen Männer hörten die Schreie und die Schläge, die Schamhafte gefügig machten. Die Männer sollten miterleben, wie ihre Ehre im Kerker besudelt wurde. Mit steinernem Gesicht vernahm Jahja Al Barmaki die Schreie seiner eigenen Frauen. Er sprach kein Wort. Er stellte keine Fragen. So erfuhr er in jener Nacht nicht, was mit seinem Sohn Dschafar geschehen war. Auch später hörte keiner ihn jemals klagen.

Jahja und mit ihm die männlichen und die weiblichen Verwandten überlebten. Haruns Gnade hatte sie vor dem Tode bewahrt. Als die Nacht der Vergewaltigungen zu Ende ging, als der erste rötliche Himmelsschein durch die Kerkergitter schimmerte, da glaubten die Männer, nun beginne die Stunde der Hinrichtungen. Doch auf einmal standen die Kerkertüren weit offen. Ungläubig zögernd traten zuerst die Männer und dann auch die Frauen hinaus in den Hof des Kalifenpalastes. Schließlich bemerkten sie, daß auch die Tore zur Straße hin unverschlossen waren. Nur langsam begriffen sie, daß ihnen die Freiheit geschenkt war. Alle hatten nur einen Wunsch, ihre Schande in ihren Häusern zu verstecken. Doch an den Eingangstüren dieser Häuser standen die Bewaffneten des Masrûr. Sie ließen nur die Frauen eintreten, und auch nur für kurze Zeit. Die Frauen durften ihre Kinder abholen. Mehr mitzunehmen war ihnen nicht gestattet.

Die Verwandten des Dschafar waren heimatlos geworden in Baghdad. Jahja, der viele Jahre lang ein treuer Diener der Kalifendynastie gewesen war, glaubte nicht daran, daß Harun je umzustimmen sei. Die Ungnade für die Barmakiden am Herrscherhof würde – davon war er überzeugt – andauern bis zu Haruns Tod. Er beschloß deshalb, mit der Sippe dahin zurückzuwandern, woher sie einst gekommen war. So verließen die Frauen und Männer der Familie Al Barmaki am selben Tag noch die Stadt des Heils in Richtung Osten. Da die Straße nach Persien nicht über die Tigrisbrücke führte, sahen sie den Kopf des Dschafar nicht, der dort auf der Stange steckte.

Wenn Jahja und die Seinen noch von der Hoffnung getrieben waren, in den persischen Provinzen einen Teil ihres Eigentums zu retten, so mußten sie wohl diese Hoffnung bald begraben, denn Harun Al Rashid hatte unmittelbar nach Dschafars Enthauptung Boten auf schnellen Pferden in alle Himmelsrichtungen ausgeschickt. Sie überbrachten die Nachricht vom Sturz des mächtigen Wesirs und von der Verstoßung seiner Familie den Provinzgouverneuren. Verbunden mit dieser Nachricht war die Order, das Vermögen der Sippe Al Barmaki zugunsten des Kalifen zu beschlagnahmen.

Freude hatte Harun Al Rashid am Reichtum der Barmakiden nicht. Der Sturz des Wesirs Dschafar hatte zur Folge, daß sich am Kalifenhof niemand mehr Gedanken machte, wie Perser und Araber im Islamischen Reich in Frieden zusammenleben können. Bald schon wollten die Bewohner Persiens keine Befehle mehr aus Baghdad annehmen. Abgrundtiefer Haß gegen die Araber brach auf. Harun Al Rashid sah sich schließlich gezwungen, selbst in die persischen Provinzen zu reiten, um Frieden zu stiften. Doch der Erfolg blieb ihm versagt. Auf rätselhafte Weise starb der Herrscher in seiner persischen Geburtsstadt Rey. Vermutet wird, daß Gift sein Leben beendete.

Der Bruderstreit seiner Söhne Ma'amun, Emin und Mu'taman um die Macht ließ das Islamische Reich für Jahre im Unglück versinken. Die Stadt des Heils wurde zur Stadt des Unheils. Allah, der Allmächtige und Allerbarmer, hatte sein Antlitz von Baghdad abgewandt.